마태복음 강해 Ⅳ

A COMMENTARY ON THE GOSPEL OF MATTHEW Ⅳ

BY

DR. YONGGI CHO

Printed in Republic of Korea
Seoul Logos Co., Inc.

마태복음 강해 Ⅳ

조용기 목사 지음

서울말씀사

마태복음 강해 Ⅳ

조용기 목사 지음

초판 1쇄 발행 2010년 5월 20일
초판 5쇄 발행 2017년 3월 15일

편 집 인 김상길
발 행 처 서울말씀사

출판등록 제2016-000172호
주 소 서울시 영등포구 은행로 55, 나동 9층
전 화 02-846-9222
팩 스 02-846-9225

머리말
Foreword

예수님이 이 땅에서 사역하신 3년 반의 공생애 기간은 제자들과 함께하신 시간이기도 했습니다. 제자들은 예수님과 함께하면서 예수님이 누구신지, 예수님이 하시는 일이 무엇인지, 또 자신들이 해야 할 일들이 무엇인지를 배웠습니다. 그러나 예수님의 십자가 죽음과 부활, 승천 사건을 목격하고 예수님의 약속대로 성령을 받기 전까지는 예수님에 대해서도, 자신들에 대해서도 확신이 없었습니다.

예수님의 약속대로 성령을 받은 이후 비로소 제자들은 큰 능력과 확신을 가지고 예수님의 복음을 전하는 증인들이 되었습니다. 복음은 예루살렘에서부터 시작하여 유대로, 사마리아로, 땅 끝으로 전파되었고, 복음이 전파되는 곳마다 교회가 섰습니다. 두셋이 모이면 기도하고 복음을 전하여 예수님을 구주로 고백하는 자들의 공동체인 교회가 계속 생겨났습니다.

제자들은 예수님의 말씀과 생애의 일차 증인이었기 때문에 교회로부터 사도로서 신뢰와 존경을 받았습니다. 무서운 박해의 시기에 교회는 이들이 전하는 예수님의 이야기를 듣고 큰 용기와 확신을 가지고 신앙을 지켜 나갈 수 있었습니다. 그러나 제자들은 이 땅에서 영원히 살 수 없으며, 사람의 기억력에도 한계가 있습니다. 또 말은 전달되는 과정에서 변질될 가능성이 있습니다. 그래서 마태, 마가, 누가, 요한은 예수님의 생애와 사역을 글로 적어 놓기로 하였습니다. 이들은 예수님에 대해 각자 자신들이 체험한 것을 기반으로 복음서를 썼습니다. 이것이 사복음서입니다. 사복음서는 모두 다 예수님의 생애와 사역과 죽음과 부활, 승천에 대하여 쓰고 있지만 각 복음서마다 독특한 면에서 예수님을 소개하고 있습니다.

우리는 마태복음에 기록된, 제자들에게 주신 예수님의 가르침과 교훈을 통해 예수님이 어떤 분이신지, 또 예수 믿는 제자들이 어떻게 살아야 할 것인지를 배울 수 있습니다. 또한 교회의 권위와 질서 그리고 성도의 사명에 대한 예수님의 말씀을 들을 수 있습니다.

저는 수요 예배 때마다 성경을 강해하는데, 본 강해서는 1997년 8월부터 1999년 10월까지 약 2년 2개월간 강해한 마태복음을 4권으로 편집한 것입니다. 본 강해서는 딱딱한 신학적 주해의 글이 아닙니다. 하나님이신 예수님이 성육신하시어 제자들의 삶 속에 들어와 함께하시며 구원과 치료와 천국을 주신 사실을 한 절 한 절 말씀을 상고하고 깨달음으로써 예수님의 가르침을 오늘날 우리의 삶 가운데 적용하고자 하였습니다.

그러므로 여러분, 본 강해서를 읽으시되 그 옛날 제자들이 예수님과 함께 모닥불 앞에 앉아 식사를 하며 이야기를 들었듯이, 갈릴리 해변을 거닐며 이야기를 들었듯이, 나병 환자가 낫고 맹인이 눈을 뜨고 죽은 자가 무덤에서 살아 나오는 기적의 현장에 있었던 것과 같은 현장감을 가지고 읽으시기를 바랍니다.

2008. 5.

여의도순복음교회

당회장 목사 조용기

목차
Contents

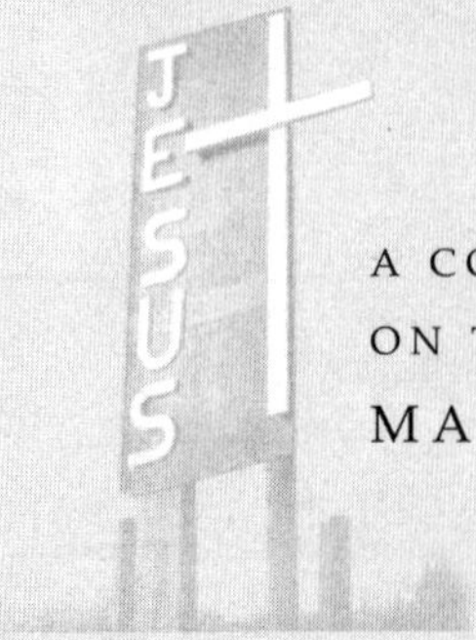

A COMMENTARY
ON THE GOSPEL OF
MATTHEW Ⅳ

서론
Preface

1. 기록 목적과 주제

1) 기록 목적

초대 교회 당시 유대교로부터 개종했던 수많은 기독교인들과 복음이 이방 세계로 전파되면서 개종한 이방인들이 예수 그리스도의 복음과 구약의 율법 사이에서 여러모로 혼란을 경험하고 있었습니다. 본 서는 이러한 혼란을 불식시키고, 구약의 모든 메시지가 예수 그리스도를 증거하고 있음을 그들에게 확실히 알려 주기 위해 기록된 것입니다. 그리고 이 책의 저자는 예수님의 공생애 기간 동안의 사건이 우리에게 주는 의미와 초대 교회가 직면한 다음의 세 가지 주요 문제에 대한 답을 제시해 주기 위해 본 서를 기록했습니다.

① 구약의 율법만 주장하는 유대인과 유대교 출신의 개종자(改宗者), 즉 유대계 기독교인이 예수님의 복음과 구약의 관계성에 대하여 제시하는 문제

② 이방 출신의 기독교인들이 그들에게 주셨던 유대인의 율법을 자신들의 믿음과 어떻게 조화시킬 것인가 하는 문제

③ 구약 시대 유대인들의 삶의 기준이 율법이라면, 새 시대를 주장하는 교회와 기독교인들의 삶의 기준은 무엇인가에 대한 문제

이와 같이 본 서는 유대교 출신의 개종자들에게는 구약과 신약의 관계성을 보여 주고, 이방 출신의 개종자들에게는 그들의 믿음과 구약의 율법과의 관계를 보여 줍니다. 또한 예수님은 율법의 파괴자가 아니라 완성자이고, 구약에서 예언된 메시아임을 강조함과 동시에 철저하게 유대인들의 불신앙을 책망하면서 회개를 촉구하고 있습니다. 따라서 본 서는 일차적으로는 유대인들을 대상으로 하지만 궁극적으로는 모든 인류를 향한 메시지임을 알 수 있습니다.

2) 주제

본 서는 왕으로 오신 예수 그리스도에 대하여 기록하고 있습니다. 또한 본 서는 앞서 기록 목적에서 밝혔던 많은 문제에 직면한 초대 교회를 위해 몇 가지 주요 주제들을 제시하면서 구약과 신약의 과도기에서 혼란을 겪고 있는 교회 공동체와 기독교인들에게 바른 진리와 확실한 가르침을 제시하고 있습니다.

첫째, 본 서는 유대인들이 대망했던 메시아가 예수님이라는 사실을 특별히 강조하고 있습니다. 예수님은 참으로 메시아적인 왕이라는 사실을 깨닫

지 못하고 있는 유대인들에게 구약에서 예언한 약속들을 예수님께서 완성하셨음을 보여 주기 위하여 복음서 가운데 가장 많이(93회) 구약의 본문을 인용하고 있습니다.

둘째, 본 서는 예수님의 말씀이 교회 공동체를 위한 새로운 율법임을 강조하고 있습니다. 저자는 예수님을 율법의 수여자로 묘사함으로써 예수님이 모세보다도 더욱 위대하신 분임을 강조하였고, 예수님의 말씀은 율법의 문자적인 의미를 넘어서 하나님이 그러하시듯 내면의 순수함과 참된 사랑을 우리들에게 요구하고 있음을 설명하고 있습니다. 그러므로 본 서는 '율법에 대하여 여전히 복종해야 하는 것인가?' 에 대한 문제로 고민하고 있던 유대인들에게 예수님의 말씀을 순종하면 결과적으로 구약의 율법도 온전히 순종하는 것임을 가르치고 있습니다.

셋째, 본 서에서 기록된 예수님의 교훈을 볼 때, 천국은 이미(already) 주님과 함께 실체로 왔으나 아직(not yet) 완성된 것은 아니라고 말하고 있습니다. 주의 나라가 완전히 성취되는 것은 미래에 이루어질 일이며, 오직 예수 그리스도께서 마지막 날에 다시 오실 때에야 비로소 온전히 실현되는 것입니다.

이 밖에도 본 서에서는 새로운 신앙 공동체로서 교회의 존재 이유를 언급하면서(16:17-19) 교회의 올바른 역할에 대한 가르침을 제시하고 있습니다(18:15-20). 그러나 본 서 전체의 중심이 되는 것은 교회 자체가 아니라, 교회의 주인이 예수 그리스도라는 사실입니다. 따라서 마태복음을 처음으로 읽은 초대 교회의 신자들은 '그리스도인은 교회를 중심으로 주님께 순종하는 가운데 살아가야 한다.' 는 귀중한 교훈을 얻을 수 있었던 것입니다.

2. 기록자 및 수신자

1) 기록자

본 서는 기록자에 대해서 직접 언급하지 않고 있습니다. 그럼에도 불구하고 초대 교회의 대부분의 기록들은 이 책을 예수님의 열두 제자 중 한 사람이었던 알패오의 아들 마태가 집필하였다고 밝히고 있습니다. 공관복음은 한목소리로 그가 가버나움에 있었던 세리였으며, 그가 유대인들로부터 죄인으로 낙인찍힌 소외 계층의 일원이었다는 사실을 밝혀 줍니다. 한편 그의 이름은 본 서에서만 마태로 기록되어 있고, 다른 복음서에서는 레위로 기록되어 있습니다(막 2:14; 눅 5:27).

마태는 신약에 기록된 예수님의 열두 제자 가운데 특별히 뛰어난 인물은 아니었습니다. 그는 탁월한 사도로서의 카리스마가 있어서가 아니라, 유대인으로부터 소외받던 자를 부르셔서 제자로 삼으시는 예수님의 지극한 은혜로 소명을 받았습니다. 그 결과 유대인들로부터 가장 멸시받던 세리 마태가 오히려 그 유대인들을 향하여 구원의 메시지를 선포하게 되었습니다.

2) 수신자

본 서의 수신자는 예수님을 메시아로 인정하지 않는 유대계 기독교인들입니다. 기록 목적에서도 언급하였듯이 본 서의 기록자는 예수님의 메시아 되심을 부인하는 유대인들에게 예수님께서 구약의 예언대로 메시아적 직무를 완수하셨음을 보여 주기 위하여 본 서를 기록하였습니다. 또한 본 서를 통해 구약의 율법만 주장하는 유대인들을 향하여 예수님을 율법의 수여자로 묘사함으로써 예수님의 교훈에 순종하면 구약의 율법에도 온전히 순종하는 것임을 깨닫게 해 주고, 교회는 구약을 계승하며 이방인까지 포함된 새로운 신앙 공동체라는 것을 가르쳐 주고 있습니다.

3. 기록 연대

본 서의 기록 연대는 다른 복음서와 마찬가지로 확정하기 어렵습니다. 그러나 사도 시대 이후부터 성경은 다른 관계 문헌에 빈번하게 언급되고 있어서 상대적인 저작 연대를 객관적으로 추정할 수 있고, 본문 자체가 언급하고 있는 역사적 사건을 통해서도 그 연대를 추정할 수 있습니다.

본 서는 이미 주후 1세기 말에 기록된 열두 사도의 교훈집인 「디다케」(*διδαχή*)에 언급되어 있는 것으로 보아 그 이전에 기록된 것이 분명합니다. 마태복음에는 예루살렘 멸망(주후 70년)에 대하여 예언의 형태로만 기록되어 있으므로 이 책의 기록 연대를 주후 70년 이전으로 보는 주장도 있습니다.

그러나 그것은 예수님께서 말씀하실 때의 시제(時制)를 저자가 그대로 기록했을 뿐, 기록할 당시 예루살렘이 멸망했는지의 여부에 대해서는 정확히 알 수 없습니다.

그러므로 본 서의 직접적 집필 동기가 구약 문화에 젖어 있던 유대계 기독교인들과 이방의 개종자들에게 구약과 예수 그리스도와의 관계성에 대해 강조하기 위함이었다는 사실을 고려해 볼 때, 본 서는 주후 70년 전후에 기록된 것으로 추정됩니다.

4. 특징

본 서는 유대인이었던 마태가 유대인들을 위하여 유대인 중 한 사람이었던 예수님에 대해 기록한 것으로, 지극히 유대적 성향이 강한 복음서입니다. 본 서는 예수님의 복음과 구약의 계시가 서로 연속성을 가진 진리임을 강조하고 있으며, 이로 인하여 파생된 특징들이 있는데 그것은 다음과 같습니다.

먼저, 마태복음은 왕으로 오신 메시아에 대한 강조와 구약 성경의 잦은 인용으로 인해 구약의 색채가 짙게 묻어나 있습니다. 즉, 예수님을 유대인의 왕으로 묘사하며, 왕으로 오신 예수님의 지위를 강조하고 있는 것입니다. 마태복음은 신약 성경 중에서 가장 먼저 기록된 책이 아닙니다. 그럼에도 신약 성경의 맨 첫머리에 놓인 것은 본 서가 예수님을 구약에 약속된 메시아로 강조하여 구약과 신약을 가장 잘 연결하고 있기 때문입니다.

따라서 본 서는 구약에서 예언한 말씀의 성취를 보여 주는 신약의 도입부 역할을 하고 있는 것입니다. 또 그러한 특징 때문에 본 서는 신약 성경 중에서 히브리서와 함께 가장 구약적인 책으로 분류됩니다. 특히 마태복음은 구약의 선지자들에 의해 계시되어 온 메시아, 즉 그리스도(기름 부음을 받은 자)를 갈망하는 유대인들을 대상으로 기록한 것일 뿐만 아니라, 구약과 가장 밀접하게 연관되어 구약의 인용을 가장 많이 하고 있기 때문에 가장 유대적인 책으로 평가되고 있습니다.

마지막으로, 본 서는 구조와 내용면에 있어서도 조직적, 체계적으로 구성되어 있고 신학적인 내용(교회론, 종말론)을 다루고 있으며 교훈적이며 질서정연한 문장 구조를 가진 것이 특징이라 할 수 있습니다.

제 22 장

혼인 잔치 비유와 계속되는 공격

A COMMENTARY
ON THE GOSPEL OF
MATTHEW Ⅳ

본 장에는 고난 주간의 셋째 날인 화요일에 발생한 사건들이 계속 언급되어 있습니다. 예수님께서는 21장의 '악한 농부의 비유' 에 이어 '혼인 잔치 비유' 를 들어 자신이 심판주로 오실 것이라는 사실을 밝히시고 하나님의 구원의 초청을 거부한 사람들을 책망하셨습니다.

이에 바리새인들이 예수님을 책잡기 위해 납세 문제를 들고 나오자, 예수님께서는 "가이사의 것은 가이사에게, 하나님의 것은 하나님께 바치라." 고 대답하심으로 올무에서 벗어나셨습니다. 또한 부활이 없다고 하는 사두개인들과의 논쟁에서 예수님께서는 부활의 본질에 대해 교훈하셨습니다. 그런 다음 한 율법사가 예수님을 시험하기 위해 '가장 큰 계명' 이 무엇이냐고 묻자, 예수님께서는 하나님 사랑과 이웃 사랑이 모든 율법의 완성이라고 답변하셨습니다.

그 후 예수님께서는 바리새인들에게 다윗의 자손 문제를 제기하심으로 그들의 입을 막아 버리셨습니다.

1. 혼인 잔치 비유-천국에 들어갈 자(22:1-14)

1. 예수께서 다시 비유로 대답하여 이르시되 2. 천국은 마치 자기 아
들을 위하여 혼인 잔치를 베푼 어떤 임금과 같으니 3. 그 종들을 보
내어 그 청한 사람들을 혼인 잔치에 오라 하였더니 오기를 싫어하거
늘 4. 다시 다른 종들을 보내며 이르되 청한 사람들에게 이르기를 내
가 오찬을 준비하되 나의 소와 살진 짐승을 잡고 모든 것을 갖추었으
니 혼인 잔치에 오소서 하라 하였더니 5. 그들이 돌아보지도 않고 한
사람은 자기 밭으로, 한 사람은 자기 사업하러 가고 6. 그 남은 자들
은 종들을 잡아 모욕하고 죽이니 7. 임금이 노하여 군대를 보내어 그
살인한 자들을 진멸하고 그 동네를 불사르고 8. 이에 종들에게 이르
되 혼인 잔치는 준비되었으나 청한 사람들은 합당하지 아니하니 9.
네거리 길에 가서 사람을 만나는 대로 혼인 잔치에 청하여 오라 한대
10. 종들이 길에 나가 악한 자나 선한 자나 만나는 대로 모두 데려오
니 혼인 잔치에 손님들이 가득한지라 11. 임금이 손님들을 보러 들어
올 새 거기서 예복을 입지 않은 한 사람을 보고 12. 이르되 친구여 어
찌하여 예복을 입지 않고 여기 들어왔느냐 하니 그가 아무 말도 못하

거늘 13. 임금이 사환들에게 말하되 그 손발을 묶어 바깥 어두운 데에 내던지라 거기서 슬피 울며 이를 갈게 되리라 하니라 14. 청함을 받은 자는 많되 택함을 입은 자는 적으니라

1-4절 예수께서 다시 비유로 대답하여 이르시되 천국은 마치 자기 아들을 위하여 혼인 잔치를 베푼 어떤 임금과 같으니 그 종들을 보내어 그 청한 사람들을 혼인 잔치에 오라 하였더니 오기를 싫어하거늘 다시 다른 종들을 보내며 이르되 청한 사람들에게 이르기를 내가 오찬을 준비하되 나의 소와 살진 짐승을 잡고 모든 것을 갖추었으니 혼인 잔치에 오소서 하라 하였더니

예수님은 하나님의 진리를 말씀하실 때 직설적으로 말씀하지 아니하시고 비유를 들어 말씀하셨습니다. 천국의 진리를 말씀하실 때에도 주님은 여러 가지 비유로 말씀하셨습니다. 왜냐하면 직설적으로 말하면 사람들이 도무지 알아듣지 못하지만, 현실 생활에서 체험하고 환경에서 느끼는 것을 이용해서 비유로 설명하면 쉽게 이해하기 때문입니다.

이와 같이 하나님의 말씀은 듣는 것도 중요하지만 그 말씀을 들었을 때 깨닫는 것이 더 중요합니다. 말씀의 씨앗이 떨어졌으나 깨닫지 못하면 공중의 새가 와서 먹어 버립니다. 또는 돌밭에 떨어진 씨같이 싹이 돋으려다 그냥 시들어져 버리거나, 가시떨기 위에 떨어진 씨같이 기운이 막혀 열매를 맺지 못합니다. 하나님의 말씀이 깨달아져서 내 마음에 심겨져야 열매를 맺을 수 있게 되는 것입니다.

말씀을 듣고 깨닫는 것은 굉장히 중요합니다. 그런데 말씀은 성령님이 도와주셔야 깨달을 수 있습니다. 인간의 지식으로는 아무리 설명을

들어도 깨닫지 못합니다. 성령님이 오셔서 말씀의 껍질을 깨뜨려 주셔야 우리가 그 안에 담겨 있는 의미를 알게 되어 말씀의 열매를 맺을 수 있는 것입니다. 그렇기 때문에 우리는 성경 공부를 할 때나 말씀을 들을 때에 성령님을 간절히 의지해야 합니다. 보혜사 성령님이 우리 마음을 점령하시고 우리에게 진리를 깨닫는 눈을 주시도록 간구해야 하는 것입니다.

예수님은 천국이 마치 임금이 자기 아들을 위하여 혼인 잔치를 베푼 것과 같다고 말씀하셨습니다. 예수님 당시의 정치 제도는 임금이 나라를 다스리는 군주제였기 때문에, 예수님은 사람들이 잘 알아들을 수 있도록 이런 비유를 들어 말씀하신 것입니다.

혼인 잔치를 할 때에는 으레 잔치에 꼭 참석해 달라는 청첩장을 보냅니다. 내 책상 위에도 여기저기서 보내온 청첩장이 굉장히 많이 쌓여 있습니다. 결혼식에 갈 때에는 결혼 축의금을 내야하므로 어떤 때는 청첩장이 청구서로 보입니다.

또한 나는 각종 사회 기관이나 단체의 총재나 고문이라는 감투를 여러 개 쓰고 있습니다. 그러니 무슨 일이 있을 때마다 참석하라고 초청장이 옵니다. 돈 내라고 부르는 것입니다.

예수님 당시에도 혼인 잔치에 갈 때 결혼 축의금을 가지고 가야 했는지 잘 모르겠지만, 종들을 통해 초청받은 사람들은 모두 혼인 잔치에 가기를 싫어했습니다. 임금님의 초청을 받았음에도 불구하고 그들은 다 사양하고 오지 않았습니다. 그러자 임금님은 다시 종들을 보내어 거듭 초청했습니다.

"내가 소를 잡고 살진 짐승을 잡아 진수성찬을 차려 놓았으니 와서 맘

껏 먹고 즐기고, 내 아들의 혼인을 축하해 주시오."

임금님이 사람들을 초청한 것은 무엇을 가지고 오라고 부른 것이 아닙니다. 그저 대접을 받으러 오라고 초청한 것입니다.

5-6절 그들이 돌아보지도 않고 한 사람은 자기 밭으로, 한 사람은 자기 사업하러 가고 그 남은 자들은 종들을 잡아 모욕하고 죽이니

임금님이 초청했으나 사람들은 관심을 보이지 않았습니다. 그들은 "소와 살진 짐승을 잡아 진수성찬을 차리든 말든 그게 나와 무슨 상관이야?"라며 각자 제 갈 길로 갔습니다. 어떤 사람은 농사를 지으러 자기 밭으로 가고, 또 어떤 사람은 장사가 급하다고 시장으로 가 버렸습니다. 그러자 남은 사람들은 임금의 말을 전하러 온 종들을 잡아서 수염을 뽑고 옷을 벗기고 마구 때려서 죽여 버렸습니다.

여러분, 이게 상식적으로 말이 됩니까? 어떻게 임금의 초청을 전하러 온 사람을 모욕하고 때리고 죽일 수가 있습니까?

그러나 이것은 예수님이 비유를 들어 말씀하신 것입니다. 이 비유에서 '임금' 은 하나님을 가리키고, '혼인 잔치에 참석하는 것' 은 예수 그리스도를 믿는 것을 말합니다. 이 혼인 잔치에서 예수님은 신랑이 되시고, 우리는 예수님의 신부가 됩니다. 그리스도와 우리가 함께하는 이 혼인 잔치에는 하나님께서 예비하신 큰 축복이 있습니다. 소와 살진 짐승을 잡고 모든 음식을 준비하는 것은 바로 이 축복을 의미합니다. 그러므로 예수님을 믿음으로 하나님의 나라에 들어온 사람은 하나님께서 예비해 놓으신 신령한 복, 마음의 복, 생활의 축복을 받아 누리게 되는 것입니다.

이 세상 사람들은 하나님을 등지고 죄 가운데서 인간의 수단과 방법으

로 살아왔습니다. 그러나 예수님께서 피 흘려 죽으심으로 말미암아 우리의 죄가 다 청산되었고, 하나님과 우리 사이에 막힌 죄의 담이 다 허물어져 하나님과 우리가 화목하게 되었습니다. 우리가 예수 그리스도를 구주로 믿으면 삼위일체 하나님이 우리와 함께 거하십니다. 예수 그리스도의 보혈 안에서 하나님은 우리 안에 계시고 우리는 하나님 안에 있게 됩니다.

하나님이 우리에게 아버지가 되시고, 예수님이 구주가 되시고, 성령님이 보혜사로 와 계십니다. 그러므로 하나님께서는 우리가 부르짖으면 귀를 기울여 주시는 것입니다. 이제 우리 안에 하늘나라가 임한 것입니다. 그러므로 우리는 보통 사람이 아닙니다. 우리 한 사람 한 사람이 하나님의 나라요, 작은 천국인 것입니다.

우리 속에 하나님의 나라가 임하여 있으면, 우리는 하나님의 뜻을 따라 살게 됩니다. 세상에서도 한 나라의 대통령이나 수상이나 왕이 된 사람은 자국(自國)의 국민을 잘 먹이고 잘 입히고 잘살게 하는 데 전력을 기울이는데, 하물며 하나님께서 당신의 나라인 우리를 어떻게 다스리시지 않겠습니까? 하나님은 우리의 임금이시고, 우리는 하나님께서 그의 아들 예수 그리스도의 피로 값 주고 산 백성들입니다. 그러니 하나님께서 우리를 돌보시지 않는다면 하나님은 직무 유기자요, 실패자가 되지 않겠습니까?

예수님께서는 우리에게 "너희는 먼저 그의 나라와 그의 의를 구하라 그리하면 이 모든 것을 너희에게 더하시리라"(6:33)고 말씀하셨습니다. 우리 속에 하늘나라가 들어와 있으므로, 우리가 하늘나라를 먼저 찾고 하늘나라를 먼저 구하고 하늘나라 중심으로 살면 그다음 모든 일은 하나님께서 돌보아 주십니다. '무엇을 입을까, 무엇을 먹을까, 무엇을 마실까, 어떻게 살까?' 하는 것은 하나님께서 돌보아 주실 부분입니다. 그래야 하늘나라가 설 수 있습니다. 하나님 아버지께서 돌보아 주시지 아니하시면 하늘나라가 설 수 없습니다.

그 안에 하늘나라가 임한 개인이나 국가를 하나님께서 돌보아 주신다는 것은 기독교 역사에 잘 나타나 있습니다. 세계 4대 문명은 중국의 황하 유역, 인도의 인더스 강과 갠지스 강 유역, 메소포타미아의 티그리스 강과 유프라테스 강 유역, 이집트의 나일 강 유역에서 발생하여 동방에서부터 꽃피웠습니다. 따라서 처음에 복음이 팔레스타인에서 유럽으로 건너갔을 당시만 해도 유럽은 미개한 지역이었습니다. 그런데 복음이 팔레스타인에서 유럽으로 들어가면서 유럽에 하늘나라가 임하고 하나님이 직접 돌보시기 시작했습니다. 그리스도의 복음이 들어간 나라마다 순식간에 정치, 경제, 교육, 문화, 군사, 산업이 꽃피었습니다. 그리하여 인본주의나 인간의 힘으로 일으킨 문명으로는 도저히 따라갈 수 없을 정도로 훨씬 앞선 선진국이 된 것입니다.

그 대표적인 나라가 영국입니다. 해적의 나라 영국에 그리스도의 복음이 들어가니, 영국은 세계 최대의 강대국이 되었습니다. 영국은 인도와 캐나다, 지금의 미국, 오스트레일리아와 뉴질랜드, 싱가포르, 홍콩까지 점령해서 '해가 지지 않는 나라' 라고 불렸습니다. 그만큼 영국은 강성 대국이 된 것입니다.

미국을 보아도 그렇습니다. 반만년 역사를 가진 우리나라는 아직까지도 선진국 대열에 들어가지 못하고 있는 데 비해, 역사가 400년도 안 되는 미국은 현재 세계 최고의 부강한 나라가 되어 전 세계를 호령하고 있습니다. 왜 그렇습니까? 처음에 미국으로 건너간 사람들의 목적이 하늘나라를 세우는 것이었기 때문입니다. 유럽에서 북미로 간 사람들은 하늘나라를 세우러 갔고, 남미로 간 사람들은 황금을 찾으러 갔습니다. 하나님을 찾아 북미로 간 사람들은 하나님과 황금을 동시에 찾았습니다. 그런데 희한하게도 황금을 찾으러 남미로 간 사람들은 그 풍족하고 기름진 땅에서 하나님도 찾지 못하고 황금도 찾지 못했습니다. 결국 황금도 잃고 하나님도 잃어버린 것입니다.

하늘나라가 임하면 하나님이 직접 통치하시기 때문에 그 안에 있는 사람은 누구나 머리가 되고 꼬리 되지 않고, 위에 있고 아래 내려가지 않으며, 남에게 꿔어줄지라도 꾸지 않는 삶을 살게 됩니다. 하나님이 그 속에 들어오셔서 그 아들 예수 그리스도로 말미암아 잔치를 베풀어 주시는 것입니다.

하나님께 예배드리는 것, 하나님의 말씀을 듣고 공부하는 것이 바로 잔치입니다. 우리는 이 잔치에 사람들을 초청합니다. 하나님의 초청을 받아들여서 회개하고 예수 믿고 하나님의 잔치에 참여하라고 전합니다. 그런데 사람들은 그 초청을 잘 받아들이지 않습니다. 어떤 사람은 "웃기는 소리 하지 마라. 나는 농사일에 바쁘다!" 라고 거절하고, 또 어떤 사람은 "장사해서 먹고 살아야지, 무슨 예수냐?" 라고 거부합니다. 어떤 사람들은 전도하면 잡아서 능욕하고 감옥에 가두기도 합니다. 아직까지도 많은 나라에서 예수님을 믿으면 죽임을 당합니다. 가장 가까이에 있는 북한만 해도 그렇지 않습니까? 북한에서는 예수님을 믿다가 들키면 죽임을 당합니다.

하늘나라의 임금이신 하나님은 우리를 혼인 잔치에 초청하셨습니다.

이 초청을 받아들여서 우리가 예수님을 믿는 것은 예수님과 약혼하는 것입니다. 그리고 장차 주님이 강림하시면, 우리는 주님과 결혼을 하게 됩니다. 그러니 이 초청이 얼마나 영광스러운 것입니까? 하나님의 아들의 신부요, 하늘나라의 상속자가 되는 것이니 이 영광은 이루 다 말할 수 없습니다.

그런데도 사람들이 이 초청에 무관심한 것을 보면 참으로 기가 막힙니다. 이런 큰 축복을 어떻게 농사짓는 것이나 장사하는 것과 비교할 수 있겠습니까? 그러나 놀랍게도 우리는 하나님의 초청을 받아들인 사람들입니다. 웬 말인지, 웬 은혜인지, 우리는 초청을 받아들여서 그리스도를 모시고 그리스도의 약혼자가 되었습니다. 결혼할 날만 기다리고 있어요. 이 얼마나 놀랍고 좋은 일입니까? 게다가 우리 속에는 이미 하늘나라가 들어와서 하나님께서 다스리십니다. 하나님이 우리와 함께 계시므로 우리는 두려워할 것이 없습니다. 우리는 오직 하나님을 의지하고 하나님을 바라보고 나아가기만 하면 되는 것입니다.

7절 임금이 노하여 군대를 보내어 그 살인한 자들을 진멸하고 그 동네를 불사르고

임금은 초청을 거절한 자들에게 진노했습니다. 종들을 보내어 아들의 혼인 잔치에 오라고 거듭 초청을 했는데, 초청을 받은 사람들이 초청에 응하기는커녕 종들을 모욕하고 죽였으니 임금이 진노하지 않을 리가 있겠습니까? 이와 한가지로, 하나님께서는 하나님의 초청을 받아들이지 않고 오히려 복음을 전하는 사람들을 박해하는 자들에 대하여 진노하십니다. 지금은 은혜의 때이기 때문에 하나님의 진노의 심판이 당장 나타나지는 않지만, 머지않아 심판의 때가 반드시 올 것입니다.

하나님은 죄인들이 회개하고 돌아오도록 하기 위해 오래 참으시되 끝까지 참으시지는 않습니다. 예수 그리스도께서 재림하신 후에는 심판이 있습니다. 그때가 되면 하나님의 아들을 능욕하고 모욕한 사람들, 그리스도인들을 박해하고 죽인 사람들에게 어마어마한 진노의 심판을 내리실 것입니다. 천지를 지으신 전지전능, 무소부재하신 하나님이 진노하시면 그 진노의 대상인 인간들이야 초개와 같지 않겠습니까? 그 어마어마한 하나님의 진노를 어떻게 피하겠습니까? 지금이야 "내 주먹을 믿어라!" 고 건방지게 철없는 소리를 하지만, 하나님의 진노의 포도주 틀을 밟을 때 하나님을 거역한 사람들은 숨을 곳이 그 어디에도 없습니다.

우리에게는 하나님의 큰 사랑을 받을 기회도 있고, 하나님의 무시무시한 심판과 진노를 받을 위험도 있습니다. 우리는 이 땅에 살면서 무엇을 선택했는가에 따라 이 두 가지 중 하나를 받게 됩니다. 즉, 우리가 예수 그리스도를 선택하면 하나님의 사랑을 받게 되지만, 그렇지 않고 예수 그리스도를 반대하고 거역하면 하나님의 진노를 받게 되는 것입니다.

하나님께서는 그 아들 예수 그리스도를 십자가에 달려 피 흘려 죽게 하심으로 온 인류의 죄를 갚고 구원의 길을 열어 주셨습니다. 우리의 죗값을 우리가 갚으려면 영원히 어마어마한 고통을 받아야 할 터인데, 예수님이 우리 대신 고난을 받으시고 십자가에 달려 돌아가셨습니다. 우리의 자리에 주님이 대신 들어가신 것입니다. 그러므로 예수 그리스도를 구주로 영접하고 믿은 사람은 과거와 현재와 미래의 죄를 다 사함 받고 값없이 구원을 받는 것입니다.

그러나 예수 그리스도의 은혜를 거부하는 사람은 자신이 직접 죗값을 받아야 합니다. 본문의 '임금이 노하여 군대를 보내어 그 살인한 자들을 진멸하고 그 동네를 불사르는' 일은 꼭 7년 환난 때에만 일어나는 것이 아닙니다. 오늘날에도 개인적으로나 국가적으로 그리스도의 복음을 반대하고 복음에 걸림돌이 되면 하나님께서 제거하십니다. 공산 국가였던 소련이 무너진 것을 보십시오. 소련 공산당이 70년간 전 세계적으로 교회를 훼파하고 주의 종들을 잡아 죽이고 능욕하니까 하나님이 그 나라를 심판하심으로 공산당이 무너지고 황무지가 되고 말았습니다. 역사적으로 그리스도의 복음에 정면으로 대결한 사람이나 나라치고 살아남은 것이 없습니다. 로마제국도 무너졌고, 일본 제국주의도 무너졌고, 히틀러도 무너졌습니다. 지금 하나님을 대적하는 북한도 얼마 있지 않아 무너질 것입니다.

하나님은 어느 한계까지는 참으시지만 그 한계를 넘으면 심판하십니다. 하나님의 인내에도 한계가 있는 것입니다. 하나님이 심판하실 때에는 개인이나 집단이나 국가 할 것 없이 엄하게 심판하십니다. 하나님은 사랑할 때에는 큰 자비와 긍휼을 베푸시지만, 심판할 때에는 무시무시하게 심판하시는 것입니다.

8-10절 이에 종들에게 이르되 혼인 잔치는 준비되었으나 청한 사람들은 합당하지 아니하니 네거리 길에 가서 사람을 만나는 대로 혼인 잔치에 청하여 오라 한대 종들이 길에 나가 악한 자나 선한 자나 만나는 대로 모두 데려오니 혼인 잔치에 손님들이 가득한 지라

하나님께서 혼인 잔치에 가장 먼저 청하신 사람들은 아브라함과 이삭

과 야곱의 자손인 유대 민족입니다. 그러나 이들은 하나님의 초청을 거절했습니다. 심지어는 하나님의 아들인 예수 그리스도를 십자가에 못 박아 죽이기까지 했습니다. 그 결과가 어떻게 나타났습니까? 하나님께서는 주후 70년에 로마의 디도 장군과 군대를 동원해서 예루살렘을 함락하여 불태우고 사람들을 죽였습니다. 이처럼 예수 그리스도를 십자가에 못 박은 죄로 말미암아 그들의 나라는 무너져 풍비박산이 되었고, 그들은 세계 곳곳으로 흩어지고 말았습니다.

원래 구원은 유대인들이 먼저 받고, 그다음에 이방인들이 받도록 되어 있습니다. 그런데 유대인들이 하나님의 구원을 거부했기 때문에 주님께서는 그들을 심판하시고 복음이 온 이방에 전해지도록 하셨습니다. 그렇기 때문에 하나님께서는 세상 모든 사람이 예수님을 믿고 구원받도록 초청하고 계십니다.

"악한 사람도 오고, 선한 사람도 오라."

"잘난 사람도 오고, 못난 사람도 오라."

"백인도 오고, 황인도 오고, 흑인도 오라."

이와 같이 하나님께서 온 세계 만민을 차별 없이 불러 하늘나라를 채우고 계시는 것입니다. 이러므로 유대인들이 하나님을 반역한 것이 오히려 이방인에게는 구원의 기회가 되었습니다. 오늘날은 누구든지 이 초청을 받고 예수 그리스도를 믿으면 구원을 받을 수 있습니다. "침례 요한의 때부터 지금까지 천국은 침노를 당하나니 침노하는 자는 빼앗느니라"(11:12)는 말씀처럼 온 천하에서 지금 천국으로 침노해 들어오고 있습니다.

감사하게도 우리 한국에는 하나님의 초청을 받아들이는 사람이 참으로 많습니다. 선교하러 세계 여러 나라를 다니면서 보면 복음을 받아들이는 데 나라마다 차이가 있는 것을 발견할 수 있습니다. 우리나라 사람들은 하나님의 초청을 잘 받아들입니다. 회개도 잘하고, 예수님도 잘 믿습니다. 그러나 이웃 나라 일본은 그렇지 않습니다. 아무리 복음을 전해도 초청을 받아들이지 않습니다. '농사지으러 간다, 장사하러 간다, 놀러 간다' 고 온갖 이유를 대며 교회에 오지 않습니다. 마치 계란으로 바위를 치는 격입니다. 하나님이 하라고 명령하시니까 이삭이라도 하나 주울까 싶어서 복음을 전하지만, 정말 일본 사람들은 하나님의 복음을 받아들이지 않습니다. 그렇기 때문에 너무나 안타깝습니다. 나는 우리나라 사람들처럼 일본 사람들도 복음을 받아들여 구원받기를 간절히 소망합니다.

이 세상에서 잘 먹고 잘 입고 잘사는 것은 영원한 것이 아닙니다. 그것은 안개같이 순식간에 다 사라져 버리고 맙니다. 이러한 세상에 매달려서 세상을 바라보고 살면 나중에 정말 낭패에 처하고 맙니다. 사람들은 어느 누구를 막론하고 언젠가 이 세상을 떠날 것이기 때문에 떠날 준비를 하고 살아야 합니다.

나는 해외에 성회나 세미나를 인도하러 가게 되면 2, 3주 전에 미리 가방을 챙겨 놓습니다. 어떤 사람은 출발 당일에 가방을 챙긴다고 하는데, 그렇게 급히 서둘러 챙기다 보면 꼭 빼먹는 것이 생깁니다. 그래서 낭패당하기 쉽습니다. 천국 가는 것도 마찬가지입니다. 천국 가는 날 아침에 준비하면 안 됩니다. 평소에 천국 갈 채비를 하나하나 해 놓으면서 살아야 주님이 언제 오라고 하셔도 미련 없이 갈 수 있는 것입니다.

인생은 혼자 사는 것입니다. 아무리 부모가 자식을 사랑해도 자식이 크면 자기 길로 가 버립니다. 또한 그 자식과 함께 죽을 수도 없습니다. 부부도 결혼하여 자식을 낳고 산다고는 하지만, 그저 남남끼리 만나서 함께 공동체 생활을 한다 뿐이지 결국은 남입니다. 결국 인생은 혼자 남는 것입니다.

인생은 결국 혼자서 여행하는 것입니다. 우리는 이 사실을 깊이 깨달아야 합니다. 그런데 이처럼 혼자서 여행하는 인생길에 영원히 함께해 주시는 분이 계십니다. 바로 우리의 영원한 친구 되시는 예수님이십니다. 예수님만이 우리와 영원히 함께 계십니다. 좋을 때에도, 어려울 때에도, 감옥에서도, 죽음의 자리에서도 예수님은 우리의 손을 잡고 함께 계십니다. 그러므로 우리가 외롭지 않은 인생을 살기 위해서는 예수님을 모셔야 하는 것입니다.

예수님만이 실상이요, 그 외는 다 허상입니다. 실상인 예수님만 꼭 잡고 있으면 실망하지 않습니다. 친구가 떠나가도, 부모가 떠나가도, 남편에게 실망해도, 아내에게 실망해도 '허상이 그렇지.' 하고 털어 버릴 수 있는 것입니다.

어릴 적 우리 시골집에는 봄이 되면 제비가 와서 집을 지었습니다. 제비 부부는 여름 내내 새끼들에게 벌레를 잡아다 먹이며 키웁니다. 얼마나 열심히 새끼들을 먹이고 키우느라고 애쓰는지, 봄에는 토실토실했던 제비 부부가 가을에는 빼빼 말라 있습니다. 그런데 새끼들은 다 커서 둥지를 떠나 날아가 버리고, 새끼들이 다 떠난 빈 둥지에서 제비 부부가 '지지배배' 하고 웁니다.

하루는 할머니이 그 모습을 보시고 나에게 상당히 철학적인 말씀을 해 주셨습니다.

"용기야, 너 저 제비 봤니?"

"왜요?"

"'먹여 주고 재워 주고 돌보아 주고 안아 주었더니 새끼들은 다 떠나고 우리만 남았구나!' 그렇게 울고 있단다."

"아이, 할머니도 참! 무슨 말씀을 그렇게 하세요?"

"용기야, 인생도 그런 거야. 언젠가는 다 떠나가고 황혼이 되면 혼자밖에 남는 것이 없어."

그때는 나이가 어려서 할머님 말씀이 무슨 뜻인지 이해하지 못했습니다. 아마도 할머님은 할아버지가 세상을 뜨시고 시골에서 나와 단둘이 사시면서 그 사실을 굉장히 절실히 느끼셨던 모양입니다.

또 하루는 우물가에 앉아 있는데 비둘기가 '구구구구' 하고 우니까, 할머님이 내게 물으셨습니다.

"용기야, 비둘기가 지금 무슨 말 하는지 아니?"

"할머니, 비둘기가 말을 해요?"

"응, 말을 하지. 비둘기가 지금 우는 것은 '아내 죽고 자식 죽고 나 혼자서 어찌 살리.' 그러는 거다."

그래서 나는 '아, 저 비둘기는 아내가 죽고 자식도 죽고 혼자 남아서 저렇게 고독하게 우는구나.' 라고 생각했습니다.

할머님이 나에게 말씀하신 것은 결국 인생은 혼자라는 말입니다. 다시 말해, 인생은 고독하다는 것이지요. 우리 할머님은 나중에 예수님 믿고 그리스도 안에서 정말 기쁘게 사시다가 천국에 가셨습니다.

여러분, 모든 인생은 있는 것 같아도 실제로는 다 허상입니다. 옛말에 '생자필멸(生者必滅)이요, 회자정리(會者定離)' 라는 말이 있습니다. 살아 있는 사람은 반드시 죽고, 만나는 사람은 반드시 헤어진다는 뜻입니다.

만나고 또 이별을 하면서 살다가 죽어 세상을 마치는 것이 우리 인생입니다. 그 허상에 매달려서 거기에 희망을 두면 허상이 하나하나 사라질 때마다 가슴을 치고 몸부림치게 됩니다. 그러므로 우리는 이 세상이 끝난다는 사실을 늘 염두에 두고 실상인 예수 그리스도를 중심에 모시고 주님과 함께 살면 그다음에는 허상이 들어와도 요동하지 않습니다. 그러면 언제 주님이 오시더라도 준비가 되어 있기 때문에 당황하지 않고, 내 주변에 큰 변화가 일어나도 큰 충격을 받지 않게 되는 것입니다. 오직 그리스도와 함께 내 갈 길을 가며 하늘의 부르심을 따라 살아가게 되는 것입니다.

11-14절 임금이 손님들을 보러 들어올 새 거기서 예복을 입지 않은 한 사람을 보고 이르되 친구여 어찌하여 예복을 입지 않고 여기 들어왔느냐 하니 그가 아무 말도 못하거늘 임금이 사환들에게 말하되 그 손발을 묶어 바깥 어두운 데에 내던지라 거기서 슬피 울며 이를 갈게 되리라 하니라 청함을 받은 자는 많되 택함을 입은 자는 적으니라

종들이 손님들을 청하여 채우자, 임금이 손님들을 보러 들어왔습니다. 그런데 예복을 차려입지 않고 온 사람이 있었습니다. 잔칫집에 오려면 예복을 갖춰 입어야 합니다. 속옷 차림으로 잔칫집에 오는 것은 예의가 아닙니다.

그렇다면 교회의 예복은 무엇입니까? 그것은 예수 그리스도로 말미암아 거듭난 것, 즉 죄를 회개하고 예수 그리스도를 믿음으로 말미암아 의롭다고 칭함 받은 의의 옷입니다. 그런데 교회에도 의의 옷을 입지 않

은 사람들이 있습니다. 그들은 그냥 교회에만 출석할 뿐 예수 그리스도를 믿지는 않는 사람들입니다. 그저 다른 사람이 교회에 간다고 하니까 따라와서 앉아 있다가 가는 사람들입니다. '정말 그런 사람이 있을까?' 라고 생각하는 분도 있겠지만, 실제로 그런 사람이 많습니다.

임금은 예복을 갖추지 않은 사람에게 물었습니다. "너는 어찌하여 예복을 입지 않고 왔느냐?" 이는 "너는 어찌하여 예수님을 믿지도 아니하고 회개도 하지 아니하고 침례도 받지 아니하고 교회에 와서 앉아 있느냐?" 라는 말입니다. 그는 할 말이 없었습니다.

여러분, 신자라고 해서 다 같은 신자가 아니고, 교회라고 해서 다 같은 교회가 아닙니다. 어떤 교회는 신(新)신학자들과 현대주의자들이 모여 있습니다. 그들은 복음을 정치적인 이야기나 사회 개혁 사상으로 이해하여 예수 그리스도의 이름으로 구제하고 정치하고 개혁 운동을 벌입니다. 그러면서도 예수님을 믿고 구원받아 천국 간다고 하면 비웃습니다. 그들은 예수 그리스도께서 동정녀 마리아에게서 태어나셨고 십자가에 달려 죽었다가 부활해서 승천하셨으며 불원장래(不遠將來)에 다시 오신다는 것을 믿지 않습니다. 이런 사람들에게는 예복이 없으며, 이런 사람들이 모이는 교회는 그리스도의 몸 된 교회가 아닙니다. 단순히 정치적, 사회적, 철학적 모임일 뿐입니다. 이런 교회에서는 설교할 때 그리스도의 십자가 보혈에 대한 것을 이야기하지 않습니다. 늘 정치 이야기, 사회 이야기만 합니다. 이러한 사람들은 예복을 입지 않은 신자이고, 또 이러한 사람들이 모인 교회는 예복을 입지 않은 교회입니다. 이런 곳은 예수님과 전혀 연결될 수 없습니다. 교회에 오더라도 하나님과 관계가 맺어지지 않습니다. 그러므로 교회에 온다고 해서 다 구원받는 것이 아닙니다. 오직 예수 그리스도를 구주로 모시고 새롭게 변화된 삶을 사는 사람들만이 하나님과 연결되고 구원받게 되는 것입니다.

임금은 예복을 입지 않은 사람들의 손발을 묶어 바깥 어두운 데에 내던지라고 명했습니다. 교회에 왔다 갔다 한다고 해서 천국에 가는 것이 아닙니다. 주님은 그런 사람들을 다 내던져 버리십니다.

"나는 너를 도무지 알지 못한다."

"주여, 내가 주의 이름으로 정치 활동도 하고 사회 개혁 운동도 하고 자연 보호 운동도 했지 않습니까? 주의 이름으로 평화 운동을 했지 않습니까?"

그러나 그것은 예수님을 믿는 것이 아닙니다. 그러므로 주님은 "너는 나와 아무 상관이 없다. 물러가라! 나는 너를 알지 못한다."라고 그들을 부인하십니다.

성경은 "나더러 주여 주여 하는 자마다 천국에 다 들어갈 것이 아니요 다만 하늘에 계신 내 아버지의 뜻대로 행하는 자라야 들어가리라"(7:21)고 말씀하고 있습니다. 하나님의 뜻은 우리가 예수 그리스도를 믿고 구원받는 것입니다. 이러므로 예수 그리스도를 믿어 구원받지 않고 그저 정치 활동, 사회 운동, 자연 운동만 하는 사람들은 천국에 들어갈 수 없습니다.

여러분, 주님이 오시는 날 우리는 순식간에 공중에 들려 올라갈 것입니다. 성경에 보면 두 사람이 밭에서 일하다가 한 사람은 올라가고 한 사람은 남고, 두 사람이 잠자다가 한 사람은 들림 받고 한 사람은 남고, 두 사람이 아침 식사를 준비하려고 맷돌을 갈다가 한 사람은 들려 올라가고 한 사람은 남습니다(24:40-41; 눅 17:34-35). 이것은 지구가 둥글다는 것을 보여 줍니다. 다시 말해서, 지구 한쪽에서는 밤에 잠을 자다가 들려 올라가고, 같은 시각에 그 반대쪽에서는 아침 식사 준비를 하다가 들려 올라가게 된다는 것입니다.

우리가 들려 올라간 다음에 교회는 두 종류로 구분될 것입니다. 어떤 교회들은 목사도, 장로도, 권사도, 집사와 성도들도 다 들려 올라가서 텅 빈 교회 건물만 남아 있을 것입니다. 그런가 하면 또 어떤 교회들은 거룩한 가운을 입은 목사가 강대상에서 설교를 하고 사람들도 다 모여서 찬송하고 예배할 것입니다. 그런 교회는 예복을 입지 않고 그저 정치 운동이나 사회 운동만 열심히 하므로 한 사람도 들려 올라가지 못한 교회입니다.

예수님은 "내가 진실로 진실로 네게 이르노니 사람이 물과 성령으로 나지 아니하면 하나님의 나라에 들어갈 수 없느니라"(요 3:5)고 말씀하셨습니다. 회개하고 성령으로 거듭나서 예수 그리스도의 죽음과 부활을 그대로 믿고 받아들이는 사람만이 하늘나라에 들어갈 수 있는 것입니다.

복음을 전파하는 것은 바로 주님의 초청장을 전하는 것입니다. 지금은 라디오에서, TV에서, 전도지를 통해서, 부흥성회를 통해서 끊임없이 온 천하에 복음이 전해지고 있습니다. 하나님께서 이 모든 것들을 통해 온 천하 만민에게 초청장을 보내고 계신 것입니다. 그런데 그 초청장을 받고서 예복을 입고 기쁘게 오는 사람들이 많지 않습니다. 청함을 받은 사람은 많되 택함을 입은 사람은 많지 않은 것입니다. 오늘날 수십억 되는 전 세계 인구 가운데 정말로 구원받은 사람이 몇이나 되겠습니까? 우리나라만 하더라도 라디오와 TV, 인터넷, 각 교회 부흥 성회, 개인 전도 등을 통해 계속해서 초청장이 보내지고 있습니다. 그러나 많은 사람들이 이 초청장을 무시합니다.

"밭에 일하러 가는데 시끄럽다."

"장사하러 가는데 시끄럽다."

이렇게 하나님의 초청을 무시하고 있습니다. 그러나 이런 때도 잠깐입니다. 머지않아 예수 그리스도께서 이 세상에 다시 오시면 하늘과 땅과 세계와 그 가운데 모든 것을 친히 다스리실 것입니다. 그때 하나님의 초청을 무시한 사람들은 바깥 어두운 데 쫓겨나 이를 갈며 슬퍼하는 신세가 될 수밖에 없습니다.

사람이 이 땅에 태어나서 사는 동안 가장 중요한 것은 예수님을 믿고 구원받는 것입니다. 온 천하를 다 얻고도 자기 목숨을 잃으면 아무 소용이 없습니다. 그러므로 구원받는 것이 가장 중요한 것입니다. 예수님을 믿고 구원받은 사람은 인생에서 성공한 사람입니다. 비록 이 땅에서 사는 동안에는 잘 먹고 잘 입고 잘살지 못했을지라도 그는 이미 열매 맺은 사람이요, 하나님의 백성으로 거듭났기 때문에 성공한 인생인 것입니다. 그러므로 우리는 누가 뭐라고 하더라도 상관하지 말고 예수 그리스도를 믿어야 합니다. 우주가 달라질 때가 옵니다. 역사가 달라질 때가 옵니다. 예수님의 시대, 신천신지(新天新地)의 시대가 오는 것입니다. 그러므로 우리는 이 시대에 참여하기 위해 늘 우리의 마음과 몸을 준비해야 하는 것입니다.

2. 가이사의 것은 가이사에게, 하나님의 것은 하나님께(22:15-22)

15. 이에 바리새인들이 가서 어떻게 하면 예수를 말의 올무에 걸리게
할까 상의하고 16. 자기 제자들을 헤롯 당원들과 함께 예수께 보내
어 말하되 선생님이여 우리가 아노니 당신은 참되시고 진리로 하나
님의 도를 가르치시며 아무도 꺼리는 일이 없으시니 이는 사람을 외
모로 보지 아니하심이니이다 17. 그러면 당신의 생각에는 어떠한지
우리에게 이르소서 가이사에게 세금을 바치는 것이 옳으니이까 옳지
아니하니이까 하니 18. 예수께서 그들의 악함을 아시고 이르시되 외
식하는 자들아 어찌하여 나를 시험하느냐 19. 세금 낼 돈을 내게 보
이라 하시니 데나리온 하나를 가져왔거늘 20. 예수께서 말씀하시되
이 형상과 이 글이 누구의 것이냐 21. 이르되 가이사의 것이니이다
이에 이르시되 그런즉 가이사의 것은 가이사에게, 하나님의 것은 하
나님께 바치라 하시니 22. 그들이 이 말씀을 듣고 놀랍게 여겨 예수
를 떠나가니라

15절 이에 바리새인들이 가서 어떻게 하면 예수를 말의 올무에 걸리게 할까 상의하고

시기와 질투는 하나님께서 미워하시는 것입니다. 다른 사람이 잘되면 축하해 주고 기뻐하기는커녕 시기하고 질투하여 어찌하든지 그 사람의 뒤를 파헤쳐서 끌어내리려고 하는 것은 굉장히 큰 죄입니다. 하나님께서

는 우리에게 "네 이웃의 집을 탐내지 말라 네 이웃의 아내나 그의 남종이나 그의 여종이나 그의 소나 그의 나귀나 무릇 네 이웃의 소유를 탐내지 말라"(출 20:17)고 말씀하셨습니다. 탐내는 마음이 이웃을 시기하고 질투하게 만들기 때문입니다.

예수님 당시에 유대는 로마의 식민지였습니다. 그럼에도 불구하고 유대 민족은 바리새인, 사두개인, 헤롯 당원 등으로 분리되어 서로 물고 찢으며 기득권 다툼을 벌였습니다. 지금 예수님을 찾아온 사람들은 그중 하나인 바리새인들입니다. 이들은 예수님을 책잡아 파멸시키기 위해 모의를 하고 왔습니다.

바리새인들은 가장 열렬한 유대교인이요, 가장 철저하게 율법을 지키는 사람들입니다. 그들은 반드시 매주 이틀씩 금식하고 십일조를 철저히 냈습니다. 또한 그들은 하나님도 믿고, 천사도 믿고, 부활도 믿었습니다. 그러나 실제로 바리새인들은 위선자들입니다. 왜냐하면 그들은 철저한 율법주의자였기 때문입니다.

율법주의만큼 위선자를 만드는 것이 없습니다. 율법에 대해 완전할 수 있는 사람은 아무도 없습니다. 어느 누구도 철저하게 율법대로 살지 못합니다. 율법주의자 자신도 율법대로 살지 못합니다. 그런데 바리새인들은 다른 사람들을 율법의 잣대로 비판하려다 보니 자신을 위선으로 가장할 수밖에 없었습니다. 남을 자꾸 비판해야 하므로 자신을 정당화시키기 위해 위선의 옷을 입은 것입니다.

우리나라 사람들은 오랜 세월 동안 율법적인 삶을 살았기 때문에 굉장히 위선적인 경향이 있습니다. 그래서 집을 지을 때도 자신을 가리기 위해서 담을 높이 쌓습니다. 특히 고관대작의 집은 담이 하늘을 찌를 듯이 높습니다. 완전히 자신을 가리는 것입니다. 그리고 대문도 근사하게 만들고 명패도 대리석으로 만들어 달아 놓습니다. 그러므로 겉에서 보면 으리으리합니다. 그러나 안으로 들어가 보면 집 구조가 형편없는 경우가 많습니다. 반면에 기독교 국가에 가 보면 대부분의 집에 담이 없습니다. 그들은 자신을 위선으로 감추려 하지 않습니다.

나는 처음 미국에 갔을 때 비행기에서 로스앤젤레스를 내려다보고 너무 실망했습니다. 미국의 집들은 으리으리하게 좋을 줄 알았는데, 공중에서 내려다보니 전부 판자촌이었습니다. 그래서 '미국은 잘사는 나라인 줄 알았는데, 왜 이 모양인가?' 라고 생각했습니다. 그런데 일단 착륙하여 집 안으로 들어가 보니, 아주 편리하게 생활할 수 있도록 짜임새 있고 실용적인 구조로 되어 있었습니다. 우리나라의 집은 겉만 번지르르하고 속은 별 볼일 없는 데 비해, 미국의 집은 겉은 수수하게 해 놓았지만 안은 굉장히 알차게 꾸며 놓았습니다.

우리 옛말에 '사람이 굶어도 옷은 잘 입어야 한다.' 라는 말이 있습니다. 또 '입은 거지는 얻어먹어도 헐벗은 거지는 못 얻어먹는다.' 라는 말도 있습니다. 이러한 말들은 우리나라 사람들이 얼마나 체면을 중시하는지를 잘 말해 주고 있습니다. 다시 말해서 위선적이라는 뜻입니다. 겉은 근사하게 차리지만 속은 비어 있다는 것입니다. 속이 꽉 찬 것이 좋은 것이지 겉만 번지르르한 것은 아무 실속이 없습니다.

율법주의자인 바리새인들은 속은 비어 있으면서 겉은 아주 근사하게 꾸미는 사람들이었습니다. 대개 내용이 없으면 형식과 의식에 치중합니다. 종교도 그렇습니다. 내용이 부실하면 겉을 으리으리하게 꾸며 놓습니다. 건물을 으리으리하게 짓고, 제단을 으리으리하게 꾸미고, 옷도 으리으리하게 입습니다. 그렇게 해서 교인들이 겁을 먹도록 하고 의식과 형식으로 위협을 합니다.

그러나 우리 예수님은 한 번도 그런 옷을 입으신 적이 없습니다. 예수님은 아주 평범하게 통짜로 짠 옷을 입고 너무나 수수하게 차리셨기 때문에, 성경에 의하면 사람들 보기에 흠모할 만한 아름다운것이 없다고 했습니다(사 53:2). 그러나 속은 꽉 찬 분이셨습니다. 예수님은 만왕의 왕이요, 만주의 주로서 하늘나라의 모든 권세를 가지고 계신 분이지만 겉은 말할 수 없을 정도로 평범하고 수수했던 것입니다.

그러므로 오늘날 예수 그리스도를 믿고 따르는 우리는 위선을 버리고 내실 있는 사람이 되어야 합니다. 속이 빈 사람은 늘 비판하고 비난하며 말썽을 일으킵니다. 하지만 내실이 있는 사람은 사랑을 베풀고 다른 사람을 살리려고 하지, 비판하고 비난하지 않습니다.

빈 수레가 요란합니다. 아무것도 싣지 않은 수레는 덜거덕덜거덕 요란한 소리를 내며 달립니다. 그러나 짐을 가득 실은 수레는 요란한 소리를 내지 않습니다. 바리새인들은 바로 빈 수레와 같은 사람들입니다. 속이 비어 있습니다. 그들은 순수한 마음으로 하나님을 섬기지 않습니다. 그들은 위선의 가운을 입고 율법을 가지고 다른 사람을 공격합니다. 이러한 그들의 눈에는 하나님의 아들이신 예수 그리스도도 비난과 공격의 대상으로만 보였습니다. 그렇기 때문에 이제 그들은 예수님을 책잡으려고 하는 것입니다. 실로 피조물이 창조주를 책잡으려고 하는 것이요, 빗자루가 청소하는 사람을 책잡는 것과 같이 얼토당토않은 일을 벌이고 있는 것입니다.

16-17절 자기 제자들을 헤롯 당원들과 함께 예수께 보내어 말하되 선생님이여 우리가 아노니 당신은 참되시고 진리로 하나님의 도를 가르치시며 아무도 꺼리는 일이 없으시니 이는 사람을 외모로 보지 아니하심이니이다 그러면 당신의 생각에는 어떠한지 우리에게 이르소서 가이사에게 세금을 바치는 것이 옳으니이까 옳지 아니하니이까 하니

바리새인들은 예수님께 올 때, 평소 원수 관계에 있던 헤롯 당원들과 함께 왔습니다. 바리새인들은 유대주의자들로, 지배국인 로마에 대해 저항심을 가지고 있었습니다. 그렇기 때문에 그들은 로마에 복종하지 말고 세금도 바치지 말아야 한다고 생각했습니다. 이와는 반대로 헤롯 왕을 중심으로 한 헤롯 당원들은 친(親)로마파로, 로마 정부에 복종하고 세금도 바치자는 생각을 가지고 있었습니다. 이와 같이 바리새인과 헤롯 당원은 상반되는 생각을 가졌기 때문에 평소에는 상종하지 않았습니다. 그런데 그들이 예수님을 올무에 빠뜨리는 일에는 합세했습니다.

그들은 먼저 예수님께 아부를 했습니다.

"선생님이여, 당신은 정말 참된 분이십니다. 또한 당신이 진리로 하나님의 도를 가르치시며 아무도 꺼리는 일이 없으신 것을 보니, 당신은 사람을 외모로 보지 않는 분이시군요."

늘 예수님을 거짓되다고 비난하고 이단이라고 공격하던 사람들이 지금은 예수님이 가르치시는 것이 하나님의 도라고 말하였습니다. 또한 예수님이 사람을 외모로 보지 않고 차별 없이 대하시니 참으로 훌륭하다고 칭찬하였습니다. 이는 예수님을 방심하게 하여 올무에 걸리게 하려는 술

수였습니다. 사람이 칭찬을 받아 마음이 뜨면 정신을 차리지 못하기 때문에 올무에 걸리기 십상입니다. 바로 이러한 사람의 심리를 이용하여 바리새인들과 헤롯 당원들은 예수님을 올무에 빠뜨리려는 목적으로 예수님을 치켜세운 것입니다.

그러나 예수님은 사람의 속을 살피시는 분입니다. 예수님은 그들의 속을 훤히 다 들여다보고 그들의 교활한 속셈을 알고 계셨습니다. 하지만 이를 알 리 없는 그들은 예수님에게 아부를 하고 난 다음 본색을 드러냈습니다.

"당신의 생각에는 가이사에게 세금을 바치는 것이 옳은 일입니까, 옳지 않은 일입니까?"

'가이사' 는 로마 황제를 가리키는 공식적인 명칭입니다. 따라서 이 말은 '로마 황제에게 세금을 바치는 것이 옳은가, 그른가?' 를 묻는 것인데, 이 문제는 당시 로마의 식민지인 유대에서는 굉장히 민감한 문제였습니다. 당시 로마는 식민지 사람들에게 인두세(人頭稅)를 부과했습니다. 그래서 남자는 14세부터, 여자는 12세부터 시작해서 65세까지 세금을 내야 했습니다. 그런데 독립심이 매우 강한 유대인들은 로마에 세금을 바치지 않으려고 거세게 저항했으며, 로마 황제를 신으로 경배하고 세금을 바치는 사람을 아예 민족 반역자로 낙인찍었습니다.

이런 상황에서 바리새인들과 헤롯 당원들은 유대인들이 로마에 세금을 내는 것이 옳은가, 그른가를 예수님께 물었습니다. 이 질문은 예수님께서 어떤 대답을 해도 올무에 걸릴 수밖에 없는 것이었습니다. 옳다고 하면 민족 반역자가 될 것이고, 옳지 않다고 하면 로마에 대해 반역을 도모하는 역도라 하여 헤롯 당원들에 의해 고발당할 것이 뻔합니다. 세금을 내라고 하여 민족 반역자로 몰리게 되면 유대인들로부터 '로마 제국의 개'라는 비난을 받게 됩니다. 반대로 세금을 내지 말라고 하여 헤롯 당원들에게 고발당하면 당장 사형입니다. 바리새인들과 헤롯 당원들은 예수님을 이처럼 진퇴유곡에 몰아넣고 속으로 쾌재를 부르고 있었습니다.

만일 우리가 이런 상황에 몰리게 된다면 올무에 걸릴 수밖에 없을 것입니다. 우리의 머리로는 도저히 이 문제를 해결할 수 없습니다. 세금을 바치라고 할 수도 없고, 바치지 말라고 할 수도 없습니다. 그렇다고 해서 입을 다물고 있을 수도 없는 상황입니다. 결국 이 논쟁은 지혜의 싸움입니다. 악한 지혜와 선한 지혜의 대결입니다. 바리새인들과 헤롯 당원들은 악한 지혜로 예수님을 올무에 걸리게 하려고 했습니다. 그러나 그들은 도저히 뜻을 이룰 수 없었습니다. 왜냐하면 예수님은 선한 지혜의 근본이 되시기 때문입니다.

사람이 인생을 살아가는 데 있어서 가장 중요한 것은 지혜입니다. 지식은 사물에 대한 정보를 아는 것입니다. 우주가 어떻게 생겼다, 물체는 원자로부터 생긴다는 등의 정보를 아는 것이 바로 지식입니다. 이런 지식은 학교에서 배울 수 있습니다. 그러나 지혜는 배울 수도 없고, 돈을 주고 살 수도 없습니다. 지혜는 하나님으로부터 오는 것이기 때문입니다. 지혜는 문제를 해결하는 능력입니다. 그러므로 문제를 해결하려면 지혜가 필요합니다. 지혜가 없는 사람은 아무리 지식이 많아도 문제를 해결할 수 없습니다. 지식은 연장에 불과하고 정작 그 연장을 다루는 것은 지혜입니다. 그러므로 지혜가 없으면 사소한 물건도 만들 수 없지만, 지혜가 있으면 지식의 연장이 많지 않더라도 희한한 것들을 만들어 낼 수 있습니다.

인간이 동물보다 나은 것이 무엇입니까? 그것은 인간에게는 지혜가 있다는 것입니다. 여러분, 덩치가 아주 크고 힘센 코끼리를 보십시오. 코끼리가 코를 한 번 휘두르기만 해도 인간은 박살나고 말 것입니다. 그런데 신기하게도 코끼리를 끌고 다니는 것은 인간입니다. 왜 그렇습니까? 인간은 지혜가 있기 때문입니다. 만일 인간에게 지혜가 없다면 인간은 세상의 주인이 될 수 없었을 것입니다. 오히려 힘이 세고 덩치가 큰 동물들이 인간을 지배했을 것입니다. 그러나 인간은 비록 육체적으로는 동물에게 뒤져도 지혜가 있기 때문에 세상을 지배할 수 있는 것입니다.

사람들은 태어날 때부터 지혜로운 사람도 있고 그렇지 못한 사람도 있습니다. 그런데 선천적인 지혜가 없더라도 우리 그리스도인들에게는 지혜를 얻을 수 있는 길이 있습니다. 그 지혜는 바로 주님께서 주시는 지혜입니다. 성경은 "너희 중에 누구든지 지혜가 부족하거든 모든 사람에게 후히 주시고 꾸짖지 아니하시는 하나님께 구하라 그리하면 주시리라"(약 1:5)고 말씀하고 있습니다.

하늘로부터 오는 지혜를 받은 사람은 인생 가운데 다가오는 모든 문제를 해결하며 성공적인 삶을 살 수 있습니다. 또한 예수님을 믿는 기독교 국가는 흥하게 됩니다. 비기독교 국가 사람들이 문제에 부딪혀 해결하지 못하고 머뭇거리고 있는 동안, 기독교 국가 사람들은 하나님께로부터 지혜를 얻어서 모든 문제를 신속히 문제를 해결하고 나가니까 앞설 수밖에 없는 것입니다. 그러므로 우리는 문제에 부딪힐 때마다 하나님께 지혜를 간구해야 합니다. 그러면 주님께서 우리에게 문제를 해결할 지혜를 주십니다. 주님은 문제에 걸려 넘어지시는 분이 아닙니다. 그 문제를 능히 해결하고도 남을 지혜를 가지고 계신 분이십니다.

18-21절 예수께서 그들의 악함을 아시고 이르시되 외식하는 자들아
어찌하여 나를 시험하느냐 세금 낼 돈을 내게 보이라 하시니 데
나리온 하나를 가져왔거늘 예수께서 말씀하시되 이 형상과 이
글이 누구의 것이냐 이르되 가이사의 것이니이다 이에 이르시
되 그런즉 가이사의 것은 가이사에게, 하나님의 것은 하나님께
바치라 하시니

예수님은 바리새인들과 헤롯 당원들의 악함을 아시고 그들을 꾸짖으셨습니다.

"외식하는 자들아! 속은 텅텅 비었으면서 겉만 호화찬란하게 꾸미는 이 율법주의자들아! 겉으로는 나를 칭찬하고 추어올리는 척하면서 속에는 나를 잡으려고 악독한 마음을 잔뜩 품고 있는 이 악한 자들아! 어찌하여 나를 시험하느냐?"

그런 후에 예수님은 그들에게 "세금 낼 돈을 내게 보이라."고 말씀하셨습니다. 데나리온 하나를 가져오라고 말씀하셨습니다.

그들은 예수님의 명령을 이상히 여겼습니다. '이상하다. 질문에 대답은 하지 않고 난데없이 왜 돈을 가져오라고 하지?' 그들은 몹시 궁금해하며 데나리온 하나를 예수님께 가져왔습니다.

'데나리온'은 로마에서 사용하던 은으로 주조된 화폐입니다. 당시 로마에 점령된 나라에서는 로마의 화폐를 사용하였는데, 이 데나리온에는 로마 황제의 형상이 찍혀 있었습니다.

그러자 예수님은 그 돈을 보시고 그들에게 질문하셨습니다.

"이 돈에 찍혀 있는 형상과 글이 누구의 것이냐?"

그들은 예수님이 무슨 의도로 이런 질문을 하시는지 알 수가 없어 의아해하면서 대답했습니다.

"가이사의 것입니다."

그러자 예수님은 단호하게 말씀하셨습니다.

"가이사의 것은 가이사에게, 하나님의 것은 하나님께 바치라."

이 말씀에 그들은 어리둥절했습니다. 그들은 예수님의 이 말씀이 무슨 뜻인지 도무지 알 수가 없었습니다. 그들은 예수님을 올무에 걸리게 하려고 어려운 질문을 던졌는데, 예수님은 이미 거기에서 벗어나 있었습니다. 그러므로 그들은 예수님을 더 이상 책잡을 수 없게 되었습니다. 예수님이 로마 황제를 반대한다고도 할 수 없고, 하나님의 말씀을 거역한다고 할 수 없었기 때문입니다.

참으로 절묘한 예수님의 이 말씀은 오늘날 우리가 세상에서 살면서 겪는 여러 문제를 해결하는 데에도 해답이 됩니다. 그것은 세상의 법은 세상의 법대로 지키고, 하나님의 법은 하나님의 법대로 지켜야 한다는 것입니다. 하나님을 믿기 때문에 세상의 법을 지키지 않는다는 것은 성경에 비추어 볼 때 옳지 않습니다. 하나님의 법에 어긋나지 않는 이상, 우리는 세상의 법도 잘 지켜야 합니다.

그러나 세상의 법이 하나님의 법에 어긋날 때에는 그것을 결사적으로 지키지 말아야 합니다.

몇 해 전에 미국의 한 고등학교에서 총기 난사 사건이 있었습니다. 이때 이 사건을 일으킨 학생들 중 하나가 한 여학생에게 총을 겨누고 "하나님을 믿느냐?"라고 물었습니다. 이에 그 여학생이 단호하게 "나는 하나님을 믿는다."라고 대답하자, 그 여학생을 총으로 쏘아 죽였습니다. 나는 죽음 앞에서, 총구 앞에서 두려움 없이 신앙을 고백한 그 여학생의 용기에 큰 감동을 받았습니다. 이처럼 우리는 순교를 당한다 할지라도 하나님을 배신하지 말아야 합니다.

하나님이 가장 미워하는 죄가 우상 숭배입니다. '내 앞에 다른 신을 두지 마라, 우상에 절하지 마라, 하나님의 이름을 망령되이 부르지 마라, 안식일을 거룩히 지켜라.' 구약에서 이 네 가지 하나님과 관련된 계명을 어기면 하나님께서 반드시 죽이셨습니다.

우상을 숭배한 죄에 대해서는 하나님께서 그냥 지나치시지 않습니다. 여러분, 일본이 왜 부흥되지 않습니까? 일본에 가서 그토록 오랜 세월 복음을 증거하고 몸부림쳐도 성령의 역사가 일어나지 않는 것은 일본이 우상을 숭배하기 때문입니다. 일본에서는 왕을 천황(天皇)이라고 부릅니다. 천황이라는 말은 하나님을 의미합니다. 다시 말해, 일본은 그들의 왕을 하나님이라고 부르는 것입니다. 게다가 일본에는 수백만이나 되는 우상이 있습니다. 그 많은 우상들을 숭배하기 때문에 일본에서는 아무리 복음을 전해도 하나님의 역사가 일어나지 않는 것입니다.

지금 북한 땅이 저주를 받은 이유도 하나님을 제쳐 놓고 우상을 숭배하기 때문입니다. 그들은 김일성을 하나님이라고 부릅니다. 사람을 하나님이라고 부르니 그들이 복을 받을 리가 있습니까? 하나님이 저주하시니 하늘에서 비가 내리지 않습니다. 따라서 땅도 열매를 맺지 않습니다. 그들이 우상을 숭배하기 때문에 기근과 고통이 떠나가지 않는 것입니다.

이러므로 우리는 절대로 우상을 숭배하는 데 타협해서는 안 됩니다. 우리의 신앙에는 '이것만은 안 된다. 이것은 절대로 타협할 수 없다.' 는 신앙의 지조가 있어야 합니다.

22절 그들이 이 말씀을 듣고 놀랍게 여겨 예수를 떠나가니라

바리새인들과 헤롯 당원들은 예수님의 말씀을 알아들을 수가 없었습니다. 예수님이 가이사의 것은 가이사에게 드리라고 했으니 세금을 내지 말라고 했다고 고발할 수도 없고, 하나님의 것은 하나님께 드리라고 했으니 하나님을 반역했다고 말할 수도 없게 된 것입니다. 그들은 이 말이 무슨 뜻이냐고 물었다가는 바보가 될 것 같아서 아무 말도 못하고 그 자리를 떠났습니다.

이 사건을 통해서 볼 수 있듯이, 사람이 주님을 대항해서 말한다는 것은 참으로 어리석은 일입니다. 하나님께서 지혜로 천지와 만물을 지으셨는데, 어떻게 지음 받은 사람이 하나님의 지혜에 대하여 대항할 수 있겠습니까? 오히려 우리는 "하나님, 저에게 지혜를 주옵소서. 지혜롭게 생각하고, 지혜롭게 말하고, 지혜롭게 행동하게 도와주옵소서. 지혜를 가지고 문제를 해결하면서 살아가게 도와주옵소서."라고 주님께 주야로 구해야 합니다.

우리가 이 세상을 살아가면서 가장 필요한 것이 지혜입니다. 지혜가 있으면 인생의 수많은 문제들을 해결하며 성공적인 삶을 살 수 있습니다.

지혜 있는 개인은 성공하고, 지혜 없는 개인은 실패합니다. 지혜 있는 민족은 흥하고, 지혜 없는 민족은 망합니다.

여러분, 학교에서 공부를 잘하지 못했는데 사회에 나가서 성공하는 사람들을 보면 지식은 모자라도 지혜가 탁월한 것을 발견할 수 있습니다. 또, 가정을 보십시오. 지혜로운 주부는 남편이 월급을 적게 갖다 주어도 그것으로 살림도 규모 있게 하고 저축도 합니다. 이와 반대로 지혜

롭지 못한 아내는 벌어다 주는 족족 홍청망청 다 써 버립니다. 밑 빠진 독에 물 붓기입니다. 이런 아내를 둔 가정은 엉망이 되고 희망이 사라집니다. 그렇기 때문에 지혜 있는 남편, 지혜 있는 아내를 만나는 것이 굉장히 중요합니다. 이러므로 장가갈 때 지혜 있는 여자를 구해야지, 인물만 보았다가는 큰일 납니다. 또한 신랑감을 찾을 때에도 외모가 훤칠하고 잘생겼다고 넘어가면 안 됩니다. 지혜 있는 신랑감을 구해야 합니다. 처자를 먹여 살리고 가정을 책임질 수 있는 남편이 정말 좋은 남편입니다.

여러분, 지혜는 아무리 강조해도 지나치지 않습니다. 내가 지금까지 목회하면서 절실히 느낀 것은 내 자신이 주님 앞에서는 바보요, 다른 사람들과 비교해 보아도 참으로 부족한 사람이라는 것입니다. 다른 사람들은 말도 잘하고 머리 회전도 빠르고 일도 너무너무 잘해서 나 같은 사람은 도저히 따라갈 수가 없습니다. 그렇기 때문에 나는 주님께 지혜를 달라고 주야로 기도했습니다. 지금까지 내가 살아온 길을 돌아다보면, 주님이 주신 지혜로 성공을 할 수 있었다고 고백하게 됩니다. 나보다 훨씬 지혜로운 사람들은 성공하지 못하고 미련한 내가 성공할 수 있었던 것은 주님께서 미련한 나를 불쌍히 여기시고 지혜를 주셨기 때문입니다. 그래서 어느 면으로 보면 미련한 것이 감사의 조건이 될 때가 있습니다.

하나님께서는 우리 예수 믿는 사람에게 지혜를 주신다고 말씀하셨습니다. 구하는 자에게 지혜를 주시겠다고 약속하셨습니다(약 1:5). 이 말씀은 저 하늘이 무너지고 이 땅이 꺼져도 일점일획도 변함없는 하나님의 말씀입니다. 이러므로 끊임없이 주님께 지혜를 구하십시오. 주님은 구하는 자마다 꾸짖지 아니하시고 후히 주십니다.

3. 부활에 대한 논쟁(22:23-33)

23. 부활이 없다 하는 사두개인들이 그날 예수께 와서 물어 이르되
24. 선생님이여 모세가 일렀으되 사람이 만일 자식이 없이 죽으면
그 동생이 그 아내에게 장가들어 형을 위하여 상속자를 세울지니라
하였나이다 25. 우리 중에 칠 형제가 있었는데 맏이가 장가들었다
가 죽어 상속자가 없으므로 그 아내를 그 동생에게 물려주고 26. 그
둘째와 셋째로 일곱째까지 그렇게 하다가 27. 최후에 그 여자도 죽
었나이다 28. 그런즉 그들이 다 그를 취하였으니 부활 때에 일곱 중
의 누구의 아내가 되리이까 29. 예수께서 대답하여 이르시되 너희
가 성경도, 하나님의 능력도 알지 못하는 고로 오해하였도다 30. 부
활 때에는 장가도 아니 가고 시집도 아니 가고 하늘에 있는 천사들과
같으니라 31. 죽은 자의 부활을 논할진대 하나님이 너희에게 말씀하
신바 32. 나는 아브라함의 하나님이요 이삭의 하나님이요 야곱의
하나님이로라 하신 것을 읽어 보지 못하였느냐 하나님은 죽은 자의
하나님이 아니요 살아 있는 자의 하나님이시니라 하시니 33. 무리
가 듣고 그의 가르치심에 놀라더라

23절 부활이 없다 하는 사두개인들이 그날 예수께 와서 물어 이르되

예수님을 올무에 넣으려던 바리새인들과 헤롯 당원들은 예수님의 지혜에 그만 입이 닫혀서 말 한마디 못하고 도망치고 말았습니다. 그러자 이번에는 사두개인들이 예수님을 찾아왔습니다. 사두개인들은 유대 사

회에서 지식 있고 권력 있고 돈 있는 상류층 사람들로, 오늘날로 말하자면 현대주의자나 신신학자들과 같은 사람들입니다. 사두개인들도 유대인이므로 하나님을 믿습니다. 그러나 부활은 인정하지 않습니다. 그들은 사람이 죽어서 흙으로 돌아간다고 주장했습니다. 사두개인들은 하나님이 모세를 통해 주신 율법을 지키는 것만을 중요시했고, 천사의 존재도 부정하고 사람의 영혼도 부인했습니다.

오늘날의 사두개인이라고 할 수 있는 현대주의자나 신신학자들은 교회에 나오는 이유를 그저 이 세상에서 착하게 살기 위해서 라고 합니다.

나는 서대문에서 목회하던 시절에 어떤 신신학자 한 분과 대화를 나눈 적이 있습니다. 그분은 지도적 위치에 있던 유명한 목사님으로, 지금은 은퇴하셨지만 당시에는 큰 교회를 목회하시던 분입니다. 그런데 그분은 대화 중에 나에게 이렇게 말했습니다.

"교회에 와서 예배드리는 것은 이 세상에서 착한 사람 되기 위한 것입니다. 사실 사람이 죽었다가 부활한다는 것이 어디 말이 됩니까?"

그래서 예수님을 믿는 사람은 반드시 부활합니다."라고 대답했더니, 그분은 혀를 끌끌 차면서 "조 목사, 어떻게 당신은 그런 무식한 소리를 합니까? 비행기 타고 5분만 올라가면 구름이 있는데, 예수님이 그 구름을 타고 오신다는 말이요?"라고 말하는 것이었습니다. 나는 너무나 기가 막혔지만 다시 그분에게 "예수님은 우리가 보는 수증기 구름을 타고 오시는 것이 아니라, 성경에 말씀하신 대로 영광의 구름을 타고 오십니다."라고 대답해 주었습니다.

그러나 그분의 생각은 조금도 바뀌지 않았습니다.

"조 목사, 그렇게 믿지 마시오. 천국과 지옥이 어디 있습니까?"

나는 참으로 어이가 없었습니다. 그래서 그 목사님에게 "그렇다면 목사님은 왜 교회를 세우고 설교를 하십니까?"라고 물어보았더니, 그 목사님은 무식한 대중을 교화시키기 위해 '천당이 있다, 지옥이 있다.' 라는 말로 협박한다고 했습니다. 그래야 사람들이 겁이 나서 나쁜 짓을 하지 않고 올바로 살기 때문에 그렇게 가정하고 가르치는 것이지 실제로는 천당과 지옥이 없다는 것입니다.

나는 그분이 너무나 가련해서 불쌍히 생각하며 쳐다보았습니다. 내가 보니, 그분도 나를 측은히 여기며 바라보고 있었습니다. 나는 그 모습을 보며 속으로 '차라리 그럴 바에는 정치인이나 경제인이 되지, 무엇 때문에 목사가 되었는가?' 라고 탄식했습니다.

예수님을 찾아온 사두개인들도 바로 이런 사람들이었습니다.

24-28절 선생님이여 모세가 일렀으되 사람이 만일 자식이 없이 죽으면 그 동생이 그 아내에게 장가들어 형을 위하여 상속자를 세울지니라 하였나이다 우리 중에 칠 형제가 있었는데 맏이가 장가들었다가 죽어 상속자가 없으므로 그 아내를 그 동생에게 물려주고 그 둘째와 셋째로 일곱째까지 그렇게 하다가 최후에 그 여자도 죽었나이다 그런즉 그들이 다 그를 취하였으니 부활 때에 일곱 중의 누구의 아내가 되리이까

사두개인들은 예수님에게 먼저 신명기 25장 5절부터 6절에 기록되어 있는 모세의 율법의 한 조항에 대하여 말하였습니다.

"선생님, 모세는 사람이 만일 자식이 없이 죽으면 그 동생이 그 아내에게 장가들어 형을 위하여 상속자를 세우라고 하였습니다."

우리나라 사람들은 아직도 남아선호(男兒選好) 경향이 있는데, 이는 집안의 혈통을 잇는 데 직결되는 문제이기 때문입니다.

유대인 사회에서도 가계가 끊어진다는 것은 굉장히 큰 일입니다. 성경을 보아도 여러 곳에 족보가 기록되어 있는데, 이는 그만큼 유대 사회가 혈통과 족보를 중요하게 여긴다는 증거입니다. 그렇기 때문에 유대 가정에서는 형이 장가가서 아이가 없이 죽으면 동생이 형수에게 장가들어 형의 대를 이어 줄 책임이 있었습니다. 다시 말해, 동생이 형수에게 장가들어 낳은 첫아이는 형의 자식이 되어 형의 유업을 이어 가도록 법으로 정해 놓은 것입니다. 둘째 아이부터는 자신의 아이가 되지만, 첫째는 반드시 형의 아이로 키워야 하는 것입니다.

그런데 개중에는 형수에게 장가들지 않으려는 동생도 있기 때문에, 이러한 사람은 다음과 같은 공식적인 절차를 밟게 했습니다. 먼저, 형수에게 장가가기 싫은 사람이 장로들 앞에서 공개적으로 장가들지 않겠다고 선언을 하면, 형수는 모든 사람 앞에서 "이 사람은 형을 사랑하지 않고 형의 대를 이어 주기를 원치 않는 배신자다!"라며 그의 얼굴에 침을 뱉습니다. 그러면 그는 자기 신을 벗어서 형수에게 줍니다. '신 벗은 사람'이 되는 것입니다. 그런 창피를 당하고 그다음부터 그는 사회에서 얼굴을 들지 못하고 계속해서 모든 사람들로부터 '침 뱉음을 받은 사람'이라고 손가락질을 당하며 살게 됩니다. 이처럼 사회적으로 굉장한 지탄을 받기 때문에 어지간히 용기 있는 사람이 아니면 형수에게 장가듭니다.

사두개인들은 예수님에게 한 여자가 일곱 형제와 결혼했다는 과장된 이야기를 예로 들어 질문했습니다.

"우리 중에 칠 형제가 있었는데, 칠 형제의 맏이가 자손이 없이 죽어서 결국 일곱째 막내까지 그 형수와 결혼을 했습니다. 하지만 칠 형제 모두 자손이 없이 죽고 마침내 그 형수도 죽었습니다. 그렇다면 부활 때에 과연 그 여자는 일곱 형제 중 누구의 아내가 됩니까?"

다시 말해, 이 말은 '부활한 일곱 형제가 모두 그 여자를 자기의 아내라고 주장하면 어떻게 되느냐?' 는 것입니다. 부활을 믿지 않는 사두개인들이 사후의 삶에 대한 것을 문제 삼아 예수님에게 이러한 질문을 한 것은 예수님을 올무에 넣으려는 의도에서 비롯된 것이었습니다.

29-30절 예수께서 대답하여 이르시되 너희가 성경도, 하나님의 능력도 알지 못하는 고로 오해하였도다 부활 때에는 장가도 아니 가고 시집도 아니 가고 하늘에 있는 천사들과 같으니라

예수님은 사두개인들에게 그들이 성경도 모르고 하나님의 능력도 모르기 때문에 부활을 오해한 것이라고 대답하셨습니다. 그런 다음 "부활 때에는 장가도 아니 가고 시집도 아니 가고 하늘에 있는 천사들과 같으니라."고 말씀하셨습니다.

내가 한 성도님의 생일잔치에 갔을 때 있었던 일입니다. 예배가 끝나자 생일을 맞은 성도님은 매우 기쁜 얼굴로 자기 아내를 가리키면서 말했습니다.

"목사님, 나는 저 사람과 한평생 잘 살았습니다. 나중에 내가 죽어서 천당에 가더라도 저 사람하고 같이 살 겁니다."

그러자 그 아내 되는 집사님이 펄쩍 뛰었습니다.

"나는 저 사람과 같이 가야 한다면 천당에 안 갈래요. 한평생 나를 종

으로 부려 먹었으니 자기는 좋았겠지만, 나는 저 사람 종노릇만 하고 살아서 너무나 억울해요. 그런데 천당에까지 같이 가서 저 사람과 살라고요? 그럼 나는 천당 안 갈래요."

부부들 중에는 천당에서는 시집도 장가도 안 간다는 말을 들으면 "어, 시원해라. 저 영감에게서 해방된다.", "저 바가지 긁는 마누라에게서 해방된다."라며 좋아하는 부부가 있습니다. 또 그저 맹물에 자갈돌 삶은 것 같이 아무 맛도 없이 무미건조하게 사는 부부도 있습니다. 이런 부부는 그저 아내니까 아내인가 보다, 남편이니까 남편인가 보다 하며 삽니다. 아내는 남편이 나갔다가 들어오면 '왔나 보다' 라고 말하면서 소 닭 쳐다보듯 하고, 나가서 안 들어와도 그만이라고 생각합니다. 남편은 아내가 집에서 아무리 수고하고 애써도 무관심하고 별로 고맙게 생각하지 않습니다. 이런 부부에게는 천당에 올라가서 장가도 안 가고 시집도 안 간다는 것이 정말로 좋은 소식입니다.

그러나 금실이 아주 좋은 부부들은 이런 말을 합니다.

"목사님, 천당에 가면 시집도 안 가고 장가도 안 간다지요? 그럼 어떡해요. 우리는 너무너무 사랑하기 때문에 천당에 가서도 같이 살고 싶은데요. 우리는 떨어져서는 못 살아요."

이런 잉꼬부부에게는 천당에 올라가서 장가도 안 가고 시집도 안 간다는 것이 별로 좋은 소식이 아닙니다. 그러나 천국에 올라가면 시집가고 장가가는 것이 없습니다. 이것은 내가 하는 말이 아니고 예수님의 말씀입니다. 그렇다면 이 땅에 사는 동안에는 왜 남자와 여자가 있고 결혼을 할까요? 그것은 자손을 많이 낳아 "생육하고 번성하여 땅에 충만하라"(창 1:28)는 축복을 누리도록 하나님께서 사람을 남자와 여자로 만들어 결혼하게 하신 것입니다. 하지만 부활한 후에는 자손을 낳을 필요가 없으므로 남자와 여자의 구별 없이 천사와 같게 되는 것입니다.

인도의 썬다 싱이 천국을 갔다 와서 글을 썼는데, 그에 따르면 천국에는 남녀의 차별은 없어도 모습은 다르다고 합니다. 즉, 이 세상에서 여자였던 사람은 섬세하고 아름다운 모습이고, 남자였던 사람은 억세고 강한 모습이라는 것입니다.

어떤 사람들은 나중에 천국에 가서 부부 간에, 또 가족 간에 서로 알아보지 못하면 어떻게 하느냐고 합니다. 그런데 성경을 보면 "형제들아 자는 자들에 관하여는 너희가 알지 못함을 우리가 원하지 아니하노니 이는 소망 없는 다른 이와 같이 슬퍼하지 않게 하려 함이라 우리가 예수께서 죽으셨다가 다시 살아나심을 믿을진대 이와 같이 예수 안에서 자는 자들도 하나님이 그와 함께 데리고 오시리라"(살전 4:13-14)고 말씀하고 있습니다. 그러므로 우리는 예수님을 믿는 가족 중에 누가 세상을 떠났을 때 영원히 이별한 것처럼 슬퍼할 이유가 없습니다. 왜냐하면 주님이 다시 오실 때 그들을 데리고 오셔서 다 같이 만나게 될 것이기 때문입니다. 그러므로 우리는 천국에 올라가서 하나님과 함께 살면서 그리스도의 넘치는 사랑 가운데서 그들과 좋은 친구가 되어 아름다운 교제를 하며 살게 될 것입니다.

31-33절 죽은 자의 부활을 논할진대 하나님이 너희에게 말씀하신바 나는 아브라함의 하나님이요 이삭의 하나님이요 야곱의 하나님이로라 하신 것을 읽어 보지 못하였느냐 하나님은 죽은 자의 하나님이 아니요 살아 있는 자의 하나님이시니라 하시니

무리가 듣고 그의 가르치심에 놀라더라

예수님께서는 자신을 올무에 넣으려는 사두개인들의 간교한 속셈을 간파하시고 그들에게 참으로 놀라운 말씀을 하셨습니다.

"죽은 자의 부활을 논할진대 하나님이 너희에게 말씀하신바 나는 아브라함의 하나님이요 이삭의 하나님이요 야곱의 하나님이로라 하신 것을 읽어 보지 못하였느냐 하나님은 죽은 자의 하나님이 아니요 살아 있는 자의 하나님이시니라."

모세가 호렙 산에서 하나님을 만났을 때, 하나님께서는 떨기나무 불꽃 가운데서 모세에게 자신을 가리켜 '아브라함의 하나님, 이삭의 하나님, 야곱의 하나님' 이라고 말씀하셨습니다(출 3:6). 그때는 이미 아브라함도 죽은 지 오래고, 이삭도 죽은 지 오래고, 야곱도 죽은 지 오래였습니다. 그런데 영어 성경을 보면 하나님께서 모세에게 이 말씀을 하실 때 과거형 동사로 표현하시지 않으시고 현재형 동사로 표현하셨습니다.

"I am the God of Abraham, the God of Isaac, and the God of Jacob."

이 말씀은 '나는 지금 아브라함의 하나님이요, 지금 이삭의 하나님이요, 지금 야곱의 하나님이다.' 라는 것입니다. 이 말씀은 아브라함과 이삭과 야곱이 지금 하나님과 함께 살고 있다는 것을 암시합니다.

하나님의 시간은 언제나 현재입니다. 과거와 현재와 미래가 하나님의 손에 다 얹혀져 있습니다. 하나님은 과거나 현재나 미래에 속하여 계시는 분이 아닙니다. 하나님의 손 위에는 과거와 미래도 현재로 얹혀 있습니다. 모든 시간이 하나님 앞에서는 현재입니다. 그러므로 이미 죽은 사람도 하나님에게는 과거의 사람이 아니라 현재의 사람입니다. 현재 지옥에 있거나 현재 낙원에 살아 있는 것입니다. 우리 인간은 시간을 과거, 현재, 미래로 나누지만 하나님은 나누시지 않습니다. 하나님은 현재의 하나님이요, 영원한 하나님이십니다. 그렇기 때문에 예수님께서는 사두개인들이 부활에 대해 '현재는 죽어서 아무것도 없다가 부활 때에 죽은 자가 갑자기 일어나는 것' 으로 생각하는 것을 오해라고 말씀하셨습니다. 부활은 옷만 바꿔 입는 것입니다. 지금 살아 있는 자가 부활의 때에 새로운 몸을 얻는 것입니다.

4. 가장 큰 계명-하나님 사랑, 이웃 사랑
(22:34-40)

34. 예수께서 사두개인들로 대답할 수 없게 하셨다 함을 바리새인들이 듣고 모였는데 35. 그중의 한 율법사가 예수를 시험하여 묻되 36. 선생님 율법 중에서 어느 계명이 크니이까 37. 예수께서 이르시되 네 마음을 다하고 목숨을 다하고 뜻을 다하여 주 너의 하나님을 사랑하라 하셨으니 38. 이것이 크고 첫째 되는 계명이요 39. 둘째도 그와 같으니 네 이웃을 네 자신같이 사랑하라 하셨으니 40. 이 두 계명이 온 율법과 선지자의 강령이니라

34-36절 예수께서 사두개인들로 대답할 수 없게 하셨다 함을 바리새

인들이 듣고 모였는데 그중의 한 율법사가 예수를 시험하여 묻되 선생님 율법 중에서 어느 계명이 크니이까

사람이 예수님을 궁지에 몰아넣으려고 하는 것은 마치 쥐가 고양이를 궁지에 몰아넣으려는 것과 같습니다. 예수님은 원래 창세전에 하나님 아버지와 함께 천지와 만물을 지으신 창조주이십니다. 그러므로 요한복음 1장 3절에 "만물이 그로 말미암아 지은바 되었으니 지은 것이 하나도 그가 없이는 된 것이 없느니라" 고 말씀하고 있으며, 예레미야 51장 15절에도 "그의 지혜로 세계를 세우셨고" 라고 말씀하고 있습니다. 그러니 지혜로 세상 만물을 지으신 창조주 예수님의 지혜를 피조물인 인간의 지혜로 감히 어떻게 대적할 수 있겠습니까? 지음을 받은 자가 감히 어떻게 지은 자를 대적합니까? 컴퓨터가 컴퓨터 만든 사람을 대적할 수 있습니까? 오늘날에도 예수 그리스도를 대적하려는 사람이 많이 있는데, 이는 참으로 어리석은 짓입니다. 예수님은 그분 자체가 지혜요, 지혜의 근본입니다. 이런 예수 그리스도를 인간의 조그마한 지혜로 공격한다는 것은 말이 되지 않습니다.

우리는 항상 예수님 앞에 겸허하게 엎드려서 그리스도의 지혜를 구해야 합니다. 이 세상에서는 지혜의 경쟁이 치열합니다. 지혜란 것은 바로 아이디어입니다. 우리가 주님께 지혜를 받아 조그마한 아이디어를 생각해 내면 그 아이디어로 큰 성공을 거둘 수 있습니다. 우리가 소위 말하는 벤처 기업은 아이디어 기업입니다. 돈이 없어도 빛나는 아이디어만 있으면 투자자와 손잡고 회사를 설립하여 제품을 만들어 팔 수 있습니다. 우리가 가진 것이 아무것도 없어도 지혜만 있으면 하나님께로부터 아이디어를 받아 새로운 분야를 개척할 수 있는 것입니다. 성경은 "지혜를 얻는

것이 금을 얻는 것보다 얼마나 나은고 명철을 얻는 것이 은을 얻는 것보다 더욱 나으니라"(잠 16:16)고 말씀하고 있습니다. 금과 은은 써 버리면 없어집니다. 그러나 지혜는 무궁무진하게 새로운 창조를 가져오므로 지혜를 얻는 것이 가장 좋습니다.

지혜는 선천적으로 타고나거나 후천적으로 예수 그리스도를 믿고 성령으로 거듭난 사람이 하나님께로부터 받을 수 있습니다. 솔로몬은 후천적으로 지혜를 얻은 대표적인 사람입니다. 솔로몬이 하나님께 일천 번제를 드리자, 하나님께서 그의 꿈에 나타나셔서 그가 구한 대로 지혜를 주셨습니다. 그러므로 우리도 지혜를 얻기 위해서는 솔로몬같이 하나님께 지혜를 달라고 기도해야 합니다.

또한 우리가 지혜를 얻으려면 성경을 늘 가까이해야 합니다. 성경은 하나님의 지혜가 가득 담겨 있는 지혜의 말씀입니다. 그렇기 때문에 우리가 말씀을 묵상하고 깨닫고 실천하면 지혜로운 사람이 되는 것입니다. 성경은 "내가 주의 법을 어찌 그리 사랑하는지요 내가 그것을 종일 작은 소리로 읊조리나이다 주의 계명들이 항상 나와 함께하므로 그것들이 나를 원수보다 지혜롭게 하나이다 내가 주의 증거들을 늘 읊조리므로 나의 명철함이 나의 모든 스승보다 나으며 주의 법도들을 지키므로 나의 명철함이 노인보다 나으니이다"(시 119:97-100)라고 말씀하고 있습니다. 사람의 생각으로는 어리석어 보인다 할지라도 하나님의 말씀대로 믿고 실천하는 것이 지혜로운 방법입니다. 하나님의 말씀을 받아들이고 하나님의 말씀대로 사는 개인이나 국가는 머리가 되고 꼬리가 되지 않습니다. 지혜가 남보다 탁월하기 때문입니다.

바리새인들은 예수님이 사두개인들을 물리쳤다는 말을 듣고 다시 모여들었습니다. 그들 중에는 율법을 해석하고 준행하는 한 율법사가 있었는데, 이번에는 그 율법사가 예수님을 시험하려고 나섰습니다. 그런데 예수님이 어떤 분입니까? 구약에서 예수님은 야훼의 사자로 나타나셨습니다. 예수님은 모세에게 가시나무 불꽃 가운데서 나타나신 하나님의 사자요, 모세에게 율법을 주신 하나님의 아들입니다. 그런 예수님을 율법사가 율법을 가지고 시험하려 했으니 참으로 우스꽝스럽기 짝이 없습니다.

그러나 바리새인들은 이러한 사실을 몰랐습니다. 그들은 예수님을 하나님의 아들로 인정하지 않았으며, 야훼의 사자로도 인정하지 않았습니다. 그들은 어찌하든지 예수님을 이단으로 낙인찍고 책잡아 죽이기를 원했습니다. 그래서 이러한 속셈으로 율법사는 예수님께 율법 중에서 어느 계명이 가장 크냐고 물었던 것입니다.

37-40절 예수께서 이르시되 네 마음을 다하고 목숨을 다하고 뜻을 다하여 주 너의 하나님을 사랑하라 하셨으니 이것이 크고 첫째 되는 계명이요 둘째도 그와 같으니 네 이웃을 네 자신같이 사랑하라 하셨으니 이 두 계명이 온 율법과 선지자의 강령이니라

율법사의 질문에 예수님은 레위기 19장 18절과 신명기 6장 5절에 있는 말씀을 인용해서 대답하셨습니다. 이 세상에서 가장 중요한 법은 하나님을 섬기는 법입니다. 이보다 더 중요한 것은 없습니다. 그러므로 율법 중에 제일 큰 계명은 말할 것도 없이 "네 마음을 다하고 목숨을 다하고 뜻을 다하여 주 너의 하나님을 사랑하라."는 것입니다.

우리가 이 세상에 존재하는 이유는 하나님을 섬기기 위함입니다. 하나님께서는 당신의 영광을 위해 우리를 만드셨습니다. 즉, 하나님의 자랑

으로 삼고, 하나님의 영광으로 삼고, 하나님의 기쁨으로 삼으려고 우리를 만드신 것입니다. 그러므로 우리 인생의 목적은 우리가 잘살고 잘 먹고 잘 노는 것이 아니라, 하나님을 경배하고 받드는 것입니다.

그런데 오늘날 세상은 어떻습니까? 오늘날 세상이 잘못되어 가는 이유는 신본주의로 살아가야 하는 사람들이 하나님을 등지고 하나님 없는 세상을 만들어 놓고서 자기 욕심과 탐심을 따라 인본주의로 살기 때문입니다. 인본주의로 살아가는 사람들은 하나님 앞에 큰 짐이 되고 하나님의 마음에 고통이 됩니다. 그들은 하나님이 인간을 만드신 원래의 목적에서 완전히 벗어나 하나님을 욕되게 합니다. 하나님의 뜻을 거역하고 하나님의 법을 짓밟고 죄악의 무더기를 쌓으며 삽니다. 스스로를 소모하고 탕진하며 허랑방탕하게 살고 있습니다. 그렇기 때문에 하나님께서는 노아의 홍수 전에 사람 만든 것을 후회하셨던 것처럼 오늘날도 사람 만든 것을 후회하실 것입니다.

예수 그리스도께서는 인간 때문에 고통스러워하시고 괴로워하시는 하나님의 모습을 보았습니다. 그래서 예수님은 자원하여 이 땅에 오시고 자원하여 자신을 십자가에 내어 주셨습니다. 하나님의 뜻을 이루어 하나님의 심정을 위로하기 위해서 예수님은 인류의 죄를 대신 짊어지고 십자가에 달려 몸 찢기고 피를 흘리신 것입니다. 이를 통해 인류는 죄를 용서받게 되었고, 하나님께로 돌아갈 길이 마련되었습니다. 예수님께서는 "내가 곧 길이요 진리요 생명이니 나로 말미암지 않고는 아버지께로 올 자가 없느니라"(요 14:6)고 말씀하셨습니다. 그러므로 오늘날 예수 그리스도를 믿고 하나님께로 돌아오는 것이 우리 인생의 근본적인 목적입니다. 우리는 예수 그리스도 안에서 하나님과 화목하고 성령을 받아 하나님을 기쁘시게 하는 삶을 살아야 하는 것입니다.

하나님을 떠나 사는 인생, 즉 창조 목적을 위배한 인생은 장차 하나님께서 다 쓸어버리실 것입니다. 이스라엘 백성을 가나안으로 인도하여 들일 때, 하나님께서는 가나안에 있는 일곱 족속을 인정사정없이 다 쓸어버리셨습니다. 왜 그렇습니까? 하나님께서는 믿고 순종하는 자에게는 무한한 사랑과 자비를 베풀어 주시지만, 하나님을 떠나 거역하고 반역하는 자에게는 진노하십니다. 이처럼 우리는 하나님께는 언제나 두 가지 면이 있다는 것을 알아야 합니다. 지금은 은혜의 시대이기 때문에 하나님께서 오래 참으시고 자비와 긍휼을 베푸시지만, 은혜의 시대가 끝나고 심판의 때가 오면 무서운 하나님의 진노가 임할 것입니다.

심판의 때가 오면 하나님을 섬기는 사람들은 존귀하게 되어 하나님이 예비하신 새 하늘과 새 땅과 새 예루살렘에 들어가서 영광 중에 영원히 살게 됩니다. 그러나 하나님을 배반한 사람들은 너무나 비참하게 됩니다. 그들은 마귀와 그 사자를 위해 준비된 지옥 불못에 들어가 영원히 불타게 되는 것입니다. 그러므로 우리는 마음을 다하고 목숨을 다하고 뜻을 다하여 주 하나님을 경배하고 섬겨야 합니다.

두 번째로 크고 중요한 계명은 이웃을 사랑하는 것입니다. 예수님께서는 "네 이웃을 네 자신같이 사랑하라."고 말씀하셨습니다. 내 이웃을 나 자신처럼 사랑하라는 것은 나를 버리고 이웃을 사랑하라는 말이 아닙니다. 자신을 사랑하지 않는 사람은 이웃도 사랑할 수 없습니다. 지금 절망에 빠져 자살하려는 사람에게 이웃을 사랑하라고 말해 보십시오. 그 사람이 뭐라고 하겠습니까? "나 자신도 사랑하지 못해서 죽으려고 하는데 어떻게 이웃을 사랑할 수 있겠습니까?"라고 하지 않겠습니까? 자기 생명을 귀중히 여기는 사람만이 이웃의 생명도 귀중히 여길 수 있습니다. 나 자신을 사랑해야 이웃을 사랑할 수 있는 것입니다.

세상에서 자신을 가장 사랑하는 사람은 예수님을 믿고 구원받은 사람입니다. 이웃을 가장 사랑하는 것도 이와 한가지입니다. 이웃에게 전도하여 예수님께로 인도하는 것이 이웃을 사랑하는 것입니다. 단순히 도움을 주고 물질을 나누어 주는 것은 일시적인 사랑이요, 표면적인 사랑입니다. 그러나 진정으로 이웃을 내 자신같이 사랑하면 이웃에게 복음을 전하게 됩니다. 그 사람이 듣든지 아니 듣든지 복음을 전하여 예수께로 인도하여 영원한 지옥 불에서 건져 주는 것이 그 사람에 대한 제일 큰 사랑인 것입니다. 그렇기 때문에 우리는 이웃에게 열심히 전도하여야 합니다. 그리고 그 사랑에 보태어 이웃에게 도움도 주고 물질도 나누어 주어야 하는 것입니다.

하나님 사랑과 이웃 사랑은 십계명의 두 줄기입니다. 십계명 중 앞의 네 가지 계명, 즉 '내 앞에 다른 신을 두지 말라, 우상에 절하지 말라, 하나님의 이름을 망령되이 부르지 말라, 안식일을 거룩히 지키라' 는 것은 '하나님 사랑' 에 해당되는 계명들입니다. 그리고 십계명 중 뒤의 여섯 가지 계명, 즉 '네 부모를 공경하라, 살인하지 말라, 간음하지 말라, 도둑질하지 말라, 네 이웃을 거짓 증거 하지 말라, 네 이웃을 탐하지 말라' 는 것은 모두 '이웃 사랑' 에 해당되는 계명들입니다.

예수님께서는 하나님 사랑과 이웃 사랑이 '온 율법과 선지자의 강령' 이라고 말씀하셨습니다. 다시 말해, 이 두 가지 계명이 모든 율법과 선지자의 가르침을 한꺼번에 통일시킨다는 것입니다. 그러므로 우리가 하나님 뜻대로 사는 것은 어렵고 복잡한 일이 아닙니다. 우리의 삶 가운데 먼저 하나님의 나라와 그의 의를 구하면서 하나님 사랑을 실천하고, 둘째로 나 자신을 사랑하는 만큼 이웃을 사랑하여 전도하고 좋은 것을 나누어 주는 삶을 살면 되는 것입니다.

5. 다윗의 자손 그리스도 (22:41-46)

41. 바리새인들이 모였을 때에 예수께서 그들에게 물으시되 42. 너
희는 그리스도에 대하여 어떻게 생각하느냐 누구의 자손이냐 대답하
되 다윗의 자손이니이다 43. 이르시되 그러면 다윗이 성령에 감동되
어 어찌 그리스도를 주라 칭하여 말하되 44. 주께서 내 주께 이르시
되 내가 네 원수를 네 발 아래에 둘 때까지 내 우편에 앉아 있으라 하
셨도다 하였느냐 45. 다윗이 그리스도를 주라 칭하였은즉 어찌 그의
자손이 되겠느냐 하시니 46. 한 마디도 능히 대답하는 자가 없고 그
날부터 감히 그에게 묻는 자도 없더라

41-46절 바리새인들이 모였을 때에 예수께서 그들에게 물으시되 너희는 그리스도에 대하여 어떻게 생각하느냐 누구의 자손이냐 대답하되 다윗의 자손이니이다 이르시되 그러면 다윗이 성령에 감동되어 어찌 그리스도를 주라 칭하여 말하되 주께서 내 주께 이르시되 내가 네 원수를 네 발 아래에 둘 때까지 내 우편에

앉아 있으라 하셨도다 하였느냐 다윗이 그리스도를 주라 칭하였은즉 어찌 그의 자손이 되겠느냐 하시니 한 마디도 능히 대답하는 자가 없고 그날부터 감히 그에게 묻는 자도 없더라

바리새인들이 모이자 이번에는 예수님께서 그들에게 질문하셨습니다.

"너희는 그리스도에 대하여 어떻게 생각하느냐? 그가 누구의 자손이냐?"

구약 성경에는 메시아가 다윗의 후손으로 올 것이라고 예언되어 있습니다. 그러므로 유대인들은 이 사실을 잘 알고 있습니다. 그러니 유대의 종교 지도자인 바리새인들이야 말할 것도 없이 잘 알고 있는 사실이었습니다.

바리새인들은 메시아는 다윗의 자손이라고 서슴없이 대답했습니다. 그러자 예수님께서는 시편 110편 1절 말씀으로 그들을 곤란하게 하셨습니다. "야훼께서 내 주에게 말씀하시기를 내가 네 원수들로 네 발판이 되게 하기까지 너는 내 오른쪽에 앉아 있으라 하셨도다". 이 시편에서 다윗은 성령에 감동하여 메시아를 '내 주' 라고 불렀습니다. 여러분, 자기 자손을 보고 '주' 라고 부르는 사람이 어디 있습니까? 예수님은 이 말씀을 들어 다윗이 왜 자기 자손을 '주' 라고 불렀는가를 바리새인들에게 물으신 것입니다.

'주' 는 하나님이라는 말입니다. 메시아인 예수님은 혈통으로는 다윗의 자손이지만 그 근본은 하나님이십니다. 그러나 바리새인들은 이러한 사실을 도무지 알지 못했습니다. 그러므로 바리새인들에게 예수님의 질문은 참으로 난감한 것이었습니다.

다윗의 자손이 어떻게 '다윗의 주'가 되느냐는 예수님의 질문에 바리새인들은 몹시 당황했습니다. 그들은 예수님을 올무에 넣으려고 했다가 도리어 예수님의 질문에 할 말을 잃어 아무 대답도 못했습니다. 그들은 지혜의 근본이신 예수님의 상대가 될 수 없었던 것입니다. 그날 이후로 그들은 감히 예수님에게 질문을 하지 못했습니다.

오늘날도 성도들 중에 하나님의 말씀을 순순히 믿고 순종하지 않고 자꾸 비평을 하고 토를 달며 "왜요?"라고 묻는 사람들이 있습니다. 그러나 종이 주인에게 말대꾸한다는 것은 가당치 않은 일입니다. 우리는 주님의 종이요, 머슴이요, 일꾼에 불과합니다. 그러므로 주인께서 말씀하시면 그대로 믿고 순종해야지, 거기에 대해서 왈가왈부 토를 달면 안 됩니다. 주인이 하는 일에 대해서 질문하면 안 됩니다. 그저 믿고 순종해야 합니다. 순종하지 않고 변명하면 안 됩니다. 주님은 변명하는 것을 싫어하십니다. 이러한 사실은 사울과 다윗을 통해서 잘 알 수 있습니다.

사울이 지은 죄는 다윗의 죄보다 가볍습니다. 사울은 아말렉을 진멸하라는 하나님의 명령을 거의 다 이행했습니다. 다만 아말렉 왕 아각을 살려 두고 제사 지내기 위해 살진 짐승들을 끌고 왔을 뿐, 하나님의 명령에 전적으로 불순종한 것이 아닙니다. 그러나 완전한 순종이 아니었기 때문에 하나님께서는 선지자 사무엘을 보내어 그를 꾸짖으셨습니다. 만약 이때 사울이 하나님 앞에 무릎을 꿇고 회개했다면 하나님께 버림받지 않았을 것입니다. 그러나 그는 회개하지 않고 자꾸 변명을 늘어놓았습니다. 그 결과 사울은 하나님께 버림받고 말았습니다.

그러면 다윗은 어떻습니까? 사실 죄로 치자면 다윗의 죄가 사울의 죄보다 훨씬 중합니다. 다윗은 일선에서 목숨을 바쳐 싸우고 있는 부하 우리아의 아내 밧세바와 간음을 했습니다. 그 후에 밧세바가 잉태한 것을 알게 되자, 다윗은 이 사실을 감추기 위해 서둘러 우리아를 전장에서 불러들여서 아내와 동침하게 하려고 애를 썼습니다. 그러나 우리아는 참된 충신이었습니다. 그는 자신의 동료들은 일선에서 밤이슬을 맞으면서 잠을 자는데 어찌 혼자서만 편히 아내와 잘 수 있겠느냐며 왕의 신하들과 함께 파수하는 곳에서 잠을 잤습니다. 다윗은 자신의 계획이 수포로 돌아가자 전장으로 돌아가는 우리아 편에 군대 장관 요압에게 편지를 보냈습니다. 그 편지에는 끔찍한 지령이 들어 있었습니다.

"우리아를 일선에 세워 적의 화살에 맞아 죽게 하라."

다윗의 계획대로 우리아는 적의 화살에 맞아 전사했습니다. 다윗은 우리아의 전사 소식을 듣자마자 그의 처 밧세바를 데려다가 자신의 아내로 삼아 버렸습니다. 이처럼 다윗은 간음죄, 거짓말한 죄, 살인죄에 해당하는 무시무시한 죄를 지었습니다. 도저히 용서받을 수가 없습니다.

이 일이 있은 얼마 후 나단 선지자가 한 사건을 해결해 달라고 다윗을 찾아왔습니다. 그 내용은 이런 것이었습니다.

한 마을에 양과 소를 많이 가진 부자와 양 한 마리밖에 없는 가난한 사람이 살고 있었습니다. 그 사람에게는 그 양 한 마리가 그의 전부였습니다. 그래서 그는 양과 한 상에서 밥을 먹고 양을 품에 품고 잠을 자며 그 양을 딸처럼 키웠습니다. 그런데 어느 날 부자에게 손님이 찾아왔습니다. 부자는 손님을 대접해야겠는데 자기의 양을 잡으려니 너무나 아까운 생각이 들었습니다. 그래서 부자는 그 가난한 사람의 양을 잡아 손님을 대접했습니다.

다윗은 이 이야기를 듣고 대노하여 "그 부자는 죽어 마땅하며 양도 네

배로 갚아 주어야 한다."라고 말했습니다. 그러자 나단은 다윗에게 뜻밖의 말을 했습니다.

"그 부자는 바로 당신입니다. 당신은 이 나라의 왕으로서 거느린 처첩이 많은데 어찌하여 우리아에게서 하나밖에 없는 아내를 빼앗았습니까? 당신이 하나님의 명을 어겼으므로 하나님께서도 왕에게 진노하셨습니다."

이 말을 들은 순간 다윗은 당장 그 자리에 꿇어 엎드려 하나님 앞에 회개했습니다. 그는 자신이 옥상을 거닐다가 마침 밖에서 목욕하는 우리아의 아내를 보게 되는 바람에 욕심이 생겨서 그렇게 되었노라고 변명하지 않고 즉시로 자신의 죄를 회개했습니다. 그러자 하나님께서는 다윗의 죄를 용서해 주셨습니다.

나는 이것을 보면서 하나님의 용서가 너무나 크다는 사실에 놀랐습니다. 우리가 회개만 하면 하나님은 우리를 용서해 주십니다. 그러나 우리가 한 가지 간과하지 말아야 할 것이 있습니다. 회개하면 죄는 용서받더라도 그 죄의 열매를 반드시 거두게 된다는 것입니다. 다윗은 회개하여 하나님께 용서받았습니다. 하지만 그 죄의 결과로 칼이 그의 집안에서 떠나지 않게 되었습니다. 그 죄의 열매로 나타난 것은 그의 둘째 아들 압살롬이 맏아들 암몬을 죽이는 사건이었습니다. 또 그 후에는 그 일로 추방당했다가 돌아온 압살롬이 아버지의 왕위를 빼앗기 위해 반란을 일으키는 일이 벌어졌습니다. 다윗은 백발을 날리며 아들의 칼을 피해 맨발로 피신하는 신세가 되었고, 아버지의 군대와 아들의 군대가 맞붙어 싸우게 되었습니다. 결국 반란을 일으킨 압살롬이 죽임을 당함으로 이 사태는 수습되었습니다. 그러나 여러분, 한번 생각해 보십시오. 아버지와 아들이 서로 전쟁을 하는 비극이 세상에 또 어디 있겠습니까? 이처럼 죄를 짓고 회개하면 용서는 받지만 그 죄의 열매는 피할 수가 없습니다. "사람이 무엇으로 심든지 그대로 거두리라"(갈 6:7)는 말씀처럼, 회개하면 용서는 받지만 반드시 그 대가를 거두게 되는 것입니다.

교회에서도 자신의 직분을 이용하여 성도들에게 빚을 잔뜩 지고서는 기도원에 가서 기도하고 용서받았다고 하는 사람들이 간혹 있습니다. 물론 하나님은 회개하면 용서해 주십니다. 그러나 다른 사람에게 끼친 피해는 자신이 갚아야 합니다. 하나님은 공의로우시므로 죄는 용서해 주시되 그 죄에 대한 책임은 반드시 물으시는 것입니다. 그러므로 남의 재산을 빼앗고 나서 자기는 회개하여 용서받았으니 아무 문제도 없다고 하는 것은 있을 수 없는 일인 것입니다.

회개를 했으면 빌린 돈을 갚아야 하나님께 복을 받습니다. 그렇지 않으면 회개해서 용서받고 영혼은 구원받아도 그의 평생에 저주가 떠나지 않습니다. 심은 대로 평생 거두게 됩니다. 죄에 따르는 저주를 없애기 위해서는 자기가 잘못한 것을 청산해야 하는 것입니다.

우리는 절대로 자신의 죄에 대해서 변명을 하거나 타당화해서는 안 됩니다. 죄를 지었으면 회개해야 합니다. 하나님은 '누구 때문에, 무엇 때문에' 라고 변명하는 것을 싫어하십니다. 잘못을 그대로 시인해야 합니다. "하나님이 내게 주신 하와 때문에 선악과를 먹었습니다." 라고 죄의 책임을 하나님과 하와에게 돌린 아담처럼 변명하면 안 됩니다. "뱀이 꾀기 때문에 선악과를 먹었습니다." 라고 죄의 책임을 뱀에게 돌린 하와처럼 변명하면 안 됩니다. 하나님께서 "아담아, 아담아, 네가 어디 있느냐?" 라고 부르신 것은 그를 용서하여 구원하시기 위함이었습니다. 하나님께서 심판하려고 작정하셨으면 아예 부르시지도 않았을 것입니다. 아담이 죄지은 것을 하나님이 모르실 리가 있습니까? 하나님께서 아담이 지금 어디에 있는지 몰라서 부르셨겠습니까? 하나님께서는 아담에게 회개할 기회를 주시기 위해서 그를 부르신 것입니다. 그런데 아담과 하와는 변명만 늘어놓고 회개하지 않았습니다. 그 결과 그들은 하나님께 버림받고 만 것입니다.

하나님께서는 회개하는 사람은 용서해 주시지만 변명하는 사람은 미워하십니다. 그러므로 우리는 하나님 앞에 죄지었을 때 변명하지 말고 다윗처럼 회개해야 합니다. 다윗의 위대함은 회개에 있습니다. 그는 하나님 앞에 죄지은 것이 드러나면 즉시로 그 자리에 꿇어 엎드려 "제가 잘못했습니다. 제가 죄를 지었습니다. 하나님께서 원하시는 대로 저에게 해 주시옵소서."라고 통회하고 자복했습니다. 그리고 그럴 때마다 하나님은 그를 용서해 주셨던 것입니다. 그러므로 우리도 하나님께 죄를 지었을 때에는 다윗처럼 아무 변명도 하지 말고 그 자리에 엎드려 회개하여 하나님께 용서받고 회개에 합당한 열매를 맺는 삶을 살아야겠습니다.

제 23 장

화 있을진저

A COMMENTARY
ON THE GOSPEL OF
MATTHEW Ⅳ

예수님은 서기관들과 바리새인들처럼 스스로 높이는 자는 결국 낮아진다고 말씀하셨습니다. 하나님 나라의 법칙은 세상의 법칙과 같지 않습니다. 자신을 높이면 낮아지고, 낮추면 높아지는 것입니다.

예수님께 책망을 받았던 서기관과 바리새인들은 외식하는 사람들이었습니다. 그들은 열심을 다해 전도했지만 사람들을 잘못 인도하여 천국에 들어가지 못하게 만들었습니다. 회 칠한 무덤과 같이 속에는 탐욕과 부패한 마음으로 가득 차 있으면서도 겉모습만 거룩하고 성결해 보이도록 위장했습니다. 하나님으로부터 보냄 받은 선지자들과 의인들을 정죄하고 박해했습니다. 이러한 그들의 행위는 심판을 자초하는 것입니다. 결국 선지자를 죽인 죗값을 치러야 하기 때문입니다.

조금 있으면 예루살렘은 피비린내 나는 재앙과 박해로 황폐하게 될 것입니다. 이 모습을 미리 보신 예수님은 예루살렘을 향해 탄식하셨습니다.

1. 스스로 높이는 자는 낮아지리라(23:1-12)

1. 이에 예수께서 무리와 제자들에게 말씀하여 이르시되 2. 서기관들과 바리새인들이 모세의 자리에 앉았으니 3. 그러므로 무엇이든지 그들이 말하는 바는 행하고 지키되 그들이 하는 행위는 본받지 말라 그들은 말만 하고 행하지 아니하며 4. 또 무거운 짐을 묶어 사람의 어깨에 지우되 자기는 이것을 한 손가락으로도 움직이려 하지 아니하며 5. 그들의 모든 행위를 사람에게 보이고자 하나니 곧 그 경문 띠를 넓게 하며 옷술을 길게 하고 6. 잔치의 윗자리와 회당의 높은 자리와 7. 시장에서 문안 받는 것과 사람에게 랍비라 칭함을 받는 것을 좋아하느니라 8. 그러나 너희는 랍비라 칭함을 받지 말라 너희 선생은 하나요 너희는 다 형제니라 9. 땅에 있는 자를 아버지라 하지 말라 너희의 아버지는 한 분이시니 곧 하늘에 계신 이시니라 10. 또한 지도자라 칭함을 받지 말라 너희의 지도자는 한 분이시니 곧 그리스도시니라 11. 너희 중에 큰 자는 너희를 섬기는 자가 되어야 하리라 12. 누구든지 자기를 높이는 자는 낮아지고 누구든지 자기를 낮추는 자는 높아지리라

1-7절 이에 예수께서 무리와 제자들에게 말씀하여 이르시되 서기관들과 바리새인들이 모세의 자리에 앉았으니 그러므로 무엇이든지 그들이 말하는 바는 행하고 지키되 그들이 하는 행위는 본받지 말라 그들은 말만 하고 행하지 아니하며 또 무거운 짐을 묶어 사람의 어깨에 지우되 자기는 이것을 한 손가락으로도 움직이려 하지 아니하며 그들의 모든 행위를 사람에게 보이고자 하나니 곧 그 경문 띠를 넓게 하며 옷술을 길게 하고 잔치의 윗자리와 회당의 높은 자리와 시장에서 문안 받는 것과 사람에게 랍비라 칭함을 받는 것을 좋아하느니라

서기관이나 바리새인은 하나님의 계명과 율법을 보존하고 가르치는 사람들입니다. 서기관들은 성경을 필사하고 바리새인들은 그것을 가르쳤습니다. 예수님은 이들을 가리켜 모세의 자리에 앉은 자들이라고 말씀하셨습니다. 율법을 보존하고 가르치는 모세의 역할을 했다는 것입니다. 그렇기 때문에 예수님은 그들이 가르치는 하나님의 법에 귀를 기울이고 그대로 행하고 지키라고 말씀하셨습니다.

하나님의 율법은 빛입니다. 캄캄한 밤에는 벽에 무엇이 붙어 있는지 알 수 없지만 햇빛이 비추면 다 보이는 것과 마찬가지입니다. 율법의 빛 아래에서 모든 사람은 죄인입니다. 율법이 없으면 자신이 죄를 지은 줄도 모릅니다.

내가 일본에 가서 복음을 전할 때마다 느끼는 어려움이 이것입니다. 일본에는 십계명이나 유교의 삼강오륜과 같은 가르침이 뿌리를 내리지 않아서 죄의식의 감정이 거의 없습니다. 이들에게 죄를 말하는 것은 마

치 거울이 없는 사람에게 "네 얼굴이 더러워졌다. 머리가 헝클어졌다."라고 지적하는 것과 같습니다. 그러면 자신의 모습을 보지 못하므로 "웃기는 소리 하지 마라. 내 얼굴이 어떻단 말이냐?"라고 오히려 반문하는 것입니다.

이 세상에 율법을 온전히 지킬 수 있는 사람은 아무도 없습니다. 율법을 지켜서 의롭다 함을 얻을 사람도 없습니다. 모든 사람이 죄를 범하였으므로 하나님의 영광에 이르지 못합니다.

그러나 이제는 걱정하지 않아도 됩니다. 하나님이 율법 이외에 구원받을 다른 법을 만들어 놓으셨기 때문입니다. 그것은 바로 믿음의 법입니다. 이 법을 통해 우리는 의롭다 함을 얻을 수 있습니다. 하나님께서 주신 구약의 율법이 예수 그리스도 안에서 완성되었기 때문에 예수 그리스도를 믿음으로 말미암아 그 은혜로 의롭다 함을 얻는 것입니다.

이 얼마나 놀라운 복입니까? 호박이 넝쿨째 굴러 들어온 것입니다. 율법으로 도저히 구원받을 수 없는 우리가 예수님을 믿기만 하면 남녀노유 빈부귀천 할 것 없이 모두 구원을 받습니다. 예수님을 믿기만 하면 용서와 의를 받습니다. 누구든지 주의 이름을 부르면 구원을 얻는 것입니다.

그렇다고 율법이 없어진 것은 아닙니다. 율법은 우리 삶을 비춰 주는 거울로 그 역할이 바뀌었습니다. 이전에는 죄인을 심판했지만, 지금은 성도를 단장하게 합니다. 율법의 거울로 죄를 지적해서 우리로 하여금 회개하고 죄를 씻어 변화를 받게 합니다. 그리스도의 형상을 닮아 가도록 돕는 보좌관 역할을 하는 것입니다. 이를 통해 믿는 자들은 하나님의 뜻을 따라 살며 하나님을 기쁘시게 하는 삶을 살 수 있습니다.

서기관들과 바리새인들이 가르치던 율법 자체는 하나님의 뜻입니다.

물론 그들은 율법을 직업적으로 가르쳤습니다. 그러나 그들은 입으로는 하나님의 법을 말하면서 행동은 개차반으로 했습니다. 그들은 율법을 가르치는 대가로 돈을 받는 직장인이었지, 신실한 신앙인은 아니었습니다.

예수님은 바리새인과 사두개인, 서기관, 교법사와 같은 위선자들을 철저히 증오하셨습니다. 오히려 세리나 창녀들을 불쌍히 여기셨습니다. 그 사람들은 "나는 죄인입니다. 나는 능력이 없습니다. 나는 실패자입니다."라며 스스로 죄인임을 정직하게 고백했습니다. 예수님은 이처럼 죄를 고백하는 정직한 죄인들을 끝없이 용서하고 구원해 주십니다. 반대로 위선자들은 굉장히 싫어하십니다. 죄인이면서도 아닌 척, 속에 더러운 것이 가득하면서도 없는 척하는 위선자들을 증오하셨습니다. 하나님께서는 오늘날도 죄 있으면서 사람들 앞에서 스스로를 변명하고 정당화하고 의로운 체하는 위선자들을 미워하고 심판하십니다.

위선자들은 사람의 전통으로 종교적인 멍에를 만듭니다. 오늘날에도 기승을 부리는 이단과 사설이 그 대표적인 것입니다. 이들은 "예수 믿으면 재산을 모두 바쳐라." 심지어 "너희 몸도 바치라."고 요구합니다. 그러다가 명령한 대로 하지 않으면 "저주 받는다, 하나님께 심판을 받는다."고 협박을 해서 훨씬 더 무거운 멍에를 지게 만듭니다.

여러분, 진실한 신앙은 멍에에서 해방되는 것입니다. 죄 짐에서 해방되고, 세속과 탐욕에서 해방되고, 슬픔과 질병에서 해방되고, 가난과 저주에서 해방되고, 죽음과 공포에서 해방되는 것입니다. 그 후에 자원해서 주님을 섬기는 것입니다. 십일조를 드리는 것도 멍에가 아닙니다. 주일 성수하는 것도 멍에가 아닙니다. 다 감사해서 기쁨으로 하는 것입니다. 그런데 바리새인과 서기관들은 사람들에게 무거운 책임감을 지웠습니다. 하나님의 말씀이 아닌 인간의 전통으로 사람들의 어깨에 종교적 멍에를 지워서 살기 힘들고 고통스럽게 만들었던 것입니다.

인간의 전통은 사람을 고단하게 만들 뿐입니다. 우리 조상들도 기독교 복음이 들어오기 전에는 유교의 전통에 매여 살았습니다. 특히 여자들은 인간으로서 정상적인 삶조차 살지 못했습니다. 유교가 남성 위주의 철학이기 때문에 여자들은 사회 진출도 하지 못하고 집에서 종처럼 살았던 것입니다.

지금도 우리나라가 지나치게 체면을 중시하고 외식하는 것은 과거 유교의 영향이 큽니다. 유교적인 전통이 외면을 중시하고 의식과 형식을 중시하기 때문에 한국 사람들은 보이는 것을 중요하게 생각합니다. 그러다 보니 겉은 화려한 데에 비해 속은 텅 빈 경우가 많습니다. 위선입니다. 그러므로 우리는 하루속히 겉만 호화찬란하게 꾸미는 위선적인 전통에서 벗어나야 합니다.

IMF 한파가 지나간 후에 한국에는 어마어마한 사치풍조가 들어왔습니다. 사치품 수입액이 상상을 초월합니다. 조금이라도 돈이 있으면 사치품을 걸치고 자신을 자랑합니다. 사람들의 칭찬을 받기 위해 추운 겨울에도 날씬해 보이려고 내복도 안 입습니다. 조금 보기 싫어도 든든하게 입고 다니면 따뜻하고 좋은데, 감기에 걸려도 내복을 안 입습니다. 모두 허위허식입니다. 꼭 예수님이 비판한 바리새인과 교법사들과 같습니다.

이들은 자신들의 행위를 사람들에게 보이기 위해 '경문' 이라는 조그마한 상자에 하나님의 말씀을 적어서 몸에 달고 다녔습니다. 모세가 "말씀을 적어 손목에도 매고 미간에도 붙이고, 말씀을 문설주와 문에도 적고 잊지 말고 가르치라."(신 6:6-9)고 했는데 그 말이 점점 의식화된 것입니다. 사람들은 경문을 차고 옷깃을 다른 사람보다 넓게 해서 그곳에 하나님의 말씀을 적었습니다. 겉으로 보기에는 신앙이 무척 좋아 보입니다. 그러나 실제로는 다른 사람에게 보이기 위함입니다. 칭찬을 받기 위해 일부러 사람들이 많이 모이는 곳을 찾아다니는 것입니다.

내가 해외 선교를 나가 보면 저 멀찍이 있다가도 사진 찍는다고 하면 언제 뛰어왔는지 카메라 앞에 서서 얼굴을 내미는 사람이 있습니다. 솔직한 말로 나는 카메라에 안 나오면 좋겠습니다. 할 수만 있으면 안 나오려고 합니다. 정말 훌륭하고 위대한 인물 같으면 추앙을 받을 만하겠지만 잘난 것도 없는데 자꾸 얼굴 내놓으면 무엇 하겠습니까? 하나님이 사명을 주셔서 직분을 감당할 따름이지 여러분이나 나나 다를 것이 없습니다. 난 그런 생각이기 때문에 사진 찍는 게 별로 좋지 않습니다.

그런데 이 바리새인이나 서기관들은 시장에서 문안 받고 '랍비' 라 불리기를 좋아했습니다. 랍비는 '선생' 이란 뜻입니다. '선생' 이라는 말을 듣고 싶어서 일부러 사람들이 모이는 곳에 나타났던 것입니다.

8-11절 그러나 너희는 랍비라 칭함을 받지 말라 너희 선생은 하나요 너희는 다 형제니라 땅에 있는 자를 아버지라 하지 말라 너희의 아버지는 한 분이시니 곧 하늘에 계신 이시니라 또한 지도자라 칭함을 받지 말라 너희의 지도자는 한 분이시니 곧 그리스도시니라

이 세상에는 초등학교, 중학교, 고등학교, 대학교 이외에도 사회 지도층에 선생이 많습니다. 그런데 예수님은 아무도 선생이라 칭함을 받지 말라고 말씀하셨습니다. 영원한 선생은 한 분밖에 없기 때문입니다.

우리의 영원한 선생은 예수님이십니다. 이 세상 사람은 일시적인 선생일 뿐입니다. 나보다 먼저 태어나서 나를 가르치는 한시적인 선생입니다. 실제로 우리는 모두 다 형제입니다. 그러므로 우리는 예수님을 영원한 선생으로 모시고, 사람은 그저 일시적인 선생으로 부르고 교제해야 합니다.

또한 예수님은 땅에 있는 사람을 아버지라 부르지 말라고 하셨습니다. 이런 불효막심한 일이 어디 있습니까? 그러나 이 말씀은 땅에 있는 아버지는 일시적인 아버지요, 영원한 아버지는 하나님밖에 없다는 뜻입니다.

예전에 예수님을 안 믿는 사람들은 우리를 조롱해서 "너희 예수 믿는 자들은 윤리, 도덕도 없는 형편없는 놈들이다. 아버지도 하나님을 부를 때 하늘에 계신 아버지, 어머니도 하나님을 부르면서 하늘에 계신 아버지, 아들도 하늘에 계신 아버지, 딸도 하늘에 계신 아버지. 그럼 아버지와 어머니와 자식, 며느리 모두 다 형제란 말이냐?"라고 비웃었습니다. 이것은 그 사람들이 몰라서 하는 말입니다. 우리 생명의 근원 되시는 영원한 아버지는 하나님 한 분밖에 없습니다. 이 땅에서 아버지와 자녀 관계는 일시적이기 때문에 영원하지 않습니다. 그러므로 육신의 아버지는 일시적인 아버지로, 하나님은 영원한 아버지로 불러야 합니다.

오래 전에 박태선 같은 사람은 천부교를 만들어서 자신이 '영원한 아버지'라고 주장했습니다. 또 다른 이단에서는 자신을 '참아버지'로, 자신의 부인을 '참어머니'로 부르라고 시키기도 했습니다. '영원한 부모'라는 말입니다. 이것은 말도 안 되는 소리입니다. 어떻게 이 땅의 사람이 '영원한 부모'가 될 수 있습니까? 오직 하나님만이 영원한 부모가 되십니다.

이 땅에 있는 그 누구도 영원한 선생, 영원한 아버지가 될 수 없습니다. 만일 그런 주장을 하는 사람이나 단체가 있다면 전부 이단과 사설입니다. 사람은 일시적인 선생과 일시적인 아버지는 될 수 있어도 영원한 선생과 영원한 아버지는 결코 될 수 없는 것입니다.

지도자도 마찬가지입니다. 영원한 지도자는 예수님 한 분밖에 없습니다. 인간은 모두 한시적인 지도자에 불과합니다. 정해진 시간 안에서 그저 지도자 역할을 할 뿐, 영원하지 않습니다. 북한의 김일성처럼 사람을 영원한 지도자로 삼는 것은 어불성설입니다. 육신을 입은 인간이 어떻게 영원한 지도자가 될 수 있습니까?

여러분, 우리는 일시적인 것과 영원한 것을 혼동하지 말아야 합니다. 지상에 있는 사람은 절대로 영원한 선생, 영원한 아버지, 영원한 지도자가 될 수 없습니다. 일시적이고 순간적인 존재는 절대로 영원할 수 없습니다. 영원한 선생은 예수님이시고, 영원한 아버지는 하나님이시고, 영원한 지도자도 예수님이십니다.

11-12절 너희 중에 큰 자는 너희를 섬기는 자가 되어야 하리라 누구든지 자기를 높이는 자는 낮아지고 누구든지 자기를 낮추는 자는 높아지리라

세상에서는 작은 자가 큰 자를 섬기고 낮은 사람이 높은 사람을 섬깁니다. 그러나 하늘나라에서는 큰 자가 작은 자를 섬깁니다. 하늘나라의 정신은 능력 있고 권력 있고 힘 있는 자가 능력 없고 권력 없고 약한 자를 잘 받들어 주고 도와주고 섬기는 것입니다. 이 땅에서도 하늘나라의 정신으로 살아가는 사람은 어느 곳에 가든지 사랑과 환영을 받습니다.

반대로 자신에게 돈이 있고 집이 있고 명예가 있고 권세가 있고 힘이 있다고 해서 그것으로 군림하면, 오히려 분쟁을 일으키고 많은 원수를 만들 뿐입니다. 돈이 있는 사람은 없는 사람들을 최선을 다해 섬기고, 권력 있는 사람은 권력 없는 사람들을 정성으로 섬기면 모든 사람들로부터 섬김을 받습니다. 내가 다른 사람을 섬기면 다른 사람도 나를 섬기는 것입니다.

가정에서도 마찬가지입니다. 남편이 아내와 자식들에게 "내 명령에 순종하라. 나를 따르라."고 호통하면, 면전에서는 고개를 숙이지만 뒤에 가서 욕하고 손가락질합니다. 반면에 남편이 힘을 다해 아내를 섬기고 자녀들을 잘 돌보아 주면, 자동적으로 아내가 남편을 정성껏 섬기고 자녀들도 부모에게 순종합니다.

사업장에서는 어떻습니까? 편의점을 하든지, 문방구를 하든지, 구멍가게를 하든지, 일반 장사를 하든지 좋은 물건을 값싸게 팔면서 고객을 친절과 정성으로 섬기면 자연스럽게 장사가 잘됩니다. 나만 잘살겠다고 물건 값을 올리고 고객을 속이며 불친절하면 아무도 그곳에서 물건을 사지 않습니다.

나는 여러 나라로 선교 여행을 다녀 보았는데, 세계에서 가장 친절한 나라를 꼽으라면 단연 일본입니다. 일본 사람들은 얼마나 친절한지 간을 빼 갈 정도입니다. 그들의 실제 내면은 그렇지 않을지라도 어려서부터 철저하게 받은 친절 교육 덕택에 친절이 몸에 배어 있습니다. 조그마한 국토에서 많은 사람이 섞여 살려면 서로 친절을 베풀며 살아야 합니다. 그렇지 않으면 늘 부딪혀서 싸울 수밖에 없습니다. 미국같이 국토가 넓어서 띄엄띄엄 사는 사람들은 자기중심적인 태도로 고집을 부리면서도 살 수 있지만, 한국이나 일본처럼 국토가 좁고 사람이 많으면 어디를 가나 부딪치고 밟힙니다. 그러므로 국토가 좁고 인구 밀도가 높을수록 서로 친절한 말을 하고, 친절한 태도로 살아야 하는 것입니다.

이와 반대로 가장 불친절한 나라를 꼽으라면 중국을 들 수 있습니다. 중국 사람들은 손님이 와도 인사를 안 합니다. 물건을 사든 말든 자기들끼리 이야기하고 상관을 안 합니다. 말도 안 하고 태도도 퉁명스럽습니다.

한국은 어떻습니까? 내가 보기에 한국은 중국과 일본의 중간 정도입니다. 친절한 것도 아니고, 그렇다고 아주 불친절한 것도 아닙니다. 봉사를 잘하는 것도 아니고 봉사를 안 하는 것도 아닙니다. 그러나 세계화 시대에 살아남으려면 친절을 더 배워야 합니다. '내가 남을 섬기겠다. 뜨거운 마음으로 섬기겠다.' 이런 자세로 나가야 합니다. 오늘날 사업이나 정치나 모두 섬기는 자리에 들어가지 않고는 살아남을 수가 없습니다.

그런데 이 친절은 진심에서 우러나오는 친절이어야 합니다. 특별한 목적을 가지고 베푸는 가식적인 친절은 금방 탄로가 납니다. 우리나라에는 선거철만 되면 철새 교인들이 생깁니다. 국회의원에 출마한 사람들이 선거 때가 되면 사람이 많이 모이는 교회에 출석하는 것입니다. 내 사무실에도 찾아와서 친절하게 허리도 굽히고 얼마나 잘하는지 모릅니다. 그러다가 선거만 끝나면 언제 그랬냐는 듯이 싹 빠져 나가고 없습니다. 나는 한 교회에서 오랫동안 목회했기 때문에 그런 철새 교인들을 많이 압니다. 이제는 아무리 와서 친절하게 해도 '응, 당신은 표 보고 교회 오는 것이지 예수님을 믿으려고 오는 것이 아니기 때문에 아무리 해도 소용없소.' 라고 생각합니다. 그러나 평소에 교회 열심히 나오고 하나님 섬기고 교회를 받드는 사람은 부탁하지 않아도 표를 주고 싶습니다.

여러분, 평소에 진심으로 남을 섬기고 친절을 베풀어야 나중에 내가 섬김이 필요할 때 그 사람들이 와서 섬겨 줍니다. 이것이 하늘나라 법칙입니다. 하나님이 이 땅에 오셔서 우리를 섬기신 것을 보십시오. 우리 하나님이 우리를 섬기신 것은 말로 다 할 수 없습니다. 하나님께서는 인간의 몸으로 오셔서 우리를 섬기시되 그냥 섬기시지 않았습니다. 십자가에 달려 몸 찢기고 피 흘리기까지 여러분과 나를 섬기셨습니다. 그 피로 우리의 죄를 다 덮으시고 그 몸을 찢어 우리를 감싸 주셨습니다. 하나님께서 십자가에서 우리를 이렇게 섬겨 주셨기 때문에 이제는 우리가 목숨을 바쳐서 하나님을 섬기려고 하는 것입니다. 그 뜨거운 사랑에 감동해서 마음을 다하고 목숨을 다하고 정성을 다하여 하나님을 섬기려고 애쓰는 것입니다.

그러므로 교회에서도 높은 자가 낮은 자를 섬겨야 합니다. 목사나 전도사는 있는 힘을 다해서 성도를 섬기려고 애써야 합니다. 장로도 마찬가지입니다. 장로는 평신도 중에 가장 어른이기 때문에 성도들에게 고개를 숙여야 합니다. 그런데 장로님들 중에 집사나 안수집사일 때에는 참으로 친절하고 열심히 봉사하시다가 장로 배지를 달면 목에 힘을 주고 큰소리 하는 분이 있습니다. 대부분은 잘합니다. 100명 중에 98명은 잘하는데, 그중에 한두 분이 목에 힘을 주고 어깨에 힘을 주어서 많은 지역장, 구역장들에게 상처를 주고 눈물을 흘리게 만드는 것입니다.

직분을 맡은 사람은 어찌하든지 성도들에게 고개를 숙여야 합니다. 교회의 어른이면 점잖게 섬겨야 합니다. 그래야 존경을 받습니다. 높아질수록 자신을 낮추고 남을 섬기는 사람이 될 때 사람들이 높여 줍니다. 그러므로 높은 데 있는 사람일수록 깊이 회개하고 섬기는 자세를 잊어서는 안 됩니다. 섬김을 받으려면 내가 먼저 섬겨야 한다는 사실은 만고의 진리입니다.

스스로를 높이는 것은 사탄의 행동입니다. 루시퍼는 하나님이 만드신 천사들 중에 가장 높고 아름다운 천사로, 하나님의 거룩함을 덮는 그룹 천사였습니다. 그런데 그만 자신의 아름다움에 스스로 도취해서 하나님과 동등한 자리에 올라가 하나님과 똑같이 되려고 했습니다. 우주의 절대 주권자는 한 분이신데, 루시퍼가 그 자리를 탐냈던 것입니다. 한 집에 두 주인이 있을 수 없습니다. 결국 루시퍼는 자신을 따르던 천사 3분의 1을 거느리고 하늘에서 쫓겨났습니다.

아담과 하와도 한가지입니다. 그들도 "선악을 알게 하는 나무의 열매를 먹으면 너희 눈이 밝아져 하나님처럼 된다."는 뱀의 말을 듣고 교만해져서 선악과를 따 먹었습니다. 하나님과 비교할 수 있을 만큼 실력도 없고 능력도 없으면서 그 자리만 탐냈습니다. 그 결과로 마귀의 종이 되어 오늘날 이 세계가 영적으로 죽고, 심적으로 파괴되고, 육적으로 병들고, 환경적으로 저주받고 고난 받는 세계로 전락해 버리고 말았습니다.

성경은 "교만은 패망의 선봉이요 거만한 마음은 넘어짐의 앞잡이니라"(잠 16:18)고 말씀했습니다. 교만하면 패망이 다가오고 거만하면 넘어집니다. 인류의 바벨탑 사건에서도 우리는 이 교훈을 배울 수 있습니다. 하나님은 사람들에게 지면에 흩어져 살라고 말씀하셨는데, 노아의 후손들이 이 말씀에 불순종했습니다. 시날 평지에 와서 꼭대기가 하늘에 닿도록 탑을 쌓고 함께 살자고 하다가 결국 언어가 혼잡하게 되어서 다 흩어진 것입니다.

오늘날도 마찬가지입니다. 하나님 없이 교만해지면 나라가 망합니다. 공산주의는 하나님을 부인하고 하나님처럼 높아지려고 했다가 패망했습니다. 과거 인류 역사의 개인이나 민족치고 교만하고 높아져서 망하지 않은 경우가 없습니다. 그러므로 우리는 언제나 하나님을 모시고 하나님의 종으로서 하나님을 섬기며 겸손하게 살아가야 합니다. 사람은 하나님께로부터 지음을 받았기 때문에 창조주 하나님을 경배하고 섬기며 살아야지, 결코 동등하게 될 수 없습니다. 하나님과 사람 사이에 건널 수 없는 무한한 구렁이 있습니다. 인간의 힘으로는 절대로 뛰어넘을 수 없습니다. 그러므로 스스로를 언제나 낮춰서 하나님의 도움을 구해야 합니다.

아무리 돈이 많아도 겸허하게 돈을 사용하고, 아무리 권세가 높아도 낮고 겸허한 마음으로 그 권세를 사용해야 합니다. 그러면 그 권세도 오래가고 돈도 오래갑니다. 그러나 돈 좀 벌었다고 해서 "총 나가라, 칼 나가라!" 고 하면서 막 으스대고 외치면 대번에 주위에 원수가 생겨나고 파탄에 이릅니다. 사람은 높아질수록 겸허하고, 부유할수록 돈 자랑을 하지 말아야 합니다. 눈도 낮추고 마음도 낮추고 몸도 낮출 때 하나님이 높여 주시는 것입니다.

성령의 은사도 한가지입니다. 우리가 기도를 많이 하고 성령의 은사를 받은 후에 은사가 있다고 자랑하면 얼마 있지 않아 넘어집니다. "나는 말씀의 은사가 있다.", "나는 영 분별의 은사가 있다.", "나는 방언한다, 통역한다, 예언한다.", "나는 치유의 은사가 있다.", "기적의 은사가 있다." 이렇게 마구 떠들고 다니면 넘어집니다. 은사는 받을수록 감춰야 합니다. 하나님이 주신 은사는 자꾸 감추고 주님의 영광을 위해서만 사용해야지,

내게 은사가 있다고 자랑하면 마귀에게 속아서 넘어지게 되는 것입니다.

여러분, 은사는 자랑하지 말아야 합니다. 좋은 것일수록 감추고, 높아질수록 낮아져야 합니다. 하나님의 말씀은 만고의 진리입니다.

"너희 중에 큰 자는 너희를 섬기는 자가 되어야 하리라. 누구든지 자기를 높이는 자는 낮아지고 누구든지 자기를 낮추는 자는 높아지리라."

할렐루야! 우리가 이 말씀을 실천할 때 우리 개인도 행복하고, 가정도 행복하고, 사회생활에서 사람들의 칭찬과 인정을 받으면서 복 있는 사람으로 살아갈 수 있는 것입니다.

2. 화 있을진저(23:13-36)

**13. 화 있을진저 외식하는 서기관들과 바리새인들이여 너희는 천국
문을 사람들 앞에서 닫고 너희도 들어가지 않고 들어가려 하는 자도
들어가지 못하게 하는도다 14. (없음) 15. 화 있을진저 외식하는 서
기관들과 바리새인들이여 너희는 교인 한 사람을 얻기 위하여 바다
와 육지를 두루 다니다가 생기면 너희보다 배나 더 지옥 자식이 되게
하는도다 16. 화 있을진저 눈 먼 인도자여 너희가 말하되 누구든지
성전으로 맹세하면 아무 일 없거니와 성전의 금으로 맹세하면 지킬
지라 하는도다 17. 어리석은 맹인들이여 어느 것이 크냐 그 금이냐
그 금을 거룩하게 하는 성전이냐 18. 너희가 또 이르되 누구든지 제**

단으로 맹세하면 아무 일 없거니와 그 위에 있는 예물로 맹세하면 지
킬지라 하는도다 19. 맹인들이여 어느 것이 크냐 그 예물이냐 예물
을 거룩하게 하는 제단이냐 20. 그러므로 제단으로 맹세하는 자는
제단과 그 위에 있는 모든 것으로 맹세함이요 21. 또 성전으로 맹세
하는 자는 성전과 그 안에 계신 이로 맹세함이요 22. 또 하늘로 맹세
하는 자는 하나님의 보좌와 그 위에 앉으신 이로 맹세함이니라 23.
화 있을진저 외식하는 서기관과 바리새인들이여 너희가 박하와 회향
과 근채의 십일조를 드리되 율법의 더 중한 바 정의와 긍휼과 믿음은
버렸도다 그러나 이것도 행하고 저것도 버리지 말아야 할지니라 24.
맹인 된 인도자여 하루살이는 걸러 내고 낙타는 삼키는도다 25. 화
있을진저 외식하는 서기관들과 바리새인들이여 잔과 대접의 겉은 깨
끗이 하되 그 안에는 탐욕과 방탕으로 가득하게 하는도다 26. 눈먼
바리새인이여 너는 먼저 안을 깨끗이 하라 그리하면 겉도 깨끗하리
라 27. 화 있을진저 외식하는 서기관들과 바리새인들이여 회 칠한
무덤 같으니 겉으로는 아름답게 보이나 그 안에는 죽은 사람의 뼈와
모든 더러운 것이 가득하도다 28. 이와 같이 너희도 겉으로는 사람
에게 옳게 보이되 안으로는 외식과 불법이 가득하도다 29. 화 있을
진저 외식하는 서기관과 바리새인들이여 너희는 선지자들의 무덤을
만들고 의인들의 비석을 꾸미며 이르되 30. 만일 우리가 조상 때에
있었더라면 우리는 그들이 선지자의 피를 흘리는데 참여하지 아니하
였으리라 하니 31. 그러면 너희가 선지자를 죽인 자의 자손임을 스
스로 증명함이로라 32. 너희가 너희 조상의 분량을 채우라 33. 뱀들
아 독사의 새끼들아 너희가 어떻게 지옥의 판결을 피하겠느냐 34. 그
러므로 내가 너희에게 선지자들과 지혜 있는 자들과 서기관들을 보
내매 너희가 그중에서 더러는 죽이거나 십자가에 못 박고 그중에서
더러는 너희 회당에서 채찍질하고 이 동네에서 저 동네로 따라다니
며 박해하리라 35. 그러므로 의인 아벨의 피로부터 성전과 제단 사
이에서 너희가 죽인 바라갸의 아들 사가랴의 피까지 땅 위에서 흘린

의로운 피가 다 너희에게 돌아가리라 36. 내가 진실로 너희에게 이르노니 이것이 다 이 세대에 돌아가리라

13-15절 화 있을진저 외식하는 서기관들과 바리새인들이여 너희는 천국 문을 사람들 앞에서 닫고 너희도 들어가지 않고 들어가려 하는 자도 들어가지 못하게 하는도다 화 있을진저 외식하는 서기관들과 바리새인들이여 너희는 교인 한 사람을 얻기 위하여 바다와 육지를 두루 다니다가 생기면 너희보다 배나 더 지옥 자식이 되게 하는도다

예수님은 바리새인들을 향해 엄중한 심판을 선언하셨습니다. 우리가 믿는 복음은 양면성을 가지고 있습니다. 믿고 순종하는 자는 굉장한 복을 받지만, 믿지 않고 반대하는 자는 무시무시한 심판을 받습니다. 믿는 자에게는 팔복(八福)이 있지만 바리새인이나 사두개인, 교법사 같은 위선자들에게는 일곱 가지 화(禍)가 있습니다.

우리가 믿는 하나님은 우리가 무엇을 하든지 "허허, 좋다!"라고 말씀하시는 흰 수염을 기른 할아버지 같은 분이 아닙니다. 이것은 굉장한 오해입니다. 하나님의 선민인 이스라엘 백성을 보십시오. 그들이 하나님을 믿고 순종할 때에는 세계에서 으뜸가는 축복을 받았지만, 불순종하고 불신앙을 가지고 우상 숭배를 할 때에는 세계에서 가장 비참한 처지가 되고 말았습니다. 하나님은 그의 백성을 사랑하시지만, 배반하면 미워하십니다. 은혜를 베푸시지만, 배반하면 심판하십니다. 이와 같이 하나님의 사랑과 은혜에는 항상 양면성이 있는 것입니다.

그러므로 우리는 하나님을 시험하지 말아야 합니다. 일단 하나님의 부르심을 받아 그리스도 안에 들어와 믿었으면 한결같이 믿고 사랑하고 충성해야 합니다.

하나님은 신실한 사람을 좋아하십니다. 성경 누가복음 18장을 보면 성전에 기도하러 올라간 바리새인과 세리의 이야기가 나옵니다. 바리새인은 기도하면서 "나는 일주일에 두 번 금식하고 십일조를 다 드리고 저 뒤에 있는 세리처럼 죄도 짓지 않았습니다."라고 당당하게 기도했습니다. 반대로 세리는 성전 뒤에서 하늘도 올려다보지 못하고 가슴을 치면서 "하나님이여, 나를 불쌍히 여기소서. 나는 죄인입니다."라고 기도했습니다. 예수님은 이 둘 중에 솔직하게 죄를 고백한 세리가 의롭다 함을 받았다고 말씀하셨습니다.

하나님은 정직한 죄인을 불쌍히 여기십니다. 성경을 보면, 용서를 받았습니다. 창녀는 "나는 창녀입니다."라고 눈물을 흘리며 주님의 발을 눈물로 닦고 자기 죄를 고백했습니다. 사람들에게 미움을 받는 세리와 창녀는 이처럼 정직한 죄인이기 때문에 주님께서 용서하고 사랑해 주신 것입니다.

그러나 위선자는 하나님께서 대단히 미워하십니다. 우리가 죄를 짓고 난 다음 죄를 하나님께 솔직히 고백하면 용서받지만, 타당화하면 버림받습니다. '누구 때문에 죄를 지었다' 고 말하면 안 됩니다. 아담과 하와를 보십시오. 아담은 책임을 하나님과 하와에게 돌리고, 하와는 책임을 뱀에게 돌려 자신의 죄를 시인하지 않았습니다. 만일 아담이 "하나님 아버지여, 내가 잘못했습니다. 죽을죄를 지었으니 용서해 주옵소서." 그랬다면 에덴에서 쫓겨나지 않았을 것입니다. 자신을 타당화하다가 에덴에서 쫓겨난 것입니다.

자식을 키우다 보면 자식이 자기 잘못을 순순히 시인하는 경우가 별로 없습니다. 오히려 아버지가 혼을 내면 당장 엄마에게 쫓아가서 "엄마가 일렀지?" 라고 따집니다. 기가 막힙니다. 자기가 분명히 잘못했는데 아버지에게 꾸중을 들으면 책임을 엄마나 형제자매에게 돌리는 것입니다.

교회에서도 직분자나 성도들에게 잘못을 지적할 때 "잘못했습니다." 라고 하지 않고, "누가 그럽디까?", "누가 일렀지요? 짐작이 갑니다." 이러면 아무 일도 되지 않습니다. 잘못을 지적받으면 "어이쿠, 잘못했습니다." 라고 그 자리에서 회개하는 사람이 복을 받는 것입니다.

여러분! 하나님은 깨어지고 회개하는 심령을 버리시지 않습니다. 그러나 자신을 합리화하는 위선자에게는 절대로 복을 주시지 않습니다. 다윗과 같이 무시무시한 죄를 지었던 사람도 당장 회개하자 용서를 받았습니다. 반대로 죄는 다윗보다 가벼웠지만 회개하지 않고 백성 탓을 한 사울은 하나님께 버림받았습니다.

그러므로 우리는 무슨 일이 있을 때, "내가 잘못했다.", "내가 회개한다." "나 때문이다." 라고 해야 합니다. "우리 마누라 때문에", "우리 이웃 때문에" 라고 책임을 돌리지 말아야 합니다.

앞으로 절대로 자신의 잘못을 타당화하지 마십시오. 꾸중을 들을 때, 누구 때문이라고 말하지 말고 자신의 잘못을 인정하십시오. 그러면 하나님께서 기꺼이 용서해 주십니다. 요한일서 1장 8절부터 9절에 "만일 우리가 죄가 없다고 말하면 스스로 속이고 또 진리가 우리 속에 있지 아니할 것이요 만일 우리가 우리 죄를 자백하면 그는 미쁘시고 의로우사 우리 죄를 사하시며 우리를 모든 불의에서 깨끗하게 하실 것이요" 라고 말씀하고 있습니다.

서기관들과 바리새인들은 자신들의 죄를 인정하지 않았습니다. 속으로는 죄가 꽉 들어찼으면서도 겉으로 화려한 예복을 입고 의식을 차리며 자신들이 마치 위대한 사람인 양 행동했습니다.

또한 그들은 사람 앞에서 천국 문을 닫았습니다. 천국은 오직 예수님을 통해서만 들어갈 수 있는데, 예수님을 부인하고 배반하므로 천국 문을 닫아 버린 것입니다. 예수님은 자신을 '양의 문' (요 10:7)이라고 말씀하셨습니다. 십자가에 못 박혀 몸 찢기고 피를 흘려 인간의 모든 죄를 청산하시고 친히 천국 문이 되어 주셨습니다. 여러분, 교회도 천국 문이 아니고 교파도 천국 문이 아닙니다. 오직 예수님만이 천국 문입니다. 그러므로 누구든지 주의 이름을 부르면 천국에 들어갑니다. 주의 이름을 부르며 기도하면 들어가며 나가며 꼴을 얻고 복을 받는 것입니다. 그런데 이 위선자들은 자신들은 물론이고 다른 사람이 천국에 들어가는 것조차 막았습니다. "예수 믿으면 이단이다."라고 주장해서 천국에 들어가지 못하게 쫓아 버렸습니다. 이들은 사람들을 유대교인으로 만들려고 온갖 노력을 기울였습니다. 차라리 유대교인이 되지 않으면 나중에 회개하고 예수 그리스도를 믿을 기회가 주어질 텐데, 예수님을 철저히 부인하는 유대교인을 만들어서 지옥 자식이 되게 했던 것입니다.

나는 이스라엘에 여러 번 가 보았습니다. 정부 초청으로 두 번 가 보았고 교회 행사 때문에도 가 보았는데, 개인적으로 다시 가고 싶은 생각이 들지 않습니다. 이곳에서 성경을 읽으며 성경에 기록된 이스라엘과 예수님을 아는 것이 직접 가는 것보다 좋습니다. 오히려 그곳에 가면 이스라엘 정부가 예수 그리스도의 사적을 잘 보존하지 않고 혼란스럽게 만들어 놓아서, 예수님을 믿는 사람들이 신앙을 잃어버리기 십상입니다. 이곳이 갈보리라고 했다가 저곳이 갈보리라고 하고, 여기가 예수님 무덤이라고 했다가 다시 저기가 예수님 무덤이라고 합니다. 뭐가 뭔지 알 수가 없습니다. 오히려 마음에 실망이 다가옵니다. 실망이 안 되는 곳은 갈릴리 바다뿐입니다. 파도가 출렁이고 배가 다니는 갈릴리를 보면 '아, 예수님이 이 갈릴리 바다에서 배를 타고 다니셨구나.' 라는 생각이 들고 은혜가 됩니다. 그 밖에는 사적지를 이용해서 돈을 벌려는 유대인들뿐입니다.

한번은 영국 북부 아일랜드 사람이 내게 성지 순례를 다녀와서 겪은 이야기를 한 적이 있었습니다. 그와 그 일행이 갈릴리 바다에서 배를 타려고 했더니, 유대인 뱃사공이 한 사람 앞에 50불씩을 요구했습니다. 터무니없는 가격입니다. 그래서 "왜 이렇게 비싸냐?" 고 따지니까, "잔말 말고 타려거든 50불씩을 내라." 고 억지를 부렸습니다. 그 영국 사람은 이 이야기를 하고 손바닥을 탁 치면서 내게 말하기를 "나는 그 순간 왜 예수님이 물 위로 걸어가셨는지 깨달았습니다. 뱃삯이 너무 비싸기 때문에 배를 못 타고 물 위로 걸어가셨던 것입니다." 라고 우스갯소리를 하였습니다.

유대인들은 지금까지 예수 그리스도의 흔적으로 돈을 벌면서도 여전히 예수님을 대적하고 어떻게든 예수님을 믿지 못하게 하려고 애를 씁니다. 내가 한번은 예루살렘 시장실에 가서 시장에게 "기도해도 되겠습니까?" 라고 물었습니다. 그러자 시장은 단호하게 "안 됩니다. 여기서 기도하지 마시오." 라고 막았습니다. 이스라엘 문화홍보부에 가서도 "내가 예수 그리스도를 믿는 목사인데 기도 한 번 합시다." 하니까, "여기서 기도하지 마세요. 우리는 예수를 믿지 않습니다. 예수는 이단입니다. 베드로가 실수를 해서 기독교를 만들었습니다."라고 말하는 것이었습니다.

유대인들은 철저히 예수 그리스도를 반대합니다. 해외에 있는 많은 유대인들은 회개하고 예수님을 믿지만, 이스라엘 본토에서는 아직도 철저하게 기독교를 반대합니다. 예수님 당시에나 지금이나 유대인들은 자신들과 같은 유대인 하나를 얻기 위해서 온 천지를 헤매고 전도해서 철저한 지옥 자식으로 만드는 것입니다.

16-22절 화 있을진저 눈먼 인도자여 너희가 말하되 누구든지 성전으로 맹세하면 아무 일 없거니와 성전의 금으로 맹세하면 지킬지라 하는도다 어리석은 맹인들이여 어느 것이 크냐 그 금이냐 그 금을 거룩하게 하는 성전이냐 너희가 또 이르되 누구든지 제단으로 맹세하면 아무 일 없거니와 그 위에 있는 예물로 맹세하면 지킬지라 하는도다 맹인들이여 어느 것이 크냐 그 예물이냐 예물을 거룩하게 하는 제단이냐 그러므로 제단으로 맹세하는 자는 제단과 그 위에 있는 모든 것으로 맹세함이요 또 성전으로 맹세하는 자는 성전과 그 안에 계신 이로 맹세함이요 또 하늘로 맹세하는 자는 하나님의 보좌와 그 위에 앉으신 이로 맹세함이니라

예수님은 외식하는 자들을 가리켜 '눈먼 인도자'라고 하셨습니다. 인도자의 눈이 멀면 따라가는 자들은 모두 구렁텅이에 떨어지고 맙니다.

구약 시대에는 문제를 해결할 때 항상 맹세를 사용했습니다. 하나님

앞에서 한 맹세, 즉 서원은 반드시 지켜야 합니다. 사사기에 나오는 입다의 서원이 그 대표적인 예입니다. 그는 암몬과의 전쟁에 나가기 전, "하나님께서 이 전쟁에 이기게 해 주시면 집으로 돌아올 때 집에서 가장 먼저 나를 영접하러 나오는 자를 번제로 드리겠습니다."라고 서원했습니다(삿 11:31). 하나님은 그를 크게 이기게 해 주셨습니다. 그런데 막상 집에 돌아와 보니 그를 가장 먼저 영접하러 나온 자가 바로 자신의 무남독녀였습니다. 하나뿐인 사랑하는 딸이 아버지의 승전을 축하하기 위해 좋은 옷을 입고 소고를 치며 환영하러 나왔던 것입니다. 입다는 그 모습을 보고 옷을 찢으며 탄식했습니다(삿 11:34-35).

"내 딸아, 네가 나를 절망하게 하는구나. 개가 먼저 나오든지 닭이 먼저 나올 것이지, 왜 네가 먼저 나왔느냐? 너는 이제 살지 못한다. 내가 너를 잡아서 번제로 드려야 한다."

성경에는 살인하지 말라고 했는데, 입다는 자신의 딸을 죽여서 제물로 드리겠다고 했습니다. 맹세가 계명보다 더 무서운 것입니다. 결국 입다는 딸을 잡아 하나님께 번제로 드렸습니다.

여러분, 하나님 앞에 맹세하는 것이 두려운 일입니다. 예수님께서도 "나는 너희에게 이르노니 도무지 맹세하지 말지니 하늘로도 하지 말라 이는 하나님의 보좌임이요 땅으로도 하지 말라 이는 하나님의 발등상임이요 예루살렘으로도 하지 말라 이는 큰 임금의 성임이요"(5:34-35)라고 말씀하셨습니다.

대개 사람들은 맹세를 한 후에 잘 지키지 않습니다. 그러나 하나님 앞에서 한 서원은 반드시 지켜야 합니다. 어떤 손해가 나더라도 지켜야 합니다. 만일 지키지 않으면 큰 심판을 당하는 것입니다.

오늘날도 하나님 앞에 쉽게 서원하는 사람들이 많습니다. 부흥회 때 보면 "일생을 바쳐서 주의 종이 되고 선교사가 될 사람은 앞으로 나오십시오."라고 하면 젊은 사람들이 감정적으로 손을 들고 나옵니다. 그러다 나중에 열기가 식어지면 "아이고, 내가 잘못했다. 그 맹세 잘못했다."라며 후회하다가 그만 세상으로 나갑니다. 맹세가 일평생 짐이 되어서 마음에 부담을 가지고 심판을 두려워하는 것입니다.

우리 교회에서도 젊은 자매 한 사람이 청년부에 있을 때 하나님께 너무너무 감동해서 일평생 시집을 가지 않겠다고 하나님께 서원한 일이 있었습니다. 그러다 나중에 애인이 생겨서 결혼하게 되자, 이 서원이 너무나 고민이 되어 신앙 상담을 받으러 왔습니다.

"목사님, 제가 하나님께 시집을 안 간다는 서원을 해서 너무나 마음이 고통스럽고 괴롭습니다."

"그럼 서원을 지키셔야 되겠네요."

그랬더니 펄쩍 뛰면서 꼭 시집을 가겠다는 것입니다. 왜 그런 서원을 했느냐고 물으니, 한참 마음이 뜨거워서 그랬다고 대답했습니다.

여러분, 우리가 하나님 앞에서 맹세를 하면 마음에 거대한 부담이 됩니다. 맹세를 어긴다고 천국에 가지 못하는 것은 아니지만, 그 맹세가 하나님 앞에 큰 부담이 됩니다. 아무리 하나님께 기도해도 마음속에서 '맹세한 것도 지키지 않은 거짓말쟁이가 무엇을 또 구하느냐?' 라는 어마어마한 부담이 다가오는 것입니다. 그러므로 우리는 예수님의 말씀처럼 어떤 일이 있어도 맹세하지 말아야 합니다. '예', '아니오' 만 하고, 그 이상을 넘으면 안 됩니다.

그러나 바리새인들과 서기관들은 하나님 성전을 두고 맹세했다면 어겨도 괜찮다고 가르쳤습니다. 성전을 두고 맹세하는 것은 어겨도 괜찮고, 성전 안에 있는 금으로 맹세하면 지켜야 한다고 주장했습니다. 성전 안에는 금으로 만든 진설병 상과 촛대와 향로가 있습니다. 지성소의 법궤 역시 완전히 금으로 싸여 있습니다. 그런데 바리새인들과 서기관들은 이 금으로 맹세하면 반드시 지켜야 하고 성전 자체를 두고 맹세한 것은 어겨도 된다고 가르쳤던 것입니다.

여러분, 금이 더 큽니까? 성전이 더 큽니까? 당연히 성전이 더 큽니다. 성전이 있기 때문에 그 안에 있는 금이 거룩해지는 것이지, 다른 곳에 있는 금은 전혀 거룩하지 않습니다.

가정생활도 마찬가지입니다. 아내가 남편을 사랑해야지 남편이 벌어오는 월급봉투를 사랑하면 보통 문제가 아닙니다. 남편이 있기 때문에 월급봉투가 따라오는 것입니다. 남편이 없으면 월급봉투도 없습니다. 돈보다 남편을 더 사랑해야 합니다. 반대로 남편보다 돈을 더 사랑하면 나중에 남편과의 사이도 벌어지고 남편과 돈을 모두 잃게 됩니다. 어느 것이 더 중요한가를 잘 알아야 합니다.

또한 바리새인과 서기관들은 제단보다 제단에 놓인 예물로 맹세하는 것이 더 중요하다고 가르쳤습니다. 제단이 있기 때문에 예물이 있는 것인데, 그들의 눈은 예물에만 맞춰져 있습니다. 돈에 대한 탐욕 때문입니다. 헌금을 많이 하게 만들어서 돈을 많이 벌고자 하는 탐욕이 이런 주장을 만들어낸 것입니다. 결국 이들은 중심을 보시는 예수님께 호된 책망을 받고 말았습니다.

23-24절 화 있을진저 외식하는 서기관과 바리새인들이여 너희가

박하와 회향과 근채의 십일조를 드리되 율법의 더 중한 바 정의와 긍휼과 믿음은 버렸도다 그러나 이것도 행하고 저것도 버리지 말아야 할지니라 맹인 된 인도자여 하루살이는 걸러 내고 낙타는 삼키는도다

원래 하나님이 십일조를 말씀하실 때 보리나 밀, 포도나 감람 같은 곡식이나 과일류의 십일조는 드리라고 하셨지만, 채소류의 십일조는 명하지 않으셨습니다. 그런데 당시 바리새인들은 얼마나 율법에 철저했던지, 하나님이 명하시지도 않은 박하와 회향과 근채의 십일조까지 드렸습니다.

그러나 정작 이들은 율법의 행위는 중히 여기면서 율법의 정신인 정의와 긍휼과 믿음을 저버렸습니다. 그들은 의롭게 살지 않았습니다. 부정하고 부패했습니다. 긍휼을 버리고 원수 갚고 미워하고 시기하고 질투하며 살았습니다. 믿음도 저버린 채 성전 대신 성전의 금이나, 제단 대신 그 위의 예물로 맹세해야 한다고 거짓을 가르쳤습니다. 행동으로는 철저하게 하나님을 섬겼지만 하나님이 중요하게 보시는 마음을 부정과 부패와 미움과 탐욕으로 채웠던 것입니다. 그러므로 예수님께서는 그들에게 십일조도 드리되 율법의 정신인 정의와 긍휼과 믿음을 버리지 말라고 가르치셨습니다.

오늘날 어떤 사람들은 "신약 시대에는 더 이상 십일조를 드리지 않아도 된다. 십일조는 율법 시대의 것이므로 이제 십일조는 필요 없다."라고 말합니다. 내가 서대문에서 목회할 때에도 십일조를 강조한다는 이유로 다른 교파에서 나를 무시무시하게 공격했습니다. 그들은 "십일조는 율법의 잔재이고 오늘날은 은혜의 시대이기 때문에 율법이 필요 없다."고

주장했습니다. 그러나 그들은 마음에 탐욕이 들어와서 그런 주장을 했던 것입니다.

여러분, 그들이 말하는 율법은 모세가 시내 산에서 받은 것입니다. 그러나 십일조는 아브라함 시대에 이미 있었습니다. 창세기 14장을 보면, 아브라함이 살렘 왕 멜기세덱에게 십일조를 드린 것이 기록되어 있습니다. 멜기세덱은 시작도 없고 끝도 없고 족보도 없이 영원히 있는 제사장 예수 그리스도를 상징합니다. 아브라함은 모세가 시내 산에서 율법을 받기 4백여 년 전에 멜기세덱에게 십일조를 드렸던 것입니다.

야곱 역시 하나님께 십일조를 맹세했습니다. 야곱은 형 에서를 피해 외삼촌 집으로 도망하던 중 밤에 돌베개를 베고 자다가 하나님께 계시를 받고 잠에서 깨어난 후, 자신이 평안히 집으로 돌아오게 된다면 하나님께 십일조를 드리겠노라고 맹세했습니다.

이처럼 십일조는 율법이 있기 전부터 존재했습니다. 믿음의 조상 아브라함과 야곱이 십일조를 실천했습니다. 모세가 십계명을 받을 때 율법으로 규정되었지만, 율법이 오기 전부터 십일조는 이미 시행되고 있었던 것입니다. 그래서 예수님은 십일조를 폐하지 말라고 말씀하셨습니다. 십일조를 드리되, 율법의 정신인 자비와 긍휼과 믿음도 저버리지 말라고 양쪽 모두 강조하신 것입니다.

이러므로 오늘날도 우리는 하나님께 십일조를 드려야 합니다. 십일조는 하나의 법입니다. 나라에 세금을 내는 것처럼 하나님의 전에 십일조를 드려야 합니다. 세금 낼 돈을 불쌍한 사람들에게 나누어 주었다고 해서 세금이 면제되지 않듯이, 십일조는 반드시 십일조의 항목으로 드려야 합니다.

또한 십일조는 우리가 출석하는 교회에 드려야 합니다. 아브라함은 멜기세덱에서 떡과 포도주를 받고 십일조를 드렸습니다. 여기서 떡과 포도주는 그리스도의 살과 피를 의미하는 성찬입니다. 그리스도의 몸을 나눈 후에 십일조를 드렸습니다. 현재 그리스도의 몸은 교회입니다. 그러므로 자신이 성찬에 참예하는 교회에 십일조를 내는 것이 바른 십일조 생활입니다.

어떤 사람들은 '십일조는 내 것이니까 내 마음대로 드린다.' 라고 생각하는데, 엄밀하게 십일조는 우리의 것이 아닙니다. 십일조는 하나님의 것입니다. 말라기 3장 9절을 보면, 하나님께서 "너희 곧 온 나라가 나의 것을 도둑질하였으므로 너희가 저주를 받았느니라" 고 십일조와 봉헌물을 드리지 않은 이스라엘 백성을 책망하셨습니다. 하나님의 것을 하나님께 드리지 않았기 때문에 질책하신 것입니다. 십일조는 하나님 뜻대로 드려야 합니다. 하나님의 돈을 내 마음대로 형편이 어려운 교회에 드리면 안 됩니다. 교회의 형편은 우리의 소관이 아닙니다. 예수님의 살과 피인 성찬에 참여하는 교회에 십일조를 드리는 것이 마땅합니다.

일단 우리가 십일조를 드린 후에는 그것이 하나님의 소유가 되므로, 우리는 그 용도에 대해서 상관할 이유가 없습니다. 교회에는 당회가 있고, 재정위원회와 예산위원회가 있어서 재정에 따라 예산을 실행합니다. 목회자는 재정을 제직들에게 맡기고, 기도와 말씀 전하는 일에 전념해야 합니다. 그러지 않고 목회자가 돈에 욕심을 내서 교회 재정에 간섭하기 시작하면 반드시 문제가 발생합니다.

그러나 예수님 당시 바리새인들은 돈에 욕심을 냈습니다. 예수님은 이들에게 '하루살이는 걸러내고 낙타는 삼키는 자들' 이라고 하셨습니다.

작은 하루살이를 보면 "이것 잘못했다, 저것 잘못했다."라고 지적하면서, 덩치가 큰 낙타는 통째로 삼킵니다. 자신이 부정부패를 할 때에는 하나님의 돈이고 사람 돈이고 가리지 않고 다 삼키면서 다른 사람에 대해서는 단돈 일 원 쓴 것조차 따지고 드는 것입니다.

이들은 마치 인색한 남편과 같습니다. 월급을 받으면 친구와 비싼 술 먹고 허랑방탕하게 써 버리면서 아내와 아이들이 신발 한 켤레, 화장품 하나만 사도 따지고 드는 사람과 같습니다. 아내에게 가계부 내놓으라고 호통을 치면서 자신은 술과 도박으로 하룻밤 사이에 월급의 반을 통째로 날리는 사람과 같은 것입니다.

서기관이나 바리새인들은 낙타 같은 자신들의 부정부패는 꿀꺽 삼키면서 다른 사람들의 사소한 잘못은 눈에 불을 켜고 밝혀냈습니다. 하루살이만한 잘못도 일일이 들춰내서 지적했습니다. 자기 눈에 있는 들보는 보지 않고 남의 눈에 있는 티만 보았던 것입니다. 예수님은 이런 위선을 신랄하게 꾸짖으셨습니다.

그러므로 우리는 어찌하든지 위선자가 되지 말아야 합니다. 자신을 타당화하고 남에게 책임을 전가하는 자가 되지 말고 정직한 죄인이 되어야 합니다.

25-28절 화 있을진저 외식하는 서기관들과 바리새인들이여 잔과 대접의 겉은 깨끗이 하되 그 안에는 탐욕과 방탕으로 가득하게 하는도다 눈먼 바리새인이여 너는 먼저 안을 깨끗이 하라 그리하면 겉도 깨끗하리라 화 있을진저 외식하는 서기관들과 바리새인들이여 회 칠한 무덤 같으니 겉으로는 아름답게 보이

나 그 안에는 죽은 사람의 뼈와 모든 더러운 것이 가득하도다 이와 같이 너희도 겉으로는 사람에게 옳게 보이되 안으로는 외식과 불법이 가득하도다

예수님은 정직한 죄인은 얼마든지 용서해 주십니다. 우리가 죄를 정직하게 고백하면, 하나님은 미쁘시고 의로우사 우리의 죄를 사하시고 모든 불의에서 우리를 깨끗하게 하십니다. 그러나 죄를 감추고 자신을 타당화하는 자는 하나님께 버림받습니다. 그렇기 때문에 죄를 고백한 세리나 창녀가 스스로 의롭다고 주장한 바리새인이나 서기관들보다 천국에 먼저 들어갈 수 있다고 말씀하셨던 것입니다.

하나님께서는 정직을 참으로 좋아하시며, 회개하고 깨어지고 상한 심령을 사랑하셔서 그런 영혼과 함께하시며 소생시켜 주십니다. 그러나 외식하는 위선자들에게는 질타하십니다. 예수님은 외식하는 자들을 향해 '대접과 그릇의 겉은 아주 깨끗하지만 그 안은 썩은 것이 가득한 자들' 이라고 하셨습니다.

조선시대에는 유교를 국가 통치 이념으로 삼았기 때문에 외식과 형식을 중요시하는 문화가 깊이 뿌리를 내리고 있습니다. 나는 '공자가 죽어야 나라가 산다' 라는 책을 읽어 보았는데, 그 책의 저자는 대학에서 중문학(中文學)을 가르치는 교수입니다. 그는 우리나라의 체면 문화를 질타하며, 앞으로 우리나라가 살기 위해서는 유교가 가져온 외식과 형식이 사라져야 한다고 주장했습니다.

유교에서 강조하는 것 중에 대표적인 것이 조상 숭배입니다. 조상 숭배란 단적으로 말해 죽은 사람을 위해 산 사람들이 희생하는 것입니다.

죽은 사람을 잘 모셔야 산 사람이 잘된다는 믿음이 깔려 있습니다. 이 때문에 부모가 살아 계실 때에는 진짓상도 제대로 안 차려 주던 사람들이 막상 부모가 돌아가시면 명당을 찾느라 눈이 벌겋습니다. 그러나 우리나라 역사를 보십시오. 그토록 조상의 묘에 신경을 썼음에도 불구하고 수없이 침략을 당하고 가난에 시달렸습니다.

미국이나 구라파에서는 사람이 죽으면 봉묘도 없이 그냥 평토장을 합니다. 명당을 따지지 않습니다. 시립묘지나 국립묘지에 평토장한 후, 그 위에 잔디를 심어서 공원을 만들기도 합니다. 그런데도 자손들이 잘삽니다. 이는 사람이 잘사는 비결이 조상의 묘 자리에 있지 않다는 것을 보여 줍니다. 예수님을 잘 믿고 하나님을 잘 섬겨야 자손이 잘됩니다.

우리 몸은 흙으로 만들어졌기 때문에 죽으면 티끌로 돌아갑니다. 중요한 것은 영혼이 구원을 받았느냐는 것입니다. 어떤 사람은 죽은 사람을 땅에 묻지 않고 납골당에 모시면 부활할 때 몸이 없어서 어떻게 하느냐고 질문합니다. 여러분, 부활의 날에 주님께서 우리에게 주실 새로운 몸은 흙으로 만들어진 몸이 아닙니다. 새롭게 만들어진 신령한 몸입니다. 그러므로 '시신을 어디에 묻느냐, 묘를 어디다 쓰느냐?' 하는 것은 전혀 문제가 되지 않는 것입니다.

또한 유교는 군신의 질서, 부부의 질서, 부자의 질서를 철통같이 세워 놓아서 독자적인 생각과 창의적인 사고를 아예 불가능하게 만들어 놓았습니다. 한마디로 유교는 철저하게 지배자를 위한 철학입니다. 의식과 형식으로 점철되어 있습니다. 그렇기 때문에 지배 계급인 양반은 사흘을 굶어도 배고프다는 말을 못합니다. 냉수로 배를 채우고도 이쑤시개를 들고 "어허, 잘 먹었다." 라며 외식해야 합니다. 위선입니다.

이런 외식과 위선의 문화 때문에 지금도 회사에서 사람을 채용할 때 가장 먼저 외모를 봅니다. 정작 중요한 실력이나 능력을 따지기 전에 학력과 집안을 봅니다. 아무리 실력이 있어도 삼류 대학 출신에 집안이 별볼일 없으면 아예 기회조차 주지 않습니다. 사회에 만연한 이런 풍조 때문에 부모들은 어찌하든지 자식들을 일류 대학에 보내려고 안간힘을 씁니다. 논 팔고 밭 팔고 소 팔아서 과외를 시킵니다. 아무리 나라에서 과외를 금해도 소용이 없습니다. 외면과 형식을 따지는 사회에서 살아남기 위해 모두가 일류 대학 병에 걸려 부모 자식 할 것 없이 엄청난 고생들을 하는 것입니다.

여러분, 하나님은 우리를 보실 때 겉이 아니라 속을 보십니다. 아무리 겉으로 잘하고 열심 있어 보여도 속에 탐욕이 들어차면 하나님께 심판을 받습니다. 초대 교회의 아나니아와 삽비라가 그랬습니다. 그들은 땅을 팔아서 일부를 남기고 일부를 가지고 교회에 헌금하려고 왔다가 베드로에게 책망을 받고 죽었습니다(행 5:1-10). 겉으로는 하나님께 바치는 것이었지만, 실상은 교회를 속이고 사람들에게 존경을 받고 싶은 탐욕으로 행동했던 것입니다.

우리는 보이기 위한 행동을 하지 말아야 합니다. 얼마 전에 군의 고급 장성을 만난 적이 있습니다. 그런데 그분이 하는 말이, 요즘 신세대 장병들은 날씬하게 보이려고 겨울에도 내복을 입지 않는다고 합니다. 추위에 떨면서도 날씬하게 보이고 싶어서 건강을 해치는 것입니다. 이 얼마나 어리석은 행동입니까? 실속이 제일입니다. 아무리 아름답게 보여도 병들어서 눕거나 죽으면 아무 소용이 없습니다.

해외를 다녀 보면 구라파나 미국에 비해 한국 사람이 월등히 옷을 잘 입는다는 것을 알 수 있습니다. 그들은 특별히 파티에 참석하지 않는 이상 티셔츠에 청바지를 즐겨 입습니다. 자신들은 허름한 옷을 입으면서 좋은 옷은 일본이나 한국으로 수출합니다. 내가 아는 사람 중에 한 사람은 스위스의 시계 공장에서 일을 합니다. 그러니 좋은 스위스제 시계를 찰 것 같은데 놀랍게도 형편없이 낡은 시계를 차고 다닙니다. 그래서 내가 "스위스는 세계에서 시계를 가장 잘 만드는 나라인데, 왜 자네는 이런 낡은 시계를 차고 있나?" 라고 물었습니다. 그러자 그 사람이 "좋은 시계는 다 수출하고 우리는 그저 시간만 맞는 시계면 됩니다." 라고 대답하는 것이었습니다. 둘러보니 스위스에는 뻐꾸기시계가 하나도 없습니다. 한국에 있는 뻐꾸기시계 대부분이 스위스제인데, 실제로 그 시계를 만드는 스위스 사람들은 아름답고 사치스러운 뻐꾸기시계를 사용하지 않습니다. 외국에 수출만 하고 실속을 차리는 것입니다. 그 결과 스위스는 세계적으로 잘사는 나라가 될 수 있었습니다.

우리는 어떻습니까? 집에 들어와도 외제, 전자 제품도 외제, 외제투성이입니다. 다른 사람에게 보이려고 비싼 것을 삽니다. 이런 인생은 쇼에 불과합니다. 외식하고 위선하는 것입니다.

하나님은 쇼와 같은 인생을 싫어하십니다. 예수님께서 바리새인이나 서기관을 질타하신 것도 그들이 외식하고 위선했기 때문입니다. 이는 겉은 번지르르하지만, 속은 온갖 더러운 것이 꽉 들어차 있는 그릇과 같습니다. 그릇의 목적은 음식을 담는 것입니다. 그런데 겉만 깨끗하고 속이 더러운 그릇에 음식을 담아 먹으면 병들어 죽습니다. 겉은 좀 허름해도 속이 깨끗한 그릇이 낫습니다. 인간도 마찬가지입니다. 속이 깨끗해야 정말 깨끗한 사람입니다. 겉을 잘 꾸미고 위선을 부려도 속이 더러우면 결국 더러운 것입니다. 그러므로 무엇보다 내면생활이 가장 중요합니다.

신앙생활에서도 예수님을 믿고 하나님을 섬기는 내면적인 헌신과 충성이 중요합니다. 목사, 장로, 권사, 지역장, 구역장, 이런 직분보다 내면이 중요합니다. 벼를 보십시오. 익을수록 고개를 숙입니다. 사람도 성숙하고 내실이 있으면 겸손해집니다. 하나님께서는 이런 겸손한 사람을 높여 주십니다.

또한 예수님께서는 바리새인들을 향해 '회 칠한 무덤' 이라고 책망하셨습니다. 당시 유대인들은 부모님의 무덤을 만들 때, 바깥을 회칠해서 깨끗하게 꾸몄습니다. 그러나 안에 들어가 보면 썩은 뼛조각들로 가득합니다. 겉을 아무리 아름답게 치장해도 실상은 무덤입니다. 안에는 썩은 뼈밖에 없습니다. 더럽고 냄새나는 것입니다. 아무리 겉으로 옳게 보여도 내면에 외식과 불법이 가득한 개인이나 사회, 국가는 회 칠한 무덤과 같습니다. 썩은 뼛조각과 같아서 멸망을 부릅니다. 부정부패로 번 돈, 불법으로 얻은 지위나 명예도 얼마 있지 않아 사라지고 맙니다. 정의가 결핍된 가정, 단체, 기업, 나라는 다 무너지고 마는 것입니다.

예수님께서는 위선과 불법이 가득한 외식하는 삶을 청산하라고 말씀하셨습니다. 회개하고 속부터 깨끗이 하라는 것입니다. 속이 깨끗해야 비로소 진정한 발전과 부흥이 다가옵니다.

독일의 유명한 경제윤리학자 에른스트 슈마허는 "정신적 자원 없이 경제적 부흥은 없다." 고 말했습니다. 경제적인 부흥에도 정직, 성실, 근면, 충성의 정신적인 자원이 필요하다는 말입니다. 오늘날 유럽이나 미국이 경제 대국이 된 것은 배후에 기독교적 정신 자원이 있었기 때문입니다. 하나님을 두려워하고 이웃을 사랑하는 기독교적 윤리와 도덕이 있었기 때문에 경제적으로 부흥하게 된 것입니다.

우리나라도 부흥하기 위해서는 우리가 통회 자복하고 속사람이 새로워져야 됩니다. 겉을 치장하는 대신 튼튼한 정신적 자원을 다져야 합니다. 성공한 나라의 겉모습만 보고 형식을 도입한다고 해서 경제 부흥이 오지 않습니다. 그 배후의 정신적 자원을 얻지 못하면 허사입니다. 형식을 중시하는 유교적인 정신적 자원 위에 경제 부흥은 불가능합니다. 그 자리에 예수님이 들어오셔야 합니다. 우리 국민이 예수님을 믿고 믿음, 소망, 사랑 가운데 의와 진리와 거룩함으로 지은 새사람을 입고 정신적 자원을 가지고 나가야 살 수 있습니다.

기독교도 마찬가지입니다. 우리나라에 예수님을 믿는 사람이 많고 교회가 많다고 하늘나라가 강성해지지 않습니다. 예수님을 믿었으면 계명을 지켜야 합니다. 기독교인들이 입으로 '주여, 주여' 하면서 세상에 나가서 육신의 정욕과 안목의 정욕과 이생의 자랑을 따라 욕심과 탐심의 노예가 되어 살면, 기독교는 그저 하나의 겉치레에 불과한 것이 되고 맙니다. 위선입니다. 기독교라는 가운을 입고 있지만 안에는 속이는 것이 꽉 들어차 있으므로 교회의 힘이 사라질 수밖에 없습니다.

그러나 우리가 믿음으로 구원받은 후에 확실하게 하나님의 계명을 지키고 타협하지 않으면 달라집니다. 마음을 다하고 뜻을 다하고 정성을 다하고 목숨을 다하여 하나님을 섬기고 사랑하면 힘이 있는 교회가 됩니다. 사회의 빛과 소금이 됩니다. 교회를 통해 사회가 변화되는 것입니다.

현재 한국 교회는 숫자는 많지만 계명을 버린 교회들이 많습니다. 교인 수는 많습니다. 어디에 가도 기독교인이 없는 곳이 없습니다. 네 사람 중에 한 사람이 기독교인입니다. 지도적인 위치에 있는 사람들 중에도 기독교인이 많이 있습니다. 하나님께서 위에 있고 아래 있게 하지 않으시고, 머리 되고 꼬리 되지 않게 해 주신 것입니다. 그럼에도 불구하고 부정부패와 관련된 대부분의 기사를 보면 기독교인들이 연루되어 있습니다. 하나님께 축복을 받았음에도 불구하고 개인의 영달을 위해 계명을 지키지 않고 하나님을 이용하는 신앙생활을 했기 때문에 올무에 걸린 것입니다.

우리는 자신을 위해 하나님을 이용하는 사람이 아니라 하나님의 영광을 위해 영과 마음과 몸을 바치는 사람이 되어야 합니다. 그 대표적인 예가 아브라함입니다. 아브라함은 하나님이 명하셨을 때 외아들 이삭마저도 모리아 산에 제물로 드렸습니다. 이것이 진정한 헌신입니다. 만일 한국 교회의 성도들이 지금처럼 유교의 기반 위에서 의식과 형식을 내세우는 위선적인 신앙생활을 계속한다면 예수님께 책망을 받을 것입니다. 그러므로 우리는 위선자가 되지 말아야 합니다. 잘못된 신앙을 회개하고 진실무망한 성도가 되어서 순박하고 진실하게 주님을 사랑하고 섬겨야 합니다.

29-36절 화 있을진저 외식하는 서기관과 바리새인들이여 너희는 선지자들의 무덤을 만들고 의인들의 비석을 꾸미며 이르되 만일 우리가 조상 때에 있었더라면 우리는 그들이 선지자의 피를 흘리는데 참여하지 아니하였으리라 하니 그러면 너희가 선지자를 죽인 자의 자손임을 스스로 증명함이로라 너희가 너희 조상의 분량을 채우라 뱀들아 독사의 새끼들아 너희가 어떻게 지옥의 판결을 피하겠느냐 그러므로 내가 너희에게 선지자들과 지혜 있는 자들과 서기관들을 보내매 너희가 그중에서 더

러는 죽이거나 십자가에 못 박고 그중에서 더러는 너희 회당에서 채찍질하고 이 동네에서 저 동네로 따라다니며 박해하리라 그러므로 의인 아벨의 피로부터 성전과 제단 사이에서 너희가 죽인 바라갸의 아들 사가랴의 피까지 땅 위에서 흘린 의로운 피가 다 너희에게 돌아가리라 내가 진실로 너희에게 이르노니 이것이 다 이 세대에 돌아가리라

바리새인과 서기관들은 과거 이스라엘의 우상 숭배와 죄악을 책망하다가 순교한 선지자들의 무덤을 크게 쌓고, 의인들의 비석을 찬란하게 꾸몄습니다. 그들은 "우리 조상들이 왜 선지자와 의인들을 죽였는지 모르겠다. 우리라면 그렇게 하지 않았을 것이다." 라고 주장했습니다. 그러나 그들의 행동 역시 조상들과 다를 바가 없었습니다. 선지자 침례 요한의 죽음에 박수를 치고, 의인인 예수 그리스도를 십자가에 못 박았습니다. 선조들이 죽인 선지자와 의인들의 무덤과 비석은 거창하게 꾸미면서도 당대에 하나님께서 세우신 선지자와 의인을 박해했던 것입니다. 위선자들입니다. 예수님은 이런 바리새인들을 향해 "너희가 선지자들을 죽임으로 그들의 자손임을 스스로 증명하고 있다." 고 말씀하셨습니다.

선지자와 의인을 박해하는 것은 진노의 잔을 채우는 행위입니다. 조상들이 채운 분량 위에 더해서 심판을 촉구하는 것입니다. 예수님은 이들의 행위에 크게 분개하셨습니다. 얼마나 진노하셨던지 그들을 보고 "이 뱀들아, 독사의 새끼들아!" 라고 호통을 치셨습니다. 뱀과 독사는 마귀의 상징입니다. 다시 말해 예수님은 그들을 '마귀의 자식' 이라고 부르셨던 것입니다. 이미 죄의 심판을 받았습니다. 아마도 그들은 그때로부

터 지금까지 2천 년 동안을 지옥 불 위에서 "아이고, 뜨거워. 아이고, 뜨겁다." 하며 형벌을 받고 있을 것입니다.

예수님이 바리새인과 서기관들에게 하신 말씀은 일종의 예언이기도 합니다. 실제로 예수님의 부활 승천 후, 사도요, 선지자요, 교사요, 목사로 복음을 전하던 자들이 복음을 전하다가 이들에 의해 수없이 순교했습니다.

우리 한국만 보더라도 복음을 전하다가 수많은 사람들이 죽어 갔습니다. 조선 말 대원군 치하에서 수천 명의 사람들이 절두산에서 목이 잘려 한강에 던져졌습니다. 일정치하 36년 동안 일본정부는 '가미다나' 라고 해서 집안에 신위(神位)를 모셔 두고 그것에 경배하라고 강요했습니다. 그리고 이를 반대하던 교회들은 다 문을 닫게 만들었으며, 반대하는 목사나 장로들은 형무소에 가두고 고문했습니다. 이때 수많은 사람이 신앙을 지키다 목숨을 잃었습니다. 제암리교회에서는 일본 헌병들이 교인들을 안에 가두고 밖에서 불을 질러 몰살시켰습니다. 안에 있던 어머니가 아이라도 살리려고 창밖으로 내놓자 일본 헌병이 그 어린아이마저 창으로 찔러 죽였습니다. 6·25 당시는 또 어떠했습니까? 공산당들이 내려와서 교회를 파괴하고, 교회를 지키는 목사와 장로, 교회 제직들을 그 자리에서 총살하고 죽였습니다. 순교자의 피가 백두에서 한라까지 뿌려졌던 것입니다.

현재 우리는 너무나 편안하게 예수님을 믿습니다. 수많은 조상들이 흘린 순교의 피 덕분입니다. 순교의 피가 부르짖기 때문에 하나님께서 한국에 복음의 뿌리를 내리게 하시고 기독교 문화가 한국을 점령하게 하셨습니다. 신앙의 선조들이 어마어마한 박해과 환난을 통과했기 때문에 그 결과로 이만큼 왔습니다. 지금은 우리가 전도를 해도 아무도 잡아가지 않습니다. 교회에 모여서 예배를 드려도 방해하는 사람이 없습니다. 오히려 방해하는 사람이 법적인 책임을 져야 합니다.

그러나 아직도 북한에서는 기독교가 박해를 받습니다. 예수님을 믿다가 잡히면 탄광으로 가든지 총살을 당합니다. 얼마 전에 개인적으로 들은 이야기인데, 북한에서 기독교 방송을 듣고 예수님을 믿은 사람이 총살을 당했습니다. 자신의 신앙을 아내에게 이야기했는데, 그 사실을 아내가 당에 고발했던 것입니다. 북한뿐이 아닙니다. 지금도 구소련과 이슬람권의 많은 나라에서는 계속해서 순교자의 피가 뿌려지고 있습니다.

이것은 참으로 두려운 일입니다. 하나님은 반드시 순교자의 피에 보복하십니다. 7년 환난 때 하나님께서 어마어마한 진노로 보응하실 것입니다. 사람들은 "이 세상이 편하다."라고 하는데, 이것은 큰 오산입니다. 하나님의 기한이 차서 때가 이르면 하나님께서 보좌에서 나오셔서 진노의 포도주 틀을 밟으실 것입니다. 이때 하나님을 거역한 나라와 백성들은 포도주 틀에서 포도가 으깨어지듯이 무시무시한 진노의 심판을 받습니다. 마치 해산하는 여인이 괴로워하듯 몸부림치는 고통을 받게 되는 것입니다.

우리가 믿는 하나님은 예수 그리스도를 믿고 하나님을 경배하는 자들에게는 무궁한 사랑과 자비를 베푸시지만, 하나님을 거역하고 반대하는 자들에게는 무서운 진노와 심판을 내리십니다. 하나님께서는 그 아들 예수 그리스도를 십자가에 못 박기까지 우리를 뜨겁게 사랑하시는 반면, 반역하고 거역한 자들에 대해서는 몸서리쳐지고 이가 갈리는 진노의 심판을 내리시는 것입니다.

이 세상은 의인의 핏값을 반드시 치러야 합니다. 하나님은 "원수 갚은 것이 내게 있으니 내가 갚으리라"(롬 12:19)고 말씀하셨습니다. 억울하게 흘린 피의 부르짖음을 듣고 갚아주시겠다는 것입니다. 창세기에 보면 의인 아벨이 형 가인의 시기와 질투로 죽임을 당했습니다. 아벨은 예수 그리스도를 상징하는 어린양을 잡아 제사를 드렸고, 가인은 자기를 자랑하기 위해 자기 손으로 지은 농산물로 제사를 드렸습니다. 하나님은 가인의 제사는 받지 않으시고 의로운 아벨의 제사만 받으셨습니다. 그러자 가인은 이를 시기해서 아우인 아벨을 쳐 죽였습니다. 이 아벨의 피로 시작해서 성전과 제단 사이에서 죽임을 당한 선지자 사가랴의 피, 예수님 이후 모든 순교자들의 피까지 이 세상이 감당해야 하는 것입니다.

3. 예루살렘을 향한 탄식(23:37-39)

37. 예루살렘아 예루살렘아 선지자들을 죽이고 네게 파송된 자들을 돌로 치는 자여 암탉이 그 새끼를 날개 아래 모음같이 내가 네 자녀를 모으려 한 일이 몇 번이더냐 그러나 너희가 원하지 아니하였도다 38. 보라 너희 집이 황폐하여 버려진바 되리라 39. 내가 너희에게 이르노니 이제부터 너희는 찬송하리로다 주의 이름으로 오시는 이여 할 때까지 나를 보지 못하리라 하시니라

37–39절 예루살렘아 예루살렘아 선지자들을 죽이고 네게 파송된 자들을 돌로 치는 자여 암탉이 그 새끼를 날개 아래 모음같이 내가 네 자녀를 모으려 한 일이 몇 번이더냐 그러나 너희가 원하지 아니하였도다 보라 너희 집이 황폐하여 버려진바 되리라 내가 너희에게 이르노니 이제부터 너희는 찬송하리로다 주의 이름으로 오시는 이여 할 때까지 나를 보지 못하리라 하시니라

예수님은 예루살렘을 바라보시며 길게 탄식하시고 눈물을 흘리셨습니다. 얼마나 불쌍했던지, "예루살렘아, 예루살렘아!" 라고 그 이름을 두 번이나 부르셨습니다.

그러나 정작 예루살렘에 사는 사람들은 멸망을 코앞에 두고도 시집가고 장가가고 먹고 마시며 좋아했습니다. 자신들에게 다가오는 비참한 심판을 깨닫지 못했습니다. 선지자들이 수없이 와서 회개를 외치고 경고해도 오히려 그들을 돌로 쳤으며, 예수님의 경고에도 귀를 기울이지 않았습니다.

하나님께서는 암탉이 그 새끼를 날개 아래 모음같이 이스라엘 백성을 품으려고 하셨지만 그들이 원하지 않았습니다. 나는 어려서 시골에서 자랐기 때문에 닭 키우는 것을 많이 보았습니다. 해가 지면 암탉이 "꼬꼬꼬꼬" 하며 새끼들을 불러 모아 밤새 날개 아래 품고 잡니다. 원래 닭은 고양이나 개가 다가오면 도망을 치는데, 새끼를 품을 때만큼은 달라집니다. 나는 새끼 거느린 암탉이 고양이와 싸우고 개와 싸우는 것을 직접 보았습니다. 닭이 얼마나 사납게 덤벼들던지 나중에는 고양이와 개가 도망갔습니다.

한번은 비가 오는 날 어미 닭이 새끼들 비 맞지 않게 품에 품고 잤는데, 밤에 족제비가 몰래 들어와서 암탉의 목을 물어 죽였습니다. 아침에 일어나 죽은 어미 닭의 날개를 들어보니 그 품속에 병아리들이 올망졸망 전부 살아 있었습니다. 족제비가 다가왔는데도 불구하고 새끼들을 지키기 위해 목이 물리면서까지 자리를 지켰던 것입니다. 새끼를 지키기 위한 모성애가 어마어마합니다.

예루살렘을 향한 예수님의 마음이 이와 같습니다. 예루살렘에 있는 사람들을 살리려고 암탉이 병아리를 품에 품듯이 뜨거운 사랑으로 그들을 끌어 모으려고 하셨습니다. 그러나 그들이 예수님의 품에 들어오지 않았습니다. 전부 예수님 품 밖으로 나갔습니다. 그 결과 예루살렘은 주후 70년에 멸망하고 말았습니다. 로마의 디도 장군에 의해 성이 함락된 이후, 예루살렘 시내에 있는 사람만 백만 명이 죽었습니다. 이때 로마 군인들은 예루살렘을 함락시킨 후 그곳 사람들을 무자비하게 죽였습니다. 아이 가진 여인의 배를 가르고 젊은이, 노인 할 것 없이 모두 죽였습니다. 기록에 의하면, 그때 얼마나 많은 사람들이 죽었던지 "흐르는 피가 불을 껐다."고 합니다. 예수님을 십자가에 처형한 죄과가 예루살렘 멸망으로 나타났던 것입니다.

그때부터 이스라엘은 풍비박산하여 나라가 없어지고, 1948년 5월 15일에 독립이 될 때까지 약 2천 년간 온 세계에 흩어져서 나라 없는 민족으로 살았습니다.

예수님은 유대인들에게 "주의 이름으로 오시는 이여!" 할 때까지 자신을 보지 못할 것이라고 말씀하셨는데, 실제로 그렇습니다. 지금도 유대인들은 철저하게 예수님을 믿지 않습니다. 외국에 흩어져 사는 사람은 조금 덜하지만, 이스라엘 본토에 사는 사람은 그리스도를 반대합니다. 교회를 세우지 못하게 하고 법적으로 복음을 전하지 못하게 합니다. 예수 그리스도께서 자신들의 혈통에서 나셨음에도 불구하고 오히려 예수님을 배반하고 있는 것입니다.

제 24 장

다시 오실 예수님과 종말의 징조

예루살렘 성전의 멸망에 대한 예언	24:1-2
종말의 징조	24:3-14
대환난과 그리스도의 재림	24:15-31
종말의 시기	24:32-44
충성되고 지혜로운 종의 비유	24:45-51

A COMMENTARY
ON THE GOSPEL OF
MATTHEW Ⅳ

본 장은 예수님의 다섯 번의 설교 가운데 마지막 설교로서 가장 긴 감람산 설교를 기록하고 있습니다. 이 설교는 25장까지 계속 이어집니다.

예수님께서는 예루살렘 성전의 아름다움을 자랑하는 제자들에게 곧 성전이 돌 하나도 남지 않고 다 무너질 것을 예언하셨습니다. 제자들은 감람산에 올라앉으신 예수님께 그때가 언제이며 징조가 무엇인지 물어보았습니다. 이에 예수님께서는 종말의 징조와 시기에 관하여 제자들에게 설명하셨습니다. 그 때에는 나라와 민족 간에 전쟁이 있고 미혹하게 하는 거짓 선지자가 나타나며 불법이 성행하고 대환난이 있으며 그리스도의 재림이 있을 것이라고 설명하셨습니다. 그리고 그날은 도둑같이 순식간에 임할 것이므로 충성되고 지혜로운 종으로 늘 깨어 기도하며 그날을 준비하라고 말씀하셨습니다.

1. 예루살렘 성전의 멸망에 대한 예언(24:1-2)

1. 예수께서 성전에서 나와서 가실 때에 제자들이 성전 건물들을 가리켜 보이려고 나아오니 2. 대답하여 이르시되 너희가 이 모든 것을 보지 못하느냐 내가 진실로 너희에게 이르노니 돌 하나도 돌 위에 남지 않고 다 무너뜨려지리라

1절 예수께서 성전에서 나와서 가실 때에 제자들이 성전 건물들을 가리켜 보이려고 나아오니

지금의 예수살렘 성전은 옛 모습이 다 무너지고 이슬람교의 건물이 들어서 있지만 기초를 조사해 보면 고고학적으로 굉장한 건물이었다는 것을 알 수 있습니다. 다윗이 심혈을 기울여 준비한 재료를 솔로몬이 국력을 총동원해서 만든 성전으로 어마어마하게 화려하고 장엄하였습니다. 그것이 앗수르와 바벨론의 침공으로 다 불타 버렸습니다. 그 후 70

년이 지나고 이스라엘 백성들이 포로로 잡혀갔다가 귀향하여 많은 반대와 고초를 겪으면서 성전을 재건하였는데 그것을 스룹바벨 성전, 혹은 제2성전이라고 말합니다. 그리고 헤롯 왕 시대에 헤롯이 이스라엘의 환심의 사기 위해서 약 80년 동안 성전을 추가로 보완하였는데, 처음의 솔로몬성전 같지는 않았지만 저녁에 햇빛이 비추이면 황금빛으로 빛나는 아름다운 성전이었습니다. 이 예루살렘 성전은 오랜 세월 동안 이스라엘의 영적 예배의 중심이요, 정신적 지주요, 정치적 힘의 근원이 되어 왔습니다.

지금 그곳에는 이슬람 성전이 있습니다. 이스라엘에서는 언제고 그곳에 이슬람 성전을 헐고 야훼를 섬기는 성전을 다시 세우기 위해 모든 재료를 준비하고 있습니다. 그러나 아랍인들과의 전쟁을 불사해야 하므로 시도하지 못하고 있습니다. 역사를 보면 다른 전쟁은 끝이 있지만 종교 전쟁은 끝이 없습니다. 종교 전쟁은 이념 전쟁이므로 죽기를 두려워하지 않습니다.

그런데 역사적인 프로그램은 이미 하나님이 다 정해 놓으셨습니다. 이 세상은 아무 계획도 없이 갈팡질팡하며 흘러가는 것이 아닙니다. 하나님의 뜻은 하늘에서 다 이루어져 있습니다. 하나님께서 때가 차면 눈에 보이는 성전이 아니라 보다 찬란한 영적인 예루살렘 성전을 지으실 것입니다. 그것은 성경에 다 말씀해 놓으신 것입니다. 하나님의 계획을 누가 막을 수 있습니까? 하나님께서 문을 열면 닫을 자가 없고, 닫으면 열 자가 없습니다. 사람들끼리 일어나고 눕고 전쟁을 해도 역사는 사람들의 뜻대로 되는 것이 아닙니다. 하나님의 계획대로 되어 가는 것입니다.

그러므로 예수님을 믿는 여러분은 모두 하나님의 계획 아래 속해 있습니다. 지금이 은혜 받을 만한 때요, 구원의 날입니다(고후 6:2). 지금은 하나님께서는 온 천하 만민에게 예수님을 믿고 구원을 받도록 하는 은혜의 시대입니다. 그리스도와 함께 신천신지에서 왕 노릇 할 사람들을 모집하는 시기입니다. 그곳에서 그리스도와 함께 영원히 산다는 것은 형언할 수 없는 축복입니다.

믿지 않는 사람들은 이 비밀을 알지 못합니다. 성령의 깨달음이 없으므로 눈이 있으되 보지 못하고, 귀가 있으되 듣지 못하며, 마음으로도 생각하지 못합니다. 하지만 성령께서 깨닫게 하시면 말씀을 통해서 우리의 앞날이 환하게 보입니다. 우리는 앞이 보이지 않아 갈팔질팡하는 인생이 아니라, 앞날을 환히 바라보고 걸어가는 인생입니다.

이스라엘 백성들은 이를 위해 오신 예수님을 배반하고 십자가에 못 박았습니다. 진리를 알지 못하면 이렇게 멸망의 길로 가게 됩니다.

예수께서 성전에서 나와서 걸어가실 때 제자들이 성전 건물을 가리켜 말합니다. "주여! 성전이 얼마나 아름답습니까? 저 황혼에 빛나는 대리석들을 보십시오. 얼마나 아름답습니까?" 제자들은 성전 건물의 아름다움만 보고 있습니다. 하지만 예수님은 그 성전이 파괴되고 이스라엘이 멸망할 것을 보셨기 때문에 외면의 화려함과 아름다움이 조금도 눈에 들어오지 않으셨습니다.

아무리 외면적인 아름다움이 찬란해도 내적인 기쁨이 없으면 아무 소용이 없습니다. 아무리 좋은 집에 살아도 내적인 기쁨이 없다면 무슨 소용입니까? 초가삼간에 살아도 내적으로 기쁨이 있으면 그것이 행복입니다. 내적 기쁨은 예수 그리스도를 믿고 하나님을 섬길 때 오는 기쁨입니다. 예수 그리스도를 믿으면 예수님이 우리의 슬픔을 기쁨으로 채워 주십니다. 돈이 많아 기쁜 것은 돈이 없으면 사라지고, 권력이 높아서 기쁜 것은 권력을 잃으면 사라집니다.

지금 마음에 염려, 불안, 초조, 슬픔이 꽉 들어찬 사람들이 장차 기쁨이 오리라고 생각한다면 잘못된 것입니다. 예수님은 천국이 여기 있다, 저기 있다고 말하지 못하리니 천국은 너희 안에 있다고 말씀하셨습니다(눅 17:20-21). 그러므로 우리 안에 이미 예수 그리스도로 말미암은 천국이 임하여 있으니 지금 천국의 기쁨을 구하십시오.

바울 선생은 로마의 지하 감옥에 갇혀 있었습니다. 한 평도 안 되는 작은 방이었습니다. 아침에 뚜껑을 열고 밥을 내려 주고, 점심에 뚜껑을 열고 밥을 내려 주고, 저녁에 뚜껑을 열고 밥을 내려 줍니다. 컴컴한 방에 공기는 탁하고 벌레들은 득실거립니다. 좁은 방에서 대소변을 다 보고 잠을 자야 합니다. 얼마 있으면 미쳐 버릴 환경에서 바울은 몇 년을 갇혀 살았습니다. 그럼에도 쇠고랑에 차인 채 빌립보 교인들에게 오히려 기뻐하라는 편지를 씁니다. 바울은 그렇게 험난한 감옥에 있었지만, 그 마음에 예수님이 계시고 하나님을 섬겼기 때문에 그곳이 천국이었습니다. 기쁨이 충만하면 더럽지도 않고 고통스럽지도 않습니다. 교회를 향하여 편지를 쓰고 예배하고 찬미합니다.

오늘 기쁨을 구하십시오. 하나님 안에서 기쁨을 구하십시오. 기쁨이 있으면 모든 환경을 극복할 수 있습니다. 가난도, 오해도, 미움도, 슬픔도 다 극복할 수 있습니다.

2절 대답하여 이르시되 너희가 이 모든 것을 보지 못하느냐 내가 진실로 너희에게 이르노니 돌 하나도 돌 위에 남지 않고 다 무너뜨

려지리라

제자들이 철없는 소리로 아름다운 성전이라고 감탄할 때, 주님께서는 고개를 흔드십니다. 주님은 벌써 역사의 현실을 환히 알고 계십니다. 주후 70년에 로마에 의해 예루살렘 성전이 다 무너질 것을 알고 계셨습니다. 역사에 의하면 성전이 무너지던 때에 로마에서 독립을 주장하던 이스라엘 사람들이 마지막으로 저항하다가 수많은 사람들이 죽었다고 합니다. 요세푸스에 의하면 사람들이 죽어서 피가 도랑물처럼 흘렀기 때문에 그 피를 퍼서 불이 붙은 집에 뿌려 불을 껐다고 기록하고 있습니다. 이스라엘 백성은 천지 사방에 흩어졌습니다.

그리고 성전은 불에 타고 돌 하나도 돌 위에 남지 않았습니다. 그때 성전의 지성소와 성소에 금으로 장식되었던 것들이 불에 타서 녹아 흘렀기 때문에 군인들이 그 흘러들어간 금을 찾기 위해서 돌 하나도 돌 위에 남기지 않고 다 옮겨 허물어뜨렸다는 것입니다.

예수님은 40여 년 후에 일어날 이 사건을 보고 계셨습니다. 성전이 불타고 사람들이 처참하게 죽는 것을 이미 보고 계셨습니다. 그러므로 예수님은 제자들이 그 성전을 보고 화려하다고 감탄할 때 쓰디쓴 감정을 느끼셨습니다.

2. 종말의 징조(24:3-14)

3. 예수께서 감람산 위에 앉으셨을 때에 제자들이 조용히 와서 이르되 우리에게 이르소서 어느 때에 이런 일이 있겠사오며 또 주의 임하심과 세상 끝에는 무슨 징조가 있사오리이까 4. 예수께서 대답하여 이르시되 너희가 사람의 미혹을 받지 않도록 주의하라 5. 많은 사람이 내 이름으로 와서 이르되 나는 그리스도라 하여 많은 사람을 미혹하리라 6. 난리와 난리 소문을 듣겠으나 너희는 삼가 두려워하지 말라 이런 일이 있어야 하되 아직 끝은 아니니라 7. 민족이 민족을, 나라가 나라를 대적하여 일어나겠고 곳곳에 기근과 지진이 있으리니 8. 이 모든 것은 재난의 시작이니라 9. 그때에 사람들이 너희를 환난에 넘겨주겠으며 너희를 죽이리니 너희가 내 이름 때문에 모든 민족에게 미움을 받으리라 10. 그때에 많은 사람이 실족하게 되어 서로 잡아 주고 서로 미워하겠으며 11. 거짓 선지자가 많이 일어나 많은 사람을 미혹하겠으며 12. 불법이 성하므로 많은 사람의 사랑이 식어지리라 13. 그러나 끝까지 견디는 자는 구원을 얻으리라 14. 이 천국 복음이 모든 민족에게 증언되기 위하여 온 세상에 전파되리니 그제야 끝이 오리라

3-5절 예수께서 감람산 위에 앉으셨을 때에 제자들이 조용히 와서 이르되 우리에게 이르소서 어느 때에 이런 일이 있겠사오며 또 주의 임하심과 세상 끝에는 무슨 징조가 있사오리이까 예수께서

대답하여 이르시되 너희가 사람의 미혹을 받지 않도록 주의하라 많은 사람이 내 이름으로 와서 이르되 나는 그리스도라 하여 많은 사람을 미혹하리라

예수님은 성전에서 나가셔서 맞은 편 감람산에 앉으셨습니다. 그곳에는 감람나무가 많습니다. 주님은 훗날 감람산에서 승천하셨으며 지상 재림 때에도 감람산으로 재림하실 것입니다. 감람산은 그리스도와 관계가 깊고 인류 역사와도 관계가 깊은 곳입니다.

주님께서 감람산에 앉아서 예수살렘 성을 내려다보시는데, 제자들이 조용히 와서 두 가지를 물었습니다. "주님, 우리에게 일러 주소서. 어느 때에 이 성전이 무너지고, 세상 끝에는 무슨 징조가 있겠습니까?"

주님께서 세상 끝에 일어날 것을 먼저 말씀하시고 예루살렘이 무너질 것에 대해서 대답하십니다. 징조라는 것은 그날과 그때를 정확하게 추측하지 못합니다. 봄이 올 징조라면 온도가 높아지고 봄바람이 불다가 또다시 추워졌다가 다시 온화해지는 징조가 반복되면서 본격적으로 시작됩니다. 징조라는 것은 시대가 바뀌는 표시를 말합니다.

주님께서 먼저 너희가 사람의 미혹을 받지 않도록 주의하라고 말씀하십니다. 이단과 사설이 많이 일어날 것이라는 것입니다. 주님께서는 제일 먼저 우리에게 신앙적인 것, 영적인 징조를 강조하십니다. 이단과 사설이 많이 일어나서 자신이 그리스도라고 주장한다는 것입니다. 한국에도 자칭 재림주가 많습니다. 그러나 여러분이 꼭 알아야 할 것은 우리를 구원할 그리스도, 즉 구주는 예수님 한 분밖에 없다는 사실입니다. 2천년 전에 동정녀 마리아를 통해 이 땅에 오셔서 우리를 위해 십자가에 못

박혀 몸 찢기고 피를 흘려 죽으셨다가 부활하셔서 승천하시고, 장차 우리를 데려가기 위하여 재림하실 예수 그리스도 이외에는 다른 주가 없습니다. 하늘의 천사가 나타나서 여기에 다른 그리스도가 있다고 하더라도 저주를 받을 것입니다.

마귀도 그리스도로 가장하고 광명한 천사로 가장합니다. 온갖 기사와 이적도 행합니다. 옛날에 애굽의 술사들이 모세가 행하는 기적의 역사를 따라 행했습니다. 우리는 오직 예수 그리스도를 중심에 두어야 합니다. 예수님의 진리 위에 서서 하나님 역사가 나타나야지 그렇지 않은 기사와 이적은 아무 소용이 없습니다.

6절 **난리와 난리 소문을 듣겠으나 너희는 삼가 두려워하지 말라 이런 일이 있어야 하되 아직 끝은 아니니라**

두 번째 징조를 말씀하셨습니다. 예수님 시대 이후 로마가 무너지고 열강이 일어나고 세계 대전이 일어나고 한국 전쟁이 일어났습니다. 온갖 인종, 종교, 정치 전쟁이 일어났습니다.

옛날에는 통신이 발달되어 있지 않아서 난리가 나도 그 소식이 전해지는 데 몇 달, 혹은 몇 년이 걸렸습니다. 유럽 어느 지역에 전쟁이 일어나면 몇 년이 지나서 전쟁이 끝날 때나 그 소문을 들었습니다.

그러나 지금은 세계 전역에서 일어나는 전쟁의 소문을 실시간으로 듣는 시대가 되었습니다. 내가 지금 설교를 하면 통신을 통해 온 세계에서 동시에 들을 수 있습니다. 이제는 전쟁과 전쟁이 일어나는 것이 아니라 전쟁과 전쟁의 소문을 듣게 되었습니다. 이것이 말세의 징조입니다.

오늘날은 국경의 의미가 없어졌습니다. 통신으로 전 세계가 동시에 교통하고 있습니다. 세계적인 경제의 움직임은 시골 구석구석까지 영향을 미칩니다. 어느 나라에 홍수가 나서 채소가 없다면 즉시 그 나라에 채소를 수출합니다. 세계는 점점 한 공동체가 되어갑니다. 전화기만 있으면 지구 끝에 있는 사람과도 통화를 할 수 있습니다. 영어를 사용하지 못하면 아무것도 하지 못할 정도로 언어도 영어로 통일되어 가고 있습니다. 교회도 그렇습니다. 우리 교회는 5백여 명의 선교사를 세계에 파송하고 있는데 국제적인 언어를 사용하지 못하면 아무것도 하지 못합니다. 오늘날은 우리끼리만 살 수 없는 국제화 시대입니다.

그런데 이렇게 난리와 난리 소문을 듣는 시대가 말세의 징조라고 예수님께서 말씀하시면서 삼가 두려워하지 말라고 하십니다. 이런 일이 있어야 하되 아직 완전한 끝은 아니라는 것입니다.

7-8절 민족이 민족을, 나라가 나라를 대적하여 일어나겠고 곳곳에 기근과 지진이 있으리니 이 모든 것은 재난의 시작이니라

이것은 민족과 국가 간의 전쟁을 말합니다. 각종 이념으로, 영토 분쟁으로, 경제적인 이유로 싸우게 됩니다. 이것이 재난의 시작이라는 것입니다.

또 기근이 있습니다. 아프리카의 기근, 남미의 기근, 가깝게는 북한에 기근이 있습니다. 지진도 끊임없이 일어납니다. 근래 한국도 미약하지만 점점 지진의 강도가 강해지고 있습니다.

나는 본격적인 지진을 당해 봤습니다. 샌프란시스코에서 지진 한가운데에 있어 보았는데 그 후론 어디를 가든지 높은 데 잘 안 올라갑니다. 그때 샌프란시스코의 호텔 4층에 있었는데, 진도 6도의 지진이 일어났습

니다. 설교를 하려는 순간 몸이 흔들리고 건물이 사정없이 흔들렸습니다. 처음에는 지진인지 꿈에도 모르고 오순절 마가다락방에서 있었던 진동인가 생각했습니다. 텔레비전이 날아가고 침대가 움직였습니다. 그래서 밑에 있는 풀장으로 뛰어내리려니까 물이 하나도 없는 것입니다. 창틀을 잡고 이를 꽉 깨물고 기도를 했습니다. 창밖으로는 큰 굴뚝이 넘어지고 자동차가 부딪치고 다리가 내려앉았습니다. 그때 이를 얼마나 깨물었는지 나중에 온 이가 다 아파 왔습니다. 나중에 내려와 보니 높은 층에 있었던 사람들은 다 초죽음이 되었습니다.

그 체험이 있고 나서 나는 지진이 얼마나 무서운지 뼈저리게 느꼈습니다. 예수님께서는 말세의 징조로 이러한 재난이 시작될 것이라고 말씀하셨습니다.

9-13절 그때에 사람들이 너희를 환난에 넘겨주겠으며 너희를 죽이리니 너희가 내 이름 때문에 모든 민족에게 미움을 받으리라 그때에 많은 사람이 실족하게 되어 서로 잡아 주고 서로 미워하겠으며 거짓 선지자가 많이 일어나 많은 사람을 미혹하겠으며 불법이 성하므로 많은 사람의 사랑이 식어지리라 그러나 끝까지 견디는 자는 구원을 얻으리라

기독교 역사에 따르면 로마 열 명의 황제를 통해 얼마나 많은 성도들이 잔인하게 죽었는지 형언할 수 없습니다. 한국만 하더라도 대원군 시절에 얼마나 많은 성도들이 박해를 당하고 죽었습니까? 일제 36년, 한국 전쟁 등을 통해 수많은 성도들이 순교의 피를 흘렸습니다. 그리스도의 복음이 들어간 곳이면 어느 곳이라도 초기에 순교의 피를 흘려야 했

습니다.

지금의 세대는 신앙의 선조들이 피를 많이 흘리며 복음의 뿌리를 튼튼히 내려놓았기 때문에 그 혜택을 받으며 신앙생활을 할 수 있습니다. 오늘날 한국에서 그리스도인이라고 해서 잡아 죽일 사람은 아무도 없습니다. 우리 선배들이 흘린 눈물과 피의 값으로 오늘의 한국이 있는 것입니다. 현재 한국은 인구의 4분의 1 이상이 그리스도를 믿고 있으며, 기독교 문화가 점점 뿌리를 내리고 있습니다. 이에 대해 우리는 하나님께 감사해야 하며 우리 믿음의 선배들에게 감사해야 합니다.

말세가 되면 믿음이 약한 사람들은 타락해서 교회를 박해하는 권력자의 대변인 노릇을 합니다. 예수 그리스도를 믿는 사람들을 고발하여 죽이고 서로가 서로를 배반합니다. 게다가 많은 거짓 선지자가 나타나 자기가 구주라고 속이며 사람들을 유혹합니다.

불법과 부정부패가 횡행하고 정의가 사라져서 사람들이 아무도 서로를 믿을 수 없고 의지할 수 없게 됩니다. 정의가 확립되면 모든 사람들이 안정되고 서로를 사랑하며 살지만 불법이 성행하면 서로를 의심하고 이간질합니다. 이렇게 불법이 성행하면 점차 사랑이 식어집니다.

그러나 아무리 시험이 다가와도 우리는 끝까지 견뎌야 합니다. 얼마 전에 내가 잘 아는 성도님 한 분이 굉장히 큰 가정의 어려움과 시련을 겪다가 우리 교회를 떠났다는 말을 들었습니다. 마음이 많이 아팠습니다. 성도는 어려운 시련이 있을수록 더욱 굳세게 견뎌야 합니다. 그래야 승리가 다가옵니다. 견디지 못하고 방황하기 시작하면 더 깊은 상처 속에 떨어지게 되는 것입니다. 끝까지 견뎌야 구원을 얻습니다.

14절 이 천국 복음이 모든 민족에게 증언되기 위하여 온 세상에 전파되리니 그제야 끝이 오리라

복음은 천국을 증언하는 것입니다. 주께서는 하늘나라를 세우기 위해서 이 땅에 오셨습니다. 그 나라는 예수님이 왕이 되시고 우리가 백성이 되는 나라입니다. 그러므로 우리가 예수님을 복음으로 받아들이면 주님이 우리 안에 오십니다. 주님은 왕이시고, 우리는 그분의 백성입니다. 여러분은 다 작은 천국입니다. 그러므로 우리 그리스도인들은 그저 종교적으로 살다가 사라지는 것이 아닙니다. 마귀의 나라가 무너지고 하늘나라가 우리 속에 임하는 것입니다.

그리스도의 복음이 전파되는 곳에는 하늘나라가 이루어집니다. 이 천국의 복음이 모든 민족에게 전파되면 그때에 이르러 세상의 끝이 옵니다. 예수님의 이 말씀은 그 당시로서는 도저히 상상할 수도 없는 일이었습니다. 어떻게 천국 복음이 열두 제자를 통해서 온 땅의 끝까지 전파된다는 것입니까? 그러나 지금은 소문의 시대입니다. 인터넷과 각종 통신의 발달로 그리스도의 복음이 전 세계 구석구석에 전파되어 가고 있습니다. 듣지 않으려고 해도 모든 민족이 그리스도의 복음을 접하고 있습니다. 이는 점점 마지막 때가 이르고 있다는 뜻입니다. 그러므로 우리가 사는 이 시대에 종말의 징조가 가득하다는 것을 알아야 합니다.

3. 대환난과 그리스도의 재림(24:15-31)

15. 그러므로 너희가 선지자 다니엘이 말한바 멸망의 가증한 것이 거
룩한 곳에 선 것을 보거든 (읽는 자는 깨달을진저) 16. 그때에 유대
에 있는 자들은 산으로 도망할지어다 17. 지붕 위에 있는 자는 집 안
에 있는 물건을 가지러 내려가지 말며 18. 밭에 있는 자는 겉옷을 가
지러 뒤로 돌이키지 말지어다 19. 그날에는 아이 밴 자들과 젖 먹이
는 자들에게 화가 있으리로다 20. 너희가 도망하는 일이 겨울에나
안식일에 되지 않도록 기도하라 21. 이는 그때에 큰 환난이 있겠음
이라 창세로부터 지금까지 이런 환난이 없었고 후에도 없으리라
22. 그날들을 감하지 아니하면 모든 육체가 구원을 얻지 못할 것이
나 그러나 택하신 자들을 위하여 그 날들을 감하시리라 23. 그때에
사람이 너희에게 말하되 보라 그리스도가 여기 있다 혹은 저기 있다
하여도 믿지 말라 24. 거짓 그리스도들과 거짓 선지자들이 일어나
큰 표적과 기사를 보여 할 수만 있으면 택하신 자들도 미혹하리라
25. 보라 내가 너희에게 미리 말하였노라 26. 그러면 사람들이 너희
에게 말하되 보라 그리스도가 광야에 있다 하여도 나가지 말고 보라
골방에 있다 하여도 믿지 말라 27. 번개가 동편에서 나서 서편까지
번쩍임같이 인자의 임함도 그러하리라 28. 주검이 있는 곳에는 독
수리들이 모일 것이니라 29. 그날 환난 후에 즉시 해가 어두워지며
달이 빛을 내지 아니하며 별들이 하늘에서 떨어지며 하늘의 권능들
이 흔들리리라 30. 그때에 인자의 징조가 하늘에서 보이겠고 그때
에 땅의 모든 족속들이 통곡하며 그들이 인자가 구름을 타고 능력과
큰 영광으로 오는 것을 보리라 31. 그가 큰 나팔소리와 함께 천사들

을 보내리니 그들이 그의 택하신 자들을 하늘 이 끝에서 저 끝까지 사방에서 모으리라

15절 그러므로 너희가 선지자 다니엘의 말한바 멸망의 가증한 것이 거룩한 곳에 선 것을 보거든 (읽는 자는 깨달을진저)

다니엘서 9장에서는 적그리스도가 이스라엘에게 가할 거대한 상처와 고통에 관해서 이야기를 합니다. 새롭게 형성된 거대한 나라와 이스라엘이 전쟁을 합니다. 대승을 거둔 이스라엘은 기세를 얻어 시온 산에 성전을 재건합니다. 그때 적그리스도와 7년 계약을 맺고 3년 반 동안 잘 지내다가 3년 반이 끝나면 적그리스도의 본색이 드러납니다. 성전에는 적그리스도의 상이 놓입니다.

하나님의 십계명 중에 가장 첫 번째 계명이 다른 신을 두지 말라는 것입니다. 하나님이 가장 미워하시는 것이 우상 숭배입니다. 구약 성경에 보면 북이스라엘도, 남유다도 우상 숭배로 멸망했습니다.

북이스라엘은 북방 앗수르에 의해, 남유다는 바벨론에 의해 멸망했습니다. 이후로 그들은 70년 동안 바벨론에서 포로로 살다가 예루살렘으로 돌아오고 다시 로마에 정복당합니다. 그리고 주후 70년에 성전의 돌 하나까지도 완전히 파괴되어 멸망하게 됩니다. 이스라엘의 역사는 언제나 침략에 의해서 짓밟히고 멸망당한 역사였습니다.

장차 하나님의 심판이 임할 때에도 수많은 사람들이 우상을 숭배하는 죄를 저지르게 됩니다. 심판의 때가 이르면 성전에 적그리스도의 상이 신으로 놓이고 이스라엘 민족은 그것을 거부합니다. 마지막 때에 적그리스도는 어마어마한 군사력과 경제력으로 이스라엘을 멸망시키는데, 이것이 야곱의 환난이며 이스라엘 최후의 고난입니다. 결국 7년 계약은 파기되고 이스라엘은 엄청난 박해를 받게 됩니다.

성전에 우상을 세우고 절하라는 명령은 과거 한국에도 있었던 일입니다. 일제 36년 기간에 일본인들은 성전의 십자가 위에 일본의 신전을 세우고 성도들에게 경배하라고 강요하였습니다. 반대하는 사람은 처형당하고 타협하는 사람은 일본의 신전 앞에서 예배를 드렸습니다. 당시 성결교가 강력하게 반대하다가 교단 자체가 해산되었고, 장로교 고려파 교단에서 반대하다가 수많은 사람들이 순교를 당하였습니다. 무시무시한 고문과 박해를 견디며 신앙을 지킨다는 것은 상상할 수 없을 정도의 시련입니다.

그러므로 주님 오시기 전에 우리는 열심히 주님을 믿고 주님이 공중재림하실 때 들려 올라가야 합니다. 그렇지 않고 환난을 통과하게 되면 모두 순교를 당해야 합니다.

16-19절 그때에 유대에 있는 자들은 산으로 도망할지어다 지붕 위에 있는 자는 집 안에 있는 물건을 가지러 내려가지 말며 밭에 있는 자는 겉옷을 가지러 뒤로 돌이키지 말지어다 그날에는 아이 밴 자들과 젖 먹이는 자들에게 화가 있으리로다

'산' 은 어디를 말할까요? 성경에 보면 유대에 근접한 요르단의 옛 에돔 땅에 '페트라' 라는 성이 있습니다. 성경에는 그 페트라 성에 유대인들이 도망을 쳐서 피하게 되며 독수리 날개를 타고 페트라로 간다고 말씀하고 있습니다.

그래서 현재 미국의 많은 단체들이 환난 때 먹기 위해 통조림을 페트라 성에 갖다 놓는다고 합니다. 성경에 보면 유대인들이 페트라 성에 도망을 쳐서 한 때, 두 때, 반 때를 지내는데, 적그리스도가 그곳에 어마어마한 군대를 보내지만 땅이 입을 열고 큰 지진이 일어나 모조리 죽게 될 것입니다. 하나님께서 페트라 성으로 도망친 유대인들을 3년 반 동안 철저히 지키실 것입니다.

그러므로 예수님께서는 적그리스도가 우상을 세우고 절을 하라고 명령하면 무조건 도망을 하라고 말씀하십니다. 피하지 못하고 남은 사람은 아무도 살아남지 못합니다.

또, 지붕 위에 있는 자는 집 안에 있는 물건을 가지러 내려가지 말라고 말씀하십니다. 이스라엘 지역은 비가 오지 않기 때문에 지붕이 평평하여 그곳에 여러 가지 꽃도 심고, 나무도 심고, 빨래나 물건도 갖다 놓습니다. 이스라엘 사람들은 지붕을 종종 정원처럼 사용하며 바깥에서 지붕으로 올라갈 수도 있고 지붕에서 직접 집 안으로 내려갈 수 있도록 계단을 만들어 놓았습니다. 기후가 덥기 때문에 지붕에 올라가서 서늘한 바람을 맞기도 합니다.

그런데 지붕에서 이 소식을 듣게 되면 집 안에 있는 물건을 가지러 내려가지 말고 그 길로 바깥 계단을 통해서 도망치라는 것입니다. 머뭇거리다가는 큰일납니다. 이 세상에 있는 물건을 좀 가지고 가려고 머뭇거리는 것은 다 부질없습니다. 환난이 다가오면 이 세상 물건이 무슨 소용이 있습니까? 목숨을 위해서 모든 것을 버리고 그냥 빈손으로 도망쳐야 합니다.

밭에 있는 자들은 집에서 멀리 떨어져 있습니다. 그런데 소식을 듣고 집에 있는 물건을 챙기기 위해 돌아가다가는 죽임을 당합니다. 밭에서 일하다가 소식을 들으면 쟁기고 호미고 다 던지고 도망쳐야 합니다.

아이 밴 자들과 젖 먹이는 자들에게는 화가 있다고 말씀하십니다. 평소에는 어린아이를 가지는 것이 얼마나 축복된 일입니까? 그러나 전쟁을 당하면 자기를 방어할 능력이 부족한 여자와 아이들이 가장 큰 고통을 당합니다. 어머니들은 평화 시에는 가장 존경을 받고 사랑을 받지만 전쟁이 일어나면 제일 천대를 받습니다. 남편은 전쟁에 나가서 죽임을 당하고 과부가 되어 혼자 몸으로 아이들을 키워야 합니다. 그렇기 때문에 주님께서는 전쟁이 일어나면 가장 고통을 당하는 자들이 어머니와 젖 먹는 아이들이라고 말씀하십니다.

20절 너희가 도망하는 일이 겨울에나 안식일에 되지 않도록 기도하라

이 일이 겨울에 일어나면 참으로 괴롭습니다. 차가운 바람이 불고, 눈보라가 치고, 땅은 미끄럽고, 어디 하나 몸을 의지할 수 없는 겨울에 피난을 하는 것은 견디기 힘든 일입니다. 한국 전쟁이 있었을 때 피난민들이 수없이 논바닥에서 자다가 얼어 죽었습니다.

유대인들은 안식일에는 일도 하지 않고 거동도 하지 않습니다. 그런데 안식일에 피난을 가게 되면 괴로운 것입니다. 유대인들이 환난을 통하게 되는 것은 하나님의 섭리에 들어 있으므로 피할 수 없습니다. 하지만 그날이 겨울이나 안식일에 되지 않도록 기도하라고 말씀하십니다. 그것은 하나님의 돌보심도 기도가 있어야 한다는 것입니다. 공의로우신 하나님은 무슨 일이든 공의에 맞추어 하시므로 범죄한 이스라엘이 마지막 때의 환난을 피할 수는 없습니다. 그러나 간절히 기도하면 가혹하지

않도록 환경을 변화시킬 수 있다는 것입니다.

우리의 인생은 이미 하나님의 책에 다 기록되어 그것이 하늘에서 이루어진 것같이 땅에서 이루어집니다. 우리는 한 치 앞의 일을 알지 못해도 하나님은 우리의 일생을 이미 알고 그 길을 정해 놓으셨습니다. 하나님께 열심히 기도하면 그 길을 잘 갈 수 있지만, 순종하지 않고 길에서 벗어나면 수렁에 빠지거나 계곡에 떨어져 상처투성이가 됩니다. 우리의 일생은 하나님께서 정해 놓으셨으므로 인간이 선택할 수 있는 폭이 매우 적습니다. 물고기가 큰 호수에 살면 그 호수의 동편에 살 것인지, 아니면 서편에 살 것인지는 스스로 결정하지만 호수 자체를 옮길 수는 없는 것과 같습니다.

우리가 어디서 누구에게 태어나느냐는 우리 힘으로 선택하는 것이 아닌 운명입니다. 태어나면 이미 부모와 나라와 가족이 정해져 있습니다. 거기에 내가 조금 보태고 조금 빼는 것은 할 수 있지만, 큰 흐름은 막을 수 없습니다. 부산에서 서울로 오는 고속도로에서 시속은 어느 정도 스스로 결정할 수 있지만 고속도로 자체를 바꿀 수는 없습니다.

우리의 일생은 이미 하나님께서 거의 예정해 놓으신 것입니다. 하나님을 믿고 충성하면 그 길을 잘 걸어가는 것이고, 그렇지 못하면 수렁에 빠지는 것입니다. 그렇기 때문에 하나님께 저항하고 사는 것만큼 어리석은 삶은 없습니다. 우리가 아침이 오는 것을 저녁으로 만들 수 없고 저녁이 오는 것을 아침으로 만들지 못하면서 계절을 변화시키겠다고 큰소리치는 것은 어리석은 일입니다. 주님의 뜻대로 순종하며 사는 것이 가장 올바른 길입니다. 머슴이 아무리 일을 열심히 해도 주인이 시키지 않은 일을 했다면 상을 받을 수 없을 것입니다. 하나님은 우리의 주인이시며 우리는 그의 소유라는 것을 기억해야 할 것입니다.

21-22절 이는 그때에 큰 환난이 있겠음이라 창세로부터 지금까지 이런 환난이 없었고 후에도 없으리라 그날들을 감하지 아니하면 모든 육체가 구원을 얻지 못할 것이나 그러나 택하신 자들을 위하여 그날들을 감하시리라

환난이 얼마나 큰지 창세로부터 지금까지 없었고 이후에도 없을 것이라고 말씀하십니다. 그것은 유대인에 대한 환난뿐만 아니라 하나님을 거역한 이방인들에게도 임하는 것입니다. 하지만 우리가 기도하면 그날들을 감하시겠다고 말씀하십니다. 그날들은 정해져 있지만 기도하면 기간을 줄일 수 있습니다. 성도의 기도가 하나님의 보좌를 움직일 수 있습니다.

하나님께서는 우리의 기도를 통해 삶에 역사를 나타내십니다. 마귀가 무슨 말을 해도 기도한 사람에게는 접근하지 못합니다. 우리는 기도와 간구를 통해서 하나님이 우리의 일에 간섭할 수 있도록 길을 열어 놓아야 합니다. 항상 부르짖고 기도해야 할 이유가 여기에 있습니다. 혹 우리는 기도를 소홀히 생각할 수 있지만, 하나님은 기도를 매우 중요하게 생각하십니다. 마귀는 기도하는 사람에게 자꾸 기도하지 말라며 찬물을 끼얹습니다. 그런데 우리가 성령님을 인정하고, 환영하고, 모셔 들이고, 의지하면 신앙의 불이 타올라서 마귀가 아무리 찬물을 끼얹어도 기도의 불이 꺼지지 않습니다.

오늘날은 가짜 신자들이 많습니다. 주일에만 교회에 나오고 평소에 하나님과 기도의 교통을 하지 않습니다. 사람이 존귀해도 깨닫지 못하

면 멸망하는 짐승보다 못합니다. 짐승은 죽으면 그냥 사라지지만 사람의 영혼은 그렇지 않습니다. 짐승은 육신의 먹이만 채워지면 문제없지만 하나님의 형상과 모양대로 지음받은 사람은 영혼이 있어서 온갖 창조적인 일을 다 해야 합니다. 그런데 그 영혼이 지옥에 떨어져서 영원히 고통당할 것을 생각하면 몸서리가 쳐집니다. 우리의 삶을 안일하게 생각하면 안 됩니다. 우리는 이 세상에 살동안 천국인지 지옥인지 선택해야 할 기로에 서 있습니다. 우리는 예수님을 굳세게 믿고 하나님 중심으로 서서 천국을 향해 나아가야 합니다.

23-24절 그때에 사람이 너희에게 말하되 보라 그리스도가 여기 있다 혹은 저기 있다 하여도 믿지 말라 거짓 그리스도들과 거짓 선지자들이 일어나 큰 표적과 기사를 보여 할 수만 있으면 택하신 자들도 미혹하리라

언제나 사회가 혼란할 때 이단과 사설이 생깁니다. 전쟁이나 경제적, 정치적인 혼란이 생기면 사람들이 마음의 갈피를 잡지 못하고 흔들립니다. 그때 사람들을 미혹시키는 이들이 나타납니다. 사람들은 의지할 곳을 찾기 때문에 그들의 미혹에 쉽게 넘어갑니다.

한국의 경우에도 정치적, 경제적, 사회적인 위기가 닥쳤을 때 자신이 메시아라고 주장하는 이단이 우후죽순처럼 불어났습니다. 그래서 수많은 사람이 그들에게 미혹되어 재산도, 청춘도 다 바치고 절망하게 되었습니다.

영적인 세계에서는 거짓 선지자들도 기사와 이적을 행합니다. 무당을 보십시오. 그들도 병을 고치고 마술을 부립니다. 성경에 보면 애굽의 술

사들도 모세와 같이 기적을 행하였습니다. 주님께서는 그들의 미혹을 절대 믿지 말라고 말씀하십니다.

우리가 2천 년 전에 오셔서 십자가에 못 박혀 죽으시고 부활, 승천하신 그리스도만 바라본다면 절대로 미혹에 빠지지 않습니다. 예수님의 이름 안에서 일어나는 성령의 역사는 진짜 하나님의 놀라운 기적입니다. 하지만 예수님이 아닌 다른 이를 구주라 주장하거나 스스로를 그렇게 여기는 사람은 모두가 거짓이며 그들이 행하는 기적은 마귀의 일입니다.

우리는 마지막 때에 중심을 분명하게 잡아야 합니다. 병 고침이나 기적이 나타난다고 해서 따르다가는 큰일이 납니다. 진리는 오직 예수 안에 있습니다. 그런 기적이 없어도 예수님만 잘 믿으면 천국에 가는 것입니다. 또 예수님을 잘 믿으면 성령으로 말미암아 병도 고쳐 주시고 기적도 행하여 주십니다. 그리스도는 오직 예수님 한 분뿐이며 다른 그리스도는 다 거짓입니다.

하나님의 말씀은 창세기부터 요한계시록까지 일점일획도 변함없이 완전합니다. 우리는 그 성경에 기록된 예수 그리스도만 따라야 합니다.

25-28절 보라 내가 너희에게 미리 말하였노라 그러면 사람들이 너희에게 말하되 보라 그리스도가 광야에 있다 하여도 나가지 말고 보라 골방에 있다 하여도 믿지 말라 번개가 동편에서 나서 서편까지 번쩍임같이 인자의 임함도 그러하리라 주검이 있는 곳에는 독수리들이 모일 것이니라

옛날에 모세도 광야에서 십계명을 받았고, 침례 요한도 광야에서 나

타났으며, 예수님도 광야에 나가서 금식하셨습니다. 그런데 광야에서 새로운 그리스도라고 주장하는 사람이 생긴다는 것입니다. 그 말을 믿지 말아야 합니다. 또 골방에 신비한 사람이 있다는 선전도 믿지 말아야 합니다. 사람을 미혹시키기 위해서 속기 좋은 장소를 택하여 선전하는 것입니다.

예수님은 마지막 때에 나타나실 그리스도의 진짜 모습에 대하여 말씀하셨습니다. 번개가 동에서 번쩍하면 서편까지 뻗어나가는 것처럼 예수님이 오시면 온 세계의 사람들이 동시에 다 본다는 것입니다. 주님이 강림하실 때에는 공중에 큰 역사가 일어날 것입니다.

이것은 그리스도의 지상 재림을 말합니다. 7년 환난이 있기 전에 먼저 그리스도의 공중 재림이 있고, 이때 성도들은 공중으로 들림을 받습니다. 주께서 호령과 천사장의 고함과 하나님의 나팔소리로 친히 하늘로부터 강림하시니 주 안에서 죽은 자가 다 일어나고 살아남은 우리들이 변화되어 공중으로 올라가서 주님을 영접합니다. 그리고 7년 환난이 있은 후 그리스도의 지상 재림이 있는데, 그때는 지상에서 나라들끼리 거대한 살육 전쟁을 벌입니다. 적그리스도의 세력과 동방에서 2억 명의 군사가 전쟁을 벌여 피가 강같이 흐를 정도로 많은 사람이 죽습니다.

그때 주께서 오셔서 적그리스도를 잡아서 거짓 선지자와 함께 불과 유황으로 타는 못에 던지시고 마귀는 무저갱에 던져 넣어 가두십니다. 그리고 천년왕국이 지나고 무저갱이 열리면 사탄이 나와서 거대한 무리를 꾀어 예루살렘을 공격합니다. 하지만 하늘에서 불이 내려와서 그 사람들이 다 죽고 마귀는 영원히 나오지 못하는 불과 유황이 타는 못에 던져집니다. 그 후 백보좌 심판이 있습니다. 그때 창세 이후로 지금까지 주를 믿지 않고 죽은 모든 사람들이 다 부활하여 심판을 받습니다. 그리고 나머지 성도들은 모두 새 하늘과 새 땅으로 들어가 영원히 그리스도와 함께 살게 되는 것입니다.

여러분은 모두 천국에 가실 준비가 되어 있습니까? 주님께서 하신 말씀을 보면 우리는 앞을 보지 못하고 더듬거리며 걸어가는 인생이 아닙니다. 미래에 대한 것을 환히 알고서 걸어가는 것입니다. 모르고 사는 사람과 알고 사는 사람은 천양지차로 다릅니다. 우리는 말세의 징조도 알고 역사가 어떻게 흘러갈 것인지도 알고 유대인을 중심으로 하나님의 섭리가 어떻게 될 것인지도 알고 있습니다.

29-30절 그날 환난 후에 즉시 해가 어두워지며 달이 빛을 내지 아니하며 별들이 하늘에서 떨어지며 하늘의 권능들이 흔들리리라 그때에 인자의 징조가 하늘에서 보이겠고 그때에 땅의 모든 족속들이 통곡하며 그들이 인자가 구름을 타고 능력과 큰 영광으로 오는 것을 보리라

이것은 7년 환난 후의 일을 말씀하는 것입니다. 처음 3년 반이 지나면 적그리스도가 시온 산에 있는 성전에 자기의 우상을 세워 절하게 합니다. 반발하는 유대인들은 혹독하게 환난을 받고 아마겟돈 전쟁이 벌어져 수많은 사람이 죽습니다.

그 후에 해가 어두워지고, 달이 빛을 내지 아니하며, 별들이 하늘에서 떨어져 권능들이 흔들립니다. 유성이 비같이 쏟아질 때가 있습니다. 혜성이 가면 혜성 꼬리에서 많은 얼음조각들이 환하게 비칩니다. 그때는 하늘에 있는 별들의 운행에 큰 변화가 다가와서 지구 대기권을

향해 많은 운석들이 떨어지고 많은 별들이 떨어집니다. 거대한 운석이 지구와 인접한 데에서 떨어지면 원자탄의 수십 배의 위력으로 땅을 때립니다.

그때 인자의 징조가 하늘에서 보이고 땅의 모든 족속들이 통곡하며 그들이 인자가 구름을 타고 능력과 큰 영광으로 오는 것을 보게 됩니다. 왜 땅에 있는 모든 족속이 통곡합니까? 그들이 그리스도를 믿지 않고 대적하였기에 절망하는 것입니다. 예수님이 만왕의 왕이요, 만주의 주가 되어서 이 땅에 강림하시니 장차 다가올 심판을 바라보고 통곡하지 않을 수 없습니다. 하나님이 진노의 포도주 틀을 짓밟을 때 거기에 살아남을 사람이 누가 있겠습니까? 하나님께서 독생자 예수님을 보내기까지, 그리스도께서 몸 찢기고 피 흘려 온갖 고통을 받아서 죄 사함을 얻게 하셨는데 그것을 믿지 않았으니 얼마나 심판이 크겠습니까? 이때 땅의 모든 족속이 통곡하며 인자가 구름을 타고 능력과 큰 영광으로 오는 것을 봅니다.

목사가 되기 전인 스무 살 무렵에 나는 어떤 외국인 목사님의 설교를 통역하는 일을 한 적이 있습니다. 그분을 따라 부흥회를 다녔는데 그만 그분이 한국을 떠나게 되었습니다. 그래서 무엇을 해야 할지 몰라 일주일 금식을 작정하고 주님께 기도를 하였습니다. 그때 나는 신앙이 별로 없었습니다. 성경을 창세기부터 계시록까지 한 번도 통독하지 못했습니다. 그러니 기도도 잘 안 되고 성경을 펼쳐도 무슨 말인지 도무지 알 수가 없었습니다. 사흘째가 되니 완전히 탈진하여 밤 11시에 방바닥에 늘어져서 누웠습니다. 그런데 갑자기 방안에 구름이 피어오르고 환한 불길이 타올랐습니다. 나는 '이제 불에 타 죽는구나!' 라고 생각하며 고함을 쳤습니다. 그런데 내 앞에 구름으로 된 옷을 입은 한 사람이 서 있는 것입니다. 머리에 가시가 있고 피를 흘리는데 나는 소방관이 나를 구해 주러 온 것으로 생각했습니다. 그런데 그가 불을 끌 생각은 하지 않고 손을 들고만 있어서 이상하여 자세히 보니 구름을 타고 있었습니다. 나는 순간 그분이 예수님이라는 것을 알았습니다.

"청년아! 네가 이 세상의 부귀영화를 취한들 무슨 소용이 있느냐. 이 세상에 있는 것들은 다 사라지고 만다. 그러나 내가 죽어서 영생하는 처소를 마련해 놓았다. 나를 따르는 사람은 멸망하지 않고 영원히 살 것이니 너는 그 천국에 대해서 증언하는 사람이 되어라."

"주님! 나는 폐병에서 겨우 살아났지만 내 오른편 폐 중간에 아직 구멍이 있고 왼편도 상처투성이입니다. 게다가 늑막염이 걸려서 유착되어 있고 조금만 고함을 치면 숨이 차서 힘듭니다."

"내게 맡겨라. 그리고 너는 온 천하에 다니며 만민에게 복음을 전하라."

그러더니 갑자기 온몸에 전기가 통하고 아침까지 기절해 있었습니다. 뜨거운 여름이라 태양빛이 너무 뜨거워 일어났는데, 문을 열고 나가니 세상이 그렇게 아름다울 수 없었습니다. 세상은 너무나 아름답고 희망찼습니다. 그 길로 나는 전도지를 들고 거리로 나섰습니다.

한번은 버스를 타고 전도를 하는데 고등학교 때의 선생님을 만났습니다. 그분께 예수님을 믿으라고 말씀드리니 얼굴이 빨개지시면서 버스를 내리셔서 나도 함께 내려 끝까지 전도를 하였습니다. 그때는 하나님의 나라에 너무 취해서 부끄러운 것이 없었습니다. 버스에서 전도하다가 바닥에 꿇어앉아 기도를 하고, 경찰관에게 잡혀가서도 전도를 하니 그만하라고 경찰이 내게 사정을 하였습니다. 그때 리처드 목사님을 알게 되었는데, 목사님은 그런 나를 보고 "목사가 되려면 이렇게 하면 안 된다."고 말씀하셨습니다.

나는 그때 목사가 어떻게 되는지도 몰랐습니다. 가톨릭이 뭔지, 개신교가 뭔지, 장로교와 감리교가 뭔지도 몰랐습니다. 예수 그리스도를 믿으면 다 똑같은 줄 알았고 전도하면 다 목사가 되는 줄 알았습니다. 그런 나에게 리처드 목사님이 "내가 소개할 테니 서울에 가서 신학교에서 공부를 해라. 그래야 전도사가 되고 목사가 된다."라고 말씀하셨습니다. 그래서 그분의 사모님을 따라 서울에 오게 되었는데, 그 사모님이 서울로 오는 기차 안에서 내내 찬송을 불렀던 것이 수십 년이 넘은 지금까지도 귀에 쟁쟁합니다. 그래서 나는 구름을 타고 오시는 예수님을 더더욱 확신에 찬 마음으로 증언하게 되었습니다.

요사이 이단이나 사설들은 자꾸 이것을 상징으로만 해석해서 엉뚱한 이론을 만들어 내는데 구름은 구름입니다. 솔로몬이 성전을 하나님께 봉헌할 때 성전 안에 구름이 너무 가득하여 그 영광 가운데 제사장들이 서서 하나님을 섬기지 못하고 모두 엎드렸습니다.

다시 오시는 예수님은 큰 영광과 능력으로 오시며, 그때가 되면 산천초목이 다 떨고 세상 사람들은 뼈가 녹는 체험을 하게 될 것입니다.

31절 저가 큰 나팔소리와 함께 천사들을 보내리니 그들이 그의 택하신 자들을 하늘 이 끝에서 저 끝까지 사방에서 모으리라

주께서 호령과 천사장의 고함과 하나님의 나팔소리로 친히 하늘로부터 공중으로 강림하실 때에는 주 안에서 죽은 자가 다 일어나고 살아 있는 사람은 변화를 받습니다. 영적으로 죽은 사람은 주님의 호령도 못 듣고 천사장의 고함도 못 듣고 하나님의 나팔소리도 안 들립니다. 귀가 있어도 듣지 못하고 눈이 있어도 보지 못하고 마음으로도 깨닫지 못합니다. 신령한 것은 신령한 것으로 분별합니다. 죽은 사람과는 대화가 불가능하듯이, 영적으로 죽은 사람은 주께서 호령을 해도, 천사장이 고함을 쳐도, 하나님의 나팔소리가 천지에 진동을 해도 못 알아듣습니다. 주님의 나팔 소리를 듣는 사람은 순식간에 일어나 변화됩니다. 육의 몸이 신령한 몸으로, 약한 몸이 강한 몸으로, 죽을 몸이 영생하는 몸으로, 추한 몸이 영광스러운 몸으로 변화됩니다.

그날이 되면 수많은 사람이 공중으로 들림을 받아 사라지므로 온 세계가 야단법석입니다. 그러나 영적으로 죽은 사람은 그 이유를 알지 못하는데, 그것이 예수님의 공중 재림입니다.

그리고 7년 환난이 지나고 본문의 말씀처럼 예수님의 지상 재림이 있습니다. 혼인잔치를 한 주님께서 백마를 타고 그 뒤에는 부활한 성도들이 다 같이 주님을 따라 이 땅에 내려옵니다.

그래서 큰 나팔 소리와 함께 천사들이 사방에서 택한 사람들, 일차적으로 유대인들을 모으고, 공중 재림 때 들려 올라가지 못했으나 7년 환난 동안 적그리스도를 경배하지 않은 사람들을 다시 모으는 것입니다.

4. 종말의 시기(24:32-44)

32. 무화과나무의 비유를 배우라 그 가지가 연하여지고 잎사귀를 내
면 여름이 가까운 줄을 아나니 33. 이와 같이 너희도 이 모든 일을 보
거든 인자가 가까이 곧 문 앞에 이른 줄 알라 34. 내가 진실로 너희에
게 말하노니 이 세대가 지나가기 전에 이 일이 다 일어나리라 35. 천
지는 없어질지언정 내 말은 없어지지 아니하리라 36. 그러나 그날과
그때는 아무도 모르나니 하늘의 천사들도, 아들도 모르고 오직 아버
지만 아시느니라 37. 노아의 때와 같이 인자의 임함도 그러하리라
38. 홍수 전에 노아가 방주에 들어가던 날까지 사람들이 먹고 마시고
장가들고 시집가고 있으면서 39. 홍수가 나서 그들을 다 멸하기까지
깨닫지 못하였으니 인자의 임함도 이와 같으리라 40. 그때에 두 사
람이 밭에 있으매 한 사람은 데려가고 한 사람은 버려둠을 당할 것이
요 41. 두 여자가 맷돌질을 하고 있으매 한 사람은 데려가고 한 사람
은 버려둠을 당할 것이니라 42. 그러므로 깨어 있으라 어느 날에 너
희 주가 임할는지 너희가 알지 못함이니라 43. 너희도 아는 바니 만
일 집주인이 도둑이 어느 시각에 올 줄을 알았더라면 깨어 있어 그 집
을 뚫지 못하게 하였으리라 44. 이러므로 너희도 준비하고 있으라
생각하지 않은 때에 인자가 오리라

32절 무화과나무의 비유를 배우라 그 가지가 연하여지고 잎사귀를 내면 여름이 가까운 줄을 아나니

주님께서 무화과나무의 비유를 말씀하셨습니다. 이 비유에서 무화과나무는 이스라엘을 상징합니다. 주님께서는 열매를 맺지 못하는 무화과나무를 저주하셨는데, 그 이유는 주님께서 그 나무에 열매가 없는 것을 몰라서가 아닙니다. 이스라엘을 상징적으로 말씀하고 계신 것입니다. 주후 70년에 열매 맺지 않은 이스라엘은 로마에 의해 말라 버립니다. 무화과는 속으로부터 꽃이 피어서 속에서 열매를 맺습니다. 그렇기 때문에 잎이 돋음과 동시에 열매도 똑같이 생겨납니다. 주님은 무화과나무가 죽었는데 거기에 다시 싹이 나고 입이 돋으면 여름이 가까운 줄 알라고 말씀하십니다. 무화과나무는 여름이 오기 전인 4월부터 6월에 잎을 피우고 열매를 맺으며, 늦여름과 초가을에 그 열매를 먹게 됩니다. 그러므로 죽은 무화과나무에 다시 싹이 나고 잎이 돋으면 여름이 가깝다는 것이며, 이는 곧 그리스도의 재림이 가까이 왔다는 뜻입니다.

멸망한 이스라엘은 제1차 세계 대전이 끝나고 나서 다시 국가를 회복합니다. 이렇게 된 데에는 한 가지 일화가 있습니다. 영국과 독일이 전쟁을 하던 중에 영국에서 화약이 떨어져 총알과 대포를 만들지 못하게 되었습니다. 당시에는 화약을 나무의 송진으로 만들었는데 영국 왕실에서 화약을 화학적으로 만드는 사람에게 큰 상을 내리겠다고 발표하였습니다. 그때 맨체스터대학의 화학교수가 그것을 발명하여 영국이 독일을 이길 수 있었습니다. 영국은 팔레스타인과 중동을 점령하고 나서 그 교수를 불러 공로를 인정하며 그의 소원을 말하라고 하였습니다. 그때 그가 눈물을 흘리며 자신을 유대인이라고 소개하고 잃어버린 나라를 찾게 해 달라고 말하였습니다. 그리하여 영국이 점령한 팔레스타인 지역을 전 세계에 흩어져 있는 유대인들에게 돌려주게 되었습니다.

제2차 세계 대전이 일어나자 히틀러는 유대인 6백만 명을 학살했습니다. 히틀러의 핍박을 받은 유대민족들은 그것을 피해 모두 팔레스타인으로 모이고 예루살렘을 중심으로 옛 땅을 회복하고 1948년에 이스라엘을 독립국으로 선포했습니다. 이것이 무화과나무에 다시 싹이 나고 잎이 돋기 시작한 때입니다.

이 모든 것은 말세가 가까워 왔다는 예표인 것입니다.

33-35절 이와 같이 너희도 이 모든 일을 보거든 인자가 가까이 곧 문 앞에 이른 줄 알라 내가 진실로 너희에게 말하노니 이 세대가 지나가기 전에 이 일이 다 일어나리라 천지는 없어질지언정 내 말은 없어지지 아니하리라

앞에서 말한 난리와 난리 소문이 나고 처처에 기근과 지진이 있고 나라와 나라, 민족과 민족이 싸우는 일들이 일어나고 복음이 온 천하에 전파되면 곧 주님께서 다시 오실 때가 가까이 왔다는 뜻입니다. 지금 주님께서는 역사의 마지막을 여는 문의 문고리를 잡고 계십니다.

그 날과 그 시는 아무도 모릅니다. 그것을 예언하는 사람들은 모두 거짓말쟁이입니다. 우리는 단지 오늘날의 환경을 통해서 주님께서 매우 가까이 오셨음을 짐작할 뿐입니다. 그러므로 우리는 늘 깨어 있어야 합니다.

이솝우화에 나오는 이야기입니다. 어미 꿩이 새끼들에게 "내가 고함을 치면 위험을 알리는 것이니 모두들 빨리 날아서 나무 위로 올라가야 한다."라고 말하였습니다. 어느 날 여우가 나타났습니다. 어미 꿩은 고함을 치며 위험을 알렸습니다. 새끼들은 어미의 말을 기억하고 모두들 나무 위로 날아올랐습니다. 하지만 한 마리의 새끼가 어미의 말에 귀를 기

울이지 않고 땅만 파고 있다가 결국 여우에게 물려죽고 말았습니다.

이와 마찬가지로 우리가 하나님의 말씀에 귀를 기울이지 않고 세상의 일에 빠져 살면 부지불식간에 환난을 당하게 됩니다. 그러므로 우리는 늘 하나님의 말씀에 귀를 기울이고 있어야 합니다. 어디에 있든지 기도하고 예배를 드려야 합니다. 그래야 하나님의 말씀을 들을 수 있습니다.

주님의 말씀은 절대로 없어지지 않습니다. 천지가 어떻게 없어지겠습니까? 동해물과 백두산이 마르고 닳는 것을 어떻게 상상할 수 있겠습니까? 하늘과 땅이 다 없어진다해도 주님의 말씀은 없어지지 않습니다. 주님께서는 말씀으로 천지를 지으셨기 때문에 말씀은 천지보다 더 힘이 있습니다. 주님께서는 말세와 세상의 심판이 반드시 다가오니 깨어 있으라고 우리에게 말씀하고 계십니다.

36-37절 그러나 그날과 그때는 아무도 모르나니 하늘의 천사들도, 아들도 모르고 오직 아버지만 아시느니라 노아의 때와 같이 인자의 임함도 그러하리라

주님 오실 그날과 그때는 아무도 모릅니다. 내가 신학교 다닐 때에도 어떤 사람들이 주님 오실 날을 정해 놓고 흰옷을 입고 산꼭대기에 올라갔습니다. 하지만 아무리 기다려도 주님이 오시지 않자 나에게 찾아와서 왜 오시지 않느냐고 물어보는 것이었습니다. 그런 사람들이 역사적으로 많이 있었습니다. 그러나 주님께서는 날짜를 정해놓고 오시는 분이 아닙니다. 그 시간은 하나님의 절대 주권에 속한 것입니다. 그러므로 주님 오실 날짜를 정하는 무리들에게 절대로 미혹당하지 말아야 합니다.

노아는 하나님의 지시를 받고 방주를 만들었습니다. 노아 시대에 방주를 만드는 것은 쉬운 일이 아니었습니다. 그때는 비가 오지 않았으므로 땅에서 올라오는 김으로 농사를 지었습니다. 그러니 하늘에서 비가 쏟아져 온 땅이 물에 잠긴다는 말은 그때의 사람들에게는 허무맹랑한 헛소리였습니다. 노아는 끊임없이 심판을 외쳤지만 아무도 그 말을 믿어 주지 않았습니다.

오늘날 하늘에서 불이 내려와서 이 땅을 심판할 것이라고 말하면 누가 믿어 주겠습니까? 그런데 베드로는 말하기를 "주의 날이 도둑같이 오리니 그날에는 하늘이 큰 소리로 떠나가고 물질이 뜨거운 불에 풀어지고 땅과 그중에 있는 모든 일이 드러나리로다"(벧후 3:10)고 하였습니다.

그러므로 노아의 때에 노아가 아무리 하늘에서 비가 내려서 온 땅이 홍수로 멸망한다고 외쳐도 사람들이 믿지 않은 것처럼, 마지막 때가 되면 아무도 그리스도의 재림을 외치는 소리를 믿지 않을 것입니다.

38-39절 홍수 전에 노아가 방주에 들어가던 날까지 사람들이 먹고 마시고 장가들고 시집가고 있으면서 홍수가 나서 그들을 다 멸하기까지 깨닫지 못하였으니 인자의 임함도 이와 같으리라

사람 사는 것은 예나 지금이나 비슷합니다. 사람들은 모두들 먹고 마시고 장가들고 시집가고 자기 쾌락만을 추구합니다. 게다가 오늘날에 와서는 남편과 아내를 자주 갈아 치웁니다. 그러니 계속 장가들고 시집갑니다.

진실한 부부는 고통도 기쁨도 같이하여야 합니다. 그것을 참지 못하고 쉽게 헤어진다면 쾌락만 추구하는 사이에 불과합니다. 고통과 눈물과 괴로움도 같이하고 기쁨과 즐거움과 소망도 함께 나누어야 진정한 의미에

서 부부가 되는 것입니다.

노아의 시대도 마찬가지였습니다. 노아가 방주에 들어가는 날까지 사람들은 먹고 마시고 장가들고 시집가는 쾌락만을 추구하였습니다.

하나님께서는 홍수가 오기 전에 직접 방주의 문을 닫으셨습니다. 사람들은 다 노아를 비웃었습니다. 대명천지에 비가 온다고 수십 년 동안 뚝딱거리며 배를 만들더니 이젠 그 안에 들어가서 온갖 짐승을 들여놓고 문까지 닫고 앉아 있다고 조롱하였습니다. 그런데 하늘에서 비가 쏟아지기 시작한 것입니다.

노아 홍수 이전 사람들의 수명을 보면 보통 약 8백 년을 살았는데 홍수 이후로 120년 정도로 수명이 짧아지게 되었습니다. 어떤 학자들은 그 원인을 자연환경의 변화로 분석하기도 합니다. 그 전까지 인간의 수명을 보존하던 하늘의 막이 홍수 이후로 사라지게 되어 인간의 수명이 짧아졌다는 것입니다.

이 시대에도 오염으로 인한 환경의 변화는 인간의 수명을 심각하게 위협합니다. 오존층은 매년 조금씩 파괴되고 각종 공해물질로 인한 이상기후와 이변이 속출하고 있습니다. 한국도 오늘날 개발이 되어서 생활은 여유가 생겼을지 모르지만 자연환경은 어마어마하게 파괴되었습니다. 나는 예전에 외국 사람들이 물을 사 먹는다는 말을 듣고 웃었습니다. 우리는 어릴 때 학교에 오가다 배고프면 도랑물을 그대로 벌컥벌컥 마셨습니다. 하지만 요사이 도랑물을 먹는다는 사람은 없습니다. 어느새 우리도 환경의 변화로 물을 사 먹는 시대가 된 것입니다.

주님께서 오시는 때가 되면 세상 사람들은 교회에서 예배를 드리는 사람들을 조롱하고 비웃을 것입니다. 그렇게 세상의 쾌락을 추구하다가 순식간에 멸망이 다가오는 것입니다.

40-42절 그때에 두 사람이 밭에 있으매 한 사람은 데려가고 한 사람은 버려둠을 당할 것이요 두 여자가 맷돌질을 하고 있으매 한 사람은 데려가고 한 사람은 버려둠을 당할 것이니라 그러므로 깨어 있으라 어느 날에 너희 주가 임할는지 너희가 알지 못함이니라

이것은 그리스도의 공중 재림을 말합니다. 두 사람이 밭을 갈고 두 사람이 맷돌질을 하고 있어도 한 사람은 데려가고 한 사람은 남는다는 것입니다. 순식간에 한 사람이 사라집니다.

시골에 있을 때 나는 맷돌질을 많이 했습니다. 두부와 비지를 만들 때마다 어머니와 할머니께서 "용기야, 와서 멧돌 갈자."라고 말씀하셨던 기억이 납니다. 예수님 당시의 유대인들은 아침에 맷돌질을 해서 아침밥을 해 먹었습니다. 그런데 본문은 아침을 먹으려고 둘이서 맷돌질을 하다가 순식간에 한 사람이 사라지고 만다는 것입니다.

주님께서는 깨어 있으라고 말씀하십니다. 사람은 잠을 자면 어떤 일이 일어나는지 전혀 모릅니다. 영적으로 잠이 깊이 들면 주님께서 다 데리고 가도 모르고 잠만 자게 됩니다. 그러므로 우리는 영적으로 늘 깨어 있어야 합니다.

43-44절 너희도 아는 바니 만일 집주인이 도둑이 어느 시각에 올 줄을 알았더라면 깨어 있어 그 집을 뚫지 못하게 하였으리라 이러므로 너희도 준비하고 있으라 생각하지 않은 때에 인자가 오리라

우리가 깨어 있으면 도둑은 절대 들어오지 못합니다. 도둑은 늘 사람들이 가장 깊이 잠든 이른 새벽 즈음에 찾아옵니다.

도둑과 관련된 재미있는 일화가 생각납니다. 한국의 유명한 목사님이 예수님을 믿기 전에 어느 여학생 기숙사에 몰래 들어가서 여학생 옷을 도둑질하였습니다. 돌아와 옷 주머니를 보니 성경이 들어 있었습니다. 그런데 어차피 도둑질은 밤에 해야 하니 낮에 심심해서 성경을 읽다가 그만 감동을 받았습니다. 그는 여학생을 찾아가서 사실을 고백하고 여학생의 전도를 받아 교회를 다니게 되었습니다. 그리고 결국 신학교에 들어가서 목사가 되었고 그 여학생과는 결혼까지 하게 되었습니다.

아무튼 어느 때에 주님께서 오실지 모릅니다. 도둑이 오듯 아무도 예측하지 못한 때에 주님께서는 호령과 천사장의 고함과 하나님의 나팔 소리로 친히 하늘로부터 강림하시고 우리는 순식간에 들려 올라갈 것입니다. 그러므로 우리는 항상 깨어 있어야 합니다.

세상 쾌락에 젖어 있으면 점점 교회에 가는 것이 어리석어 보입니다. 기도하는 것이 어리석어 보이고, 하나님의 일을 하는 것이 어리석어 보이고, 성경과 하늘나라가 멀어집니다. 세상의 부귀영화, 공명이나 쾌락이 살아나면 반드시 기도에 게을러집니다. 그러면 잠이 들기 시작합니다. 우리 인생의 문제는 그러한 우리를 하나님께서 다시 깨우기 위해 주시는 경고입니다. 사람은 문제가 있어야 하나님을 의지하고 회개합니다. 병이 들거나 풍파가 다가오고 시험이 다가오면 그때야 하나님 앞으로 돌아옵니다. 그러므로 시험과 환난은 우리가 일생을 살아가는 동안 꼭 필요한 것입니다. 아무런 문제가 없으면 자꾸만 세상 쾌락에 젖어서 육이 살아나고 영이 죽기 때문에, 하나님께서는 우리에게 환난을 허용하셔서 영적인 잠에서 깨어나게 하시는 것입니다.

5. 충성되고 지혜로운 종의 비유(24:45-51)

**45. 충성되고 지혜 있는 종이 되어 주인에게 그 집 사람들을 맡아 때
를 따라 양식을 나눠 줄 자가 누구냐 46. 주인이 올 때에 그 종이 이
렇게 하는 것을 보면 그 종이 복이 있으리로다 47. 내가 진실로 너희
에게 이르노니 주인이 그의 모든 소유를 그에게 맡기리라 48. 만일
그 악한 종이 마음에 생각하기를 주인이 더디 오리라 하여 49. 동료
들을 때리며 술친구들과 더불어 먹고 마시게 되면 50. 생각하지 않
은 날 알지 못하는 시각에 그 종의 주인이 이르러 51. 엄히 때리고 외
식하는 자가 받는 벌에 처하리니 거기서 슬피 울며 이를 갈리라**

45-47절 충성되고 지혜 있는 종이 되어 주인에게 그 집 사람들을 맡아 때를 따라 양식을 나눠 줄 자가 누구냐 주인이 올 때에 그 종이 이렇게 하는 것을 보면 그 종이 복이 있으리로다 내가 진실로 너희에게 이르노니 주인이 그의 모든 소유를 그에게 맡기리라

충성된 것은 하나님께 충성스러운 것이고, 지혜 있는 사람은 세상이 어떻게 돌아가는지를 잘 이해하고 판단하는 사람입니다. 우리 교회의 지

역장, 구역장 여러분은 다 충성스럽고 지혜 있는 하나님의 종들입니다. 여러분은 주님의 집에 있는 사람들에게 양식을 공급하고 돌보아 주는 하나님의 일꾼들입니다. 여러분이 지역장, 구역장이 된 것은 하나님의 선택이므로 자랑스럽게 생각해야 합니다. 여러분은 그만한 자격이 있기 때문에 하나님께서 선택하신 것입니다.

하나님의 일에 충성하고 헌신하면 하나님께서 반드시 복을 주십니다. 주님께서 오실때가 임박한것을 아는 우리는 세상의 쾌락에 젖어 있는 것이 아니라 그때까지 부지런히 일하다가 주님을 만나야 합니다. 주님께서는 충성스럽게 일한 사람을 기쁘게 여기셔서 나중에 하늘나라에서도 그곳의 모든 소유를 돌보는 일을 맡겨 주실 것입니다. 소유를 맡아서 하나님을 위해서 섬기는 일을 하면 하나님께서 그만큼 큰 축복과 기쁨을 주십니다.

> **48-51절** 만일 그 악한 종이 마음에 생각하기를 주인이 더디 오리라 하여 동료들을 때리며 술친구들과 더불어 먹고 마시게 되면 생각하지 않은 날 알지 못하는 시각에 그 종의 주인이 이르러 엄히 때리고 외식하는 자가 받는 벌에 처하리니 거기서 슬피 울며 이를 갈리라

악한 종은 '주님이 오신다고 해도 그렇게 빨리 오시지 않을 것이다.' 라고 생각합니다. 그리고 서로 비난하며 성도들을 흩어 버리고 세상 술친구들과 더불어 먹고 마시고 세상에 취해 있을 때 생각지도 못하는 사이에 주님께서 오십니다.

본문을 보십시오. 생각하지 않은 날 알지 못하는 시각에 그 종의 주인

이 이르러 엄히 때린다고 말씀하고 있습니다. 야고보서에는 "내 형제들아 너희는 선생 된 우리가 더 큰 심판을 받을 줄 알고 선생이 많이 되지 말라"(약 3:1)고 말씀하고 있습니다. 다시 말하면 목사가 제일 무서운 심판을 받고 그다음에 전도사, 장로, 안수집사, 권사 등 맡은 직분에 따라 큰 심판을 받는 것입니다. 하나님 앞에서 자기의 책무를 다하지 않았을 때 벌을 받는 정도가 더 심해집니다. 책임을 맡은 사람일수록 그 책임을 다하지 못하면 엄히 얻어맞고 위선자와 같이 버림을 받고 불과 유황으로 타는 못에 들어가서 이를 갈며 고통을 당한다고 말씀하고 있습니다. 모르고 지은 죄는 매를 덜 맞지만 알고 지은 죄는매를 더 맞습니다.

이 세상에 있는 것은 세월이 지나가면 해조차도 없어지지만 하나님의 일은 다 하늘나라에 차곡차곡 쌓입니다. 이 땅에서 주님을 위해서 하는 일은 모두가 주님께로 올라갑니다. 이 땅에서 충성하고 헌신하여 영원한 하늘나라에 영적인 상급을 차곡차곡 쌓아 놓는 우리가 되어야겠습니다.

제 25 장

그리스도의 재림과 심판에 대한 교훈

열 처녀 비유 – 슬기로운 처녀들과 어리석은 처녀들의 비유	25:1-13
달란트 비유 – 맡긴 돈에 관하여	25:14-30
양과 염소의 비유 – 세계 심판에 관하여	25:31-46

A COMMENTARY
ON THE GOSPEL OF
MATTHEW Ⅳ

본 장은 십자가의 죽음을 앞두신 예수님께서 말세에 관하여 말씀해 주신 내용을 담고 있습니다. 이 세상을 떠나실 때가 임박한 시기에 주님은 종말을 준비하는 우리의 자세가 어떠해야 하는가에 대해 말씀하십니다.

본 장에는 세 가지의 비유가 나옵니다. 열 처녀 비유(1-13절)와 달란트 비유(14-30절), 그리고 양과 염소의 비유(31-46절)입니다. 각각의 비유들은 종말을 맞이하는 성도들의 자세에 관하여 교훈을 주기 위한 목적을 가지고 기록되었습니다.

1. 열 처녀 비유-슬기로운 처녀들과 어리석은 처녀들의 비유(25:1-13)

1. 그때에 천국은 마치 등을 들고 신랑을 맞으러 나간 열 처녀와 같다
하리니 2. 그중의 다섯은 미련하고 다섯은 슬기 있는 자라 3. 미련
한 자들은 등을 가지되 기름을 가지지 아니하고 4. 슬기 있는 자들
은 그릇에 기름을 담아 등과 함께 가져갔더니 5. 신랑이 더디 오므
로 다 졸며 잘새 6. 밤중에 소리가 나되 보라 신랑이로다 맞으러 나
오라 하매 7. 이에 그 처녀들이 다 일어나 등을 준비할새 8. 미련한
자들이 슬기 있는 자들에게 이르되 우리 등불이 꺼져가니 너희 기름
을 좀 나눠달라 하거늘 9. 슬기 있는 자들이 대답하여 이르되 우리
와 너희가 쓰기에 다 부족할까 하노니 차라리 파는 자들에게 가서 너
희 쓸 것을 사라 하니 10. 그들이 사러 간 사이에 신랑이 오므로 준비
하였던 자들은 함께 혼인 잔치에 들어가고 문은 닫힌지라 11. 그 후
에 남은 처녀들이 와서 이르되 주여 주여 우리에게 열어 주소서 12.
대답하여 이르되 진실로 너희에게 이르노니 내가 너희를 알지 못하

노라 하였느니라 13. 그런즉 깨어 있으라 너희는 그날과 그때를 알지 못하느니라

1절 그때에 천국은 마치 등을 들고 신랑을 맞으러 나간 열 처녀와 같다 하리니

"그때에"란 공중 재림의 때를 말합니다. 그때에는 교회가 마치 신랑을 맞이하러 나간 열 처녀와 같다는 것입니다.

유대인들의 결혼 풍습에 의하면 저녁 때 신랑이 먼저 친구들을 데리고 신부의 집으로 갑니다. 신부는 청사초롱에 불을 밝히고 신랑을 맞이합니다. 그리고는 신부의 집에서 결혼 예식을 행합니다. 예식 후 곧장 신랑은 신부를 데리고 자기 본가로 가서 일주일이고 열흘이고 큰 잔치를 베풉니다. 간혹 신랑과 신부의 집 사이에 거리가 너무 멀면 본가로 데려가는 것을 생략하고, 신부 집에서 결혼 예식을 행하고 거기서 잔치를 하는 경우도 있습니다.

본문은 우리 주님께서 신부 된 교회를 맞이하실 때의 모습을 설명한 것입니다. 주님께서 다시 오시면 신부 된 우리들이 등불을 밝히 켜 들고 공중으로 주님을 영접하러 갑니다. 그러면 주님께서는 예비한 잔칫집으로 우리를 인도하신 후 7년 동안 혼인 잔치를 합니다. 그 후 우리는 그리스도와 함께 이 땅에 내려와 평정한 후 천년동안 왕 노릇하게 됩니다. 그때의 정황을 주님께서는 유대인의 결혼식에 비추어서 말씀하고 있습니다.

2절 그중의 다섯은 미련하고 다섯은 슬기 있는 자라

열 명 모두 처녀들입니다. 성도를 처녀로 비유하고 있습니다. 신랑을

맞이하러 가는 신부 중에 다섯은 미련하고 다섯은 지혜가 있다고 기록하고 있습니다.

이것은 기독교인들 중에도 미련한 처녀들이 많다는 의미입니다. 그들은 불교나 이슬람교를 믿는 것도 아니고 마호메트를 믿는 것도 아닙니다. 무신론자도 아닙니다. 자신들을 기독교인이라고 말합니다. 그러나 종교적인 형식과 예식은 다 행하면서 그 내용은 전혀 모르는 사람들입니다.

부흥회를 인도하기 위해 많은 나라를 방문하게 되는데 가만히 살펴보면, 그래도 깨어서 기도하는 처녀들이 많은 곳이 영어권 국가들입니다. 캐나다 등의 북미 지역은 깨어서 기도하는 사람들이 꽤 많은 편입니다. 그러나 같은 영어권일지라도 뉴질랜드나 오스트레일리아의 경우는 깨어 있는 크리스천들이 대단히 적습니다. 남미 지역은 그래도 깨어서 기도하고 신앙을 준비하는 사람들이 많지만, 불란서나 포르투갈이나 스페인 등은 매우 적습니다. 이렇기 때문에 이 세상에서 주여, 주여 한다고 해서 다 하늘나라에 들어가는 것은 아닙니다. 지혜로운 처녀가 되어야 주님께서 공중 재림하실 때 들려 올라가는 것입니다.

우리가 잘 알고 있는 자연현상 가운데 '공명'이라는 것이 있습니다. 주님이 오셨을 때 우리 마음속에 그 음성이 함께 울려야 되는 것입니다. 이는 이심전심을 말합니다. 주님의 마음이 우리 마음에 전달되어 오는 영적인 교통이 있어야 되는 것입니다. 주님과 내가 따로 분리 된다면 영혼은 곧 죽게 됩니다. 그러므로 성경은 다섯은 미련하고 다섯은 슬기 있다고 말합니다. 오늘날 교회에도 미련한 성도들과 슬기로운 성도들이 함께 모여 있다는 것을 하나님께서는 알고 계신 것입니다.

3절 미련한 자들은 등을 가지되 기름을 가지지 아니하고

"등을 가지되"라는 말씀에서 '등'이란 예수님을 믿는 사람의 신앙 형식을 말합니다. 주님을 믿는 사람들은 주일날 교회에 나오고 침례도 받고 성찬도 참예하는 등의 형식을 가지고 있습니다.

"기름을 가지지 아니하고"의 뜻은 충성하지 않았다는 의미입니다. 예수 그리스도를 구주로 모시고 충성하면 성령께서 우리 속에 거하시는 것입니다. 그러므로 거듭나지 아니하면 종교적인 의식과 형식을 아무리 가져도 성령님은 그 속에 들어와 계시지 않습니다.

나는 종종 죄인을 석탄에 비유합니다. 석탄은 아무리 씻고 갈아도 석탄 일 뿐입니다. 내내 검정물이 나옵니다. 그러나 석탄에 높은 온도와 거대한 압력이 가하면 다이아몬드 결정체로 변화되는 것입니다. 석탄이 다이아몬드가 되어야 희고 반짝거리게 됩니다. 그런데 아무리 물을 붓고 갈아도 석탄 자체는 다이아몬드가 되지 않습니다. 석탄 같은 죄인이 아무리 좋은 종교를 가지고 좋은 의식과 행동을 한다 해도 그 사람이 의인이 되지 않는 것입니다. 다만 십자가에 죽으시고 부활하신 그 어마어마한 고통과 압력을 이기신 예수님을 믿는 믿음을 통해서 석탄같은 죄인이 다이아몬드와 같은 의인으로 변화 되는 것입니다.

예수 그리스도를 통하지 않고서는 용서와 의가 절대로 주어지지 않습니다. 그래서 교회만 왔다 갔다 한다고 되는 것이 아닙니다. 진심으로 예수 그리스도께서 내 구주로 마음속에 들어와야 되는 것입니다.

우리가 예수 그리스도를 구주로 믿고 충성하는 슬기로운 처녀로 변화되려면 성령님이 들어오셔야 합니다. 물과 성령으로 거듭나는 것입니다.

창세기 1장 2절은 "땅이 혼돈하고 공허하며 흑암이 깊음 위에 있고 하나님의 영은 수면 위에 운행하시니라" 고 말씀하고 있습니다. 성령님이 수면에 운행하시니 어둠은 변하여 광명이 되고 무질서는 변하여 질서가 되고 죽음은 생명으로, 추는 미로, 가난은 부유로 변하는 창조적인 역사가 일어나는 것입니다. 그래서 성경은 "이는 힘으로 되지 아니하며 능력으로 되지 아니하고 오직 나의 영으로 되느니라"(슥 4:6), "누구든지 그리스도 안에 있으면 새로운 피조물이라 이전 것은 지나갔으니 보라 새 것이 되었도다"(고후 5:17)라고 말씀하고 있습니다. 예수님께서 죽으시고 부활하신 것을 확실히 알고 구주로 모셔 들이면 성령께서 우리 속에 거대한 변화를 가져오는 것입니다. 존재의 변화를 가져오는 것입니다. 성령의 역사하심을 통해 예배하고 기도하고 찬양하고 말씀을 사모하고 읽게 될 때 이 사람은 기름을 준비한 사람이 되는 것입니다.

오늘날 교회를 왔다 갔다 하면서도 거듭나지 못한 사람이 얼마나 많은지 모릅니다. 그냥 의식적으로 형식적으로 왔다 갔다 합니다. 그것은 신앙의 형식인 '등' 은 가지고 있는데 그 속에 성령께서 들어와 계시지 않은 것입니다. 세상과 마귀가 그대로 있는 것입니다. 겉으로는 예수님을 믿고 신앙의 형식을 옷 입고 있지만 속은 그대로 세상이 꽉 들어차 있고 마귀가 꽉 들어차 있습니다. 그런 사람을 만나면 세상 이야기, 마귀 이야기만 합니다. 속에 가득한 것이 밖으로 나오는 것입니다. "우리 아버지도 장로였고 우리 어머니는 권사였고 나도 뭐 어릴 때 침례 받았습니다." "아, 그래요?" 그 다음부터 나오는 이야기는 온전히 세상 이야기만 합니다. 교회나 그리스도나 하나님에 대한 이야기는 전혀 안 나옵니다. 관심도 없습니다. 그 이유는 속에 가득한 것이 밖으로 나오기 때문입니다. 그러나 그 속에 성령께서 함께 계시면 성령으로 말미암아 예수님 믿는 이야기가 나오고 하나님 이야기가 나오고 구원에 대한 이야기가 나오는 것입니다.

사람은 속에 가득한 것이 밖으로 넘쳐 나오기 때문에 말을 들어보면 그 사람이 세상에 속했는지 하늘나라에 속했는지 우리는 쉽게 알 수 있습니다. 그것은 스스로 속일 수 없는 것입니다. 속에 성령의 기름이 있는데 하늘나라와 그리스도에 대해서 이야기 안 할 이유가 없는 것입니다. 속에 세상과 마귀가 있는데 세상과 마귀에 대한 일을 이야기 안 할 수가 없는 것입니다. 그러므로 어리석은 사람은 등은 가졌으되 기름을 가지지 않은 것입니다. 성령께서 그 속에 거하지 않는 것입니다.

4절 슬기 있는 자들은 그릇에 기름을 담아 등과 함께 가져갔더니

슬기 있는 자들은 등도 있고 기름병도 준비합니다. 당시의 등은 작았습니다. 15분 내지 20분이 지나면 다시 기름을 부어야 했습니다. 그래서 지혜로운 사람은 조그마한 등불을 신랑이 올 때까지 켜 놓기 위해 기름을 예비하고 있어야 했습니다. 어리석은 처녀는 작은 등에 기름이 조금밖에 없어도 기름병을 준비 안했기 때문에 등불을 꺼뜨리는 것입니다.

그러면 지혜로운 자가 가지고 있는 기름병이 무엇일까요? 그것은 기도입니다. 기도가 기름병인 것입니다. 기도를 해야 계속 기름을 공급할 수 있는 것입니다. 우리가 그리스도 안에서 하나님께 기도드리면 우리 속에 자꾸 기름이 부어지는 것입니다. 그러나 기름병인 기도가 없으면 처음에는 거듭난 생활을 하다가도 그만 세속으로 떨어지고 마는 것입니다.

어떤 분이 나에게 이런 간증을 했습니다. 기도 중에 환상을 보았는데 자신의 가슴 속에 불이 타고 있는 것을 보았습니다. 그런데 마귀가 소방 호스로 물을뿌려 그 불을 끄더라는 것입니다. 급한 마음에 뒤를 돌아보았는데 예수님께서 기름 호스를 등 뒤에 꼽아 놓고 계신 것을 발견했습니다. 그러니 마귀가 소방 호스로 아무리 물을 뿌려도 불이 꺼지지 않는 것이었습니다. 환상 중에 "주님 기름 호스는 무엇을 의미합니까?" 라고 여쭈었더니, "그것은 너의 기도다. 네가 기도하면 그 기도를 통해 성령의 기름 부으심이 늘 충만케 되는 것이다. 그러므로 아무리 마귀가 너를 유혹하고 너의 신앙의 불을 끄려고 해도 네가 기도하는 이상은 절대로 너를 망하게 하지 못한다." 고 말씀해 주셨다고 합니다.

우리가 사는 이 세상은 마귀의 역사로 가득합니다. 그런 마귀를 이기면서 살아야지 늘 도망 다니면서 살 수 없는 것입니다. 마귀를 이길 수 있는 오직 한 길은 우리가 성령으로 충만해 지는 것인데 그렇게 되는 방법이 매일 기도하는 것입니다. 기도로 이겨야 합니다. 나는 더 거룩하고 더 깨끗한 곳으로 간다는 생각으로 산속에 들어가 보십시오. 그 속에도 마귀는 따라오는 것입니다. 예수님께서 광야에서 기도하실 때에도 마귀는 따라왔습니다. 그러므로 우리는 계속 기도해서 마음속에 성령의 불이 타도록 기름을 공급해야 되는 것입니다.

5절 신랑이 더디 오므로 다 졸며 잘새

신랑의 걸음이 늦어지니 신부들이 잠들기 시작합니다. 기름을 준비한 처녀나 준비하지 못한 처녀나 모두가 꾸벅 꾸벅 조는 것입니다. 신랑이 오후 6시쯤 오면 좋겠는데 오후 10시가 되어도 오질 않으니 기다리다 지쳐서 잠이 드는 것입니다.

사도 시대 때도 신랑 되신 예수님의 강림을 기다렸습니다. 베드로나 야고보, 요한이나 바울은 그 시대에 예수님께서 오실 줄 알았던 것입니다. 그런데 2천 년의 세월을 기다리면서 사람들은 잠이 들기 시작했습니다. '2천 년의 세월이 지나도 안 오시는 것을 보니 안 오시는가 보다.' '언제 오실는지 알 수가 없으니 이제는 좀 긴장을 풀자.' 이런 생각들로 긴장을 풀면 졸음이 오는 것입니다. 이렇게 긴장을 풀 그때가 주님이 오실 가장 가까운 때인 것입니다.

주님께서 속히 오신다고 말씀하셨는데 왜 이렇게 늦게 오시느냐고 묻습니다. 베드로후서 3장 8절을 보면, 하나님의 계산으로는 천 년이 하루 같다고 말씀합니다. 하나님께는 2천 년이 이틀에 불과할 수도 있다는 것입니다. 하나님의 시간 개념과 우리의 시간 개념이 다르다는 것을 가르쳐 주는 것입니다.

그러나 중요한 것은 역사적, 사회적, 자연적 환경등을 통해 이제 주님 오실 날이 심히 가까웠다는 사실을 알 수 있다는 것입니다. 이 때 우리가 해야 할 것은 등불이 꺼지지 않도록 깨어 기도함으로 기름을 붓는 것입니다.

야고보는 "농부가 땅에서 나는 귀한 열매를 바라고 길이 참아 이른 비와 늦은 비를 기다리나니"(약 5:7)라고 말합니다. 이스라엘 땅은 이른 비가 오면 밭을 전부 갈아서 밀과 보리를 심습니다. 그렇게 파묻혀 있다가 겨울이 지나고 3월, 4월에 늦은 비가 오면 보리나 밀이 자라고, 5월이 되면 추수하는 것입니다.

여기에서 '비' 는 '성령' 을 상징하는데, 사도 시대에 이른 비 성령께서 오신 것입니다. 이른 비가 올 때에 교회라는 씨앗이 이 땅에 심겨졌습니다. 중세 암흑시대라는 혹독한 겨울을 지나 1900년도에 비로소 봄이 찾아온 것입니다. 1900년에 늦은 비 성령이 임하기 시작해서 이후로 지금까지 온 세계에 성령의 비가 내리고 있는 것입니다. 지금은 모든 교파를 초월해서 심지어는 가톨릭 교회에까지 성령의 늦은 비가 내리고 있습니다. 이른 비 성령으로 교회가 이 땅에 심겨지고 자랐으며, 늦은 비 성령으로 열매가 맺히게 되는데 늦은 비가 내린지도 벌써 백 년 이상이 지났습니다.

늦은 비 성령이 걷히고 나면 그때부터 추수가 시작되는 것입니다. 처음 2천 년 전에 이른 비가 왔을 때는 아직 신랑이 올 때가 되지 않은 것이었습니다. 신부의 나이가 어렸던 것입니다. 그런데 이제 신부의 나이가 다 찼습니다. 신랑이 데리러 올 때가 된 것입니다. 늦은 비 성령을 맞고 난 우리들은 이제 알곡이 되어 주님께서 거두어들이실 것입니다. 그러므로 우리는 졸지 말고 더욱 깨어 기도해야 하는 것입니다.

6절 밤중에 소리가 나되 보라 신랑이로다 맞으러 나오라 하매

신랑이 밤중에 왔다고 말씀하고 있습니다. 밤 12시 한밤중에 온 것입니다. 갑자기 소리가 납니다. "신랑이로다. 맞으러 나오라."

이에 대하여 데살로니가전서 4장 16절부터 17절에서는 "주께서 호령과 천사장의 소리와 하나님의 나팔 소리로 친히 하늘로부터 강림하시리니 그리스도 안에서 죽은 자들이 먼저 일어나고 그 후에 우리 살아남은 자들도 그들과 함께 구름 속으로 끌어 올려 공중에서 주를 영접하게 하리니" 라고 말씀합니다.

주님의 음성은 기도로 깨어 성령의 기름이 준비되어 있는 사람에게는

들리고, 기도를 쉬고 잠을 자므로 성령의 기름이 준비되지 못한 사람에게는 들리지 않는 것입니다. 주께서 호령을 하십니다. "죽은 자는 모두 일어나라!" "살아남은 자는 변화를 받아라!"

주께서 호령을 하면 죽은 자가 살아나고 살아남은 자는 변화 받습니다. 주께서 호령을 하시고 천사장이 고함을 칩니다. 이제 이 시대가 끝났다는 것입니다. 거대한 변화가 일어날 때마다 나팔소리가 울립니다. 이때 영적으로 깨어있는 사람은 조금 졸더라도 순식간에 그 음성을 듣습니다. 그러나 세상 잠에 깊이 빠진 사람은 주님의 음성을 듣지 못하는 것입니다. 그래서 정치하는 사람은 계속 정치하고, 대통령하는 사람은 계속 대통령하고, 장사하는 사람은 계속 장사할 동안 이미 기름을 준비한 사람은 다 공중으로 올라가는 것입니다. 이것이 우리가 앞으로 경험할 가장 역사적인 큰 사건입니다. 예수님을 믿고 깨어 있던 사람들은 순식간에 다 떠나가 버리고, 안 믿는 사람, 이방신을 섬기던 사람, 주여 주여 하지만 기름을 준비하지 못하고 충성하지 못한 사람들은 이 땅에 모두 남게 되는 것입니다. 집에 돌아왔는데 갑자기 아내가 없고 남편이 없고 자식들이 학교 갔다가 돌아오지 않고 날아가던 비행기에서 조종사가 사라져 비행기가 떨어지고 자동차 운전하던 운전수가 사라지는 등 인류 역사상 가장 큰 비극이 일어나게 될 것입니다.

7-8절 이에 그 처녀들이 다 일어나 등을 준비할새 미련한 자들이 슬기 있는 자들에게 이르되 우리 등불이 꺼져가니 너희 기름을 좀 나눠 달라 하거늘

신랑을 맞으러 나오라는 고함 소리와 함께 이제는 신랑을 맞으러 등불

들고 나갈 때가 되었습니다. 슬기있는 처녀들은 이미 등불을 들고 기도의 기름병도 준비하여 신랑을 맞으러 나가는데 어리석은 처녀들은 등불도 꺼져가고 기름병도 없습니다.

미련한 자들의 등불이 꺼져가니 다급한 마음에 기름을 나눠달라고 부탁합니다. 그러나 슬기 있는 처녀들의 기름도 충분하지 않는데 어떻게 나누어 줄 수가 있겠습니까? 마음이 있어도 나누어 줄 수가 없는 것입니다. 오늘날 많은 남편들이 이런 말을 합니다. "우리 집사람이 새벽기도도 열심히 하고 주일, 수요일, 금요일에 구역예배까지 나가니 저는 신앙이 없어도 주님께서 오시면 집사람 치맛자락 붙잡고 올라가면 되죠." 그런데 부인 치맛자락 붙잡고 올라갈 그럴 처지가 못 됩니다. 그 이유는 모든 사람이 자기 개인의 신앙에 따라서 구원을 받거나 심판을 받게 되기 때문입니다. 그리고 하늘나라에 올라갈 때는 하나님의 자녀로 올라가는 것이지 남편과 아내로서의 관계는 없어지는 것입니다.

9절 슬기 있는 자들이 대답하여 이르되 우리와 너희가 쓰기에 다 부족할까 하노니 차라리 파는 자들에게 가서 너희 쓸 것을 사라 하니

슬기 있는 처녀들의 대답은 쉽게 말해 우리 기름을 나눠주면 너희도 꺼지고 우리도 꺼진다는 것입니다. 그러므로 우리는 그냥 갈 테니 너희는 빨리 기름 파는 사람에게 가서 사라는 뜻입니다. 기름 파는 곳이 어딥니까? 교회 아닙니까? 교회에 가야 기름을 살 수 있으니까 당신들 빨리 교회 가서 지금 회개하고 기도해서 성령 충만을 받으라는 말입니다. 우리는 지금 올라 갈 테니 뒤에 오라는 말입니다. 하지만 뒤에 올 수 있나

요? 그때는 이미 늦은 것입니다. 주님께서 오신 것을 보고서야 교회에 뛰어가니 이미 많은 교회에는 목사님과, 장로님, 권사님, 집사님이 다 올라가 버리고 없는 것입니다.

10절 그들이 사러 간 사이에 신랑이 오므로 준비하였던 자들은 함께 혼인 잔치에 들어가고 문은 닫힌지라

기름을 준비하고 있지 않던 사람들이 주님이 오신다고 하자 다급히 기름을 준비하러 모두 달려갔습니다. 그 사이에 주님께서 공중 재림하신 것입니다. 이미 충성한 사람들은 다 공중으로 올라가고 문이 닫혀버렸습니다. 노아의 방주도 그와 같았습니다. 방주를 만들고 난 다음 노아의 여덟 식구가 들어가고 각종 짐승들이 다 들어가고도 한주일 동안 문을 열어놨습니다. 마지막 기회를 주기 위해서였습니다. 하나님께서 문을 닫으시고 난 다음 하늘이 물을 쏟아 붓고 땅에서 물이 솟구쳐 올랐습니다. 갑자기 홍수를 만난 사람들이 당황해서 방주로 들어가려고 했을 것입니다. 그러나 하나님께서 문을 닫아 버리면 아무도 열 수가 없습니다.

여기에서 기억해야 할 것이 있습니다. 기름을 준비한 사람들은 7년 환난 전에 먼저 공중으로 올라가 주를 영접하고, 그 후 7년 환난이 시작되면서 3년 반 동안은 못 올라간 사람들이 뒤늦게 깨닫고는 '하나님도 계시고 예수님의 십자가 구원도 확실하고 하나님 말씀이 틀림없다.' 라고 고백하며 회개하고 자복한 후에 적그리스도에게 저항하게 됩니다. 그러나 뒤늦게 깨어서 적그리스도에게 저항하는 사람들은 모두 죽임을 당하게 됩니다. 3년 반 동안 무수한 그리스도인들이 순교를 당하게 됩니다. 요한계시록에 보면 3년 반 동안 순교를 당한 수많은 사람들이 보좌 앞에 나와 우

리 원수를 갚아달라고 하니 너희 동료들이 더 많이 목 베임을 당하고 들어올 때까지 기다리라고 말씀하는 것을 볼 수 있습니다.

그러므로 지혜로운 사람이 되어 주님 오실 때 들려올라가는 것이 제일 좋은 것입니다. 다 들려올라가고 난 다음 뒤늦게 깨닫고 회개하고 부르짖으면 그때는 순교를 당해야 올라갈 수 있지 살아서는 못 올라가는 것입니다. '순교를 당할 것이냐? 그렇지 않으면 깨어 있다가 들려올라갈 것이냐?' 어떻게 하시겠습니까?

주님께서는 기름을 준비한 처녀들을 받아들이시고 하늘 문을 닫으셨습니다.

11절 그 후에 남은 처녀들이 와서 이르되 주여 주여 우리에게 열어 주소서

남은 처녀들이 와서 "신랑이여 문을 열어 주소서. 문을 열어 주소서!" 라고 말합니다. 모두 부활해 올라가고 난 다음 "주여, 우리도 올라가게 해주세요. 우리도 올라가게 해 주세요." 아무리 고함을 쳐도 이미 때가 늦었습니다. 구약 시대는 율법 시대입니다. 율법을 따라서 세상을 통치합니다. 그러나 예수님 오시고 난 후에는 은혜의 시대가 시작되었습니다. 지금 우리가 사는 이 시대는 은혜의 시대입니다. 값없이 주님께서 구원해 주시는 시대입니다. 오직 믿음으로 말미암아 하나님의 은혜로 우리에게 구원을 주시고 축복을 주시는 시대입니다. 그런데 불원장래에 이 은혜의 시대가 끝납니다. 우리가 공중에 들려 올라가면 그때부터 심판의 시대가 시작됩니다. 그때는 행한 대로 갚아 주는 심판의 시대입니다. 심판의 시대에 "하나님이여 자비를 베풀어 주소서. 돌봐 주소서." 그

런 것은 없습니다. 심판을 받아야만 됩니다. 남은 사람들도 다 심판받고 죽어야 올라 올 수 있습니다. 시대를 따라 하나님께서 섭리하신다는 사실을 우리는 꼭 알아야만 합니다. 언제나 하나님께서 자비를 베푸실 것이라고 생각하면 안 되는 것입니다. 하나님은 때를 따라 모든 것을 섭리하시는 것입니다.

12절 대답하여 이르되 진실로 너희에게 이르노니 내가 너희를 알지 못하노라 하였느니라

"나는 너희가 누군지 모른다."

"문을 열어 주소서. 문을 열어 주소서."

"나는 너희를 모른다."

왜 모른다고 했을까요? 그 이유는 충성입니다. 하나님의 자녀는 하나님께 충성합니다. 그러므로 하나님께 충성하지 않는 사람은 하나님 자녀가 아니라는 증거가 되고 그런 사람들을 하나님께서는 모른다고 말씀하시는 것입니다. 하나님은 자녀들을 다 알고 돌보십니다.

성경은 "육으로 난 것은 육이요 영으로 난 것은 영이니"(요 3:6)라고 말씀합니다. 성령으로 난 사람들은 주님이 데리고 가셔서 신부로 삼으십니다. 그러나 육으로 난 사람은 주님께서 신부로 받아들이지 않으십니다. 그러므로 주님이 "나는 너희를 도무지 알지 못한다. 너희는 성령으로 거듭나지도 않았고 나의 형상과 모양을 닮지도 않았으니 나와는 상관이 없다." 고 말씀하시는 것입니다. 얼마나 큰 비극입니까?

13절 그런즉 깨어 있으라 너희는 그날과 그때를 알지 못하느니라

주님이 언제 오실지 그날과 그때를 알지 못하는 우리는 주님이 오실 때가 가까울수록 깨어 있어야 합니다. 그러면 어떻게 해야 깨어 있을 수 있을까요?

우리는 깨어 있기 위해 매 주일 교회에 모여 하나님의 말씀을 듣고 성경을 읽고 기도를 열심히 하고 주의 사업을 위해 헌신해야 합니다. 깨어 있을 수 있는 최상의 길은 육일 동안 일하고 칠일 째는 교회에 나와 예배하는 것입니다. 하나님의 성전에 나오지 않고는 깨어 있을 수가 없습니다. 주일에 교회에 나와 예배드림으로 깨어 있고, 기도함으로 깨어 있고, 말씀을 늘 읽고 묵상함으로 깨어 있어야 됩니다.

일반적으로 세상에 사는 사람들은 깨어 있지 않습니다. 세상 잠에 자꾸 빠져 들어갑니다. 여러 가지 변명으로 주일날 교회에 나오는 것이 점점 더 힘들어지고 말씀 읽는 것도 멀어지고 기도하는 것도 멀어지면 눈까지 멀어지는 것입니다. 그러므로 우리는 서로 격려하고 도와주어서 늘 깨어 있어야 하는 것입니다.

2. 달란트 비유 - 맡긴 돈에 관하여(25:14-30)

14. 또 어떤 사람이 타국에 갈 때 그 종들을 불러 자기 소유를 맡김과 같으니 15. 각각 그 재능대로 한 사람에게는 금 다섯 달란트를, 한

사람에게는 두 달란트를, 한 사람에게는 한 달란트를 주고 떠났더니
16. 다섯 달란트 받은 자는 바로 가서 그것으로 장사하여 또 다섯 달
란트를 남기고 17. 두 달란트 받은 자도 그같이 하여 또 두 달란트를
남겼으되 18. 한 달란트 받은 자는 가서 땅을 파고 그 주인의 돈을 감
추어 두었더니 19. 오랜 후에 그 종들의 주인이 돌아와 그들과 결산
할새 20. 다섯 달란트 받았던 자는 다섯 달란트를 더 가지고 와서 이
르되 주인이여 내게 다섯 달란트를 주셨는데 보소서 내가 또 다섯 달
란트를 남겼나이다 21. 그 주인이 이르되 잘하였도다 착하고 충성된
종아 네가 적은 일에 충성하였으매 내가 많은 것을 네게 맡기리니 네
주인의 즐거움에 참여할지어다 하고 22. 두 달란트 받았던 자도 와
서 이르되 주인이여 내게 두 달란트를 주셨는데 보소서 내가 또 두 달
란트를 남겼나이다 23. 그 주인이 이르되 잘하였도다 착하고 충성된
종아 네가 적은 일에 충성하였으매 내가 많은 것을 네게 맡기리니 네
주인의 즐거움에 참여할지어다 하고 24. 한 달란트 받았던 자는 와
서 이르되 주인이여 당신은 굳은 사람이라 심지 않은 데서 거두고 헤
치지 않은 데서 모으는 줄을 내가 알았으므로 25. 두려워하여 나가
서 당신의 달란트를 땅에 감추어 두었었나이다 보소서 당신의 것을
가지셨나이다 26. 그 주인이 대답하여 이르되 악하고 게으른 종아
나는 심지 않은 데서 거두고 헤치지 않은 데서 모으는 줄로 네가 알았
느냐 27. 그러면 네가 마땅히 내 돈을 취리하는 자들에게나 맡겼다
가 내가 돌아와서 내 원금과 이자를 받게 하였을 것이니라 하고 28.
그에게서 그 한 달란트를 빼앗아 열 달란트 가진 자에게 주라 29. 무
릇 있는 자는 받아 풍족하게 되고 없는 자는 그 있는 것까지 빼앗기리
라 30. 이 무익한 종을 바깥 어두운 데로 내쫓으라 거기서 슬피 울며
이를 갈리라 하니라

14절 또 어떤 사람이 타국에 갈 때 그 종들을 불러 자기 소유를 맡김

과 같으니

상급 심판에 대한 주님의 설명입니다. 예수님을 안 믿는 사람은 멸망의 심판을 받지만 예수님을 믿는 사람은 상급 심판을 받습니다. 7년 환난 동안 공중에서는 7년 혼인 잔치가 벌어지는데 그때 상급 심판이 있습니다. 이 땅에 사는 동안 주님을 위해, 주님께서 맡기신 복음을 위해 얼마나 일했는지에 따라 상급을 주십니다. 우리는 그때 하나님께로부터 부여받는 영광으로 영원히 살게 됩니다. 바울 선생은 "해의 영광이 다르고 달의 영광이 다르며 별의 영광도 다른데 별과 별의 영광이 다르도다"(고전 15:41)라고 말씀했습니다. 해와 달과 별들은 모두 하늘에 있는 것입니다. 성도들도 역시 모두 하늘에 올라갑니다. 그러나 올라갔다고 해서 똑같은 것이 아닙니다. 이 땅에서 어떻게 주를 위해 일했는가에 따라서 우리 각자의 영광이 달라지는 것입니다. 어떤 사람은 해같이 빛납니다. 어떤 사람은 달같이 빛나고, 또 어떤 사람은 별같이 빛납니다. 마찬가지로 별같이 빛난다고 해서 다 똑같은 별이 아닙니다. 별도 수성, 금성, 지구, 화성, 목성, 토성, 천왕성, 해왕성, 명왕성같이 밝게 빛나면 좋은데, 그것도 아닌 저 공중에 떠도는 운석 같은 조그마한 별들, 잠깐 반짝했다가 순식간에 휙 사라지는 별똥별 같은 사람도 있는 것입니다. 하늘에 올라간다고 해서 그 영광이 같은 것이 아닙니다. 얼마나 이 땅에서 주님을 열심히 섬겼는가에 따라 그 섬긴 대로 주님께서 우리에게 갚아 주시는 것입니다.

15절 각각 그 재능대로 한 사람에게는 금 다섯 달란트를, 한 사람에게는 두 달란트를, 한 사람에게는 한 달란트를 주고 떠났더니 헬라어로 "달란트"(*τάλαντον*)는 무게 단위이지만, 영어로는 "탤런트"(talent)라고 하면 지혜를 말합니다. 이 세상에 태어날 때부터 모두가 똑같은 능력을 받아서 태어나지는 않습니다. 한 부모에게서 태어나도 지혜롭고 능력이 많은 자녀가 있는가 하면 지혜가 부족하고 무능력한 자녀도 있습니다. 달란트가 다 다른 것입니다.

공산주의 사회는 모두가 공평해야 한다는 이유로 각자의 달란트를 생각하지 않고 모두 다 공평하게 교육시키고 공평하게 정부에서 정해 주는 직장에 들어가고 월급도 공평하게 줍니다. 이론적으로는 듣기에 좋습니다. 그러나 하나님께서 만드실 때 공평하게 만들지 않으셨습니다. 키가 큰 사람도 있고 작은 사람도 있고, 몸이 뚱뚱한 사람도 있고 빼빼한 사람도 있고, 지혜가 있는 사람도 있고 없는 사람도 있습니다. 그걸 똑같이 평준화시켜 버리면 모두 다 바보가 되는 것입니다. 그래서 공산주의 사회는 생산 효율이 낮아지는 것입니다. 지혜롭고 총명한 사람을 더 못나고 아무것도 못하는 사람과 똑같이 취급해 주니까 '우리가 열심히 일할 거 뭐 있나? 우리가 아무리 일해 봤자 똑같은 대우를 받을 텐데.' 그래서 게을러지고 일도 열심히 안하게 되니 공산주의 사회의 경제가 무너졌지 않습니까?

사람은 어머니 배 속에서 나올 때부터 모두 다른 조건을 가지고 태어납니다. 키가 다르고 몸무게가 다르고 얼굴이 다르듯이 달란트가 다 다릅니다. 그러므로 자기에게 주어진 달란트를 가지고 충실히 일해야지 자꾸 남을 시기하고 질투하고 남을 할퀴지 않아야 합니다. 내게 주신 달란트대로 충성스럽게 일하는 것입니다. 하나님께서 나누어 주신 것인데 우리가 무슨 말을 하겠습니까?

여호수아와 이스라엘 백성은 가나안 땅에 들어갔습니다. 그러나 가나안 땅이라고 해서 다 젖과 꿀이 흐르는 것이 아닙니다. 젖과 꿀이 흐르는 좋은 곳이 있는가 하면 완전히 사막 같은 데도 있고 그냥 바위만 있는 데도 있고 산간벽지도 있고 광야도 있습니다. 그런데 이스라엘 12지파가 들어와서는 "왜 너희는 좋은 데 차지하고 우리는 이런 데를 받아야 하냐?" 고 싸움이 붙으면 지파 간에 전쟁이 납니다. 똑같이 애굽을 떠나서 똑같이 가나안 땅에 들어왔는데 왜 어떤 지파는 좋은 땅에 거하고 어떤 지파는 나쁜 데 거하는지에 대해 생각했다면 전쟁이 일어났을 것입니다. 그런데 하나님께서는 모세와 여호수아에게 어느 누구에게 어느 땅을 주시겠다는 말을 하지 않으셨습니다. 모든 땅을 정탐하고 와서 땅을 종이에 그렸습니다. 그리고는 12덩이로 나누었습니다. 그런 다음 12지파의 대표가 제비뽑기를 했습니다. 땅을 12개로 나누어 제비 뽑았으니 모두가 정해진 곳으로 가야 했고, 그래서 지파 간에 시비가 붙지 않은 것입니다. 중대한 문제가 생길 때는 제비 뽑는 것이 문제를 해결할 수 있는 좋은 방법입니다. 그래서 정하신 대로 그 분수에 맞게 사는 것입니다.

인생도 마찬가지입니다. 우리에게 모든 것을 다 주지 않으셨습니다. 분수대로 나누어 주셨습니다. 하나님께서 태어날 때부터 주신 달란트가 있는데 남의 달란트를 자꾸 부러워하고 자기 달란트를 무시하면 안 되는 것입니다. 나는 하나님께서 나에게 주신 달란트를 압니다. 나의 달란트는 설교하는 것입니다. 사업하는 것은 나의 달란트가 아닙니다. 그런데도 가끔 열등의식과 좌절감을 느낄 때가 있습니다. 그래서 하나님께 기도를 했습니다. "하나님, 저는 왜 이렇게 바보입니까? 하나님, 왜 저는 사업적인 두뇌가 전혀 없이 이렇게 바보입니까?" 그러자 "네게는 목회할 수 있는 달란트를 주었는데 왜 남의 것을 보고 잔소리냐?" 고 말씀하셨습니다. "예. 하나님 알았습니다. 제 몫의 달란트에 충실하겠습니다."

옛날 군대 시절 훈련소에서 밥을 타서 보면 꼭 내 옆에 사람 밥이 많아 보였습니다. 그래서 하루는 옆에 있는 사람에게 "우리 밥 좀 바꾸자." 고 했더니 그렇게 해 주었습니다. 밥을 바꾸고 나서 보니 이번엔 또 그 사람의 밥이 많아 보이는 것이었습니다. 사람이란 욕심이 들어오면 남의 밥이 많아 보이고 남이 누리는 것이 더 좋아 보이는 것입니다. 그러나 그렇게 살면 마음속에 늘 시험과 괴로움이 있게 됩니다.

인생이란 하나님께서 자신에게 주신 달란트대로 사는 것입니다. 젊을 때는 몰랐는데 이제 나이를 먹고 보니 이미 태어날 때부터 큰 줄기는 하나님께서 정해 놓으셨음을 깨닫게 되었습니다. 인생의 작은 부분은 스스로가 이렇게도 해 보고 저렇게도 해 보지만 인생의 큰 줄기는 하나님께서 정해 놓으신 것입니다. 나는 태어날 때부터 남자로 태어났고 여러분 중에 어떤 사람은 여자로 태어나지 않았습니까? 하나님께서 정해 놓으신 것입니다. 어머니 배 속에서부터 정해진 것을 내가 발버둥 친다고 바뀌나요? 그것을 세상말로 표현하면 운명이나 팔자라고 말하고 성경적으로 말하면 하나님의 예정이라고 표현합니다. 하나님의 예정하심을 내가 받아들여야 합니다. "아이고, 내 팔자야. 나는 왜 이러냐? 다른 사람은 안 그런데 왜 나만 이러냐?" 자꾸 저항을 하면 나 자신이 피투성이가 됩니다. 고통을 말로 다 할 수 없어 내 마음은 피투성이가 되고 후에는 하나님이 원망스러워지는 것입니다. 그러나 "내게 정하신 삶, 내 운명에서 나는 최선을 다하면서 살아간다." 라고 마음을 정하면 그 인생은 행복한 인생이 됩니다.

이와 같이 모든 사람에게는 하나님께서 이미 영세 전에 담아두신 달란트가 있습니다. 그것은 예정되어 있는 것입니다. 시편 139편 16절은 이렇게 말씀하고 있습니다. "나를 위하여 정한 날이 하루도 되기 전에 주의 책에 다 기록이 되었나이다". 인생의 큰 물줄기는 하나님께서 이미 정해 놓으셨습니다. 거기에 조그마한 물줄기는 우리가 기도를 열심히 해서 변화시킬 수 있지만 큰 물줄기는 변화되지 않습니다. 우리에 대한 하나님의 예정과 섭리는 수용하고 받아들여야 합니다. 그리고 그 안에서 최선을 다하는 것입니다.

달란트의 비유를 보십시오. 하나님께서 정해서 주시지 내 마음대로 내가 가질 수 없습니다. 각각 그 재능대로 한 사람에게는 금 다섯 달란트를, 한 사람에게는 두 달란트를, 한 사람에게는 한 달란트를 주셨습니다. 내가 달라는 대로 받은 것이 아니지 않습니까? 하나님께서 정하셔서 너는 다섯 달란트를 가져라. 너는 두 달란트를 가져라. 너는 한 달란트를 가져라 하시는 것입니다. 이것은 하나님께서 절대 주권자이심을 우리에게 가르쳐주고 있습니다.

우리는 하나님을 섬기는 종이요, 시종이요, 머슴이요, 심부름꾼입니다. 주권자가 너는 다섯 달란트 가져라, 너는 두 달란트 가져라, 너는 한 달란트 가져라 정하셨다면 거기에 대해서 우리가 아무 말 할 수 없는 것입니다. 우리는 주권자의 뜻에 저항하고 반대할 만한 위치에 있지 않습니다. 우리는 하나님의 지음을 받은 피조물이요, 하나님의 영광을 위해 사는 존재이기 때문에 하나님의 뜻을 따르는 것입니다. 주권에 대한 저항은 사정없이 심판을 받습니다. 일반적인 윤리와 도덕적인 죄는 용서를 받지만 주권에 대한 저항은 하나님께서 용납하지 않으십니다.

나도 목회를 하면서 성도들을 돌보는데 성도들이나 주의 종들이 윤리와 도덕적으로 잘못한 것이나 실패한 것은 상담하고 다시 일어서도록 돕습니다. 그러나 주권에 저항하면 용납하지 않습니다. 예를 들면 나는 현재 여의도순복음교회 당회장입니다. 당회장이라는 주권은 하나님께서 내게 주신 것입니다. 나는 그 주권을 가지고 이 교회를 지키고 받들어 나가야 되는데 만일 나를 돕는 주의 종들이 나의 주권에 대해 저항한다면 어떻게 해야 하겠습니까? "당신은 A라는 대교구에서 B라는 대교구로 가십시오!" 라고 명했는데, "못갑니다. 나 안 가겠습니다!" 고 말한다면 그것은 나의 주권에 대한 저항이고 그 상황을 그대로 두면 서로가 힘들어지는 것입니다. 이런 경우에는 심판밖에 없습니다.

아담과 하와가 다른 죄를 지었다면 얼마든지 용서 받았을 것입니다. 그러나 아담과 하와의 범죄는 하나님의 주권에 대한 저항이었습니다. "동산 각종 나무의 열매는 네가 임으로 먹되 선악을 알게 하는 나무의 열매는 먹지 말라 네가 먹는 날에는 반드시 죽으리라 하시니라"(창 2:16-17). 이 말씀은 하나님의 주권 선포입니다. 그런데 하나님의 주권에 대해서 아담과 하와가 저항했습니다. 하나님께서는 아담과 하와를 내쫓으실 수밖에 없었습니다. 주권에 대한 저항을 그대로 두면 그다음은 하나님께서 짓밟히시게 됩니다. 하나님의 위신과 권위가 짓밟히는 것입니다. 그러므로 하나님을 믿는 우리는 주권에 대한 저항은 절대로 하지 말아야 합니다. 다른 모든 죄는 다 용서해 주되 하나님의 주권에 대한 저항은 무조건 심판입니다. 하나님께서는 주권대로 우리에게 은사를 주셨습니다. 그러므로 하나님께서 당신의 주권으로 나누어 주신 인생의 달란트를 고맙게 생각해야 하는 것입니다.

나는 여자로 태어나지 않았다고 탄식하지는 않습니다. 그러나 지금의 사회는 남자로 태어나는 것보다 여자로 태어나는 것이 더 좋지 않았을까 하는 생각을 가끔 합니다. 요즘은 남자보다 여자가 더 힘이 있는 시대라는 생각을 하기 때문입니다.

그러나 성경은 다릅니다. 성경에는 "아내들이여 자기 남편에게 복종하기를 주께 하듯 하라"(엡 5:22)고 했습니다. 하나님의 질서는 남자가 주권을 가지고 행동해야 되고 아내는 남편을 뒤에서 받들어 주는 내조를 해야 한다는 것을 기억해야 합니다. 요즘 젊은이들의 이야기를 들어보면 젊은이들 중에는 여자가 되었으면 좋겠다는 사람이 굉장히 많습니다. 그러나 중요한 것은 그 말이 하나님의 절대주권에 대해 저항하는 말이라는 것입니다. 하나님께서 여자가 되라면 여자가 되어야 하는 것입니다. 하나님께서 남자가 되라고 하면 남자가 되어야 하는 것입니다. 또 남자로 태어났으면 남자답게 살아야 합니다. 여자로 태어났다면 여자답게 살아야 합니다.

16-17절 다섯 달란트 받은 자는 바로 가서 그것으로 장사하여 또 다섯 달란트를 남기고 두 달란트 받은 자도 그같이 하여 또 두 달란트를 남겼으되

다섯 달란트와 두 달란트를 받은 사람들은 각각 열심히 장사했습니다. 그리하여 다섯 달란트 받은 사람도 열 달란트를, 두 달란트 받은 사람도 네 달란트를 얻어서 하나님께서 주신 능력을 두 배로 발전시켰습니다. 하나님께서 우리에게 주신 능력은 사용하면 할수록 더욱 발전하는 것입니다.

1958년 불광동 목회 시절에는 불과 50명의 성도님들을 모시는데도 얼마나 힘들었는지 모릅니다. 50명을 모시고도 강단에 서면 목이 쉬고 무릎이 떨렸습니다. 50명 목회하는 것도 그렇게 힘들어했는데, 열심히 하다 보니 자꾸 목회의 달란트가 자랐습니다. 이후 서대문에 와서는 5천 명, 6천 명 목회를 할 수 있도록 달란트가 자랐고, 여의도에서는 몇 십만 명을 목회해도 지치지 않고 어렵지도 않게 되었습니다. 달란트가 자란 것입니다.

그러나 달란트가 자라지 않는 사람을 이 강단에 세워놓고 교회를 이끌어 나가라고 하면 한 달도 못 가서 어려움을 당하는 것입니다. 여의도순복음교회를 이끌어 간다는 것은 쉽지 않은 일입니다. 나는 수십여 년 동안 교회와 함께 달란트가 많이 자랐습니다. 그렇게 달란트가 자랐기 때문에 이 교회를 목회할 수 있게 된 것입니다.

그러므로 달란트를 적게 받았다고 탄식하지 마시기 바랍니다. 열심히 노력하고 일하면 능력이 자라게 되는 것입니다. 하나님의 법칙은 우리가 적게 받았어도 열심히 사용하면 자라기 시작하는 것입니다. 목회하는 교회가 조그맣더라도 낙심하지 말고 열심히 목회하면 능력이 자라게 되고 그에 따라서 교회도 커지는 것입니다. 구멍가게에서도 열심히 장사를 하면 점점 장사하는 능력이 자라서 중소기업에서 대기업으로도 발전할 수 있는 것입니다. 하나님께서 우리에게 주신 달란트는 자랍니다. 우리는 능력을 계속해서 사용해야 합니다.

18절 한 달란트 받은 자는 가서 땅을 파고 그 주인의 돈을 감추어 두었더니 한 달란트 받은 사람은 불평이 많습니다. '다섯 달란트는 그만큼 가치가 있고 두 달란트도 가치가 있는데 나는 이게 뭐냐?' 하는 생각 때문입니다.

나는 노래를 잘 못하기 때문에 노래 잘 하는 사람 보면 제일 부럽습니다. 며칠 전에 국무총리와 함께 운동을 했는데 제게 충격적인 말을 했습니다. "와! 케이블TV 로 보니 조 목사가 강단에서 노래하던데?", "독창을 하더라구", 그런가 싶었는데 세 번째 말하기를 "와! 조 목사 노래가 잘하는 노래는 아니던데?" 했습니다. 얼마나 충격을 받았던지 '야! 이거 참 강단에서 노래하면 안 되겠구나.' 싶은 생각을 했습니다. 나는 노래하는 달란트가 없습니다. 그러나 달란트가 없다고 해서 안 하면 점점 더 못하게 될 테니 계속 찬양하는 것입니다.

내가 노래를 잘 못해서 언젠가 한 때는 성가대에게 먼저 노래를 이끌어 달라고 한 적이 있었습니다. 노래는 성가대쪽에서 다 하고, 나는 소리를 안 내고 입만 움직였습니다. 그랬더니 나에게 편지가 날아오고 전화가 오는데 "아무리 노래를 못해도 목사님이 직접 해주세요. 왜 입술만 움직이십니까? 못하는 노래라도 목사님이 직접 하는 것이 좋으니까 다른 사람 시키지 말고 직접 부르십시오." 그래서 내가 직접 하는 것입니다. 앞으로도 국무총리께서 듣기 좋든 안 좋든 나는 그냥 할 겁니다.

이와 같이 달란트가 적게 주어졌어도 감추어 놓으면 안 됩니다. 하나님께서 주신 것은 자꾸 써야 하는 것입니다. 달란트를 적게 주셨다고 해서 "나는 안한다." 그러면 안 되는 것입니다. 내가 노래하는 달란트가 없더라도 꼭 해야 될 곳에서는 독창도 하고 합창도 합니다. 그렇게 열심히 하다가 나중에 성악가가 될지 혹시 누가 압니까?

미국 스미소니온 박물관에 걸린 그림 가운데 모세라는 할머니의 그림이 있습니다. 이 할머니는 평생 주부로 집안일을 하며 살다가 한번은 그림을 구경하러 갔는데 친구에게서 이런 말을 들었습니다. "너는 이런 그림 그리려면 어림도 없어. 너는 평생 주부로 살았기 때문에 이런 그림은 못 그려." 그 말에 오기가 생겼습니다. '내가 왜 못 그려.' 할머니가 집으로 돌아와서 물감을 사고 그림 붓을 사 가지고서 그림을 그리기 시작했습니다. 80세 노인이 그림을 그리기 시작했는데 90세가 되었을 때는 미국이 인정하는 화가가 되었습니다. 그 한 달란트를 감추어 놓았다가 쓰기 시작하니 하나님께서 축복해 주셔서 자란 것입니다.

영국의 유명한 탐정소설가인 아가사 크리스티도 30대 나이에 탐정소설을 쓰기 시작했습니다. 그녀는 놀러온 사촌언니와 이야기를 나누던 중, 너 같은 사람이 소설 같은 걸 어떻게 쓰겠느냐는 말을 들었습니다. 그 후에 사촌언니의 말에 오기가 생겨서 탐정소설을 쓰기 시작했는데 세계적인 탐정소설가가 된 것입니다.

많은 사람들이 달란트를 감추어 놓고 있습니다. '나 같은 것이 뭘 하겠나. 나는 못해. 나는 안 해. 할 수 없어.' 그렇게 자기 달란트를 감추어 놓습니다. 감추어 놓으면 안 됩니다. 하나님께서 주신 달란트는 모두 귀한 것이고 그것은 쓰면 쓸수록 한 달란트가 두 달란트, 열 달란트로 자라는 것입니다.

자신을 과소평가하지 마십시오. 오늘날 사람들이 자신을 너무 과소평가해서 "나는 못해. 나는 할 수 없어. 나 같은 게 뭘 하느냐!" 말하는데 그렇지가 않습니다.

한 달란트 받은 자가 땅을 파고 그 주인의 돈을 감추어 두었습니다. 주신 달란트를 사용하지 않은 것입니다.

19절 오랜 후에 그 종들의 주인이 돌아와 그들과 결산할새

나중에 하나님 앞에서 우리는 받은 달란트대로 결산하게 됩니다. 하늘에 올라가서 상급 심판을 받을 때, 각 사람에게 주신 달란트대로 주를 위해, 복음을 위해 어떻게 살았는지를 결산하게 될 것입니다.

20절 다섯 달란트 받았던 자는 다섯 달란트를 더 가지고 와서 이르되 주인이여 내게 다섯 달란트를 주셨는데 보소서 내가 또 다섯 달란트를 남겼나이다

"주님이 제게 다섯 달란트 주셨는데, 열심히 일해서 다섯 달란트를 더 남겨 열 달란트를 가지고 왔습니다. 주님 받으소서!" 라고 말 할 수 있다면 스스로도 얼마나 자랑스럽겠습니까? 주인의 마음이 얼마나 기쁘겠습니까?

21절 그 주인이 이르되 잘하였도다 착하고 충성된 종아 네가 적은 일에 충성하였으매 내가 많은 것을 네게 맡기리니 네 주인의 즐거움에 참여할지어다 하고

다섯 달란트를 남긴 사람에게 하나님께서 칭찬하신 것은 한 일의 양에 대한 것이 아니었습니다. 착하고 충성됨이 하나님께서 상급을 주시는 이유인 것입니다. '착하다' 는 것은 거짓말하지 않고 게으름 피우지 않는 것을 말하고, '충성한다' 는 것은 일편단심으로 하나님을 섬기고 일하는 것을 말합니다. 결과적으로 착하고 충성되면 일은 자동적으로 많이 하

게 되는 것입니다. 하나님께서는 착하고 충성된 종의 마음 자세를 크게 칭찬하십니다.

지역장을 하든지 구역장을 하든지 맡은 일에 착하고 충성되게 일하면 하나님께서는 그 숫자를 보지 않으십니다. 정말 착하고 충성되게 했느냐 안 했느냐를 보시는 것입니다. 그런데 '구역이 있거나 없거나 상관할 것 없다. 나는 나 홀로 구역장으로 만족한다. 나 홀로 구역장으로 혼자서 예배드리고 찬송드리면 되지.' 라고 생각한다면 하나님께서는 "이 악하고 게으른 종아!" 라고 말씀하십니다. 그 이유는 하나님의 일에 관심을 기울이지 않았기 때문입니다. 착하고 충성됨의 반대는 악하고 게으른 것입니다. 그러므로 우리는 착하고 충성되게 맡은 바 일을 감당하며 살기 위해 많은 애를 써야 되는 것입니다.

하나님 앞에서 착하게 살고 충성스럽게 사는 것은 대단히 중요한 것입니다. 하나님께서는 다섯 달란트로 열 달란트를 만든 사람을 너무 기뻐하셔서 더욱 많은 일을 맡기시고 주인의 즐거움에 참여하도록 허락하셨습니다.

22-23절 두 달란트 받았던 자도 와서 이르되 주인이여 내게 두 달란트를 주셨는데 보소서 내가 또 두 달란트를 남겼나이다 그 주인이 이르되 잘하였도다 착하고 충성된 종아 네가 적은 일에 충성하였으매 내가 많은 것을 네게 맡기리니 네 주인의 즐거움에 참여할지어다 하고

이 사람은 자신이 받은 두 달란트로 또 두 달란트를 남겼습니다. 두 달란트를 남긴 사람에게도 하나님께서는 똑같이 칭찬 하셨습니다. 다섯 달

란트로 열 달란트 만든 사람이나 두 달란트로 네 달란트 만든 사람이나 착하고 충성된 정도를 보고 상급을 주시지 일의 양을 보고 상급을 주시지 않았습니다. 착하고 충성된 마음으로 일했다면 적은 성과를 거두어도 큰 성과를 거둔 사람과 똑같이 상급을 받습니다. 그 이유는 큰일을 한 사람은 그만큼 많은 지혜를 주셨고 적은 일을 한 사람은 그만큼 적은 지혜를 주셨기 때문입니다. 그러므로 지혜의 많고 적음이 아닌, 착하고 충성되게 일하는 자세가 중요한 것입니다.

24절 한 달란트 받았던 자는 와서 이르되 주인이여 당신은 굳은 사람이라 심지 않은 데서 거두고 헤치지 않은 데서 모으는 줄을 내가 알았으므로

한 달란트 받은 사람은 자기가 적은 달란트 받은 데 대해 원망과 불평이 많습니다. 그는 주인이 자기에게 적은 달란트를 주고서 많은 걸 요구하는 것은 어불성설이라고 말하고 있습니다. 나는 적게 받았으므로 낙심해서 일을 안했다는 것입니다. "주인이 나에게도 많이 주셨으면 일했을 것인데 너무 적게 주셨기 때문에 나는 못합니다. 나는 할 수 있는 실력도 없고 능력도 없고 무능하기 때문에 나는 인생을 어영부영하고 살았습니다."라는 말로는 변명이 안 되는 것입니다. 그건 중대한 잘못입니다.

한 달란트 받은 자가 와서 말하기를 "당신은 굳은 사람이라. 나에게는 심지도 않고 적게 줘놓고 많이 거두는 것을 기대 하십니까? 헤치지 않은 데서 모으고, 나에게 씨를 뿌려놓지도 않고 모으려고 합니까?" 오히려 주인을 원망합니다.

25절 두려워하여 나가서 당신의 달란트를 땅에 감추어 두었었나이다 보소서 당신의 것을 가지셨나이다

"당신께서 이 보잘 것 없는 한 달란트를 주었기 때문에 제가 어영부영하고 아무 것도 못하고 살지 않았습니까? 그러니 한 달란트 주신 그대로 한 달란트 받으십시오." 한 달란트 받은 사람처럼 열심히 노력하지 않고 장사해서 발전하지 않는 사람은 하나님께서 미워하십니다. 하나님은 우리가 끊임없이 발전하기를 원하십니다. 앉아 있거나 뒷걸음질 치는 것을 원하지 않으십니다. 성경은 이와 같이 말씀하고 있습니다. "나의 의인은 믿음으로 말미암아 살리라 또한 뒤로 물러가면 내 마음이 그를 기뻐하지 아니하리라"(히 10:38). 주님을 믿는 사람은 신령한 은혜 가운데 늘 신앙이 발전해야 되고, 마음에 성령의 열매인 사랑과 희락과 화평과 오래 참음과 자비와 양선과 충성과 온유와 절제의 열매를 맺어야 되는 것입니다.

우리의 삶도 발전해야 합니다. 우리 가정도, 우리 사회와 국가도 주님 안에서 발전해야 합니다. 주님은 발전하는 사람을 복 주십니다. 발전하지 않고 그냥 좌절하고 절망하고 꿈을 잃어버리고 희망을 잃어버리고 '나는 못 한다! 나는 안 된다! 나는 할 수 없다!' 고 부정적인 마음을 가지고 뒤로 물러서면 주님께서 복을 주시지 않습니다. 절대로 부정적인 마음을 가지고 뒤로 물러가지 마십시오. 항상 긍정적인 마음으로 꿈을 가지고 열심히 진보하려고 노력해야 합니다. 그럴 때 하나님께서 복을 주시는 것입니다.

여기 등장하는 한 달란트 받은 사람은 꿈도 없고 믿음도 없고 뜨거운 마음의 열정도 없이 그냥 포기했습니다.

26-27절 **그 주인이 대답하여 이르되 악하고 게으른 종아 나는 심지 않은 데서 거두고 헤치지 않은 데서 모으는 줄로 네가 알았느냐 그러면 네가 마땅히 내 돈을 취리하는 자들에게나 맡겼다가 내가 돌아와서 내 원금과 이자를 받게 하였을 것이니라 하고**

우리 주님께서는 한 달란트 받은 사람에게 "네가 받은 달란트를 가지고 아무것도 못 하겠으면 은행에라도 넣어서 이자라도 받았어야 한다." 고 말씀하신 것입니다. 다른 사람에게 위탁해서라도 네가 그만한 성과는 거두어 와야 된다는 것입니다.

우리는 자신이 정말 아무것도 못 한다면 잘하는 사람을 위해 기도도 해 주고 협조해서라도 발전해야 하는 것입니다. 만일 내가 구역장인데 구역을 인도할 힘이 없다면 지역장에게 협조를 해서라도 같이 구역을 발전시켜야 하는 것입니다. 내가 못하면 다른 사람에게 도움을 받아서라도 해야 하는 것입니다.

28-29절 **그에게서 그 한 달란트를 빼앗아 열 달란트 가진 자에게 주라 무릇 있는 자는 받아 풍족하게 되고 없는 자는 그 있는 것까지 빼앗기리라**

'가진 자에게는 더 주고, 없는 자에게는 있는 것까지도 빼앗는 것.' 이것이 하늘나라의 섭리입니다.

하나님께서 제일 미워하시는 것은 부정적인 태도입니다. 나는 없어요. 나는 못해요. 나는 안 해요. 그래? 좋다. 그나마 있는 것도 모두 빼앗아 있는 자에게 주어라.

회사에서 일을 잘 하는 사람에게는 돈을 더 주고 일을 못하는 사람은 돈이 오히려 깎이는 연봉제가 바로 성경적인 것입니다. 잘하는 사람은 이미 많이 있는데 왜 더 줍니까? 그것은 하나님의 섭리입니다. 잘하는 사람에게는 더 주고 못하는 사람에게는 있는 것도 빼앗는 것입니다.

그러므로 인생을 살아가면서 중요한 것은 양이 아닙니다. 착하고 충성된 마음으로 자꾸 발전하는 사람에게는 주님께서 자꾸 주시는 것입니다. 그러나 발전을 포기하고 주저앉아 버린 사람은 있는 것도 다 거두어 버리십니다. 나는 기도를 못 한다고 기도하지 않으면 그나마 조금 할 수 있는 기도도 빼앗아 가는 것입니다. 나는 전도를 못 한다고 전도하지 않으면 조금 있는 전도의 능력도 빼앗아 가는 것입니다. 나는 신앙이 없다고 해서 신앙생활을 열심히 안 하면 있던 신앙도 빼앗깁니다.

강단에서 설교해 보면 압니다. 내가 설교를 매주일 하면 설교의 은혜가 계속 오지만 다른 일들로 인해 한두 주일 설교를 안 하면 설교하는 능력이 확 줄어집니다.

하나님께서는 가진 자에게 더 주십니다. 가진 자에게 더 풍족하게 주시는 것이 하나님의 섭리입니다. 그러므로 언제든지 "할 수 있다! 하면 된다! 해 보자! 믿습니다!" 라고 고백하시기 바랍니다. 그러면 하나님께서 더 주십니다.

30절 이 무익한 종을 바깥 어두운 데로 내쫓으라 거기서 슬피 울며 이를 갈리라 하니라

무익한 종은 주인에게 전혀 이익이 없습니다. 하늘나라에 아무 유익이 안 되는 종입니다. 무용지물입니다. 이 무익한 종은 하나님께서 심판하

실 때 바깥 어두운 데로 내쫓겨 거기에서 슬피 울며 이를 갈게 됩니다. 그러므로 우리는 무익한 종이 되어서는 안 됩니다. 내게 주신 능력대로 착하고 충성되게 최선을 다하여 언제나 하나님 앞에 플러스를 가져와야 합니다. 마이너스 인생이 아니라 플러스 인생을 살아야 되는 것입니다. 십자가는 플러스 아닙니까? 그러므로 예수님을 구주로 모신 사람은 자꾸 발전해야 됩니다. 발전하지 않으면 안 됩니다. 기도도, 전도도, 믿음도, 성경공부도, 가정생활도, 사회생활도 발전해야 합니다. 언제나 우리 마음속에 꿈을 품고 내일을 향해서 나아가는 플러스 인생을 살아야 하는 것입니다.

3. 양과 염소의 비유-세계 심판에 관하여

(25:31-46)

31. 인자가 자기 영광으로 모든 천사와 함께 올 때에 자기 영광의 보
좌에 앉으리니 32. 모든 민족을 그 앞에 모으고 각각 구분하기를 목
자가 양과 염소를 구분하는 것같이 하여 33. 양은 그 오른편에 염소
는 왼편에 두리라 34. 그때에 임금이 그 오른편에 있는 자들에게 이
르시되 내 아버지께 복 받을 자들이여 나아와 창세로부터 너희를 위
하여 예비된 나라를 상속받으라 35. 내가 주릴 때에 너희가 먹을 것
을 주었고 목마를 때에 마시게 하였고 나그네 되었을 때에 영접하였

고 36. 헐벗었을 때에 옷을 입혔고 병들었을 때에 돌보았고 옥에 갇
혔을 때에 와서 보았느니라 37. 이에 의인들이 대답하여 이르되 주
여 우리가 어느 때에 주께서 주리신 것을 보고 음식을 대접하였으며
목마르신 것을 보고 마시게 하였나이까 38. 어느 때에 나그네 되신
것을 보고 영접하였으며 헐벗으신 것을 보고 옷 입혔나이까 39. 어
느 때에 병드신 것이나 옥에 갇히신 것을 보고 가서 뵈었나이까 하리
니 40. 임금이 대답하여 이르시되 내가 진실로 너희에게 이르노니
너희가 여기 내 형제 중에 지극히 작은 자 하나에게 한 것이 곧 내게
한 것이니라 하시고 41. 또 왼편에 있는 자들에게 이르시되 저주를
받은 자들아 나를 떠나 마귀와 그 사자들을 위하여 예비된 영원한 불
에 들어가라 42. 내가 주릴 때에 너희가 먹을 것을 주지 아니하였고
목마를 때에 마시게 하지 아니하였고 43. 나그네 되었을 때에 영접
하지 아니하였고 헐벗었을 때에 옷 입히지 아니하였고 병들었을 때
와 옥에 갇혔을 때에 돌보지 아니하였느니라 하시니 44. 그들도 대
답하여 이르되 주여 우리가 어느 때에 주께서 주리신 것이나 목마르
신 것이나 나그네 되신 것이나 헐벗으신 것이나 병드신 것이나 옥에
갇히신 것을 보고 공양하지 아니하더이까 45. 이에 임금이 대답하여
이르시되 내가 진실로 너희에게 이르노니 이 지극히 작은 자 하나에
게 하지 아니한 것이 곧 내게 하지 아니한 것이니라 하시리니 46. 그
들은 영벌에, 의인들은 영생에 들어가리라 하시니라

31절 인자가 자기 영광으로 모든 천사와 함께 올 때에 자기 영광의 보좌에 앉으리니

인자가 자기 영광으로 모든 천사와 함께 온다는 것은 7년 환난이 끝나고 난 다음 천년왕국을 세우기 위해서 주님께서 부활한 뭇 성도와 함께 이 땅에 찾아오시는 때를 말합니다.

7년 환난 전에 주님께서 공중에 재림하시면 믿는 우리가 다 변화 받고 죽은 자들이 부활의 몸을 입고 공중으로 들려 올라갑니다. 그리고 7년 동안 공중에서 혼인잔치와 함께 상급 심판을 받게 됩니다. 즉, 이 땅에서 주님과 복음을 위해 일한 수고에 대해 주님께서 상급으로 표창하는 때인 것입니다. 이때 어떤 사람은 해같이, 어떤 사람은 달같이, 어떤 사람은 별같이 빛나는 영광을 얻게 될 것입니다. 그리고 이때 면류관도 받습니다.

이와 같이 상급 심판을 받고 그리스도의 혼인잔치를 마칠 때, 즉 땅에서 7년 환난이 끝날 때 주님께서 뭇 성도들과 천사들을 데리고 이 땅에 강림하셔서 아마겟돈 전쟁을 중지시키십니다. 그리고 적그리스도와 함께 주님을 거역하던 사람들을 다 그 자리에서 죽이고, 적그리스도를 불과 유황으로 타는 못에 내어 던지고, 마귀를 잡아 천 년 동안 무저갱에 가두고, 우리 주님께서 영광의 보좌에 앉으십니다. 이후로 천 년 동안 땅에는 전쟁이 그치고 죽음이 사라지게 됩니다. 저주도 없고 질병도 없는 천년왕국이 이루어지게 되는 것입니다.

"인자가 자기 영광으로 모든 천사와 함께 올 때에 자기 영광의 보좌에 앉으리니". 이 말씀에서 예수님의 '영광의 보좌'는 예루살렘입니다. 천년왕국은 근본적인 목적이 야곱의 후손들 곧 육의 선민들에게 주님께서 약속하신 메시아로서 오시는 것입니다. 공중 재림하실 때에는 영의 메시아로서 오셔서 영의 선민들을 불러올리게 되지만, 주님께서 자기 영광으로 오실 때에는 예루살렘에 거처를 정하시고 육의 선민인 야곱의 후손들에게 구약에 약속하셨던 메시아로서 오시는 것입니다.

32절 모든 민족을 그 앞에 모으고 각각 구분하기를 목자가 양과 염소

를 구분하는 것같이 하여

그때 모든 민족을 다 모으는데, 처음 모이는 사람이 7년 환난을 이기고 살아남은 유대 민족이고 그다음은 7년 환난 동안 이마에 666 짐승의 수를 받지 않은 사람들입니다. 7년 환난 동안에 이마에 666 짐승의 수를 받은 사람들은 적그리스도와 함께 불과 유황으로 타는 못에 던져집니다. 적그리스도가 유럽을 통합하고 그곳에 앉아 경제적인 위력으로 돈을 없애버리고 666 숫자를 통해 모든 거래를 하게 하기 때문에 유럽과 장사를 하거나 거래를 하려는 사람들은 모두 666 숫자를 받아야 하는 것입니다. 손등에 받든지 이마에 받아 모든 경제활동을 해야 합니다.

제가 보기에 그때 유럽을 대적해서 유럽의 전자화폐 넘버인 666 숫자를 받지 않고 독립적인 경제블록을 형성할 나라는 아마 중국과 이슬람권에 속한 아시아 여러 나라가 아닐까 생각합니다. 이런 나라들은 적그리스도에 대항하여 666 숫자에 가담하지 않을 것이고 미국이나 남미에서도 그와 같을 것입니다. 왜냐하면 북남미 경제블록이 있어서 꼭 유럽에 종속하지 않더라도 살 수 있기 때문에 그런 나라들은 666 숫자를 안 받을 것입니다. 중동에 위치한 나라들 역시 이슬람교 권에 속하기 때문에 666 숫자를 안 받고 버틸 나라들이 많이 있을 것입니다. 적그리스도가 강대하게 일어나서 통치를 하지만 그 통치의 중심은 유럽입니다. 그리고 그 강대한 경제력을 가지고 온 세계에 영향력을 미치지만, 전 세계를 지배하지는 못합니다. 그 이유는 아마겟돈 전쟁 때 보면 적그리스도의 군대를 대항해서 동방에서 2억의 군대가 유브라데 강을 건너서 적그리스도의 군대와 아마겟돈에서 최후의 전쟁을 하게 될 것이기 때문입니다. 적그리스도의 통치에 끝까지 반대하는 동방군대가 있습니다. 동방에서 2억의 군대를 동원할 수 있다면 그것은 중국이나 인도를 표상하는 것입니다. 그 동방군대가 유브라데 강을 건너서 적그리스도 군대와 마지막 부딪치는 전쟁을 아마겟돈에서 가지게 되는 것입니다. 주님께서 7년 환난 이후 이 땅에 강림하실 때에는 666 숫자를 받은 사람은 적그리스도와 함께 다 죽임을 당하고 멸망당하지만 666숫자를 받지 않은 많은 나라와 백성도 있습니다.

그러므로 천년왕국에 들어오기 전에 주님께서 심판하십니다. 천년왕국에 들어올 백성과 들어오지 못할 백성을 양의 나라와 염소의 나라, 양 백성과 염소 백성으로 주님이 나누는 것입니다. 이미 예수님을 믿는 사람의 상급 심판과 천년왕국에 들어올 나라와 민족을 심판하신 후, 천년왕국이 지나고 나면 흰 보좌 심판이 있습니다. 흰 보좌 심판은 최후의 심판을 말하는데 지금 본문에 기록된 심판은 천년왕국에 들어가느냐, 못 들어가느냐에 대한 심판인 것입니다.

33절 양은 그 오른편에 염소는 왼편에 두리라

목장에서 양을 칠 때 재미있는 사실이 있습니다. 그것은 양 무리 가운데 꼭 염소를 넣어 놓는다는 것입니다. 그 이유를 내가 오스트레일리아의 한 목장에 갔을 때 물어봤습니다. "왜 양이 열 마리쯤 되면 염소 한 마리를 꼭 섞어 놓습니까?" 그랬더니 "양은 한곳에 뭉치기를 좋아해서 잠잘 때도 서로 함께 몸을 붙이고 자는 습성이 있기 때문에 양 한 마리가 병들면 양 무리 전체가 병이 들어 버립니다!"라고 대답했습니다. 한 마리만 피부병이 들어도 모든 양이 피부병에 걸리고, 한 마리가 전염병에 걸리면 다 전염병으로 죽는 것입니다. 양은 자꾸 뭉칩니다. 그런데 염소를 그 가운데 넣으면 염소가 양들을 뿔로 받아서 자꾸 흩어 버린다는 것입니다. 염소는 양이 모일 때마다 뿔로 받아서 양이 서로 몸을 맞대고 붙지 못하게 하므로 피부병이나 전염병이 퍼지지 못하도록 방지하는 역할을 하는 것입니다. 또 양은 물을 마시든지 사료를 먹을 때 한꺼번에 몰려오기 때문에 그냥 밟혀 죽는 경우도 있습니다. 그런데 염소가 있으면 뿔로 받기 때문에 한꺼번에 몰려서 오지 못하니 밟혀 죽는 일이 없다는 것입니다.

교회도 마찬가지입니다. 염소가 들어와서 자꾸 흩어 놓는 것입니다. 양들은 습성상 자꾸 몰려 다니려고 합니다. 양들은 자꾸 모이는데 염소가 와서 원망불평을 일으키고 흩어 놓으려고 애를 쓰는 것입니다.

그래서 목자들은 양만 기르는 것이 아니라 양과 염소를 함께 기르는 것입니다. 이스라엘의 주업이 목축이었기 때문에 양과 염소를 서로 분리시키는 것에 대하여 너무나 잘 알고 있습니다. 이런 이유로 주님께서는 이스라엘 백성이 알아듣도록 양과 염소를 분리시키는 것을 인용하신 것입니다.

언제나 오른편을 말할 때는 옳은 것을 말하고, 왼편을 말할 때는 옳지 않은 것을 말합니다. 사상도 우익과 좌익이 있습니다. 민주주의는 우익이고 빨갱이는 좌익이고. 왼편에 서는 것이 좋지 않습니다. 오른편은 언제나 정의를 말하고 선을 말하고 영광을 말하고, 왼편은 언제나 삐뚤어진 것을 말하고 악을 말하고 불손을 말합니다. 주님께서는 하나님의 보좌 우편에 앉으셨다고 했습니다. 하나님의 정의와 하나님의 선과 하나님의 능력을 상징하는 것이 예수 그리스도이십니다.

그런데 하나님께서 "양은 오른편에 염소는 왼편에 두리라." 고 말씀하십니다. 양의 나라, 염소의 나라, 양의 백성, 염소의 백성을 분리시키실 것입니다.

34절 그때에 임금이 그 오른편에 있는 자들에게 이르시되 내 아버지께 복 받을 자들이여 나아와 창세로부터 너희를 위하여 예비된 나라를 상속받으라

'임금' 은 예수님이십니다. 예수님께서 오른편에 있는 자들에게 이르시되 "네 아버지께 복을 받은 자들이여 나아와 창세로부터 너희를 위하여 예비된 나라를 상속받으라." 고 말씀하십니다.

하나님은 이미 창세 때부터 천년왕국을 예비해 놓으셨습니다. 벌써 이 세상을 지으실 때 주님께서는 마지막 7년 환난 후 들어갈 천년왕국을 예비해 놓으신 것입니다. 하나님께서는 앞서 가셔서 예비하시는 하나님이십니다.

하나님은 야훼 이레, 즉 예비하는 하나님이심을 기억해야 합니다. 하나님께서는 우리보다 언제나 앞서 가셔서 준비하시는 하나님이신 것입니다. 우리는 자꾸 조급해하기도 하고 성급하게 서두르기도 하지만, 하나님께서는 하나님의 때에 하나님의 계획으로 우리보다 앞서 가셔서 준비하십니다. 그러므로 우리가 어려운 일을 당할 때 언제나 주님을 바라보고 낙심하지 말 것은 이미 이 어려운 일이 있을 것을 주님이 미리 아시고 피할 길을 예비해 놓으셨기 때문입니다.

이스라엘 백성이 홍해 앞에서 애굽 군대로 인해 앞으로도 뒤로도 못 가는 위기상황 속에서 좌절과 절망에 처했을 때 하나님께서는 이미 앞서

가셔서 홍해 밑에 길을 예비해 놓으셨습니다. 갑자기 준비하신 것이 아닙니다. 하나님께서 앞서 가셔서 이미 길을 예비해 놓으신 것입니다. 모세가 기도할 때 물이 갈라지고 거기에 길이 예비 되어 있었습니다.

이스라엘 백성이 수르 광야를 사흘 동안 지나 물이 없어 죽게 되었을 때 연못물을 발견했는데 물이 써서 마시지 못했습니다. 모든 백성들이 탄식하고 울부짖을 때 모세가 기도하자 그 연못가에 있는 한 나뭇가지를 지시하셨습니다. 벌써 하나님은 앞서 오셔서 나무를 심어 자라게 만들어 놓으셨습니다. 갑자기 그 자리에 나무가 생긴 것이 아닙니다. 벌써 주님은 앞서 가셔서 그 연못가에 물을 달게 해독하는 나무를 심어 놓으신 것입니다. 하나님께서 그 나무를 지시하시고 모세가 꺾어서 물에 던지니 물이 달아져서 물을 다 마실 수 있게 되었습니다.

우리의 삶에 있어 크고 작은 모든 일들을 하나님께서는 미리 아시고 앞서 가셔서 준비해 놓으시는 것입니다. 이러므로 시편에 37장 5절에 "네 길을 야훼께 맡기라 그를 의지하면 그가 이루시고" 라는 말씀은 우리가 하나님께 맡겨 버리면 미리 앞서 가셔서 길을 다 만들어 놓으시기 때문에 하나님께서 이끄시는 대로 따라가면 된다는 것입니다.

우리가 오직 하나님을 믿고 순종하기만 하면 걱정할 것이 없습니다. 하나님께서 앞서 가셔서 미리 준비를 해 놓으신 것입니다. 천년왕국은 창세 때 하나님께서 먼저 앞서 예비해 놓으신 것입니다.

그러니 우리 하나님이 얼마나 좋으신 분이십니까? 하나님은 벌써 미래를 앞서가 계십니다. 명년, 명 명년 저 멀리 앞서 가셔서 벌써 우리가 올 길을 다 예비해 놓으시고 오라고 하시는 것입니다. 그러므로 주님께 간절히 기도하여 하나님께서 이미 앞서 가셔서 예비해 놓으신 길로 인도함을 받아야 합니다. "나는 눈이 어두워서 캄캄합니다. 나는 어디로 가야 될지, 어떻게 해야 할지 모르겠는데 하나님은 이미 앞서 가셔서 길을 다 예비해 놓으셨으니 주님께서 예비하신 길로 나를 이끌어 주옵소서." 라고 기도하면 주님께서 이끌어 줍니다. 주님과 의논하지 않고 우리 스스로 길을 예비하려면 가시와 엉겅퀴에 찔리고 고통과 괴로움을 당합니다. 그러나 하나님만 믿고 순종하여 하나님께서 예비하신 길로 가면 편안히 갈 수가 있는 것입니다.

우리가 신앙생활을 하면서 하나님께 감격하고 감사한 것은 하나님께서 우리 앞서 모든 삶을 예비해 놓으셨다는 것입니다. 그러므로 우리는 급작스러운 일로 당황하지 않고 어떤 일에도 안연히 대처할 수가 있습니다. 동남풍이 불고 서북풍이 불어도 큰 시험과 환난이 다가와도 이미 하나님은 그것이 올 줄 미리 아시고 갈 길을 예비해 놓으신 것입니다. "너는 내게 부르짖으라 내가 네게 응답하겠고 네가 알지 못하는 크고 은밀한 일을 네게 보이리라"(렘 33:3). 그러므로 그리스도를 믿고 산다는 것은 얼마나 큰 복인지 말로 다 할 수 없습니다.

35절 내가 주릴 때에 너희가 먹을 것을 주었고 목마를 때에 마시게 하였고 나그네 되었을 때에 영접하였고

천년왕국에 들어올 백성들의 행위에 대해서 더 강조하고 있습니다. 물론 예수 그리스도를 모르고 7년 환난 중에 이런 일을 하는 것은 쉽지 않습니다. 이미 예수님을 믿는 사람들이 공중으로 다 들려 올라간 것을 그리스도의 복음을 들은 사람들은 거의 압니다. 이미 때가 늦었지만 예수 그리스도의 강림하심을 생각하고 그들이 주의 이름으로 선한 일을 합니다. 환난 중에 선한 일을 한다는 것은 참 힘든 일인 것입니다.

예수님께서는 지극히 작은 자 한 사람에게 예수님의 이름으로 한 것이 바로 주님을 위해서 한 것이라고 말씀하셨습니다(40절). 사울이 다메섹에 있는 그리스도인들을 잡아 감옥에 가두고 죽이려고 갈 때 대낮에 하늘에서 해보다 더 밝은 빛이 비취면서 소리가 났습니다. "사울아, 사울아, 네가 어찌하여 나를 박해하느냐?" "주여! 누구시니이까?" "나는 네가 박해하는 예수라." 사울은 예수님을 직접 핍박하지 않았습니다. 예수님을 믿는 사람들을 박해했습니다. 그러나 예수님께서는 그 박해는 자신을 박해하는 것이라고 말씀하셨습니다. 그 이유는 예수님을 믿음으로 우리는 모두 그리스도의 지체가 되었기 때문입니다. 예수 그리스도의 몸이 된 것입니다. 그러므로 예수 그리스도의 지체가 되어 있는 우리가 박해를 받으면 바로 예수님께서 박해를 받으시게 되는 것입니다.

우리들 한 사람 한 사람이 다 예수님을 믿음으로 작은 예수가 되어 있지 않습니까? 우리는 작은 예수인 것입니다.

새는 굉장히 약한 동물이지만 자신의 새끼를 돌볼 때는 무시무시하게 무섭게 변합니다. 조그마한 참새라도 새끼를 보호하기 위해서는 자기 목숨을 바쳐서 달려듭니다. 기러기가 얼마나 온순합니까? 그런데 나는 기러기 새끼 구경하려다가 기러기 부부에게 얼마나 공격을 당했는지 말도 못합니다. 미국 골프장에서 새끼를 가진 기러기 한 쌍을 보았습니다. 너무 귀여워서 그 새끼에게 다가갔더니 물속으로 도망갔습니다. 그러자 돌아서 있던 기러기 부부가 눈에 불을 켜고 나를 향해 날아서 공격을 하는데 수놈이 오는 것을 주먹으로 때려서 치니 암놈이 달려듭니다. 암놈을 때려 치니까 또 수놈이 날아옵니다. 목숨을 걸고 달려듭니다. 오히려 내가 돌아서 걸음아 날 살려라 하고 달아났습니다. 기러기를 피해 달아나기는 처음이었습니다. 새끼를 가진 기러기가 그렇게 무섭습니다. 자기 죽는 것은 아랑곳하지 않습니다. 그 자리에 있던 모든 미국사람들이 박수를 치면서 "싸워라! 싸워라! 싸워라!" 응원하였고, 기러기 부부에게 크게 혼이 났습니다. 나는 그때부터 무서워서 새끼 가진 기러기를 보면 근처에도 안 갑니다.

여러분, 우리는 모두 주님께서 기르시는 주님의 새끼들입니다. 우리를 치면 주님을 치는 것입니다. 이와 같이 그리스도의 몸 된 교회에 소속한 성도들을 핍박하는 것은 예수님을 핍박하는 것입니다.

"내가 주릴 때에 너희가 먹을 것을 주었고 목마를 때에 마시게 하였고 나그네 되었을때 영접하였고". 우리가 언제 주님께서 주리시고 목마르시고 나그네 되신 것을 보았나요? 그러나 예수 그리스도 이름으로 또 예수님을 믿는 사람들을 우리가 도와준 것은 주님을 도와드린 것입니다.

7년 환난 동안 회개하고 예수님을 믿는 사람들이 많이 나올 것입니다. 믿음을 지키기 위해 굶주리고 목마르는 고통을 당하고 숨을 곳도 없이 나그네 된 그들을 위로하고 협조하는 것은 모두 다 주님을 위해서 한 것입니다.

36절 헐벗었을 때에 옷을 입혔고 병들었을 때에 돌보았고 옥에 갇혔을 때에 와서 보았느니라

오늘날도 우리가 예수 그리스도의 이름으로 믿는 자와 믿지 않는 자들에게 사랑을 베풀어 주는 것은 예수님께 한 것과 같습니다. 오늘도 NGO 단체인 '선한사람들'에서 여러분이 전해준 수재 의연금과 음식과 의복을 잔뜩 싣고 세차례에 걸쳐 수재민들을 돕기위해 갔습니다. 그것을 예수님의 이름으로 받는 사람들은 '여의도순복음교회 예수 믿는 사람들이 우리를 위해서 수재 의연금을 거두고 라면도 밀가루도 음식도 옷도 장판도 갖다 주는구나.' 하고 감사히 받고 주님께 감사를 드립니다. 그러므로 어려움에 처한 사람을 주님의 이름으로 도와준 것은 곧 주님께 한 것으로 간주하시고 주님께서 상을 주시는 것입니다.

우리는 7년 환난 전에 다 들려 올라갈 것이며 하늘에 가서 상급 심판 때 상을 받을 것입니다. 7년 환난 동안 회개하고 주님을 믿다가 경제적으로 어려움 당하고 병들고 혹은 감옥에도 갇힌 사람들을 돌보아 준 사람들은 양의 백성이 되어 천년왕국에 들어갈 수 있는 자격을 얻습니다. 그때에는 행위가 천년왕국에 들어갈 수 있는 절대적인 자격 요건이 됩니다. 다시 말해 실제로 행해야 하는 것입니다. 그리스도 때문에 감옥에 갇힌 사람을 돌보아 주고 병든 사람을 돌보아 주고 굶주린 사람을 돌보아 주고 나그네 된 사람을 영접하는 등 실제적인 선한 행위를 해야 되는 것입니다. 하나님께서는 각 사람의 행위대로 심판하십니다(벧전 1:17). 행위가 있어야 양의 백성이 될 수 있습니다.

37-39절 이에 의인들이 대답하여 이르되 주여 우리가 어느 때에 주께서 주리신 것을 보고 음식을 대접하였으며 목마르신 것을 보고 마시게 하였나이까 어느 때에 나그네 되신 것을 보고 영접하였으며 헐벗으신 것을 보고 옷 입혔나이까 어느 때에 병드신 것이나 옥에 갇히신 것을 보고 가서 뵈었나이까 하리니

양의 백성은 겸허하고 온순하고 좋은 사람들 아닙니까? 좋은 사람일

수록 겸허하고 나쁜 사람일수록 교만합니다. 그때 양의 백성은 겸허하게 "주여! 언제 우리가 주님이 굶주리고 목마르실 때에 공궤하였으며, 헐벗으셨을 때 옷 입혀드렸으며, 병드셨을 때에 돌보아 드렸으며, 감옥에 갇히셨을 때에 가서 뵈었으며, 나그네 되셨을 때에 영접하였나이까? 우리는 주님을 직접 만나 뵌 적이 없는데요." 라고 말합니다.

40절 임금이 대답하여 이르시되 내가 진실로 너희에게 이르노니 너희가 여기 내 형제 중에 지극히 작은 자 하나에게 한 것이 곧 내게 한 것이니라 하시고

예수님을 믿는 사람들 중에 지극히 작은 한 사람에게 예수 이름으로 선행을 베푼 것은 곧 예수님께 선행을 베푼 것입니다. 그만큼 주님은 우리와 함께 일체감을 느끼십니다. 지극히 보잘것없는 자라도 예수님을 믿고 그리스도의 백성이 되었기 때문에 우리가 그를 돌보아 주는 것은 예수님을 돌보아 주는 것이 되는 것입니다.

원조를 베풀되 믿는 자들을 먼저 원조해야 합니다. 그다음에 믿지 않는 자를 원조하는 것입니다. 성경에는 우리가 선을 베풀되 믿는 자에게 더욱 하라고 했습니다(갈 6:10). 수해를 당하더라도 우리 예수 믿는 사람들에게 먼저 도움을 베풀고 또 남은 여력으로 우리 동포들에게 도움을 베풀어야 되는 것입니다. 그만큼 우리는 우리 형제와 함께 짐을 나누어져야 될 의무와 책임이 있습니다. 슬픔도 함께하고 기쁨도 함께하고 먹고 입고 마시는 데 우리가 함께 해야 될 의무와 책임이 있습니다.

7년 환난의 기간 동안 예수님을 믿는 사람들이 서로 상부상조하고 베푸는 행위를 통해 양의 백성, 양의 나라에 속할 수 있는 자격을 얻게 되

는 것입니다.

지금은 우리가 예수님을 믿음으로 천국에 가지만 그때는 행위를 올바르게 한 사람들이 양의 나라에 속할 수 있습니다. 믿음만 가지고는 양의 백성이 되지 못합니다. 믿음에 따른 행위가 있어야 양의 백성이 되는 것입니다. 아무것도 안하고 가만히 있는 사람은 양의 국가에 들어가지 못합니다.

그때는 너무너무 절박한 상태입니다. 666 숫자를 안 받고 예수님 이름 때문에 고집을 부리는 사람은 직장도 얻지 못하고 장사도 하지 못하고 영양실조가 되고 병들고 굶주리고 감옥에 갇히고 온갖 어려움을 당합니다. 그럴 때 예수 그리스도의 이름으로 그들을 도와주는 것은 주님께서 굉장히 감격스럽게 느끼시는 것입니다.

41절 또 왼편에 있는 자들에게 이르시되 저주를 받은 자들아 나를 떠나 마귀와 그 사자들을 위하여 예비된 영원한 불에 들어가라

예수님을 믿지 않는 사람은 이미 저주 아래 있습니다. 아담과 하와가 타락했을 때 온 땅이 저주를 받았습니다. 그 이후로 아담과 하와의 후손들은 이 세상에 살면서 저주의 구렁과 안개 밑에서 살고 있습니다. 이 세상에 전쟁이 그치지 않고 슬픔의 날이 그치지 않고 화가 그치지 않았습니다. 저주가 있으면 아무리 인간의 힘으로 살려고 발버둥을 쳐도 안 됩니다. 가정을 이루어도 미움의 가시가 일어나서 이혼합니다. 자식을 길러 놓아도 부모에게 반항하고 가시가 됩니다. 사업을 하다가도 동업자끼리 싸우고 가시가 돋아나고 무너집니다. 가는 곳마다 가시와 엉겅퀴가 납니다.

밭을 여러 번 갈아 놓아도 거기에 계속해서 가시가 나고 엉겅퀴가 나

면 곡식이 안 됩니다. 저주가 물러가야 되는 것입니다. 저주를 제하는 길은 예수님을 믿는 길밖에 없습니다. 그 이유는 그리스도께서 우리를 위하여 저주를 받은바 되사 율법의 저주에서 우리를 속량하셨기 때문입니다(갈 3:13). 예수님께서는 십자가에 못 박혀 양손과 양발이 대못에 찔리고 예수님께서는 머리에 가시관을 쓰시고 그 흘리신 보혈로 말미암아 우리의 모든 저주의 가시와 엉겅퀴를 철폐해 버리고 만 것입니다. 그리스도 안에는 아담의 저주가 다 청산되어 버리고 아브라함의 축복이 있는 것입니다.

그러므로 예수님을 믿어야 우리가 하는 일이 열매를 맺고 우리의 노력이 열매를 맺습니다. 그리스도 안에는 축복이 있지만 그리스도 밖에는 저주가 있기 때문에 그리스도 밖에 있는 사람은 못살면 못사는 대로 저주가 있고 잘살면 잘사는 대로 저주 아래 있습니다.

스칸디나비아 사람들이 얼마나 잘삽니까? 국민소득이 5만 불이나 됩니다. 그런데도 행복한 사람이 적습니다. 국민의 80%가 약을 먹고 정신적인 우울증에 걸려서 몸부림칩니다. 물질적으로 그렇게 부유하고 사회보장제도가 잘되어 있어도 예수님을 떠나니까 저주가 역사하고 그 마음에 기쁨이 없습니다. 마음이 우울증으로 꽉 들어차 있습니다. 웃는 사람을 쉽게 찾아볼 수가 없는 것입니다. 그러나 그보다 못사는 우리나라에는 웃는 사람이 많습니다. 그들보다 못 먹고 못 입고 못살아도 잘 웃습니다. 그 이유는 예수님을 믿는 사람이 많아서 저주가 없어졌기 때문에 행복지수는 우리 한국 사람이 훨씬 높은 것입니다. 행복은 물질이나 좋은 환경에서 오는 것이 아닙니다. 저주에서 벗어나서 아브라함의 축복과 그리스도의 은혜가 있을 때 우리 마음속에 기쁨이 있고 행복이 있는 것입니다.

"왼편에 있는 자들에게 이르시되 저주를 받은 자들아 나를 떠나 마귀와 그 사자들을 위하여 예비된 영원한 불에 들어가라". 실제로 영영한 지옥불은 마귀와 그 사자들을 위하여 예비한 것이지 사람을 위해서 예비한 것이 아닙니다. 그러나 사람이 마귀를 따라 한패거리가 되어 하나님을 믿지 아니하고 불순종하고 불신앙하기 때문에 마귀와 그 사자들을 위해서 예비한 곳에 함께 들어가는 것입니다.

그곳은 영영한 불입니다. 얼마 타다가 그냥 그치는 것이 아닙니다. 요한 계시록 20장 10절을 보면 "또 그들을 미혹하는 마귀가 불과 유황 못에 던져지니 거기는 그 짐승과 거짓 선지자도 있어 세세토록 밤낮 괴로움을 받으리라."고 했습니다. 여러분, 이것이 무섭습니다. 우리가 이 세상에 사는 동안에는 비록 낮에는 고통스러워도 밤에는 잠이라도 잘 수 있지 않습니까? 잠잘 때는 낮에 그렇게 고통스러운 것도 좀 잊어버리니까 살 수 있습니다. 그러나 밤이고 낮이고 계속해서 고통을 당하면 쉴 시간이 없습니다. 숨 쉴 시간 없이 고통을 당하는 곳이 지옥입니다.

사람은 하나님의 형상과 모양대로 지음 받았습니다. 성경은 "하나님은 영이시라."고 말씀하시므로 우리도 영인 것입니다. 육체가 무너져도 영은 영원히 사는 것입니다. 그런데 영이 지옥에 떨어져서 영영한 불속에서 고통을 당한다면 그건 몸서리쳐지는 일입니다. 고통이란 참으로 견디기 힘든 것입니다. 당해 보지 않은 사람은 모르지만, 육체적 고통을 당해 본 사람은 그것이 얼마나 괴로운지 압니다. 밤새도록 고통을 당하고 괴로움을 당하고 견딜 수가 없습니다. 치통만 경험해 봐도 얼마나 고통스러운지 모릅니다.

내가 일본에서 치통을 앓은 적이 있습니다. 저녁에 갑자기 이가 아프기 시작하는데 미칠 것 같았습니다. 밤에 일본 치과병원에 가서 잠자는 치과의사를 깨워서 자동차로 모시고 와서 신경을 죽였습니다. 그때서야 정신을 차렸습니다. 그 고통은 도저히 말로 형용할 수 없습니다. 그때 내가 느낀 것은 지옥에 들어갔을때 이런 고통이 밤낮으로 계속된다면 지옥에서 안 미칠 사람이 없다는 것입니다. 너무 고통스러워서 전부 다 미쳐버릴 것입니다. 그러니 온 가정이 천국 가도록 예수님을 전해야 하는 것입니다.

42-45절 내가 주릴 때에 너희가 먹을 것을 주지 아니하였고 목마를 때에 마시게 하지 아니하였고 나그네 되었을 때에 영접하지 아니하였고 헐벗었을 때에 옷 입히지 아니하였고 병들었을 때와 옥에 갇혔을 때에 돌보지 아니 하였느니라 하시니 그들도 대답하여 이르되 주여 우리가 어느 때에 주께서 주리신 것이나 목마르신 것이나 나그네 되신 것이나 헐벗으신 것이나 병드신 것이나 옥에 갇히신 것을 보고 공양하지 아니하더이까 이에 임금이 대답하여 이르시되 내가 진실로 너희에게 이르노니 이 지극히 작은 자 하나에게 하지 아니한 것이 곧 내게 하지 아니한 것이니라 하시리니

예수님께서 왼쪽 사람에게 말씀하십니다. "내가 주릴 때에 너희가 먹을 것을 주지 아니하였고 목마를 때에 마시게 하지 아니하였고 나그네 되었을 때에 영접하지 아니하였고 헐벗었을 때에 옷 입히지 아니하였고 병들었을 때와 옥에 갇혔을 때에 돌보지 아니하였느니라." 그렇게 말씀

하시니 난리가 났습니다. "세상에, 사람 잡을 소리 하지 마십시오. 언제 주님이 우리에게 와서 밥과 마실 것 달라 하고 옷 달라 했으며, 언제 주님께서 병들었으며, 언제 주님이 우리에게 와서 감옥에서 도와 달라고 했으며, 언제 나그네 되었습니까? 생사람 잡지 마십시오. 그런 소리 하지 마십시오. 너무나 억울합니다." 그들이 이렇게 항변합니다.

그러자 예수님께서 다시 말씀하십니다. "너희들 잘 들어라. 그들이 7년 환난 때 예수님을 믿는 백성이라고 해서 상업도 못하고 직업도 못 얻고 굶주리고 헐벗고 감옥에 들어가고 병들고 절망에 처해 있을 때에 너희가 도와주었느냐? 전적으로 무관심했지. 오히려 적그리스도 편을 들었지. 네가 예수 믿는 지극히 작은 한 사람에게 안 해 준 것이 바로 나에게 안 해 준 것이다."라고 말씀하십니다. 이 말을 들은 그들은 할 말을 잊었습니다. 왜냐하면 그것이 사실이었기 때문입니다.

46절 그들은 영벌에, 의인들은 영생에 들어가리라 하시니라

그러니 염소 나라의 백성들은 영원한 형벌을 받고 양의 나라의 백성들은 천년왕국에 들어가서 영원히 살게 됩니다.

나중에는 하나님의 백성이 영의 선민과 육의 선민의 두 종류로 나누어집니다. 예수님을 믿고 부활승천한 사람들은 영의 선민으로 주님과 함께 왕 노릇을 하게 되고, 살아남은 유대 민족과 세계 여러 나라에서 양의 민족으로 선택함을 받은 사람들은 육신의 삶을 영원히 삽니다. 죽지 않는 몸을 얻어서 영원히 살게 됩니다.

예수님을 믿는 사람들은 새 예루살렘에서 삽니다. 이 땅은 열렬한 불에 녹아져서 다시 재편성되고 하늘도 새롭게 되며 하늘에서 새 예루살렘

이 내려옵니다. 그래서 영의 선민들은 모두 다 그 새 예루살렘에서 살게 될 것입니다. 새 예루살렘이 우주를 다스리는 본부가 되는 것입니다. 거기에서 온 우주로 왔다 갔다 하면서 우주 만물을 통치하고 다스리는 것입니다. 새 예루살렘이 우리가 거할 처소가 되는 것입니다. 새 예루살렘이 얼마나 아름다운지 신부가 단장을 한 것같다고 했습니다. 그러나 외부적인 아름다움은 아무 의미가 없습니다. 그곳에 예수님께서 계시기 때문에 아름다운 것입니다. 예수님께서 안 계시면 물리적으로 아무리 아름다운들 무슨 소용 있겠습니까. 황금보석 집 열두 진주 문에 들어가서도 마음에 기쁨이 없으면 그곳이 지옥입니다. 환경이 천국이 되지 않습니다. 예수님께서 계신 곳이 천국이 되는 것입니다. 예수님께서 계신 곳에 무한한 기쁨이 넘칩니다. 그 기쁨이 있기 때문에 행복해지는 것입니다. 초가삼간에 살아도 마음에 기쁨이 넘치면 그곳이 천국입니다. 그러나 고래 등 같은 집에 살아도 마음에 슬픔이 있으면 지옥입니다. 예수님이 계신 곳이 바로 천국이며 예수님이 떠난 곳에는 천국이 없다는 것을 알아야 되는 것입니다.

제 26 장

네 번째 수난 예고

A COMMENTARY
ON THE GOSPEL OF
MATTHEW Ⅳ

본 장에는 예수님의 수난과 십자가 지시기 전까지의 사건들에 관한 내용이 차례대로 언급되어 있습니다.

감람산 강화를 마치신 예수님께서는 다시 한번 제자들에게 자신의 수난에 대하여 예고하셨습니다. 그때에 유대 종교 지도자들은 예수님을 죽이기 위해 사악한 음모를 꾸미고 있었습니다. 반면 한 여자는 매우 귀한 향유 한 옥합을 가지고 나아와서 예수님의 머리에 부음으로 주님의 장례를 준비하였습니다.

마지막 유월절 식사를 하는 날 가룟 유다는 주님을 배반하였고, 주님께서는 마지막 만찬을 드신 후 베드로가 자신을 부인할 것을 예언하셨습니다.

그 후 예수님은 제자들과 함께 겟세마네 동산에서 기도하시고 난 다음 가룟 유다가 이끌고 온 무리에게 체포되어 가야바에게 심문을 당하셨습니다. 그때 예수님의 수제자 베드로는 주님을 세 번이나 부인합니다.

1. 수난 예고와 유대 종교 지도자들의 음모 (26:1-5)

1. 예수께서 이 말씀을 다 마치시고 제자들에게 이르시되 2. 너희가 아는 바와 같이 이틀이 지나면 유월절이라 인자가 십자가에 못 박히기 위하여 팔리리라 하시더라 3. 그때에 대제사장들과 백성의 장로들이 가야바라 하는 대제사장의 관정에 모여 4. 예수를 흉계로 잡아 죽이려고 의논하되 5. 말하기를 민란이 날까 하노니 명절에는 하지 말자 하더라

1-2절 예수께서 이 말씀을 다 마치시고 제자들에게 이르시되 너희가 아는 바와 같이 이틀이 지나면 유월절이라 인자가 십자가에 못 박히기 위하여 팔리리라 하시더라

유월절 이틀 전, 즉 예수님이 잡히시기 이틀 전에 주님께서는 본격적

으로 제자들에게 자신이 장차 고난당하시고 죽으셨다가 부활하실 것을 예고하십니다.

유월절은 출애굽 당시 하나님께서 애굽의 장자를 죽이는 심판으로부터 이스라엘 자손들을 구원해 주신 것을 기념하는 절기입니다(출 12:21-28). 이스라엘 백성들은 정월 14일 저녁에 양을 잡아서 그 피를 문설주에 바르고 밤에 양고기를 먹은 다음 애굽을 출발하였습니다. 여기서 애굽은 마귀가 지배하고 있는 이 세상을 상징합니다. 예수님께서는 마귀의 세상 가운데 살고 있는 우리를 해방시키시기 위해 유월절 어린양이 되어 십자가에 못 박혀 돌아가셨습니다.

이 세상의 어떤 종교나 철학이나 윤리가 우리를 마귀에게서 해방시킬 수 없고, 오직 유월절 어린양 되신 예수 그리스도만이 우리를 마귀의 세상에서 해방시켜 주실 수 있습니다. 그러므로 예수 그리스도를 믿는 자는 죄와 마귀의 사슬에서 놓여나 해방을 얻게 되는 것입니다.

예수님께서는 제자들에게 "이틀을 지나면 유월절이라 인자가 십자가에 못 박히기 위하여 팔리리라"(2절)고 말씀하십니다. 예수님은 창세전부터 타락한 인류를 구속하기 위해 십자가에 못 박혀 죽어야 할 것을 알고 계셨습니다. 그러므로 예수님께서 이 세상에 오신 목적은 죽으시기 위함입니다. 마가복음 10장 45절을 보면 "인자가 온 것은 섬김을 받으려 함이 아니라 도리어 섬기려 하고 자기 목숨을 많은 사람의 대속물로 주려 함이니라" 고 기록되어 있습니다. 예수님은 우리에게 종교나 철학, 그리고 윤리와 도덕을 가르치기 위해 오신 것이 아닙니다. 예수님은 마귀의 나라에서 우리를 해방시키기 위해 희생 제물이 되시려고 오신 것입니다.

이 세상 누구도 예수님께서 하신 일을 할 수 없습니다. 세상 사람들은 종교나 철학이나 윤리와 도덕에 대해 강의는 할 수 있을지 모르지만 예수님처럼 죄 없이 십자가에 돌아가심으로 우리의 죄를 대속할 수는 없는 것입니다. 성경은 "다른 이로써는 구원을 받을 수 없나니 천하 사람 중에 구원을 받을 만한 다른 이름을 우리에게 주신 일이 없음이라"(행 4:12)고 말씀하고 있습니다.

3-5절 **그때에 대제사장들과 백성의 장로들이 가야바라 하는 대제사장의 관정에 모여 예수를 흉계로 잡아 죽이려고 의논하되 말하기를 민란이 날까 하노니 명절에는 하지 말자 하더라**

예수 그리스도를 잡아 죽이려고 한 사람들은 다름 아닌 유대 종교 지도자들이었습니다. 그들은 온갖 정성을 다해 율법을 지키고 제사 의식을 행하는 등 야훼 하나님을 섬긴다고 하면서도 하나님의 아들을 잡아 죽이려고 의논하였습니다. 그들은 결국 하나님의 백성으로서 하나님을 내쫓고, 하나님의 백성으로서 하나님을 십자가에 못 박았습니다. 유대인들은 지금도 그리스도인들을 심하게 핍박할 뿐만 아니라 예수 그리스도를 믿는 것을 법적으로 금하고 있습니다. 성경은 예수님께서 "자기 땅에 오매 자기 백성이 영접하지 아니하였으나"(요 1:11)라고 기록하고 있습니다.

예수님께서 7년 환난 후 지상에 강림하셔서 유대인들에게 못 자국 난 손과 발을 보여 주시면 "왜 이렇게 손과 발에 못 자국이 났습니까?"라고 그들이 물을 것입니다. 그러면 주님께서는 "인자가 자기 백성에게 왔으나 자기 백성들이 십자가에 못 박았기 때문이다."라고 대답하실 것입니다. 그러면 살아남은 유대인들이 땅을 치고 울고 통곡할 것입니다.

예수님 당시 유대를 지배하고 있던 로마 제국은 많은 점령지를 효과적으로 통치하기 위하여 점령지의 상황에 맞게 지방 자치 정부를 허용하였습니다. 이러한 로마의 정책에 편승하여 유대인들은 독자적으로 행정 기관을 만들었는데 그것이 바로 산헤드린 공회입니다. 이 산헤드린 공회는 의장인 대제사장을 제외하고 70명으로 구성되어 있는데, 여기에는 제사장들과 백성의 장로들, 그리고 율법 학자들이 포함되어 있습니다. 유대의 최고 통치 기관인 이 산헤드린 공회는 율법을 준수하지 않은 자들에 대해 재판을 하는가 하면 로마 총독의 허락을 받아 사형을 집행할 수도 있었습니다. 이 산헤드린 공회의 구성원들인 대제사장들과 백성의 장로들이 가야바라 하는 대제사장의 관정에 모여 예수님을 휼계로 잡아 죽이려고 의논하였습니다. 그런데 당시 유대 최대의 절기인 유월절을 지키기 위해 모여든 사람들 중에는 예수님께서 사역의 중심지로 삼았던 갈릴리 지역 사람들과 예수님을 메시아로 여겼던 사람들도 많이 있었을 것입니다. 또한 권력도 없고 돈도 없어서 오직 예수님을 희망으로 삼고 사는 사람들도 많이 있었을 것입니다. 따라서 유월절에 예수님을 체포하려고 하면 사람들이 폭동을 일으킬 가능성이 컸습니다. 그렇기 때문에 산헤드린 회원들은 예수님을 죽이되 가급적 유월절은 피하기로 결의한 것입니다.

2. 향유를 부은 여인(26:6-13)

6. 예수께서 베다니 나병 환자 시몬의 집에 계실 때에 7. 한 여자가
매우 귀한 향유 한 옥합을 가지고 나아와서 식사하시는 예수의 머리
에 부으니 8. 제자들이 보고 분개하여 이르되 무슨 의도로 이것을
허비하느냐 9. 이것을 비싼 값에 팔아 가난한 자들에게 줄 수 있었
겠도다 하거늘 10. 예수께서 아시고 그들에게 이르시되 너희가 어찌
하여 이 여자를 괴롭게 하느냐 그가 내게 좋은 일을 하였느니라 11.
가난한 자들은 항상 너희와 함께 있거니와 나는 항상 함께 있지 아니
하리라 12. 이 여자가 내 몸에 이 향유를 부은 것은 내 장례를 위하여
함이니라 13. 내가 진실로 너희에게 이르노니 온 천하에 어디서든
지 이 복음이 전파되는 곳에서는 이 여자가 행한 일도 말하여 그를
기억하리라 하시니라

6-7절 예수께서 베다니 나병 환자 시몬의 집에 계실 때에 한 여자가 매우 귀한 향유 한 옥합을 가지고 나아와서 식사하시는 예수의 머리에 부으니

예루살렘에서 약 3.2㎞ 떨어진 감람 산 동쪽 기슭에 위치한 베다니는 '가난한 자의 집' 이라는 뜻을 가지고 있습니다. 그 이름이 의미하는 것과 같이 베다니는 가난한 사람들이 모여 사는 빈민촌입니다. 그런데 예수님께서 그곳에 사는 나병 환자 시몬의 집에 계실 때에 한 여자가 매우

귀한 향유 한 옥합을 가지고 나아와서 식사하시는 예수님의 머리에 부었습니다. 이 여자는 바로 나사로의 누이이자 마르다의 동생인 마리아입니다. 마리아는 옥합을 깨뜨려서 향유를 예수님의 머리에 붓고, 또 발에도 부은 다음 그녀의 머리카락으로 닦았습니다(요 12:3).

옥합이란 '알라바스터' 라는 석회 성분을 띤 돌로 만든 일종의 항아리와 같은 것입니다. 보통 둥근 모양으로 되어 있는데 목이 길며 주둥이는 인봉해 두었다가 사용할 때 그 주둥이를 깨고 사용합니다. 마가복음에는 이 향유를 '순전한 나드' 라고 기록하고 있습니다(막 14:3). 유대 여자들은 시집갈 때 이 향유를 가져가는데 많이 가져갈수록 시집에서 더 큰 사랑을 받습니다. 그렇기 때문에 유대 처녀들은 이 향유를 모으기 위해 열심히 일했습니다. 그런데 마리아는 그 귀한 옥합을 깨뜨려서 예수님의 머리와 발에 향유를 부음으로 주님께 아름다운 헌신을 했던 것입니다. 일반적으로 여성들은 머리털을 귀하게 여기기 때문에 머리를 가꾸는 데 많은 시간을 보냅니다. 그럼에도 불구하고 마리아는 자기 머리털로 예수님의 발을 닦았습니다. 이는 주님에 대한 그녀의 사랑이 얼마나 지극했는가를 보여 주는 것으로 주님께 드리는 예배의 극치라고 말할 수 있습니다.

8-9절 제자들이 보고 분개하여 이르되 무슨 의도로 이것을 허비하느냐 이것을 비싼 값에 팔아 가난한 자들에게 줄 수 있었겠도다 하거늘

제자들은 마리아의 주님에 대한 순수한 사랑과 헌신을 돈으로 계산했습니다. 그러나 사랑을 돈으로 계산하는 것은 좋지 않습니다. 물론 사

랑을 돈으로 표현을 할 수는 있겠지만 사랑을 돈으로 살 수는 없기 때문입니다. 그러므로 상대방의 돈을 보고 결혼하는 것은 바람직하지 않습니다.

전에 우리 교회에 나오는 한 부부와 상담을 한 적이 있습니다. 결혼 전에 남편은 매우 부유한 집 아들이었고 부인은 아주 가난한 집 딸이었는데 부인이 서비스업에 종사하는 여성으로서 매우 아름다웠기 때문에 남편이 적극적으로 청혼을 한 결과 결혼을 하게 되었습니다. 그런데 결혼생활을 한 지 얼마 안 되어 못 살겠다고 나를 찾아온 것입니다.

부인은 나에게 "목사님, 저는 이 사람하고 도저히 살 수 없어요. 결혼하기 전에 남편의 집안은 부유하고 우리 집은 너무 가난했기 때문에 맞지 않는다고 했는데 남편이 저를 유혹하여 결혼을 하긴 했습니다. 그러나 자존심이 상해서 더 이상 살 수 없습니다. 남편은 나와 함께 레스토랑에 가서 음식을 먹을 때면 '당신 이런 음식 못 먹어 봤지? 나에게 시집왔으니까 이런 비싼 음식을 먹어 보는 줄 알아.' 라고 말합니다. 그런가 하면 옷을 살 때 '당신 친정에서는 이런 옷 구경도 못했지?' 라고 하면서 제 자존심을 상하게 합니다. 이럴 바엔 초가삼간에 살더라도 생활수준이 비슷한 사람과 사는 것이 나을 것 같습니다." 라고 말했습니다.

그러자 남편이 말하기를 "목사님, 제가 잘못한 것이 무엇입니까? 실제로 집사람의 친정 형편으로는 그런 음식을 먹을 수 없고, 또 그런 옷을 사줄 수도 없어서 그렇게 말했는데 그게 뭐 그렇게 자존심이 상할 일입니까?" 라고 했습니다.

그래서 내가 남편에게 "당신은 어려서부터 부유하게 생활했기 때문에 열등감이나 좌절감을 느껴본 적이 없을지 모릅니다. 그러나 헐벗고 굶주리고 교육을 못 받은 사람은 마음속 깊은 곳에 열등의식이 있을 수 있습니다. 그런데 그 아픈 곳을 자꾸 건드리면 좋아할 사람이 누가 있겠습니까?" 라고 말해 주었습니다.

제자들은 옥합을 깨뜨려서 예수님의 머리와 발에 부은 마리아를 보고 분개하여 "무슨 의도로 이것을 허비하느냐 이것을 비싼 값에 팔아 가난한 자들에게 줄 수 있었겠도다"(8-9절)라고 말했습니다. 그러나 이는 예수님 심정을 모르고 한 말이며, 또 어떻게 하는 것이 주님을 진심으로 예배하는 것인지 모르고 한 말입니다. 만왕의 왕이시며 만주의 주가 되시는 우리 주님을 예배하기 위해서는 온 우주를 다 바쳐도 아깝지 않습니다. 예수님을 위해서 사용하는 것은 낭비가 아니기 때문입니다. 우리의 죄를 대속하시기 위해 몸 찢기고 피 흘리신 주님을 위해서라면 무엇인들 아까울 것이 있겠습니까? 우리가 호화찬란한 황금 교회를 지었다고 해도 그것이 예수님을 위해서 한 것이라면 낭비가 아닙니다. 그러므로 "교회가 왜 그렇게 많은 돈을 들여 가며 교회를 짓느냐? 그 돈으로 가난한 사람들을 구제하는 데 힘써야 하지 않는가?" 라고 말하는 것은 제자들처럼 주님의 마음을 잘 모르고 하는 말인 것입니다.

주님을 위해 헌신하는 것을 보고 비난하면 안 됩니다. 주님을 사람과 비교해서는 안 되기 때문입니다. 예수님은 천지와 만물을 지으신 창조주 하나님이시기 때문에 당연히 주님을 먼저 섬기고 난 다음에 가난한 사람들을 돌보아야 합니다. 먼저 그의 나라와 그의 의를 구해야 하는 것입니다(6:33). 우리는 그리스도를 사랑하는 일에 미칠 정도가 되어야 합니다. 사도 바울은 고린도 교회 성도들에게 "우리가 만일 미쳤어도 하나님을 위한 것이요 정신이 온전하여도 너희를 위한 것이니"(고후 5:13)라고 고백하였습니다.

그러므로 마리아가 주님을 위해 옥합을 깨뜨린 것은 낭비가 아닙니다. 제자들은 낭비로 보았지만 마리아는 자기가 가지고 있는 최상의 것으로 주님을 예배한 것입니다. 오늘날 우리도 마리아처럼 우리가 가지고 있는 최상의 것으로 주님을 예배해야 합니다.

10-13절 예수께서 아시고 그들에게 이르시되 너희가 어찌하여 이 여자를 괴롭게 하느냐 그가 내게 좋은 일을 하였느니라 가난한 자들은 항상 너희와 함께 있거니와 나는 항상 함께 있지 아니하리라 이 여자가 내 몸에 이 향유를 부은 것은 내 장례를 위하여 함이니라 내가 진실로 너희에게 이르노니 온 천하에 어디서든지 이 복음이 전파되는 곳에서는 이 여자가 행한 일도 말하여 그를 기억하리라 하시니라

예수님은 제자들의 완악한 마음을 아시고 "너희가 어찌하여 이 여자를 괴롭게 하느냐 그가 내게 좋은 일을 하였느니라"(10절)고 말씀하셨습니다. 마리아가 주님의 머리와 발에 향유를 부은 것은 예수님의 구속 사역을 예비하는 일이었기 때문에 그렇게 말씀하신 것입니다. 그러므로 주님을 위한 예배와 헌신에 대해서는 비판하지 말아야 합니다. 주님을 위해 쓰는 것은 세상적인 낭비가 아니고 거룩한 헌신이기 때문입니다.

주님께서 제자들에게 "가난한 자들은 항상 너희와 함께 있거니와 나는 항상 함께 있지 아니하리라"(11절)고 말씀하신 것은 언제든지 할 수 있는 일과 오직 한 번의 기회밖에 없는 일에 대한 우선순위를 말씀하신 것입니다. 가난한 자들을 돕는 것은 우리가 원한다면 언제든지 할 수 있는

일입니다. 그러나 예수님께서 죄인들을 구원하시기 위해 고난을 받으시고 십자가에 못 박히시게 되면 다시는 예수님을 볼 수 없는 상황이 옵니다. 그러므로 마리아가 예수님의 죽음을 예비하기 위해 옥합을 깨뜨린 것은 어떠한 구제 사업보다도 아름답고 귀한 일인 것입니다.

유대에서는 사람이 죽으면 유향과 몰약을 그 몸에 붓습니다. 몰약은 방부제로서 시체가 썩는 것을 방지하기 위해 붓고, 유향은 향기를 내기 위해 붓습니다. 그러나 예수님은 죽은 뒤에 기름 부음을 받지 못했습니다(막 16:1-4). 그러므로 주님은 돌아가시기 전에 그 의례(儀禮)를 받으신 것이라고 말씀하신 것입니다. 물론 마리아가 예수님의 죽음을 예견하고 기름을 부은 것은 아니지만 결국 그녀가 한 일이 예언적 행동이 되었다고 말할 수 있습니다. 그러므로 주님께서는 제자들에게 "내가 진실로 너희에게 이르노니 온 천하에 어디서든지 이 복음이 전파되는 곳에서는 이 여자가 행한 일도 말하여 그를 기억하리라"(13절)고 말씀하셨습니다. 그렇기 때문에 우리가 주님을 예배하기 위해 우리의 옥합을 깨뜨리는 것은 낭비가 아닙니다. 주님을 위해 우리의 시간이나 물질, 그리고 우리의 생명을 드린다고 해도 그것은 낭비가 아니라 오히려 영광스러운 일인 것입니다.

서대문에서 목회할 때 성도님 한 분이 나에게 와서 "목사님, 우리 맏아들은 머리가 좋아서 검사나 판사를 시키려고 서울대학교 법대에 보냈구요, 둘째 아들은 머리가 조금 덜 좋기 때문에 의사가 되게 하려고 연세대학교 의과대학에 보냈습니다. 그런데 이 녀석은 머리가 나쁠 뿐만 아니라 말썽꾸러기이기 때문에 신학교에나 보내서 목사가 되게 하려고 합니다. 그러니 목사님께서 안수 기도 좀 해 주세요."라고 말했습니다. 그 때는 이 성도님뿐만 아니라 많은 성도들이 자녀 중에 가장 못난 자식을 주의 종으로 드리려고 하는 경향이 있었습니다. 그러나 이는 하나님을 욕되게 하는 일입니다.

구약 시대 때도 하나님께 제물을 드릴 때 훔친 물건과 저는 것, 그리고 병든 것들을 가져오는 사람들이 있었기 때문에 하나님께서는 그와 같은 것들을 받지 않겠다고 말씀하셨습니다(말 1:13). 그러므로 우리가 하나님께 무엇을 드릴 때에는 마리아처럼 우리의 가진 것 중에 가장 좋은 것을 드려야 합니다.

3. 유다의 배반과 마지막 만찬(26:14-30)

14. 그때에 열둘 중의 하나인 가룟 유다라 하는 자가 대제사장들에
게 가서 말하되 15. 내가 예수를 너희에게 넘겨주리니 얼마나 주려
느냐 하니 그들이 은 삼십을 달아 주거늘 16. 그가 그 때부터 예수를
넘겨줄 기회를 찾더라 17. 무교절의 첫날에 제자들이 예수께 나아와
서 이르되 유월절 음식 잡수실 것을 우리가 어디서 준비하기를 원하
시나이까 18. 이르시되 성안 아무에게 가서 이르되 선생님 말씀이
내 때가 가까이 왔으니 내 제자들과 함께 유월절을 네 집에서 지키겠
다 하시더라 하라 하시니 19. 제자들이 예수께서 시키신 대로 하여
유월절을 준비하였더라 20. 저물 때에 예수께서 열두 제자와 함께
앉으셨더니 21. 그들이 먹을 때에 이르시되 내가 진실로 너희에게

이르노니 너희 중의 한 사람이 나를 팔리라 하시니 22. 그들이 몹시 근심하여 각각 여짜오되 주여 나는 아니지요 23. 대답하여 이르시되 나와 함께 그릇에 손을 넣는 그가 나를 팔리라 24. 인자는 자기에 대하여 기록된 대로 가거니와 인자를 파는 그 사람에게는 화가 있으리로다 그 사람은 차라리 태어나지 아니하였더라면 제게 좋을 뻔하였느니라 25. 예수를 파는 유다가 대답하여 이르되 랍비여 나는 아니지요 대답하시되 네가 말하였도다 하시니라 26. 그들이 먹을 때에 예수께서 떡을 가지사 축복하시고 떼어 제자들에게 주시며 이르시되 받아서 먹으라 이것은 내 몸이니라 하시고 27. 또 잔을 가지사 감사 기도 하시고 그들에게 주시며 이르시되 너희가 다 이것을 마시라 28. 이것은 죄 사함을 얻게 하려고 많은 사람을 위하여 흘리는바 나의 피 곧 언약의 피니라 29. 그러나 너희에게 이르노니 내가 포도나무에서 난 것을 이제부터 내 아버지의 나라에서 새것으로 너희와 함께 마시는 날까지 마시지 아니하리라 하시니라 30. 이에 그들이 찬미하고 감람산으로 나아가니라

14-16절 그때에 열둘 중의 하나인 가룟 유다라 하는 자가 대제사장들에게 가서 말하되 내가 예수를 너희에게 넘겨주리니 얼마나 주려느냐 하니 그들이 은 삼십을 달아 주거늘 그가 그 때부터 예수를 넘겨줄 기회를 찾더라

여기서 '그때'(14절)란 대제사장들과 장로들이 예수님을 음해하기 위해 가야바의 집에 모인 때(3-5절)를 가리킵니다. 대제사장들과 장로들은 유월절 절기에는 가급적 예수님을 체포하지 않기로 했습니다. 왜냐하면 명절에 모인 사람들 중에는 예수님을 메시아로 믿는 사람들도 많아 큰 민란이 일어날 수 있기 때문입니다. 그런데 예수님의 열두 제자 중 한 사람

인 가룟 유다가 예수님을 넘겨주겠다고 자청해 온 것입니다. 그래서 대제사장들과 장로들은 다시 예수님을 체포하기로 작정하고 가룟 유다에게 은 삼십을 달아 주었습니다.

그러면 가룟 유다가 대제사장들과 장로들에게 예수님을 넘겨주려고 한 이유는 무엇일까요? 첫째로, 마귀가 가룟 유다의 마음에 예수님을 팔려는 생각을 넣었기 때문입니다(요 13:2). 둘째로, 가룟 유다는 예수님에 대해 많은 실망을 했기 때문입니다. 가룟 유다는 원래 유대의 혁명당원의 한 사람으로서, 그가 예수님을 '선생님' 이라고 부르며(막 14:45) 따라다닌 것은 예수님이야말로 이스라엘 백성들을 로마 제국의 학정에서 해방시켜 줄 수 있는 정치적인 메시아라고 믿었기 때문입니다. 그는 예수님이 다윗의 왕국을 재현할 수 있을 것으로 기대하고 있었던 것입니다. 그러나 예수님은 자신이 정치적인 메시아로 온 것이 아니라 죄인들을 구원하기 위해 십자가에 못 박혀 죽게 될 것을 말씀하셨습니다. 그러므로 가룟 유다는 실망하여 예수님을 배반하고 말았던 것입니다.

가룟 유다가 대제사장들에게 예수님을 넘겨주고 받은 돈은 은 30세겔입니다. 이 돈은 당시 노예의 몸값입니다. 그러므로 그가 예수님을 대제사장들에게 팔아넘긴 것은 꼭 돈이 필요해서 그런 것이 아닙니다. 그는 예수님을 순수하게 믿고 따른 것이 아니라 예수님을 이용하여 자기의 정치적인 목적을 달성하려고 했는데 상황이 자신의 생각과 다르게 전개되자 주님을 배반한 것입니다.

오늘날에도 예수님을 따른다고 하지만 순수하게 따르지 않고 자신의 탐욕을 채우기 위해 따르는 자들이 많습니다. 그런 사람들은 자신의 지위나 명예를 위해 예수님을 이용하기도 하고, 또 돈벌이를 위해 예수님을 따르기도 합니다. 정치인들 중에 선거철에는 열심히 교회에 나가 봉사하다가 선거가 끝나면 교회에 출석하는 것마저도 끝내는 경우가 그렇습니다. 가룟 유다도 예수님을 정치적인 목적으로 이용하려고 했는데 예수님이 정치적인 메시아가 되기를 거부하고 영혼 구원을 위해 십자가에 돌아가실 것을 말씀하시자 예수님을 팔기로 작정한 것입니다.

17-19절 무교절의 첫날에 제자들이 예수께 나아와서 이르되 유월절 음식 잡수실 것을 우리가 어디서 준비하기를 원하시나이까 이르시되 성안 아무에게 가서 이르되 선생님 말씀이 내 때가 가까이 왔으니 내 제자들과 함께 유월절을 네 집에서 지키겠다 하시더라 하라 하시니 제자들이 예수께서 시키신 대로 하여 유월절을 준비하였더라

무교절은 유대인들이 정월 15일부터 21일까지 7일 동안 지키는 절기로써 이 기간 동안에는 누룩 없는 떡을 먹었습니다. 이스라엘 백성들은 하나님의 능력으로 출애굽하게 된 것을 기념하기 위해서 누룩 없는 떡을 먹으며 무교절을 지키게 되었던 것입니다. 출애굽 당시 이스라엘 백성들은 정월 14일 오후 3시에 집집마다 양과 염소를 잡아 양푼에 담은 피를 우슬초에 찍어서 문설주와 인방에 발랐습니다. 이는 하나님께서 애굽의 장자들을 치실 때 이스라엘의 처음 태어난 것들을 죽음에서 구원하시기 위함이었습니다. 여기서 어린양은 갈보리 십자가에서 몸 찢기고 피 흘려 우리를 영원한 사망에서 건져주신 예수 그리스도를 상징합니다. 그러므로 어린양을 잡아 그 피를 문설주에 바른 이스라엘 백성들이 죽음을 면한 것처럼 우리 마음의 문설주에 하나님의 어린양 되신 예수 그리스도의 피

를 바르면 우리도 사망에서 생명으로 옮겨지게 됩니다. 우리가 예수님을 믿으면 성령께서 예수 그리스도의 피를 우리 마음의 문설주와 인방에 발라 주시는 것입니다.

제자들이 예수님께 나아와서 "유월절 음식 잡수실 것을 우리가 어디서 준비하기를 원하시나이까"(17절) 하고 물었습니다. 유월절에는 어린 양 고기를 비롯하여 떡과 포도주, 그리고 쓴나물 등을 먹었기 때문에 이러한 것들을 준비해야 했던 것입니다. 제자들의 질문에 예수님께서는 "성안 아무에게 가서 이르되 선생님 말씀이 내 때가 가까이 왔으니 내 제자들과 함께 유월절을 네 집에서 지키겠다 하시더라 하라"(18절)고 말씀하셨습니다. 그런데 마가복음 14장 13절과 14절을 보면 "예수께서 제자 중의 둘을 보내시며 이르시되 성내로 들어가라 그리하면 물 한 동이를 가지고 가는 사람을 만나리니 그를 따라가서 어디든지 그가 들어가는 그 집 주인에게 이르되 선생님의 말씀이 내가 내 제자들과 함께 유월절 음식을 먹을 나의 객실이 어디 있느냐 하시더라 하라" 고 기록되어 있습니다. 따라서 여기서 '아무' 는 예수님을 믿는 사람일 것입니다. 왜냐하면 예수님을 선생님이라고 칭하고 있기 때문입니다. 한편 예수님께서 "내 때가 가까이 왔으니"(18절)라고 말씀하신 것은 '십자가의 죽음의 때' 가 가까이 왔다는 것을 의미합니다.

제자들이 예수님께서 시키시는 대로 그 집에 가서 유월절을 예비하려면 양을 잡고 누룩 없는 떡을 만들어야 하는데 실제로는 양을 잡지 않았습니다. 성경에 보면 주님께서 제자들에게 떡과 잔은 주셨지만(26-27절) 양을 잡아 주셨다는 기록은 없습니다. 그러면 왜 양을 잡지 않았을까요? 그것은 예수님 자신이 바로 양이시기 때문입니다. 예수님은 우리의 죄를 대신 지고 십자가에서 돌아가신 어린양입니다(요 1:29). 그러므로 구약시대의 유월절은 이스라엘이 애굽에서 해방된 것을 선포하지만, 신약시대의 유월절은 그리스도인들이 죄에서 해방된 것을 선포하는 것입니다.

20-25절 저물 때에 예수께서 열두 제자와 함께 앉으셨더니 그들이 먹을 때에 이르시되 내가 진실로 너희에게 이르노니 너희 중의 한 사람이 나를 팔리라 하시니 그들이 몹시 근심하여 각각 여짜오되 주여 나는 아니지요 대답하여 이르시되 나와 함께 그릇에 손을 넣는 그가 나를 팔리라 인자는 자기에 대하여 기록된 대로 가거니와 인자를 파는 그 사람에게는 화가 있으리로다 그 사람은 차라리 태어나지 아니하였더라면 제게 좋을 뻔하였느니라 예수를 파는 유다가 대답하여 이르되 랍비여 나는 아니지요 대답하시되 네가 말하였도다 하시니라

유대인들은 저녁부터 하루가 시작되기 때문에 해가 지면 다음 날로 계산합니다. 따라서 '저물 때에'(20절)란 정월 13일에서 14일로 넘어가는 시점을 말합니다. 그렇기 때문에 예수님이 실제로 제자들과 밥을 잡수신 것은 정월 14일 저녁입니다.

예수님께서는 열 두 제자가 유월절 음식을 먹고 있을 때 "너희 중에 한 사람이 나를 팔리라"(21절)고 말씀하셨습니다. 그러나 가룟 유다는 이미 대제사장들에게 예수님을 은 30세겔에 팔고 그들에게 예수님을 넘겨줄 기회를 찾고 있었는데 주님께서는 왜 지금 제자들에게 이렇게 말씀하신 것일까요? 주님께서는 마지막까지 가룟 유다에게 회개할 기회를 주시려고 그렇게 하신 것입니다. 그러므로 가룟 유다가 그때라도 주님 앞에 엎

으려 "주여! 제가 죽을죄를 지었나이다. 저를 구원하여 주옵소서."라고 회개하였더라면 구원을 받았을 것입니다.

아담과 하와가 에덴동산에서 죄를 지었을 때 자기들이 벗은 줄 알고 수치심을 느껴 무화과나무 잎을 엮어 치마로 삼았습니다. 그리고 그날 바람이 불 때 동산에 거니시는 야훼 하나님의 소리를 듣고 하나님의 낯을 피하여 동산 나무 사이에 숨었습니다. 그런데 하나님께서는 아담을 부르시며 "네가 어디 있느냐"(창 3:9)라고 물으셨습니다. 하나님께서 아담이 어디에 있는 줄 모르시고 찾은 것일까요?

하나님께서 아담에게 회개할 기회를 주기 위해 그렇게 하신 것입니다. 하나님께서는 아담이 "하나님 제가 죄를 지었습니다. 제가 하나님을 반역하고 선악과를 따 먹음으로 벌거벗었으니 저의 죄를 용서하여 주옵소서."라고 회개하기를 원하셨던 것입니다. 그러나 아담은 회개는 하지 않고 오히려 "하나님이 주셔서 나와 함께 있게 하신 여자 그가 그 나무 열매를 내게 주므로 내가 먹었나이다"(창 3:12)라고 하나님과 하와에게 책임을 전가시켰습니다. 그 결과 그는 하나님께 버림을 받게 되었습니다. 그러므로 우리가 하나님 앞에 죄를 지었을 때는 반드시 회개를 해야 합니다. 사울 왕도 범죄한 후 회개는 하지 않고 자기 죄에 대하여 변명하다가 하나님께 버림을 당하고 말았습니다(삼상 15:20-23). 그러나 다윗은 사울 왕보다 더 큰 죄를 범했지만 나단 선지자의 책망을 들었을 때 자기 죄에 대하여 변명하지 않고 즉시 회개하였습니다. 그렇기 때문에 다윗은 그 자리에서 하나님께 용서를 받을 수 있었던 것입니다(삼하 12:13-14; 시 51:1-19).

하나님께서는 자기 죄에 대하여 변명하는 사람을 가장 미워하십니다.

그러므로 우리가 죄를 범했을 때는 누구를 탓하거나 변명하지 말고 회개해야 합니다. 그러면 하나님께서 용서해 주십니다. 성경은 "만일 우리가 우리 죄를 자백하면 그는 미쁘시고 의로우사 우리 죄를 사하시며 우리를 모든 불의에서 깨끗하게 하실 것이요 만일 우리가 범죄하지 아니하였다 하면 하나님을 거짓말하는 이로 만드는 것이니 또한 그의 말씀이 우리 속에 있지 아니하니라"(요일 1:9-10)고 기록하고 있습니다.

유월절을 기념하는 만찬에서 "너희 중의 한 사람이 나를 팔리라"(21절)고 하신 주님의 말씀을 들은 제자들은 매우 근심하며 "주여 나는 아니지요"(22절) 하고 주님께 여쭈었습니다. 그러자 주님은 "나와 함께 그릇에 손을 넣는 그가 나를 팔리라"(23절)고 말씀하셨습니다. 여기서 '그릇'은 과일을 으깬 것과 식초를 혼합하여 만든 일종의 스프(Soup)를 담는 대접을 말합니다. 유대인들은 유월절에 무교병을 먹을 때 이 스프에 떡을 찍어 먹었습니다. 한편 여기서 주님과 함께 '그릇에 손을 넣는 그'는 가룟 유다를 가리킵니다. 따라서 본 절은 가룟 유다가 예수님을 팔 것을 말씀하신 것입니다. 그럼에도 불구하고 가룟 유다는 마음 문을 굳게 닫고 회개하지 않았습니다.

이에 예수님께서 "인자는 자기에 대하여 기록된 대로 가거니와 인자를 파는 그 사람에게는 화가 있으리로다 그 사람은 차라리 태어나지 아니하였더라면 제게 좋을 뻔하였느니라"(24절)고 말씀하셨습니다. 예수님은 죄에 빠진 인류를 구원하시기 위해 십자가에서 돌아가실 것이 이미 예정된 일이지만 주님을 판 가룟 유다는 하나님의 심판을 받게 될 것이므로 차라리 태어나지 않았으면 좋을 뻔하였다는 것입니다.

주님의 말씀을 듣고 있던 가룟 유다는 "랍비여 나는 아니지요"(25절)라고 물었습니다. 이는 유다가 얼마나 뻔뻔스런 위선자인가를 잘 드러내 줍니다. 또한 다른 제자들은 예수님을 '주'(22절)라고 호칭하는 반면 유다는 통상적인 호칭인 '랍비'라는 호칭을 쓰고 있습니다(49절). 그는 예수님을 메시아로 인정하지 않았으며 자신의 구주로 영접하지도 않았던 것입니다. 이에 주님께서는 "네가 말하였도다"(25절)라고 하셨습니다. 이는 "네 입으로 네가 말하였느니라"는 뜻입니다.

26-28절 그들이 먹을 때에 예수께서 떡을 가지사 축복하시고 떼어 제자들에게 주시며 이르시되 받아서 먹으라 이것은 내 몸이니라 하시고 또 잔을 가지사 감사 기도 하시고 그들에게 주시며 이르시되 너희가 다 이것을 마시라 이것은 죄 사함을 얻게 하려고 많은 사람을 위하여 흘리는바 나의 피 곧 언약의 피니라

본문은 예수님께서 유월절 만찬을 드시면서 떡과 포도주로 자신의 죽음을 기념하는 성찬 예식을 제정하신 장면입니다. 제자들이 유월절 음식을 먹을 때 주님께서 떡을 가지사 축복하시고 떼어 제자들에게 주시며 "받아서 먹으라 이것은 내 몸이니라"(26절)고 말씀하셨습니다. 여기서 '내 몸'이란 어린양 되신 예수 그리스도의 몸을 의미합니다. 유월절에는 어린양을 잡아먹는데 예수님은 어린양 대신 자신의 몸을 내어 주신 것입니다.

그러므로 오늘날 우리가 성찬식에서 주님의 깨어진 몸을 먹을 때 우리의 질병을 치료받게 됩니다. 성경은 "그가 채찍에 맞으므로 우리는 나음을 받았도다"(사 53:5)라고 말씀하고 있습니다. 또한 우리가 예수님의 깨어진 몸을 먹을 때 저주에서 해방을 얻게 됩니다. 갈라디아서 3장 13절에

보면 "그리스도께서 우리를 위하여 저주를 받은 바 되사 율법의 저주에서 우리를 속량하셨으니 기록된바 나무에 달린 자마다 저주 아래에 있는 자라 하였음이라" 고 기록되어 있습니다. 따라서 예수 그리스도의 몸은 우리의 저주를 청산하고 우리의 질병을 치료하는 하나님의 언약입니다. 그렇기 때문에 우리가 성찬식 때 떡을 먹는 것은 하나님의 언약을 먹는 것과 같습니다.

주님께서 떡을 가지사 축복하시고 떼어 제자들에게 주신 다음 또 잔을 가지사 감사 기도를 하시고 그들에게 주시며 "너희가 다 이것을 마시라 이것은 죄 사함을 얻게 하려고 많은 사람을 위하여 흘리는바 나의 피 곧 언약의 피니라"(28-29절)고 말씀하셨습니다. 주님께서 흘리신 피는 믿는 자에게 구원을 얻게 하는 새 언약의 피입니다.

구약 시대에 하나님께서 이스라엘 백성들과 언약을 세울 때에도 모세가 짐승의 피를 가지고 제단에 뿌리고 또 백성에게 뿌리며 말하기를 "이는 야훼께서 이 모든 말씀에 대하여 너희와 세우신 언약의 피니라"(출 24:8)고 말했습니다. 그러므로 구약의 언약은 짐승의 피로 세운 언약으로서 계명을 지켜야 구원을 받는다는 언약이지만, 신약의 언약은 예수님의 피로 세운 언약으로서 누구든지 예수 그리스도를 믿으면 멸망하지 않고 영생을 얻는다는 언약인 것입니다. 에베소서 2장 8절부터 9절을 보면 "너희는 그 은혜에 의하여 믿음으로 말미암아 구원을 받았으니 이것은 너희에게서 난 것이 아니요 하나님의 선물이라 행위에서 난 것이 아니니 이는 누구든지 자랑하지 못하게 함이라" 고 말씀하고 있습니다.

우리가 성찬을 먹을 때 영혼이 잘됨같이 범사에 잘되며 강건하고, 또 생명을 얻되 넘치게 얻는 하나님의 은혜와 축복의 역사가 일어나게 됩니다. 그러므로 우리가 주님의 성찬을 받아들일 때 깨어지고 회개하는 마음과 함께 아름다운 꿈을 가져야 합니다. 즉, 우리가 성찬을 대할 때 축복의 꿈, 치료의 꿈, 용서와 은혜의 꿈, 성령 충만의 꿈, 천국의 꿈을 마음속에 소유해야 하는 것입니다.

29-30절 그러나 너희에게 이르노니 내가 포도나무에서 난 것을 이제부터 내 아버지의 나라에서 새것으로 너희와 함께 마시는 날까지 마시지 아니하리라 하시니라 이에 그들이 찬미하고 감람산으로 나아가니라

주님께서 "내가 포도나무에서 난 것을 이제부터 내 아버지의 나라에서 새것으로 너희와 함께 마시는 날까지 마시지 아니하리라"(29절)고 하신 것은 출애굽 시대부터 지금까지 지켜 온 유월절 예식이 예수님의 죽음으로 완성되고 주님의 죽음을 기념하는 성만찬 예식이 새롭게 지켜지게 될 것을 의미합니다.

한편 요한복음 13장 30절부터 14장 31절에는 그들이 찬미하고 감람산으로 가기 전에 예수님께서 베드로의 부인에 대하여 예고하시고 여러 가지 교훈을 말씀하신 것이 기록되어 있습니다. 따라서 본문 30절은 35절 이후에 기록되어야 할 절로서 36절과 연결되는 것으로 보아야 할 것입니다. 주님께서는 매일 밤 감람산에서 기도하고 묵상하는 시간을 보내셨기 때문에(눅 21:37; 22:39) 이 장소로 제자들과 나아가신 것입니다.

예수님은 이제 죽으러 가십니다. 그런데 어둡고 캄캄한 그 시간에 그들은 감람산을 향해 찬송을 부르면서 갔습니다. 통곡을 하고 간 것이 아니라 노래를 부르면서 갔습니다. 그러므로 우리도 주님을 본받아 어둡

고 괴로울 때에도 찬미해야 합니다. 그러면 하나님께서 우리에게 기쁨을 주시고 활력을 더하여 주시는 것입니다.

4. 베드로의 부인 예고(26:31-35)

31. 그때에 예수께서 제자들에게 이르시되 오늘 밤에 너희가 다 나를 버리리라 기록된바 내가 목자를 치리니 양의 떼가 흩어지리라 하였느니라 32. 그러나 내가 살아난 후에 너희보다 먼저 갈릴리로 가리라 33. 베드로가 대답하여 이르되 모두 주를 버릴지라도 나는 결코 버리지 않겠나이다 34. 예수께서 이르시되 내가 진실로 네게 이르노니 오늘 밤 닭 울기 전에 네가 세 번 나를 부인하리라 35. 베드로가 이르되 내가 주와 함께 죽을지언정 주를 부인하지 않겠나이다 하고 모든 제자도 그와 같이 말하니라

31-32절 그때에 예수께서 제자들에게 이르시되 오늘 밤에 너희가 다 나를 버리리라 기록된바 내가 목자를 치리니 양의 떼가 흩어지리라 하였느니라 그러나 내가 살아난 후에 너희보다 먼저 갈릴리로 가리라

예수님은 스가랴 13장 7절에 기록된 말씀을 들어 하나님께서 주님을

십자가에 내어 주심으로 제자들이 흩어질 것을 말씀하셨습니다. 이처럼 주님께서 앞으로 일어날 사건에 대해 제자들에게 미리 말씀해 주신 이유는 이 모든 일이 하나님의 섭리 가운데 일어난 일임을 깨닫게 하시기 위함입니다.

요셉이 형들의 시기와 질투로 애굽에 팔려가 고난을 당할 때에도 형들을 원망하지 않은 것은 하나님께서 그에게 미리 꿈을 주셨기 때문입니다. 그는 하나님께서 주신 꿈을 생각하며 온갖 고난을 이겨낼 수 있었던 것입니다. 그런가 하면 그가 나중에 애굽의 국무총리가 된 후에 형들에게 보복하지 않은 것도 하나님의 섭리 가운데 된 일이라는 것을 알았기 때문입니다. 그러므로 하나님께서 우리에게 미리 꿈이나 환상을 보여 주시는 것은 나중에 그 일을 당했을 때 하나님께서 섭리하신 일이라는 것을 깨닫게 하시기 위함인 것입니다.

내가 과거에 불광동에서 목회할 때 꿈을 꾸면 사람들이 인산인해로 모여들어 내가 하는 설교를 듣는 것을 보았습니다. 그러므로 지금 많은 사람들이 나의 설교를 듣기 위해 모여드는 것은 내가 설교를 잘하기 때문이 아니라 하나님의 섭리 가운데 된 일이라는 것을 깨닫습니다. 신학교에 다니던 시절 아르리다 목사님이라는 분이 한국에 오셔서 대전에서 집회를 할 때 내가 통역을 한 적이 있습니다. 그런데 그 분이 존 허스턴 목사님과 토미리드 목사님 내외분과 함께 식사하는 자리에서 나에게 "조학생! 성경에 젊은이들은 환상을 보고 늙은이들은 꿈을 꾼다고 했는데 내가 어제 밤에 꿈에 보니까 자네가 강단에 서 있는데 사람들이 인산인해로 모여 있는 것을 보았네. 그러니까 자네는 장차 세계에서 가장 큰 교회 목사가 될 것 같아."라고 말씀하는 것이었습니다. 그때 나는 그분의 말이 믿어지지 않았는데 지금 생각해 보면 하나님께서 나에 대해서 그 목사님에게 미리 보여 주셨다는 것을 깨닫게 됩니다.

그러므로 예수님께서 제자들에게 "오늘 밤에 너희가 다 나를 버리리라"(31절)고 말씀하신 것은 모든 일이 하나님의 섭리 가운데 일어난 일임을 깨닫고 제자들이 너무 낙심하지 않도록 하기 위함인 것입니다.

그리고 주님께서 "내가 살아난 후에 너희보다 먼저 갈릴리로 가리라"(32절)고 말씀하신 것은 주님께서 부활하신 후에 제자들보다 빨리 갈릴리로 가서 제자들을 기다리겠다는 뜻입니다. 그때 제자들이 예수님께서 하신 말씀을 깨달아 알게 될 것을 말씀하신 것입니다.

33-35절 베드로가 대답하여 이르되 모두 주를 버릴지라도 나는 결코 버리지 않겠나이다 예수께서 이르시되 내가 진실로 네게 이르노니 오늘 밤 닭 울기 전에 네가 세 번 나를 부인하리라 베드로가 이르되 내가 주와 함께 죽을지언정 주를 부인하지 않겠나이다 하고 모든 제자도 그와 같이 말하니라

베드로는 "오늘 밤에 너희가 다 나를 버리리라"(31절)는 주님의 말씀에 "모두 주를 버릴지라도 나는 결코 버리지 않겠나이다"(33절)라고 호언장담하였습니다. 그러나 이는 그의 교만에서 비롯된 고백입니다. 그는 인간의 힘으로는 아무것도 할 수 없다는 것을 미처 깨닫지 못했던 것입니다. 베드로의 고백을 듣고 있던 주님께서는 "내가 진실로 네게 이르노니 오늘 밤 닭 울기 전에 네가 세 번 나를 부인하리라"(34절)고 말씀하셨습니다. 마가복음에는 "오늘 이 밤 닭이 두 번 울기 전에 네가 세 번 나를 부인하리라"(막 14:30)고 하여 베드로가 예수님을 부인하는 시점이 매우 정확

하게 묘사되어 있습니다. 이는 베드로가 예수님을 부인하는 것이 이미 확정된 사실임을 말해 줍니다. 물론 이와 같은 예수님의 예고는 베드로를 낙심시키기 위해서라기보다는 실제로 그런 일이 일어났을 때 주님의 말씀을 기억하고 회개할 수 있도록 하기 위함입니다. 그럼에도 불구하고 베드로는 "내가 주와 함께 죽을지언정 주를 부인하지 않겠나이다"(35절)라고 말했습니다. 그러자 다른 제자들도 덩달아 그와 같이 말했습니다. 그러나 제자들은 나중에 모두 달아나 버리고 말았습니다. 이처럼 인간은 나약한 존재입니다. 그러므로 우리는 모든 일에 우리의 영과 마음과 몸, 그리고 과거와 현재와 미래를 다 하나님께 내어 놓고 하나님의 인도하심을 따라야 하는 것입니다.

5. 겟세마네의 기도(26:36-46)

36. 이에 예수께서 제자들과 함께 겟세마네라 하는 곳에 이르러 제자들에게 이르시되 내가 저기 가서 기도할 동안에 너희는 여기 앉아 있으라 하시고 37. 베드로와 세베대의 두 아들을 데리고 가실새 고민하고 슬퍼하사 38. 이에 말씀하시되 내 마음이 매우 고민하여 죽게 되었으니 너희는 여기 머물러 나와 함께 깨어 있으라 하시고 39. 조금 나아가사 얼굴을 땅에 대시고 엎드려 기도하여 이르시되 내 아버지여 만일 할 만 하시거든 이 잔을 내게서 지나가게 하옵소서 그러

나 나의 원대로 마시옵고 아버지의 원대로 하옵소서 하시고 40. 제자들에게 오사 그 자는 것을 보시고 베드로에게 말씀하시되 너희가 나와 함께 한 시간도 이렇게 깨어 있을 수 없더냐 41. 시험에 들지 않게 깨어 기도하라 마음에는 원이로되 육신이 약하도다 하시고 42. 다시 두 번째 나아가 기도하여 이르시되 내 아버지여 만일 내가 마시지 않고는 이 잔이 내게서 지나갈 수 없거든 아버지의 원대로 되기를 원하나이다 하시고 43. 다시 오사 보신즉 그들이 자니 이는 그들의 눈이 피곤함일러라 44. 또 그들을 두시고 나아가 세 번째 같은 말씀으로 기도하신 후 45. 이에 제자들에게 오사 이르시되 이제는 자고 쉬라 보라 때가 가까이 왔으니 인자가 죄인의 손에 팔리느니라 46. 일어나라 함께 가자 보라 나를 파는 자가 가까이 왔느니라

36절 이에 예수께서 제자들과 함께 겟세마네라 하는 곳에 이르러 제자들에게 이르시되 내가 저기 가서 기도할 동안에 너희는 여기 앉아 있으라 하시고

성만찬을 마치신 예수님과 제자들은 찬미를 부르면서 기드론 골짜기를 지나 '감람산' 이라는 곳에 들어갔습니다. 그 감람산 안에는 '겟세마네' 라는 조그마한 동산이 있는데, 이 이름의 뜻은 '기름을 짜는 틀' 이라고 합니다. 아마도 감람나무가 많은 이곳에서 감람유(올리브유)를 짰기 때문에 붙여진 이름인 것 같습니다.

이 겟세마네 동산에 도착하신 예수님께서는 제자들에게 "내가 저기 가서 기도할 동안에 너희는 여기에 앉아 있으라." 고 말씀하셨습니다. 이는 그냥 앉아 있으라는 것이 아니라 "너희도 여기 앉아서 함께 기도를 하라."는 말씀인 것입니다. 이때 예수님의 심정은 굉장히 고통스럽고 괴로

웠을 것입니다. 이렇게 우리 마음이 짓눌리고 고통스럽고 괴로울 때는 기도밖에 할 것이 없습니다. 그런데 기도를 해도 사람의 마음이 대단히 눌리면 다른 기도는 안 나옵니다. 그저 "하나님! 저 좀 살려주세요!" 라는 외마디 소리밖에 나오지 않습니다.

제게도 우리 교회 강단에 설 때마다 늘 떠오르는 기억이 있습니다. 바로 여의도에 교회를 건축하던 중 오일쇼크 등의 영향으로 자금이 부족하여 공사가 중단되었던 일입니다. 그때 저는 철골조만 앙상한 교회 건물 바닥에 엎드려 하늘의 별들을 쳐다보면서 "하나님, 저 좀 살려 주세요! 어쩌다가 여의도에 교회를 시작해서 이렇게 고생하는지……. 하나님, 제가 영 죽게 되었습니다. 빚은 태산같이 많고, 교회는 짓다 그만두고, 성도들은 뿔뿔이 흩어지고……. 하나님 아버지, 저 좀 살려 주세요!" 하고 눈물로 부르짖었습니다.

아마 예수님께서 겟세마네 동산에서 하신 기도도 "하나님 아버지여, 저를 좀 도와주소서!" 라고 부르짖는 기도였을 것입니다. 마음의 무거운 짐과 고통은 오직 하나님의 능력으로만 옮겨 놓을 수 있기 때문입니다.

그런데 우리가 이렇게 계속 부르짖어 기도하다 보면, 일순간에 먹구름이 벗어지고 광명한 태양이 쫙 비추는 것처럼 마음이 환해지고 상쾌해지고 평안해질 때가 있습니다. 그때의 가볍고 상쾌한 기쁨이란 형언할 수가 없는 것입니다. 아마 이런 체험을 해 본 사람들이 더러 있을 것입니다. 바로 이러한 마음의 평안이 올 때까지 우리는 계속해서 기도해야 합니다. 기도를 통해 우리의 무거운 짐을 예수님 앞에 다 풀어 놓을 수 있다는 것, 이보다 더 큰 특권이 세상에 어디 있겠습니까? 무거운 짐을 나 홀로 지고 견디다 못해 쓰러질 때 그 짐 가지고 주님께 나와서 부르짖으면,

주님이 그 짐을 다 옮겨 주시고 마음에 한없는 평화를 주십니다. 이 평안이 가득 채워지는 바로 그때, 우리는 모든 어려움을 격파하고 일어설 수 있는 새로운 용기와 힘을 얻는 것입니다.

물론 평안이 넘친다고 해서 우리의 문제가 당장 해결되는 것은 아닙니다. 그러나 그 길을 열어 주실 주님이 우리 마음에 "안심하라." 말씀하셨다면 그다음부터는 주님이 책임지시는 것입니다. 내 마음에 평화가 가득 찼다는 것은 그때부터 내 문제가 주님께 이양되어 주님이 그 문제를 책임지신다는 뜻이기 때문입니다. 그러므로 하나님이 우리의 문제를 해결하실 구체적인 시기와 방법을 모른다 할지라도, 우리는 반드시 '크고 은밀한 일' 이 나타날 것을 믿고 기다려야 합니다.

하나님의 아들이신 예수님조차도 하나님으로부터 영적인 큰 능력을 마음속에 받기 전에는 험한 십자가라는 고통을 짊어질 힘이 없었습니다. 이는 육체적인 힘이 아니라 영적인, 정신적인 힘이 있어야 하기 때문입니다. 영적이고 정신적인 힘이 있으면 육체적으로 약해도 고통을 지고 나갈 수가 있습니다. 그러나 영적으로, 정신적으로 염려와 근심, 불안, 초조, 절망, 번민에 짓눌리면 육신은 아무 힘을 쓸 수가 없습니다. 그렇기 때문에 예수님은 고난을 당하시기 전에 이 영적인 힘을 얻기 위해 겟세마네 동산에 기도하러 오신 것입니다.

37절 베드로와 세베대의 두 아들을 데리고 가실새 고민하고 슬퍼하사

열두 제자 중에서도 주님이 가장 가까이 데리고 있던 제자가 베드로와 야고보와 요한입니다. 아마도 주님이 보실 때 베드로와 야고보와 요한이 열두 제자 중에 가장 가능성이 크고 지도력이 있는 사람이었던 것 같습니

다. 그렇기 때문에 예수님께서는 변화산뿐만 아니라 회당장의 딸을 살리실 때와 겟세마네 동산에 기도하러 가실 때에도 아홉 제자는 그 자리에 앉혀 놓고 베드로와 야고보와 요한을 좀 더 가까운 곳에 데려가셔서 함께 기도의 힘을 모아 주기를 요청하신 것입니다.

이스라엘 백성이 아말렉 족속과 전투를 할 때에도 모세가 혼자 팔을 들고 기도하다 팔이 너무 아파 내리면 옆에 있던 아론과 훌이 그의 팔을 들어 주었습니다. 이 팔은 기도를 상징하는 것입니다. 장작도 한 개비 넣어 놓으면 타다가 꺼질 수 있지만 두 개비, 세 개비 합치면 불이 활활 탈 수 있습니다. 기도도 혼자 할 때는 힘이 없지만 두세 사람이 합심하여 기도하면 기도에 열이 생깁니다.

기러기를 보십시오. 기러기는 날아갈 때 따로따로 날지 않고 언제나 V자 대형으로 날아갑니다. 이렇게 V자 대형으로 날면, 앞에 나는 기러기가 날개를 칠 때 그 날개바람이 뒤에 오는 기러기 날개를 상승기류로 떠받쳐 주어 뒤에 오는 기러기가 쉽고 편안하게 날 수 있기 때문입니다. 또한 이렇게 날 때는 맨 앞 선두로 날아가는 기러기가 제일 힘들기 때문에 그 선두 자리는 계속 교체됩니다. 즉, 선두로 날던 기러기가 지치면 뒤로 가고, 뒤에 있던 기러기가 앞으로 나와 선두 자리에서 날아가게 됩니다. 기러기들도 상당히 머리가 좋습니다. 그리고 기러기가 날아갈 때 "꽥, 꽥, 꽥, 꽥!" 소리를 내는 것은 서로를 격려하기 위해서입니다. 이렇게 기러기들은 날갯짓뿐만 아니라 소리를 통해서도 서로에게 힘을 보태 주고 격려하는 것입니다.

한편 그중 어느 한 마리가 날아가다가 병에 걸리거나 힘이 없어서 대열에서 이탈하게 되면 반드시 다른 두 마리 기러기가 같이 내려옵니다.

그리고 이탈한 그 기러기의 병이 낫기까지 함께 기다려 주다가 병이 나으면 함께 날아올라 다시 대열에 합류합니다. 기러기들도 보통이 아닙니다.

우리 예수 믿는 사람들도 기러기 날개 치는 것처럼, 한 사람이 앞서서 기도를 힘차게 하면 그 기도 열기가 뒷사람에게 번져 가서 함께 기도를 뜨겁게 할 수가 있는 것입니다. 그래서 혼자서 기도하는 것보다는 두세 사람이 합심하여 기도하는 것이 훨씬 좋습니다. 기도뿐만 아니라 신앙생활도 마찬가지입니다. 혼자서 예수 믿다가 낙심해 쓰러지면 주변에서 도와줄 수 없지 않습니까? 그러니 기러기가 서로 "꽥, 꽥!" 하듯이 우리가 함께 연대해서 신앙생활을 하고 서로가 서로를 도울 수 있어야 합니다. 서로 격려하고 힘을 보태 주면 그 힘 때문에 용기가 생기는 것입니다. 사람은 원래 따뜻한 말 한마디, 격려의 한마디, 이해와 동정의 한마디에 굉장한 힘을 얻는 법입니다.

반면 마귀는 사람들이 서로에게 힘을 보태지 못하도록 상호 간에 서로 헐뜯게 하여 각 사람을 낙심시키고 개별로 흩어지게 합니다. 사람이란 비난과 공격과 모욕을 자꾸 당하면 힘이 쫙 빠져 아무것도 못하게 되고 결국 신앙의 대열에서 이탈하게 되기 때문입니다. 마귀는 그것을 노리는 것입니다. 그래서 우리는 기러기들처럼 "꽥! 꽥!" 하며 서로를 격려해야지 비방해서는 안 됩니다. 모든 사람에게는 장점과 단점이 함께 있습니다. 또한 우리에게는 다른 사람들을 살리기도 하고 죽이기도 할 수 있는 혀의 권세가 있습니다. 그러니 이왕이면 상대방의 단점을 들어 그를 죽이는 것보다 상대방의 장점을 들어 그를 살리는 쪽으로 혀의 권세를 사용하는 것이 좋지 않겠습니까?

하나님의 아들이신 예수님도 제자들의 도움이 필요했습니다. 그래서 주님께서는 공생애 마지막에 곧, 겟세마네 동산에 기도하러 가실 때에 베드로와 야고보와 요한, 이 세 사람을 가까이에 두셨습니다. 주님께서 피땀 흘려서 기도하는 것을 보게 하시고 기도로써 함께 날개를 치고 협조해 주기를 원하셨던 것입니다.

본문의 '고민하고 슬퍼하사' 라는 대목을 놓고, 어떤 사람은 '어떻게 하나님의 아들이 고민을 하고 슬퍼하느냐?' 고 생각할 수 있습니다. 그러나 예수님은 완전한 사람이면서 동시에 완전한 하나님이십니다. 완전한 '신성' (神性)과 완전한 '인성' (人性)을 다 가지고 계신 것입니다. 그렇기에 예수님이 고민하고 슬퍼하신다는 이 대목은 인간의 육신을 입고 오신 예수님의 인성을 잘 증명해 주는 대목인 것입니다.

그런데 '영지주의자' 들은 "예수 그리스도께서 '몸' 으로 오시지 않았다. 몸으로 왔다는 것은 사람들이 잘못 본 것이다." 라는 무가치한 말을 하기도 합니다. 그러나 예수님은 실제로 육체를 가진 사람으로 오셨습니다. 완전한 하나님이 완전한 사람의 육신을 입고 오신 것입니다. 예수님께서는 이렇게 인성을 가지고 계셨기 때문에, 십자가를 짊어지는 무시무시한 고통 앞에서 고민하고 슬퍼하신 것입니다.

한편 예수님의 이 고민과 슬픔은 앞으로 다가올 일을 다 알고 계셨기 때문이기도 합니다. 사실 우리는 앞으로 다가올 것을 알지 못하는 것을 정말 기쁘게 생각해야 합니다. 하나님께서 꿈을 통해 미래를 보여 주신다는 사람들이 간혹 있는데, 저도 젊을 때에는 부러웠지만 지금은 그렇지 않습니다. 하나님께서 안 보여 주시는 것도 큰 축복입니다. 하나님께서 미래를 다 보여 주시면 우리 인간은 못 삽니다. 하루하루 그저 미련하다 싶을 정도로 하나님만 믿고 살다가 어려움에 부딪치면 부딪칠 그때 고민하는 것이 낫지, 하루 전에 알 것을 한 달 전에 알아 한 달 내내 근심하고 번민하고 걱정하면 얼마나 괴롭겠습니까? 그러므로 하나님께서 꿈과 환상 또는 예언으로 미리미리 다 가르쳐 주시는 것을 너무 부러워하지 마시길 바랍니다.

우리 가족이 예수를 믿기 전에는 항상 정초(正初)만 되면 저희 어머니는 점쟁이를 찾아 가곤 하셨습니다. 어느 해인가 점을 보고 오신 어머니는 저에게 "용기야, 너 물가에서 조심하라고 하더라." 고 하셨습니다. 그 바람에 저는 물가에만 가면 죽을까 싶어 1년 내내 늘 걱정을 했습니다. 또 그 다음 해 점을 치고 오신 어머니는 "우리 집안은 금년도에 발 큰 놈을 조심하라고 하는데 발 큰 놈이 도둑놈 아이가? 도둑놈 조심해라." 고 하시는 것이었습니다. 그래서 우리 가족은 1년 내내 문풍지 소리만 퍼시럭 나도 도둑이 왔는가 싶어 잠을 제대로 자지 못했습니다. 도둑이 들어올 때 들어오더라도 평상시에는 평안하게 지내야 하는데, 미리부터 너무 걱정을 했기 때문에 고통이 많았던 것이었습니다. 결국 점치는 행위는 마귀가 사람들을 적당히 협박해서 돈을 빼앗아 가기 위한 속임수인 것입니다.

그러므로 우리는 그저 미련하게 "환난이나 곤고나 박해나 기근이나 적신이나 위험이나 칼이랴……이 모든 일에 우리를 사랑하시는 이로 말미암아 우리가 넉넉히 이기느니라"(롬 8:35-37)는 말씀처럼 주님만 믿고 살아야 합니다. 심한 고난을 당할 때는 철야로 금식기도원에 가거나 새벽에 나와서 부르짖어 기도하고, 편안할 때는 잠도 좀 자는 등 그때그때 당하는 대로 대처해야지 자꾸 미래를 알려고 할 필요는 없습니다. 하나님께서 우리의 미래를 다 보여 주시면 우리들은 도저히 견뎌내지 못합니다. 필요 없는 것을 많이 알 필요는 없습니다. 오히려 괴롭습니다. 본문에서 주님은 모든 것을 알고 계시기 때문에 고민하고 슬퍼하셨습니다. 알면 고민하고 슬퍼하지만, 모르면 고민도 안 하고 슬퍼하지도 않습니다. 그러므로 우리 인생들은 미래를 모르는 것이 그저 큰 축복입니다.

38절 이에 말씀하시되 내 마음이 매우 고민하여 죽게 되었으니 너희는 여기 머물러 나와 함께 깨어 있으라 하시고

본문에서는 하나님의 아들이신 예수님의 마음이 '죽을 지경으로 고통스럽다' 고 표현되어 있습니다. 이는 죄를 알지도 못하고 죄를 지은 적도 없는 분이 온 세상 만민이 지은 죄를 다 덮어써야 하기 때문입니다. 39절에 보면 예수님께서는 "이 잔을 내게서 지나가게 하옵소서." 라고 기도하시는데, '이 잔' 이란 무엇을 말합니까? 그것은 바로 온 세상 모든 사람들의 죄, 배설물보다 더 더러운 온갖 종류의 오물들을 다 담은 잔을 말합니다. 그런 것을 마시려고 하실 때 주님의 심령이 얼마나 어려웠겠습니까? 그래서 예수님께서는 베드로와 야고보와 요한에게 "내 마음이 매우 고민하여 죽게 되었으니 너희는 여기 머물러 나와 함께 깨어 있으라." 고 하신 것입니다.

39절 조금 나아가사 얼굴을 땅에 대시고 엎드려 기도하여 이르시되 내 아버지여 만일 할 만하시거든 이 잔을 내게서 지나가게 하옵소서 그러나 나의 원대로 마시옵고 아버지의 원대로 하옵소서 하시고

주님께서는 제자들을 뒤에 두고 조금 앞으로 나아가서 얼굴을 땅에 대고 엎드려 기도하십니다. 사람의 마음이 대단히 고통스럽고 번민으로 가득 차면 똑바로 앉아서 기도할 수 없습니다. 무릎을 꿇고 얼굴을 땅에 대고 기도합니다. 이것은 체험 안 해 본 사람은 모릅니다. 저 역시 이러한 기도를 많이 해 보았기 때문에 38절의 '죽게 되었으니' 라는 예수님의 말씀이 이해가 됩니다. 우리가 편안할 때는 턱 하니 앉아서 고개를 들고 기도합니다. 그러다 좀 괴로우면 몸을 숙이고 기도합니다. 그러나 죽을 정도로 많이 괴로울 때는 이렇게 무릎을 꿇거나 얼굴을 땅에 대고 엎드려 "하나님, 저 좀 살려 주세요! 제가 죽게 되었습니다!" 라고 기도합니다. 이것은 전적으로 하나님께 항복한다는 의미도 되고, 하나님의 도우심이 아니면 이제는 더 이상 살아나갈 도리가 없다는 뜻이기도 합니다. 이러한 고백을 몸으로 표현한 형태가 엎드려 이마를 땅에 대고 부르짖어 하는 기도인 것입니다. 이것은 누가 시켜서 하는 것이 아닙니다. 마음의 짐이 너무 무거우면 땅에 엎드려 기도할 수밖에 없습니다. 예수님께서 우리 인류의 죄악의 짐을 짊어지시고 얼마나 처절한 고통과 고민에 처하셨으면 하나님의 아들 되신 그 고귀하신 주님께서 그냥 땅바닥에 엎드리셨을까요? 그 고통을 견디실 수가 없었던 것입니다. 주님은 아마도 머리를 땅에 대고 막 흔들면서 기도하셨을 것입니다.

주님은 그 마음이 번민으로 꽉 들어차 있기 때문에 "주여, 할 수만 있거든 이 잔을 내게서 옮기시옵소서!" 라고 외마디 소리를 질렀습니다. 안 될 줄 알면서도 주님께서는 너무나 고통스럽기 때문에 이렇게 말씀하신 것입니다. 이 기도는 예수님의 인성을 보여 줍니다. 그러나 그다음에는 "그러나 나의 원대로 마시옵고 아버지의 원대로 하옵소서." 라고 말씀하십니다. 이 기도는 예수 그리스도의 신성을 보여 주는데, 이것이 진실로 참된 기도인 것입니다.

그러므로 우리도 예수님처럼 이렇게 기도해야 합니다. 우리가 답답할 때는 그저 인간적인 생각대로 하나님께 부르짖어 기도하게 됩니다. 하지만 점점 우리 자아가 깨어지면서 "하나님 아버지여, 주님 뜻대로 하시옵소서. 살든지 죽든지 주의 뜻대로 하시옵소서."라고 기도하게 되는 것입니다. 그 기도가 참된 기도입니다. 왜 그렇습니까? 하나님 뜻대로 하는 것이 제일 좋은 기도이기 때문입니다. 이 우주 가운데 하나님보다 선하신 분이 어디 계시며, 하나님의 계획보다 더 올바른 계획이 어디 있습니까? 그러므로 종국적으로 하나님의 뜻과 계획대로 하는 것이 가장 선하고 좋은 길입니다. 일시적으로 좋을 것 같아도 우리의 생각과 우리의 계획대로 나가서는 끝이 좋지 않고 엉망이 됩니다. 그러나 지금 아무리 괴로워도 하나님의 뜻과 하나님의 생각대로 나가면 장래가 환하게 열리게 되는 것입니다. 그래서 예수님께서는 그 무시무시한 죄악의 잔을 손에 들고 마지막 몸부림을 치시면서도 이러한 기도를 하신 것입니다.

40절 제자들에게 오사 그 자는 것을 보시고 베드로에게 말씀하시되 너희가 나와 함께 한 시간도 이렇게 깨어 있을 수 없더냐

예수님께서는 한 시간가량 몸부림치시면서 기도하셨지만, 아마도 그 한 시간은 일 초 지나가듯 흘러갔을 것입니다. 너무 고통스러울 때는 기도에 완전히 빠져 시간 가는 줄 모르기 때문입니다. 그런데 예수님께서는 이 한 시간 동안 기도할 때 다른 말은 안 하고 "내 아버지여, 만일 할만 하시거든 이 잔을 내게서 지나가게 하옵소서. 그러나 나의 원대로 마

시옵고 아버지의 원대로 하옵소서."라는 이 두 마디만 반복했습니다. 대단히 고통스러운 사람은 복잡한 말을 할 여력이 없습니다. 마음에 좀 여유가 있어야 복잡한 말을 하지 너무나 답답한 사람은 외마디 소리밖에 나오지 않습니다. 예수님의 비유에 나오는 과부 역시 불의한 재판관에게 나와서 하소연할 때, "내 원수에 대한 나의 원한을 풀어주소서."라는 그 말밖에는 안 나왔을 것입니다.

기도라는 것은 다른 것 없습니다. 너무 많은 수식어를 사용해서 화려한 기도를 하려고 하지 마십시오. 대중 기도 때는 그렇게 할 수도 있지만, 내가 개인적으로 하나님께 나아가 기도할 때는 주님 앞에 내 마음의 바라는 바를 단순하게 외마디 소리로 기도하십시오. 그 기도를 자꾸 반복해도 좋습니다. 이것은 중언부언이 아닙니다. 성경에서 말하는 중언부언은 미신을 믿는 사람들이 주문 외우듯 그냥 뜻도 없이 중얼거리는 것을 말합니다. 그러나 내 마음속에 한이 맺힌 소원을 주님께 아뢸 때 같은 말을 반복하는 것은 중언부언이 아니라 나의 간절한 뜻을 하나님께 보여 드리는 것입니다.

그런데 주님께서 그렇게 기도하시고 난 후 제자들에게 와 보시니 베드로와 제자들이 자고 있었습니다. 이것은 흑암의 권세에 눌려서 도저히 깨어 있지 못한 상태를 말합니다. 마귀는 우리가 기도하면 활동을 못하고 쫓겨 가지만 기도를 안 하면 기고만장해 합니다. 그래서 마귀는 어찌하든지 우리가 기도를 못하도록 자꾸 혼미한 영을 주어 피곤하게 만들고 잠이 들게 만드는 것입니다. 예수님께서 몸부림치고 기도하실 때도 이 흑암의 권세는 예수님께서 십자가의 사명을 감당하지 못하고 도망가게 하려고 얼마나 억압하고 협박했겠습니까? 베드로와 야고보와 요한은 그

흑암의 권세에 눌려 그만 비몽사몽이 되어 잠들고 만 것입니다.

41절 시험에 들지 않게 깨어 기도하라 마음에는 원이로되 육신이 약하도다 하시고

우리는 기도를 해서 마음에 무장을 해야 다가오는 시험을 이길 수가 있습니다. 이제 앞으로 큰 시험이 다가오지 않습니까? 가룟 유다가 유대 군인들과 바리새인들의 아랫사람들을 데리고 예수님을 잡으러 오는 큰 시험이 다가옵니다. 그 시험을 이기기 위해서는 이를 능가하는 용기와 평안과 믿음이 마음에 있어야 됩니다. 그리고 마음에 그러한 힘을 얻기 위해서는 기도를 해야 됩니다. 왜냐하면 시험을 이길 수 있는 그 힘은 하늘에게 내려오는 것이기 때문입니다.

우리의 삶에도 시험은 매일같이 다가오기 마련입니다. 그렇기 때문에 주기도문의 '시험에 들게 하지 마시옵고' 라는 구절처럼 우리는 시험에 들지 않도록 매일 기도해야 합니다. 한번 시험의 물결에 휩싸여서 빨려 들어가면 그때는 큰 상처를 입기 때문입니다. 그러나 시험의 회오리바람이 불어 닥쳐도 마음에 힘이 있으면 시험에 빨려 들어가지 않고 극복할 수 있습니다. 그러므로 우리가 매일같이 말씀을 읽고 기도를 해야 되는 것은 매일같이 영적인 무장을 하기 위함입니다. 그런데 마음은 그렇게 해야 되겠다고 생각하는데 눈꺼풀이 무겁고 육신이 눌려서 도저히 할 수 없을 때가 있습니다. 그때에는 힘 있는 사람이 옆에서 도와주어야 합니다.

옛날 대조동 천막 교회 시절, 그때 제 몸은 대단히 약했습니다. 폐병에서 겨우 살아났기 때문에 몸이 굉장히 연약해진 데다가 영양실조까지 걸렸기 때문입니다. 그때는 요즘의 북한처럼 먹을 것이 강냉이 가루밖에

없어서 강냉이가루에 우유 한 잔 마시는 것이 하루 양식이었습니다. 그러다 보니 늘 힘이 없고 잠이 오는 것이었습니다. 본래 사람이 영양실조에 걸리면 자꾸 졸게 됩니다.

그런데 새벽 4시만 되면 최자실 목사님이 오셔서 "조 전도사님, 새벽 기도! 새벽 기도!" 하고 나를 깨우시는데 정말 미운 생각이 들 정도였습니다. 그래서 내가 "오늘 하루만 좀 자고 내일부터 새벽 기도 할 테니까 오늘만 한 번 그냥 가세요."라고 말하면, 최 목사님은 그 추운 날 밖에서 수도 펌프물을 퍼서 찬물에 수건을 적셔, 자고 있는 제 얼굴에다 탁 덮어 버리는 것이었습니다. 제가 얼마나 화가 났던지 벌떡 일어나 "아유, 제발 날 그냥 두라니까요!"라고 소리를 지르기도 했습니다.

그러나 매일같이 그렇게 끌려 나가는 일이 반복되면서도 막상 새벽 예배를 인도하고 기도를 마치고 나올 때는 기분이 참 좋았습니다. 그래서 '야! 잘했다! 새벽에 깨어난 것 참 잘했어!' 라고 생각하다가도 또 그 이튿날 새벽이 되면 혼자 못 일어나는 것이었습니다. 그러므로 강한 자가 옆에서 자꾸 끌어 주어야 합니다. 결국 제가 그 뒤로 몇십 년간 계속해서 새벽 기도를 할 수 있었던 것은 최자실 목사님이 힘을 모아 끌어 주셨기 때문입니다. 이렇게 마음은 원이로되 육신이 약할 때는 강한 자가 옆에서 도와줘야 합니다.

42절 다시 두 번째 나아가 기도하여 이르시되 내 아버지여 만일 내가 마시지 않고는 이 잔이 내게서 지나갈 수 없거든 아버지의 원대로 되기를 원하나이다 하시고

이제 주님께서 두 번째 나아갔을 때는 마음에 상당히 힘을 얻었습니

다. 처음에 "이 잔을 옮겨 주시옵소서." 하던 주님께서 두 번째에는 "내가 마시지 않고서는 이 잔이 내게서 떠나갈 수 없다면 아버지여, 내가 마시게 해 주시옵소서."라고 진일보 하셨습니다. 부정에서 긍정으로 전환된 것입니다.

그런데 그 잔은 예수님께서 마시지 않을 경우 온 인류가 다 죽는 잔입니다. "모든 사람이 죄를 범하였으매 하나님의 영광에 이르지 못하더니"(롬 3:23)라는 말씀처럼, 모든 사람을 다 심판받게 하고 지옥 불에 이르게 하는 그 죄악의 잔을 예수님께서 받아 마셔야 그 잔이 없어집니다. 안 마시고는 없어지지 않습니다.

다행히 예수님께서는 그 잔을 받아 마셨습니다. 할렐루야! 그렇기 때문에 이제 우리를 심판할 죄가 없어진 것입니다. 이제는 누구든지 예수님만 믿으면 구원을 받게 되는 것입니다. 그런데 마태복음 21장 31절을 보면, 주님께서는 세상이 다 아는 죄인인 세리나 창녀들이 바리새인이나 사두개인이나 교법사들보다도 천국에 먼저 들어간다고 말씀하셨습니다. 왜 그렇습니까? 바리새인, 사두개인, 율법교사들은 "나는 의로운 사람입니다. 우리는 일주일에 두 번 금식하고 모든 채소의 십일조까지 다 바칠 정도로 의롭게 삽니다. 그러므로 우리는 하나님 앞에 당당히 설 자격이 있습니다."라고 말하기 때문입니다. 사실 그들은 인간적으로는 세리나 창녀보다도 의롭게 살았습니다. 그러나 죄 중에 가장 큰 죄가 '교만죄' 입니다. 마귀가 바로 그 교만죄로 말미암아 쫓겨났습니다. 그러니 가장 큰 죄인 교만죄를 하나 덧붙이고 하나님 앞에 고개를 탁 들면서 "나는 의로운 사람이다!" 하니, 이만큼 고약한 죄인이 어디 있겠습니까? 그러나 세리나 창녀들은 어떻게 자신들이 의롭다고 말하겠습니까? 그래서 그들은 하나님께 나와 "주여, 온 천하가 다 알듯이 나는 죄인이로소이다. 죄인인 우리 힘으로는 구원받을 수 없습니다. 주님만 의지하오니 우리를 구원하여 주시옵소서." 라고 말할 수밖에 없었습니다. 그러니 주님께서 그들에게 "내가 너를 대신해서 죄의 잔을 다 마셨으므로 너를 용서해 주었다. 너는 구원을 받았다." 고 말씀하신 것입니다.

그러므로 이 세상에서 자기 자신의 의를 자랑하는 사람은 교만죄 하나가 더 늘어나기 때문에 절대로 구원 못 받습니다. 우리는 모두 다 구원을 받을 수 없는, 형편없이 부패한 죄인들입니다. 우리는 오직 예수님의 은혜로 말미암아 구원받는 것입니다. 구원받는 길은 예수 그리스도를 믿고 의지하는 길 이외에는 다른 길이 없습니다. 수양과 도덕을 닦는다 해도 하나님 앞에 설 수 있는 의인이 누가 있습니까? 의인은 없나니 하나도 없습니다. 수양과 도덕을 닦고 다른 종교를 통해서 구원받겠다는 생각은 인간적인 차원에서 그럴듯하게 보이지만 길을 잘못 든 것입니다. 길은 예수님밖에 없습니다. 그래서 성경은 "천하 사람 중에 구원을 받을 만한 다른 이름을 우리에게 주신 일이 없음이라"(행 4:12)고 말하는 것입니다. 다른 위대한 사람들 역시 인류에게 종교와 도덕과 철학을 주었지만 죄를 짊어질 수는 없었습니다. 인류 역사상 죄를 짊어진 사람은 없습니다. 우리를 위해서 십자가에서 죄를 짊어지고 몸을 찢고 피 흘려 주신 분은 예수님밖에 없습니다.

그러므로 남녀노소나 빈부귀천 할 것 없이 예수님을 믿고 그 앞에 회개하고 나오는 자는 누구든지 구원을 받을 수 있습니다. 아무리 더러운 죄를 지었어도 예수님은 가장 더러운 그 죄의 잔까지 다 비우셨기 때문입니다. 또한 죄인들이 더 빨리 구원받는 것은 자기들이 죄인인 것을 알기에 교만하지 않고 순순히 항복하며 주님 앞에 나오기 때문인 것입니다. 절대로 하나님 앞에서 잘났다고 하지 마십시오. 우리에게는 자랑할 것이 아무것도 없습니다. 우리는 모두 죄인 된 자들로서 예수 그리스도의 보배로운 피를 떠나서는 살 길이 없는 존재들인 것입니다.

43-44절 다시 오사 보신즉 그들이 자니 이는 그들의 눈이 피곤함일러라 또 그들을 두시고 나아가 세 번째 같은 말씀으로 기도하신 후

제자들의 힘으로는 그 무거운 흑암의 권세를 도저히 견뎌낼 수 없었습니다. 그들은 기도를 안 했기에 마음에 시험을 이길 만한 무장이 없어 쉽게 시험에 들게 된 것입니다. 그러나 예수님은 벌써 상당히 많이 이기셨습니다. 주님은 마음이 번뇌하여 죽게 된 그 상황에서 한 시간의 기도를 통해 부정적인 생각을 없애셨고 두 시간째의 기도 후에는 상당한 마음의 시원함을 얻으셨습니다. 그리고 마침내 세 시간째의 기도를 통해 예수님께서는 극렬한 시험을 완전히 극복하셨습니다.

한편 우리는 이 본문을 통해 예수님께서 겟세마네 동산에서 세 시간 정도 기도하셨다는 것을 추정해 볼 수 있습니다. 하나님의 아들 예수님께서도 그 극렬한 시험을 극복하는 데 적어도 세 시간의 기도가 필요했다는 것입니다. 우리 역시 세 시간쯤 집중해서 기도하면 어지간한 문제는 거의 다 극복할 수 있습니다. 시험의 물이 우리 가슴속에 들어와서 목구멍까지 찼더라도 세 시간 정도 주님께 부르짖어 기도하면 그 시험의 물이 빠져나가기 시작하는 것입니다.

그러나 기도의 시간보다도 더 중요한 것은 그 기도의 결과로 우리 마

음이 '이김을 얻는 것' 입니다. 아무리 많이 기도해도 여전히 같은 문제로 고민하고 있다면 이것은 아직 이기지 못한 것입니다. 바다 표면에 파도가 거세게 치고 태풍이 불어와서 요동치더라도 10미터 아래로 내려가면 조용하다고 합니다. 우리 환경 역시 아무리 폭풍우가 소용돌이치듯 몰아쳐도 우리 마음속이 이미 기도로써 모든 것을 극복하고 평안해진 상태라면 그 폭풍우는 순식간에 지나갑니다. 중요한 것은, 시험과 환란의 폭풍우가 다 지나가는 동안, 내 마음에 그것을 이길 수 있는 힘이 있느냐 없느냐입니다. 이것을 견디지 못하고 무너지면 시험의 소용돌이에 빠져 병들어 죽고 낭패와 실망을 당하고 마는 것입니다. 그러므로 이기기 위하여 기도해야 합니다. 기도만큼 좋은 것이 없습니다.

예수님께서도 극심한 시련을 겪으셨지만 마음에 이길 힘을 얻고 시련을 통과하신 후에는 그 시련이 다 사라지지 않았습니까? 사흘 만에 그 모든 폭풍우는 다 지나가고 예수님께서는 만왕의 왕, 만주의 주로 부활하셨습니다. 그래서 요한계시록 1장 18절에 보면 "내가 전에 죽었었노라 볼지어다 이제 세세토록 살아 있어 사망과 음부의 열쇠를 가졌노니" 라고 주님은 말씀하셨습니다. 그러므로 시련이 지나가는 그때에 함께 휩쓸려 흘러가 버리면 안 됩니다. 기도로써 이겨야 합니다. 첫째도 기도요, 둘째도 기도요, 셋째도 기도입니다. 기도하면 살아납니다.

45-46절 이에 제자들에게 오사 이르시되 이제는 자고 쉬라 보라 때가 가까이 왔으니 인자가 죄인의 손에 팔리느니라 일어나라 함께 가자 보라 나를 파는 자가 가까이 왔느니라

예수님께서는 제자들에게 더 이상 깨어서 기도하라고 격려하시지 않

습니다. 이제 기도할 시간은 끝났고 시험이 다가왔습니다. 시험이 다가오기 전에 기도해야지 시험이 다가왔을 때는 기도할 시간이 없습니다.

목사가 설교할 때도 마찬가지입니다. 설교하러 강단에 올라가기 전에 기도해야 합니다. 그래서 저는 저녁 예배 설교를 부탁받을경우 설교 전에 같이 식사하자는 제의를 사양합니다. 왜냐하면 설교하기 직전까지 하나님과의 대화를 통해 마음을 무장하고 준비해야 하기 때문입니다. 만약 설교 직전에 이런 준비를 하지 않고 설교단에 오르면 설교자 자신도 시험에 들고, 교인들도 교회 왔다가 아무것도 얻은 것 없이 그저 잠만 자고 돌아가는 것입니다. 강단에 올라서서 또는 설교를 마친 후 후회해 봐야 소용없습니다.

예수님께서는 이제 더 이상 기도할 이유가 없었습니다. 기도해야 할 시간은 이제 끝났습니다. 그래서 제자들에게 "자, 일어나라. 이제는 뭐 자도 좋고 깨어도 좋다. 이제는 내가 죄인의 손에 팔린다. 시간이 왔다. 일어나 가자." 고 말씀하신 것입니다. 이러므로 우리는 시험이 오기 전에 미리미리 대비하여 시험을 능히 이기고도 남을 만큼 마음의 힘을 비축해야 합니다.

6. 잡히심(26:47-56)

47. 말씀하실 때에 열둘 중의 하나인 유다가 왔는데 대제사장들과 백
성의 장로들에게서 파송된 큰 무리가 칼과 몽치를 가지고 그와 함께
하였더라 48. 예수를 파는 자가 그들에게 군호를 짜 이르되 내가 입
맞추는 자가 그이니 그를 잡으라 한지라 49. 곧 예수께 나아와 랍비
여 안녕하시옵니까 하고 입을 맞추니 50. 예수께서 이르시되 친구여
네가 무엇을 하려고 왔는지 행하라 하신대 이에 그들이 나아와 예수
께 손을 대어 잡는지라 51. 예수와 함께 있던 자 중의 하나가 손을 펴
칼을 빼어 대제사장의 종을 쳐 그 귀를 떨어뜨리니 52. 이에 예수께
서 이르시되 네 칼을 도로 칼집에 꽂으라 칼을 가지는 자는 다 칼로
망하느니라 53. 너는 내가 내 아버지께 구하여 지금 열두 군단 더 되
는 천사를 보내시게 할 수 없는 줄로 아느냐 54. 내가 만일 그렇게 하
면 이런 일이 있으리라 한 성경이 어떻게 이루어지겠느냐 하시더라
55. 그때에 예수께서 무리에게 말씀하시되 너희가 강도를 잡는 것같
이 칼과 몽치를 가지고 나를 잡으러 나왔느냐 내가 날마다 성전에 앉
아 가르쳤으되 너희가 나를 잡지 아니하였도다 56. 그러나 이렇게
된 것은 다 선지자들의 글을 이루려 함이니라 하시더라 이에 제자들
이 다 예수를 버리고 도망하니라

47절 말씀하실 때에 열둘 중의 하나인 유다가 왔는데 대제사장들과 백성의 장로들에게서 파송된 큰 무리가 칼과 몽치를 가지고 그와 함께하였더라

이 세상에서 가장 흉악한 죄가 '배신'의 죄입니다. 배신이란 온갖 정성을 다 기울여 사랑하고 은혜를 베풀었는데 나중에 가서 그 은혜를 저버리는 것을 말합니다. 이 배신하는 죄는 상대방에게 가장 깊은 상처를 가져오기에 가장 저주받은 죄입니다. 바로 사탄인 루시퍼가 하나님을 배신하지 않았습니까? 또한 아담과 하와의 죄도 배신의 죄입니다. 하나님께서 당신의 형상과 모양대로 아담과 하와를 지어 당신의 모든 사랑을 베푸시고 그들로 하여금 하나님께서 만드신 모든 것을 다스리게 하셨는데 정작 그들은 하나님처럼 되겠다고 하나님의 신뢰를 저버린 것입니다. 마귀는 자기가 먼저 배신했기 때문에 다른 사람들을 자꾸 충동질해서 배신하게 만드는 것입니다. 이렇게 배신죄는 가장 흉하고 더러운 죄입니다.

가룟 유다도 마찬가지입니다. 그는 '돈궤'를 맡은 자였습니다. 예수님께서는 말씀을 전하신 후 사람들로부터 받는 헌금으로 예수님과 제자들의 식생활 및 여행의 경비를 충당하셨습니다. 그런데 이 헌금함, 즉 돈궤를 맡을 정도였다면 가룟 유다는 그 영리함과 자금 운용의 능력 면에서 예수님의 가장 큰 신뢰를 받은 제자임을 알 수 있습니다. 그런 가룟 유다가 자기의 뜻과 예수님의 뜻이 맞지 않다고 예수님을 배신하는 아주 더럽고 추한 죄를 지었습니다. 사람은 자기를 인정하는 자를 위해서 목숨과 운명을 같이해야 합니다. 자기 개인의 사사로운 이익을 위해서 은혜 베푼 자를 배신하는 이 더러운 죄는 짓지 말아야 합니다. 우주에서 가장 더러운 죄가 배신의 죄입니다.

나 역시 목회 생활을 하면서 배신을 당했을 때 제일 가슴이 아팠습니다. 내 경우에도 가장 사랑을 많이 베풀고 정성을 다하여 도와준 사람이 배신할 때 가슴이 찢어지는 것 같았습니다. 우리가 인생을 살아 보면 대개 도와주지 않은 사람이 배신하는 것이 아니라, 내가 많이 도와주고 사랑한 사람이 배신하는 경우가 많습니다. 그것이 가장 안타깝습니다.

예수님께서 유대인의 왕이 되지 않고 인류의 구주로서 십자가에 죽었다가 부활해서 승천할 것을 말씀하시자, 가룟 유다는 왕국이 세워지면 자기도 한 자리 하려던 기대가 일순간 무너지는 것을 느꼈습니다. 그래서 예수님에 대한 분노를 가지고 종을 파는 가격인 은 30냥에 예수님을 대제사장과 바리새인들에게 팔았습니다. 그리고 마지막 성찬 때 참석하여 예수님께서 겟세마네 동산에서 기도하실 것이라는 정보를 빼내어 대제사장들과 백성의 장로들에게 알리고는 그들이 파송한 칼과 몽치로 무장한 큰 무리를 데리고 예수님께 온 것입니다. 그들은 예수님의 제자들이 반발할까 싶어 모두 다 칼과 몽치를 들고 일대 난장판을 벌이려고 생각했던 것 같습니다. 한두 사람 거느리고 온 것이 아닙니다. 요한복음 18장 3절에는 '군대' 도 같이 왔다고 말하고 있는데 이 군대는 적게는 2백 명 많게는 6백 명이나 되는 로마 병력을 말합니다. 여기에다 성전을 지키는 유대인의 군인들과 대제사장과 백성의 장로들의 집에 있는 많은 종들까지 규합하여 큰 무리를 만들어 예수님 한 사람을 잡으러 온 것입니다. 한 마디로 예수님과 예수님을 따르는 군중들의 반발을 예상한 '과잉 동원' 이라고 볼 수 있습니다.

48-49절 예수를 파는 자가 그들에게 군호를 짜 이르되 내가 입 맞추는 자가 그이니 그를 잡으라 한지라 곧 예수께 나아와 랍비여 안녕하시옵니까 하고 입을 맞추니

인사할 때 서로 안고 입을 맞추는 행동은 상대방에 대한 애정의 표시

입니다. 그런데 본문에서 가룟 유다는 사랑하고 환영한다는 이 좋은 의미의 키스를 배반의 수단으로 사용하고 있습니다. 아주 고약하지 않습니까? 횃불을 켜도 워낙 어두운 밤이라 누가 예수인지 식별하기 어렵지 않습니까? 그래서 가룟 유다는 "내가 그의 제자였으니까 그의 얼굴을 잘 안다. 내가 가서 끌어안고 입을 맞추는 이가 예수니까 그를 잡아라." 고 말한 것입니다.

또한 가룟 유다는 예수님을 더 이상 '주님' 이라 부르지 않고 '랍비' 라고 부르게 됩니다. 랍비라는 것은 그냥 선생을 말하는 것입니다. 이것은 그가 이제 더 이상 예수님을 자신의 주님으로 섬길 수 없다는 의미입니다.

한편 여기서 꼭 알아야 될 것은, 지금 우리 눈에 보기에는 가룟 유다가 말하고 행동하고 있지만 실제로는 마귀가 이런 행동을 하고 있다는 것입니다. 요한복음 13장에 보면 마지막 만찬 때 예수님께서 "내가 떡 한 조각을 적셔다 주는 자가 나를 팔리라." 고 말씀하시고 가룟 유다에게 떡 한 조각을 적셔서 주셨으나 그는 회개하지 않았습니다. 그러자 그때 사탄이 그 속에 들어갔다고 성경은 말합니다. 그러므로 지금 겟세마네 동산에서 예수님을 파는 자는 가룟 유다의 눈을 통해서 보고, 가룟 유다의 귀를 통해 듣고, 가룟 유다의 입을 통해 말하는 마귀인 것입니다. 가룟 유다 속에 있는 마귀가 가룟 유다를 통해서 지금 역사하고 있는 것입니다. 그것은 가룟 유다가 마귀가 들어오도록 스스로 그 몸을 열어 주었기 때문입니다. 예수님께서 가룟 유다에게 회개할 기회를 주셨지만 그가 외면하였기에 마귀가 그를 완전히 점령한 것입니다. 반대로 예수 믿고 성령 충만한 사람은 겉으로는 사람이 말하는 것처럼 보이지만 실상은 그 속에 들어와 계신 성령께서 말씀하시는 것입니다. 이렇게 성령은 주의 종이

나 성도들의 입을 통해서 말씀하실 때가 굉장히 많습니다. 그러나 불행히도 지금 본문의 가룟 유다는 그 입을 통해 성령이 아닌 사탄이 말하고 있는 것입니다.

50절 예수께서 이르시되 친구여 네가 무엇을 하려고 왔는지 행하라 하신대 이에 그들이 나아와 예수께 손을 대어 잡는지라

요한복음 18장 4절에 보면 예수님께서 자신을 잡으러 온 무리들에게 당당히 나아가 "너희가 누구를 찾느냐?" 라고 물으십니다. 그들이 "나사렛 예수를 찾는다." 고 하자 예수님은 "내가 그니라. 내가 너희가 찾는 사람이다." 라고 말씀하십니다. 이때 유다와 함께 예수님을 잡으러 온 사람들이 다 뒤로 물러가서 땅에 엎드러졌다고 성경에 기록되어 있습니다. 큰 바람이 불면 그 바람에 모든 것이 넘어지듯, 예수 그리스도의 크신 영력 앞에서 그들이 다 쓰러진 것입니다. 그러나 그들이 그리스도의 능력 앞에서 쓰러졌음에도 불구하고 그들의 심령에 마귀가 꽉 들어찼기에 그들은 또 일어나서 예수님을 잡으려 하는 것입니다. 이렇게 그 마음이 완악해지면 아무리 해도 변화를 받지 않습니다.

본문을 보면 예수님께서는 가룟 유다에게 "친구여!" 라고 부르십니다. 이제 가룟 유다는 더 이상 예수님의 제자도, 형제도 아닙니다. 사실 친구도 아니고 원수이지만 예수님은 좋은 의미로 불러 주신 것입니다. 그리고 주님은 "네가 무엇을 하려고 왔는지 행하라." 고 말하십니다. 주님께서는 이미 자신이 이 땅에 오신 근본적인 목적이 하나님의 뜻을 따라서 인류의 대속 제물로 십자가에 못 박혀 죽기 위함임을 알고 계셨습니다. 그래서 이렇게 담담하게 말씀하신 것입니다. 우리 역시 맹렬히 기도하면

마음의 평안을 얻어 예수님처럼 안정된 심령으로 우리 앞에 놓인 사태를 바라볼 수 있습니다.

한편 예수님께서 허락하시지 않으면 그 사람들은 절대로 예수님께 손을 댈 수 없습니다. 그러나 이렇게 예수님께서 허락하시니 그들이 나아와 예수님께 손을 대고 잡을 수 있었던 것입니다.

51-52절 예수와 함께 있던 자 중의 하나가 손을 펴 칼을 빼어 대제사장의 종을 쳐 그 귀를 떨어뜨리니 이에 예수께서 이르시되 네 칼을 도로 칼집에 꽂으라 칼을 가지는 자는 다 칼로 망하느니라

본문에는 이름이 안 나왔습니다마는 요한복음 18장 10절에 보면 베드로가 손을 펴 칼을 빼어 대제사장의 종 말고의 귀를 베었다고 나와 있습니다. 베드로같이 성격이 급한 사람이 가만히 있을 수 있었겠습니까? 아마도 말고가 예수님을 잡기 위해 먼저 나선 것 같습니다. 그러자 베드로가 칼을 뽑아서 쳤는데 귀를 벤 것입니다. 제자들의 수장인 베드로는 말고의 귀를 자름으로써 그의 충성심을 보였습니다.

그런데 누가복음 22장 51절에 보면 예수님께서는 떨어진 그 귀를 주워서 말고에게 붙여 주셨습니다. 자신을 잡으러 온 자의 떨어진 귀를 붙여 낫게 해 주는 사랑과 기적적인 능력만 보아도 그들은 깨닫고 돌아갔어야 했습니다. 그러나 그들이 그렇게 하지 않은 것을 볼 때, 사람이 한번 완악해지면 아무리 사랑과 기적을 베풀어도 깨닫지 못하는 것 같습니다. 사탄은 하나님이 계신 것을 알고 하나님의 기적을 보고도 의지적으로 하나님께 저항합니다. 결국 마귀와 그 부하들 및 그를 따르는 사람들은 양심에 화인을 맞은 자들인 것입니다.

한편 예수님께서는 베드로에게 "네 칼을 도로 칼집에 꽂으라. 칼을 가지는 자는 다 칼로 망하느니라." 고 말씀하십니다. 우리 예수님께서는 평화주의자이십니다. 이는 평화를 심으면 평화를 거두고, 무력을 심으면 무력을 거둔다는 뜻입니다. 즉, 오른뺨을 치면 왼뺨을 돌려대고, 속옷을 달라고 하면 겉옷을 주고, 오 리를 가자 하면 십 리를 가라는 말씀과 통하는 것입니다. 이러한 말씀의 실천은 인간적인 관점에서 보면 상당히 괴로울 때가 많습니다. 늘 당하고만 사는 것 같기 때문입니다. 그러나 억울한 생각이 든다고 칼로써 문제를 해결하면 더 강한 자가 칼을 들고 오는 것입니다. 평화로써 문제를 해결하면 그 다음 모든 문제가 평화적으로 해결되는 것입니다. 그래서 내가 희생하더라도 할 수 있으면 남들과 화평하게 지내는 것이 좋습니다. 눈은 눈으로, 주먹은 주먹으로 대하면 그때는 속이 시원하지만 그것은 미래에 불씨를 남기는 것입니다. 로마서 12장 18절에서 19절에는 "할 수 있거든 너희로서는 모든 사람과 더불어 화목하라 내 사랑하는 자들아 너희가 친히 원수를 갚지 말고 하나님의 진노하심에 맡기라 기록되었으되 원수 갚는 것이 내게 있으니 내가 갚으리라고 주께서 말씀하시니라" 고 말합니다. 그러므로 우리는 우리의 원수와의 문제에서 인내할 수 있는 최대한도까지 참고 화평으로 해결하려고 해야 됩니다. 그리고 그다음은 하나님께 맡겨야 됩니다. 때로는 우리의 원수들이 말도 안 되는 소리로 우리에게 억지를 부려서 도저히 어찌할 도리가 없는 경우가 많이 있습니다. 그래도 우리는 말씀대로 사랑으로 대하고 그 원수에 대한 심판을 하나님께 맡겨야 됩니다. 우주를 통치하시는 하나님께서 때가 되면 원수에게 "이제 그만!" 이라고 명하실 것이기 때문입니다. 우리 믿는 사람들은 하나님을 바라보고 모든 것을 하나님께 맡겨야지, 우리가 직접 원수를 갚아서는 안 됩니다.

인간은 다 심판을 받게 되어 있습니다. 세월이라는 심판이 우리에게 불어 닥치고 있습니다. 그래서 아무리 포악한 사람도 세월이 지나면 사라지는 법입니다. 세월이 지나면 박해하는 자나 박해받는 자나, 다스리는 자나 다스림을 받는 자나, 남을 죽인 자나 죽임을 당하는 자 모두가 '죽음' 이라는 세월의 심판을 받아 하나님의 준엄한 심판대 앞에 서야 합니다.

하나님의 정의가 이 세상에서 당장 이루어지지 않는다고 해서 하나님의 정의가 이루어지지 않는 것이 아닙니다. 하나님께서는 회개할 기회를 주시기 위해서 참고 또 오래 참으시는 것뿐입니다. 일단 심판이 시작되면 하나님의 정의의 칼은 무섭게 와서 죄인을 쪼갤 것입니다. 그렇기 때문에 하나님께서 지금 당장 심판하시지 않는다고 해서 사람이 하나님을 만홀히 여기면 안 됩니다. 그러므로 우리는 우리의 원수에 대해 할 수 있는 한 화평으로 대하고 그 심판은 하나님께 맡겨야 합니다.

53-54절 너는 내가 내 아버지께 구하여 지금 열두 군단 더 되는 천사를 보내시게 할 수 없는 줄로 아느냐 내가 만일 그렇게 하면 이런 일이 있으리라 한 성경이 어떻게 이루어지겠느냐 하시더라

본문에서 예수님께서는 당신이 원하시기만 하면 당장이라도 열두 군단 더 되는 하나님의 천사들을 불러서 당신을 보호하시고 그들의 접근을 막을 수 있다고 말씀하십니다. 열두 군단은 약 8만 명 가까이 됩니다. 하나님의 천사 8만 명이 내려온다면 누가 감히 예수님께 손을 대겠습니까? 그러나 그렇게 하면 우리 인류는 구원을 얻을 수 없습니다. 우리를 대신

해서 누군가가 죄를 갚아 줘야 하는데 이를 감당할 수 있는 분은 완전한 인간이면서도 완전한 하나님이신, 죄가 전혀 없는 예수님뿐입니다. 그래서 예수님께서 그 특권을 다 포기하신 것입니다. 마지못해 잡혀서 끌려가신 것이 아니라 예수님이 자원하셔서 우리를 위한 희생 제물이 되어 골고다 언덕으로 올라가셨습니다. 그 모든 고통을 번연히 알면서도 주님은 우리를 살리시기 위해서, 당신이 살 수 있는 길을 다 포기하시고 스스로 십자가를 짊어지신 것입니다.

저는 이러한 예수님의 사랑을 생각할 때면, 먹을 것은 없고 자식들은 많던 그 옛날 피난 시절이 떠오릅니다. 그때 어머니들은 쫄쫄 굶으면서도 "엄마는 배부르다." 고 거짓말하며 자식들에게 자기 밥까지 내주어 먹게 하였고, 철없는 자식들은 정말로 어머니가 배부른 줄 알고 어머니 밥까지 다 먹어 버렸습니다. 이렇게 부모는 사랑으로 자기의 권리를 포기하고 자기의 모든 것을 자식들에게 다 내줍니다. 우리 주 예수님께서도 이렇게 우리를 위해서 당신이 누릴 수 있는 특권을 다 버리고 자원해서 목숨을 바쳐 우리를 위해서 희생 제물이 되어 주셨습니다.

만약 천사들이 내려와 예수님께서 십자가 죽음을 면하게 된다면 성경에 나온 하나님의 말씀이 거부되는 것입니다. 이사야서 53장 5절에서 6절의 "그가 찔림은 우리의 허물 때문이요 그가 상함은 우리의 죄악 때문이라 그가 징계를 받으므로 우리는 평화를 누리고 그가 채찍에 맞으므로 우리는 나음을 받았도다. 우리는 다 양 같아서 그릇 행하여 각기 제 길로 갔거늘 야훼께서는 우리 모두의 죄악을 그에게 담당시키셨도다" 라는 성경 말씀이 이루어지지 않게 되는 것입니다. 이렇게 말씀이 성취되지 않는 것은 하나님을 거짓말쟁이로 만드는 것입니다.

그러므로 예수님께서는 당신이 자유롭게 선택하실 수 있었지만 결코 자기 뜻을 선택하지 않고 아버지의 뜻을 선택하신 것입니다. 예수님은 진실로 하나님 아들이십니다. 살든지 죽든지, 흥하든지 망하든지, 성하든지 쇠하든지 아버지 뜻만 따르지, 아버지 뜻 이외에 자기 뜻을 따를 분이 아닙니다. 그래서 주님께서는 베드로에게 칼을 쓰지 말라고 설득하신 것입니다.

한편 예수님께서는 자신을 향한 하나님 아버지의 뜨거운 사랑을 확신하고 계셨습니다. 하나님께서 예수님이 십자가에 못 박히실 때 울지 않으셨겠습니까? 하나님께서는 그 아들을 아끼지 않고 십자가에 내어 주신 다음, 그 아들이 받는 고통을 함께 받으면서 보좌에서 눈물을 흘렸을 것입니다. 그러나 하나님께서는 예수님을 사랑하시면서도 우리를 사랑하시기 때문에, 그런 마음의 고통을 당하면서도 예수님을 보내셔서 우리의 죄를 대속하게 하신 것입니다. 그러므로 우리는 우리 하나님 아버지와 예수 그리스도에게 세세무궁토록 영광과 찬양과 존귀를 돌리면서 살아야 됩니다.

55-56절 그때에 예수께서 무리에게 말씀하시되 너희가 강도를 잡는 것같이 칼과 몽치를 가지고 나를 잡으러 나왔느냐 내가 날마다 성전에 앉아 가르쳤으되 너희가 나를 잡지 아니하였도다 그러나 이렇게 된 것은 다 선지자들의 글을 이루려 함이니라 하시더라 이에 제자들이 다 예수를 버리고 도망하니라

요한복음 7장 30절에는 "그들이 예수를 잡고자 하나 손을 대는 자가 없으니 이는 그의 때가 아직 이르지 아니하였음이러라"고 말합니다. 전

도서 3장 1절의 "범사에 기한이 있고 천하 만사가 다 때가 있나니"라는 말씀처럼 모든 일에 때가 있습니다. 전에는 유대의 종교 지도자들이 아무리 예수님을 잡으려 해도 예수님의 때가 오지 않았기 때문에 예수님을 잡을 수가 없었습니다. 그러나 이제는 하나님의 때, 즉 예수님께서 십자가에서 죽으실 때가 되니 그들이 칼과 몽치를 가지고 와서 예수님을 잡을 수 있었던 것입니다.

한편 제자들 생각에는 예수님께서 천사를 부르시든지 아니면 권세 있는 말씀 한마디를 하셔서 잡으러 온 사람들이 완전히 혼비백산하여 달아나게 하실 줄 알았습니다. 그러나 예수님께서 스스로 잡히시겠다고 말하자 제자들은 '이제 모든 것이 끝났구나! 우리라도 살아야 되겠다!' 며 한 사람도 남기지 않고 다 달아나 버린 것입니다. 평소에는 서로 다투어 가면서 충성심 경쟁을 하던 제자들이었는데, 상황이 바뀌니까 '걸음아 날 살려라!' 하고 달아나 버린 것입니다.

그런데 제자들만 비난할 것이 아닙니다. 왜냐하면 제자들은 실제로 예수님과 함께 감옥에도 가고 함께 죽기를 원했었습니다. 그러나 막상 현장에 부딪쳐 보니까 그 모든 일을 감당하기에는 그들의 육신이 너무 약했습니다. 그래서 생명에 대한 애착 앞에, 그만 무릎을 꿇고 도망을 친 것이었습니다. 만일 제자들이 예수님과 함께 겟세마네에서 세 시간 동안 깨어 기도했더라면, 그래서 그들의 마음을 성령님께서 점령하셔서 담대함과 힘을 얻었더라면 그들은 예수님과 같이 죽으러 나갈 수 있었을 것입니다.

7. 공회 앞에 서심(26:57-68)

57. 예수를 잡은 자들이 그를 끌고 대제사장 가야바에게로 가니 거
기 서기관과 장로들이 모여 있더라 58. 베드로가 멀찍이 예수를 따
라 대제사장의 집 뜰에까지 가서 그 결말을 보려고 안에 들어가 하인
들과 함께 앉아 있더라 59. 대제사장들과 온 공회가 예수를 죽이려
고 그를 칠 거짓 증거를 찾으매 60. 거짓 증인이 많이 왔으나 얻지
못하더니 후에 두 사람이 와서 61. 이르되 이 사람의 말이 내가 하나
님의 성전을 헐고 사흘 동안에 지을 수 있다 하더라 하니 62. 대제사
장이 일어서서 예수께 묻되 아무 대답도 없느냐 이 사람들이 너를 치
는 증거가 어떠하냐 하되 63. 예수께서 침묵하시거늘 대제사장이
이르되 내가 너로 살아 계신 하나님께 맹세하게 하노니 네가 하나님
의 아들 그리스도인지 우리에게 말하라 64. 예수께서 이르시되 네
가 말하였느니라 그러나 내가 너희에게 이르노니 이후에 인자가 권
능의 우편에 앉아 있는 것과 하늘 구름을 타고 오는 것을 너희가 보
리라 하시니 65. 이에 대제사장이 자기 옷을 찢으며 이르되 그가 신
성모독하는 말을 하였으니 어찌 더 증인을 요구하리요 보라 너희가
지금 이 신성모독하는 말을 들었도다 66. 너희 생각은 어떠하냐 대
답하여 이르되 그는 사형에 해당하니라 하고 67. 이에 예수의 얼굴
에 침 뱉으며 주먹으로 치고 어떤 사람은 손바닥으로 때리며 68. 이
르되 그리스도야 우리에게 선지자 노릇을 하라 너를 친 자가 누구냐
하더라

57-58절 예수를 잡은 자들이 그를 끌고 대제사장 가야바에게로 가니 거기 서기관과 장로들이 모여 있더라 베드로가 멀찍이 예수를 따라 대제사장의 집 뜰에까지 가서 그 결말을 보려고 안에 들어가 하인들과 함께 앉아 있더라

대제사장은 그 당시 이스라엘의 최고 종교 지도자입니다. 그래서 예수님을 먼저 대제사장인 가야바에게 끌고 가서 거기서 서기관과 장로들과 함께 예수님을 심문한 것입니다. 한편 요한복음 18장 12절에서 14절에는 예수님을 먼저 가야바의 장인이자 전직 대제사장인 안나스에게 끌고 갔다고 했는데, 마태복음에는 이것이 생략되었습니다. 이를 종합해 보면, 예수님께서는 아마도 안나스에게 예비 심문을 당하신 후, 그와 안마당을 사이에 두고 곁에 살았던 그의 사위이자 현직 대제사장인 가야바에게 또 심문을 받으신 것으로 해석됩니다.

그런데 베드로는 역시 베드로입니다. 그는 말고의 귀를 검으로 베고 난 후 모든 제자들과 함께 도망을 쳤지만, 그래도 마음에 가책을 받아 멀찌감치 예수님이 심판받는 대제사장의 집 뜰까지 다시 찾아온 것입니다. 그리고 거기 하속들이 불을 피워 놓고 손을 쬐는 뜰 앞에서 베드로도 함께 불을 쬐면서 예수님의 고난의 자리를 지키고 있는 것입니다.

저는 이 점에 있어서 베드로를 상당히 존경합니다. 왜냐하면 처음에는 예수님을 배반하고 도망을 쳤지만 그래도 대제사장의 뜰까지 찾아온 것을 보니 그에게 여전히 예수님에 대한 사랑과 충성심이 있었던 것을 알 수 있기 때문입니다. 그때 베드로의 마음이 얼마나 두려웠겠습니까? 아마도 벌벌벌벌 떨면서 찾아왔을 것입니다. 물론 베드로가 나중에 공포감

을 이기지 못해 예수님을 3번이나 부인하게 되었지만 우리는 그를 욕해서는 안 됩니다. 요한을 제외한 다른 제자들은 아예 오지도 않았기 때문입니다. 그로서는 최선을 다했으나 그 억압적 분위기를 이길 수 있는 힘이 없었던 것뿐입니다. 짐을 질 만한 힘이 없는 사람에게 무거운 짐을 지워 놓으면 주저앉는 것이 당연한 이치 아닙니까? 아직 성령 충만을 받기 전의 베드로라, 도저히 그 시련과 정신적인 압박을 이길만한 힘이 없었기에 무너진 것입니다. 가룟 유다는 아예 마음에 작정하고 근본적으로 예수님을 팔아 버렸지만 베드로는 입으로는 부인하면서도 속으로는 예수님을 사랑하고 있었습니다.

59절 대제사장들과 온 공회가 예수를 죽이려고 그를 칠 거짓 증거를 찾으매

'대제사장들과 온 공회' 란 바로 이스라엘의 종교 국회격인 '산헤드린' 을 말합니다. 이는 대제사장을 비롯한 지도급 제사장들과 서기관들, 장로회의 대표들이 모인 유대 최고의 의결 기관이자 최고의 법정이었습니다. 그런데 유대의 법에 따르면 공회는 해가 뜨고 난 다음에 소집해야 하는데, 밤에 소집한 것으로 보아 이 공회는 공식적이고 합법적인 공회가 아닌 것이 틀림없습니다. 유대교의 지도자들은 어찌하든지 빨리 예수님을 잡아서 죽이고 싶었기에 이렇게 한밤중에라도 서둘러 임시 회의를 소집한 것이었습니다.

대제사장과 공회는 예수님을 죽이려고 그를 칠 거짓 증거를 찾았습니다. 왜냐하면 누군가가 하나님을 저주했다든지, 우상을 섬겼다든지 하는 사형에 규정된 죄목의 유죄를 확정짓기 위해서는 최소한 두 사람 이상의 증인이 필요했기 때문입니다. 또한 당시 로마의 식민지가 된 유대 민족들에게는 사람을 죽일 사형 집행권이 없었기에, 확실한 증거를 찾아 사형 집행권이 있는 로마의 총독 빌라도에게 가서 예수님의 사형을 당당히 요청하기 위해서였습니다. 이들은 공의로운 결정을 내리기 위해 확실한 증거를 찾는 것이 아니라, 이미 자신들의 이익에 부합하는 결정을 내려 놓고 그를 뒷받침할 증거만 찾는, 아주 야비하고 불법적인 재판을 하고 있는 것입니다.

그런데 예수님께서 하나님을 저주하거나 배반하거나 우상을 섬긴 일이 전혀 없으시기에 이들은 도무지 예수님을 잡을 증거를 얻을 수 없었습니다. 그래서 유대 지도자들은 온갖 거짓 증거를 꾸미는 일까지 서슴지 않고 하는 것입니다.

60-61절 거짓 증인이 많이 왔으나 얻지 못하더니 후에 두 사람이 와서 이르되 이 사람의 말이 내가 하나님의 성전을 헐고 사흘 동안에 지을 수 있다 하더라 하니

이제 유대의 지도자들은 예수님에 대해 거짓 증거를 하면서까지 예수님을 잡아들이려고 합니다.

요한복음 2장 19절을 보면 예수님께서 "너희가 이 성전을 헐라 내가 사흘 동안에 일으키리라" 고 말씀하실 때의 '성전' 은 예수님의 몸을 말하는 것입니다. 실제로 예수님은 자신의 몸인 성전을 헐고 십자가에 죽으셨으나 사흘 만에 부활하셔서 다시 일으키셨습니다. 또한 예수님께서는 자신이 성전을 허시겠다고 말씀하시지 않았습니다. 그러나 이 거짓 증인들은 그것을 잘못 해석하여 "예수가 감히 하나님의 성전을 헐겠다고 했

다.”며 예수님을 ‘성전 파괴를 시도하려는 자’로 헐뜯는 것입니다. 당시 성전은 헤롯 왕이 이스라엘 사람에게 환심을 얻기 위해서 전에 있던 스룹바벨 성전을 증축해서 더 근사하게 만들어 놓은 것인데, 만약 누군가가 그 하나님의 성전을 헌다고 하면 그것은 어마어마한 모독죄가 아니겠습니까? 그래서 이 두 사람은 예수님을 신성모독죄로 고발하려는 의도로 예수님이 “하나님의 성전을 헐어 버린 후 내가 사흘 만에 다시 짓겠다.”는 망발을 했다고 거짓 증언을 하는 것이었습니다. 또한 증인은 두 사람 이상이 필요하기에 두 사람이 온 것입니다.

62절 대제사장이 일어서서 예수께 묻되 아무 대답도 없느냐 이 사람들이 너를 치는 증거가 어떠하냐 하되

대제사장은 “너에 관한 이 사람의 증언에 대해 너는 어떻게 생각하느냐?”고 묻습니다. 하지만 예수님은 대답하지 않으십니다. 예수님께서는 자신이 제물이 되는 것은 하나님의 뜻에 따라 정해진 것임을 아셨습니다. 이제 그 계획의 일부로서 유대인들의 손에 의해 이방인에게 팔릴 것을 이미 다 알고 계시기에 구차스럽게 스스로를 변명할 필요가 없으신 것입니다. 그래서 주님은 장엄한 침묵을 지켰습니다.

또한 주님께서는 이 제사장들의 의도를 잘 알고 있었습니다. 이미 그들이 예수님을 죽이기로 작정하고 거짓 증거를 수집했는데, 주님이 변명한다고 해서 그 사람들이 다른 거짓 증거를 찾지 않을 턱이 있겠습니까? 또 새로운 거짓 증거를 만들어서라도 예수님을 고발할 것입니다. 그러므로 이것을 뻔히 다 알고 계신 예수님께서는 더 이상 변명하실 필요가 없었던 것입니다.

63절 예수께서 침묵하시거늘 대제사장이 이르되 내가 너로 살아 계신 하나님께 맹세하게 하노니 네가 하나님의 아들 그리스도인지 우리에게 말하라

다른 말로 아무리 물어도 예수님께서 대답하시지 않으니까 이제는 대제사장이 예수님께서 대답하시지 않을 수 없는 질문을 합니다. 바로 "내가 너로 살아 계신 하나님께 맹세하게 하노니 네가 하나님의 아들 그리스도인지 우리에게 말하라"는 질문이었습니다. 이는 예수님께서 자신이 '하나님의 아들 그리스도'라고 시인하게 하여 이것을 신성모독죄의 결정적인 증거로 트집 잡아 예수님을 죽이려는 의도였습니다. 그래서 그들은 예수님의 실체에 관한 문제를 물고 늘어졌을 뿐만 아니라 '하나님 이름으로 맹세하라'는 조건까지 붙였던 것입니다.

64절 예수께서 이르시되 네가 말하였느니라 그러나 내가 너희에게 이르노니 이후에 인자가 권능의 우편에 앉아 있는 것과 하늘 구름을 타고 오는 것을 너희가 보리라 하시니

대제사장의 질문에 예수께서는 "그렇다. 네가 하는 말 그대로다. 네가 한 말대로 나는 하나님의 아들 그리스도이다. 너희는 장차 내가 하나님 보좌 우편에 앉아 있는 것과 구름을 타고 오는 것을 보리라."고 답하셨습니다. 지금 본문에서 예수님을 심문하는 자들 모두는 장차 그 광경을 다 볼 것입니다. 누가복음 16장 23절에는 부자가 음부에 내려갔을 때 나사로가 아브라함의 품에 안긴 것을 보았다고 말합니다. 마찬가지로 대제사장, 바리새인, 사두개인, 율법교사, 장로들 역시 다 죽어 음부에 내려가면 불꽃 가운데에서 하나님의 아들 예수 그리스도께서 아버지 보좌 우편에

앉으신 것을 보게 될 것입니다. 지금 그 자리에서 큰소리치고 야단법석을 떨어도 결국은 다 죽어서 음부에 내려가면 예수님께서 영광스럽고 위엄 있는 모습으로 보좌 우편에 앉으신 것과 구름을 타고 오시는 것을 볼 것입니다.

65절 이에 대제사장이 자기 옷을 찢으며 이르되 그가 신성모독하는 말을 하였으니 어찌 더 증인을 요구하리요 보라 너희가 지금 이 신성모독하는 말을 들었도다

대제사장은 자신의 마음을 찢는 대신 죄 없는 옷을 쫙쫙 찢으며 기다렸다는 듯이 "너희들 들었지? 이렇게 모욕적인 말을 하는 것을 들었느냐? 자기가 인간인 것을 다 아는데 감히 살아 계신 하나님의 아들 그리스도라고 자처하니 이런 외람되고 모욕적인 말이 어디 있는가? 이제 무슨 증인이 필요한가?"라고 말했습니다. 증인을 찾다 찾다가 결국 못 찾으니까 이제는 예수님께서 당당하게 자신이 어떠한 분이신가 말하는 것을 책잡아 심판하려 합니다. 이들은 너무나 불쌍한 인생들입니다. 감히 지음을 받은 자가 지은 자를 심판하고 있는 것입니다! 그들이야말로 피조물이 조물주를 심판하고 있는 불경죄, 신성모독 중에서도 최고의 신성모독죄를 짓고 있는 것입니다. 몸서리쳐지는 무서운 일입니다.

66절 너희 생각은 어떠하냐 대답하여 이르되 그는 사형에 해당하니라 하고

이것이야말로 '인민재판' 입니다. 6·25전쟁 당시 공산당들이 남한에 내려왔을 때, 그들은 인민재판이라는 불법적 방법으로 자신들이 지목한

사람들을 마음대로 처형할 수 있었습니다. 대제사장은 이런 식으로 예수님을 인민재판하고 있습니다. 그는 이미 짠 각본대로 예수님을 죽이기로 작정했습니다. 그러나 아무리 증거를 찾아도 서로 부합하는 거짓 증거조차 찾을수 없으니까, 예수님으로 하여금 스스로 하나님의 아들임을 시인하도록 질문을 유도했습니다. 마침 예수님께서 그들의 의도대로 대답을 하자 기다렸다는 듯이 "이렇게 참람하고 모욕적인 말을 하니 더 증인 찾을 필요 없다. 여러분들, 어떻게 하면 좋겠습니까?" 묻고, 한 사람이 "사형에 해당합니다." 하자 "옳소! 옳소!" 해 버린 것입니다. 당시 산헤드린의 법에 따르면, 죄인의 심문은 반드시 낮에 해야 하며 유죄인 자의 선고는 공정한 판결을 위해 심문한 당일이 아닌 그 다음 날 선고하게 되어 있습니다. 그러나 이들은 밤에 예수님을 심문하고 있으며 심문한 바로 즉시 사형을 선고하고 있는 것입니다. 이는 인민재판이요, 불법 그 자체인 것입니다.

67절 이에 예수의 얼굴에 침 뱉으며 주먹으로 치고 어떤 사람은 손바닥으로 때리며

그러자마자 그 하인들이 나와서 예수님 얼굴에 그냥 침을 뱉고 주먹으로 치고 손바닥으로 때렸습니다. 여러분, 그 모욕을 견딜 수 있겠습니까? 아픈 것은 아무것도 아닙니다. 하나님의 아들이신 예수님께서 자신이 만들어 놓은 피조물에게 이렇게 모욕과 곤욕을 당하실 때, 그 마음이 배신감과 아픔으로 몸서리치지 않으셨겠습니까? 이것은 배신도 보통 배신이 아닙니다. 저 같으면 당장 하늘에서 벼락을 내려 응징하겠는데, 우리 주님은 너무나 오래 참으십니다.

68절 이르되 그리스도야 우리에게 선지자 노릇을 하라 너를 친 자가 누구냐 하더라

이제 그들은 예수님을 조롱하고 있습니다. 예수님 눈을 띠로 묶어 놓고 침 뱉고 때리면서 "자, 네가 선지자냐? 그러면 맞춰 보라, 때린 자가 누구냐?"라며 예수님을 완전히 조롱감으로 삼는 것입니다.

그러나 세월은 흘러갑니다. 2천 년의 세월이 흘러가도 예수님께서는 여전히 만왕의 왕, 만주의 주로 보좌 우편에 앉아 계시고 예수님을 때린 그 손들은 다 썩어 버렸습니다. 그리고 예수님을 때린 그 사람들은 지금 다 음부에 들어가 있습니다. 이미 음부에 들어간 뒤 아무리 몸부림치고 후회한들 무슨 소용이 있습니까? 소용 없습니다. 때가 지나가고 때를 놓치게 되면 그 '때'를 다시 돌이키지 못합니다. "보라 지금은 은혜받을 만한 때요 보라 지금은 구원의 날이로다"(고후 6:2)라는 성경 말씀처럼 이 때를 놓쳐 버리면 나중에 후회해도 되돌릴 수 없습니다.

본문에 나오는 이들은 예수님께서 장차 하나님 보좌 우편에 앉아 계실 것과 구름 타고 영광 가운데 오시는 것을 모르고 눈앞에 계신 예수님을 감히 조롱하고 있습니다. 초림의 주는 사람의 눈에 초라한 모습으로 오셨지만 재림의 주는 위엄과 영광으로 오실 것인데, 이들은 이것을 모르고 지금 방자히 행동하는 것입니다. 영광의 주를 눈앞에 두고서도 이러한 때를 잘 활용하지 못하고 놓치고 있으니 이들만큼 세상에서 어리석고 불쌍한 자들은 없을 것입니다.

8. 베드로의 부인(26:69-75)

69. 베드로가 바깥뜰에 앉았더니 한 여종이 나아와 이르되 너도 갈릴리 사람 예수와 함께 있었도다 하거늘 70. 베드로가 모든 사람 앞에서 부인하여 이르되 나는 네가 무슨 말을 하는지 알지 못하겠노라 하며 71. 앞문까지 나아가니 다른 여종이 그를 보고 거기 있는 사람들에게 말하되 이 사람은 나사렛 예수와 함께 있었도다 하매 72. 베드로가 맹세하고 또 부인하여 이르되 나는 그 사람을 알지 못하노라 하더라 73. 조금 후에 곁에 섰던 사람들이 나아와 베드로에게 이르되 너도 진실로 그 도당이라 네 말소리가 너를 표명한다 하거늘 74. 그가 저주하며 맹세하여 이르되 나는 그 사람을 알지 못하노라 하니 곧 닭이 울더라 75. 이에 베드로가 예수의 말씀에 닭 울기 전에 네가 세 번 나를 부인하리라 하심이 생각나서 밖에 나가서 심히 통곡하니라

69-70절 베드로가 바깥뜰에 앉았더니 한 여종이 나아와 이르되 너도 갈릴리 사람 예수와 함께 있었도다 하거늘 베드로가 모든 사람 앞에서 부인하여 이르되 나는 네가 무슨 말을 하는지 알지 못하겠노라 하며

요한복음 18장 16절을 보면 원래 베드로는 뜰 안으로 들어갈 수 없었는데, 대제사장과 아는 사이인 요한의 안내를 통해서 대제사장의 뜰 안까지 들어갈 수 있었다고 설명되어 있습니다. 그런데 안뜰에는 들어가지

못하고 바깥뜰에 앉아 있던 베드로에게 한 여종이 나와서 "당신도 갈릴리 사람 예수와 함께 있었다."라고 말하는 것이었습니다. 그러자 베드로는 모든 사람들 앞에서 "뭐? 무슨 말을 그렇게 하시오? 당신이 무슨 소리를 하는지 나는 통 모르겠소."라고 부인했습니다.

베드로는 입술로 부인하기는 했지만 마음속으로는 얼마나 통곡을 했겠습니까? 그의 속사람은 "아니야. 저 여종이 하는 말이 맞아. 나는 예수님과 같이 있었지. 베드로, 너 예수님의 제자 맞잖아? 이 거짓말쟁이, 이 위선자, 이 배신자, 어떻게 예수님을 모른다고 네가 그렇게 부인할 수 있냐?"라고 소리쳤을 것입니다. 그러나 그의 겉사람은 "잔소리 말아! 어쨌든 살고 봐야지. 바른 말 하면 잡혀 죽지 않니? 일단 살고 봐야지!"라며 속사람의 소리를 짓눌러 버렸습니다.

이 베드로의 모습은 우리 예수 믿는 사람들의 생활을 극명하게 보여주고 있습니다. 우리가 이 세상에서 살 때 예수 믿는다는 사실을 밝히면 손해가 나는 경우가 있습니다. 그때 우리의 양심은 "예수 믿는다고 말해라. 예수 믿는 사람으로 당당하게 그 밝은 빛을 따라 행하라."라고 부르짖습니다. 그러나 한편 우리의 겉사람은 "아니다. 네가 그렇게 말하면 절대적인 손해를 본다. 네가 많은 타격을 입고 손해를 볼 테니까 가만히 있어라. 양심아, 가만히 있어. 그냥 입 다물어."라며 양심을 짓눌러 버릴 때가 많습니다. 이것은 우리 모두가 공통으로 체험하는 바입니다.

그런데 이때 양심과 속사람의 소리가 점점 강해져서 "살든지 죽든지, 흥하든지 망하든지, 성하든지 쇠하든지 나는 배반할 수 없다. 나는 그리스도를 배반할 수 없기에 우상에 절할 수 없고 다른 신을 섬길 수 없다."고 당당하게 죽음의 자리에 들어가는 사람은 순교도 할 수 있고 하늘에 가서도 상급이 굉장히 클 것입니다.

그러므로 우리는 하나님을 예배하고 말씀과 성령으로 충만하여 속사람이 명령하는 양심의 소리를 듣고 행할 수 있어야 합니다. 그렇게 되기까지 우리의 믿음이 자라고 강해져야만 되는 것입니다.

성령 받기 전 베드로의 생애는 늘 갈대와 같았습니다. 갈대는 바람 부는 대로 사는 기회주의자를 말하지 않습니까? 이러므로 그는 마음의 중심을 굳게 잡지 못하고 바람 부는 대로 물결치는 대로 자꾸만 타협을 했습니다. 그러면서도 그 마음 중심은 순수했습니다. 마태복음 16장 18절을 보면, 베드로의 속마음의 순수함을 보신 주님께서는 베드로의 갈대와 같은 모습을 아시고도 "너는 베드로(반석)라 내가 이 반석 위에 내 교회를 세우리니"라고 말씀하신 것입니다. 이는 "시몬아, 네가 지금은 비록 갈대와 같지만 너는 '반석' 이 될 것이다. 나중에 성령 받고 난 다음에는 너는 반석이 될 것이다."라는 의미인 것입니다. 예수님께서는 그의 현재 모습이 아닌, 그 안에 숨겨진 '미래의 가능성' 을 보고 말씀하신 것이었습니다. 아닌 게 아니라 그는 나중에 반석이 되었습니다. 전설에 의하면 그는 예수님을 위하여 거꾸로 십자가에 못 박혀 죽기까지 예수님을 부인하지 않고 섬겼습니다.

71-72절 앞문까지 나아가니 다른 여종이 그를 보고 거기 있는 사람들에게 말하되 이 사람은 나사렛 예수와 함께 있었도다 하매 베드로가 맹세하고 또 부인하여 이르되 나는 그 사람을 알지 못하노라 하더라

이제 베드로가 다른 장소로 옮기려고 할 때 거기 있던 한 여종이 "여러

분이여, 이 사람은 나사렛 예수와 함께 있었던 자입니다!" 라고 공개적으로 베드로를 공격했습니다. 그러니까 다급해진 베드로는 맹세하며 예수님을 부인하게 됩니다. 유대인들은 문제가 생기면 '맹세' 로써 그 문제에 대한 본인의 최종 결정을 밝히고, 이러한 맹세는 대개 하나님의 이름으로 행해집니다. 그래서 한번 맹세하면 더 이상 어찌할 도리가 없는 것입니다.

한편 우리 예수 믿는 사람들도 마음이 흥분되면 하나님께 쉽게 서약을 합니다. 주로 "주님이 이번 기회만 면하게 해 주시면 내 일생을 바치겠습니다.", "주님이시여, 내 집을 팔아 드리겠습니다.", "주님이시여, 있는 것 다 주님께 드리겠습니다." 라며 온갖 서약과 맹세의 기도를 합니다. 그러다 문제가 해결되고 평안한 자리에 돌아가면 언제 맹세했느냐는 듯이 그만 잊어버리고 맙니다. 그러나 하나님은 기억하고 계십니다. 하나님을 가장 모욕되게 하는 죄 중에 하나가 바로 이 '맹세' 입니다. 하나님 앞에 맹세해 놓은 다음 나중에 모른다고 오리발을 내민다면 그것이야말로 하나님을 모욕하는 것입니다.

맹세하고 안 지키는 것은 맹세하지 않은 것보다 못합니다. 하나님 앞에 맹세한 것은 지켜야 됩니다. 구약 시대 사람들은 맹세한 것을 철저히 지켰습니다. 그런데 신약 시대에 와서는 쉽게 맹세하고 쉽게 맹세를 깹니다. 하나님께서는 그런 사람을 귀중하게 보시지 않습니다. 맹세하고 깨뜨리는 인격을 가진 사람의 말은 바람과 같습니다. 이러므로 아무리 하나님께 기도해도 하나님께서 "너는 거짓말쟁이로구나. 너는 나에게 맹세하고도 맹세를 거역한 사람이다. 그런 거짓말쟁이의 말을 내가 어떻게 듣느냐?" 라고 말씀하십니다. 그래서 그 다음부터 기도가 현저히 약해집니다. 이렇기 때문에 여러분, 맹세하지 마십시오.

예수님께서는 "도무지 맹세하지 말지니 하늘로도 하지 말라 이는 하나님의 보좌임이요 땅으로도 하지 말라 이는 하나님의 발등상임이요 예루살렘으로도 하지 말라 이는 큰 임금의 성임이요 네 머리로도 하지 말라 이는 네가 한 터럭도 희고 검게 할 수 없음이라 오직 너희 말은 옳다 옳다, 아니라 아니라 하라 이에서 지나는 것은 악으로부터 나느니라"(5:34-37)고 하셨습니다. 예수님께서는 맹세하는 것이 악으로부터 나온다고 하셨습니다. 왜 그렇습니까? 쉽게 맹세를 깨기 때문입니다. 마귀의 영향을 받아 우리는 쉽게 맹세하지만 연약한 우리들은 대개 그 맹세를 지키지 못해 깨고 맙니다. 그래서 결과적으로 하나님 앞에 범죄하게 되는 것입니다. 우리의 연약함을 아시는 주님께서는 우리가 쉽게 맹세를 깨는 죄를 짓지 않도록 맹세하지 말라고 하셨지만, 우리의 연약함을 아는 마귀는 오히려 이 점을 악용하여 우리에게 맹세하도록 부추기는 것입니다.

어쨌든 지금 본문의 베드로는 막다른 골목과 같은 매우 다급한 상황에 처하자 살아보려고 맹세를 합니다. 첫 번째의 "부인하여 이르되 나는 네가 무슨 말을 하는지 알지 못하겠노라" 에서 이제 두 번째에는 "맹세하고 또 부인하여 이르되 나는 그 사람을 알지 못하노라" 로 그 부인의 강도가 점점 세집니다.

73절 조금 후에 곁에 섰던 사람들이 나아와 베드로에게 이르되 너도 진실로 그 도당이라 네 말소리가 너를 표명한다 하거늘

우리나라도 사람의 말을 들어 보면 그 사람의 출신지를 알 수 있습니다. 이와 같이 이스라엘에서도 남쪽 유대 방언과 북쪽 갈릴리 방언이 확

연히 다릅니다. 그래서 유대 사람들은 베드로가 사용하는 북쪽 갈릴리 특유의 악센트를 듣고 그가 갈릴리 출신이라는 것을 짐작하고 "당신 갈릴리 방언을 쓰지 않냐? 당신 말소리가 당신의 출신을 말해 주지 않냐? 그러니 당신은 분명 저 예수하고 같이 다니던 도당의 일원이다." 고 말한 것입니다.

74-75절 그가 저주하며 맹세하여 이르되 나는 그 사람을 알지 못하노라 하니 곧 닭이 울더라 이에 베드로가 예수의 말씀에 닭 울기 전에 네가 세 번 나를 부인하리라 하심이 생각나서 밖에 나가서 심히 통곡하니라

베드로는 대제사장의 바깥뜰에서 예수님을 한 번 부인하고, 그 다음에는 앞문에서 두 번째 부인하고, 이제 세 번째는 저주하고 맹세하며 "나는 그 사람을 알지 못하노라." 고 말합니다. 첫 번째의 '부인' 에 이어 두 번째의 '맹세를 덧붙인 부인' , 세 번째의 '저주와 맹세를 덧붙인 부인' 으로 그 부인의 강도가 갈수록 더 세어지는 것을 볼 수 있습니다. 베드로가 이렇게 세 번째 예수님을 부인하고 난 후 닭이 울었습니다. 베드로는 예수님께서 "닭 울기 전에 네가 나를 세 번 부인하리라." 고 하신 말씀이 문득 생각나 그 마음에 더 큰 고통을 받았습니다. 마지막 만찬 때 "너희가 다 나를 버리리라." 고 하신 예수님의 말에 "모두 주를 버릴지라도 나는 결코 버리지 않겠나이다." 라고 누구보다도 자신 있게 대답한 베드로였기 때문입니다. 또한 "오늘 밤 닭 울기 전에 네가 세 번 나를 부인하리라." 고 하신 예수님께 "내가 주와 함께 죽을지언정 주를 부인하지 않겠나이다." 라고 당당히 말해 놓고 실제로 예수님을 세 번 부인해 버리고 말

았으니 베드로의 그 마음이 얼마나 괴롭고 고통스러웠겠습니까?

예수 믿는 사람과 안 믿는 사람의 차이가 무엇인지 아십니까? 예수 믿는 사람은 '갈등하는 사람' 이고, 예수 안 믿는 사람은 '갈등하지 않는 사람' 입니다. 왜 그렇습니까? 예수 믿는 사람은 속사람이 살아났기 때문에 그 양심과 행동 간의 괴리를 느끼고 늘 갈등하는 것입니다. 그래서 예수 믿는 사람은 '아! 나는 죄인이로소이다.' 라고 매일매일 양심과 현실의 괴리 때문에 고통하고 갈등하며 마음의 전쟁을 치르는 것입니다. 이러므로 우리 예수 믿는 사람들은 번민과 갈등을 해야 됩니다. 번민과 갈등 속에서 우리가 점점 성장하기 때문입니다. 번민과 갈등이 없는 삶은 편할 것 같지만 결국은 타락하게 됩니다. 그러나 번민과 갈등을 하는 사람은 조금씩 자라나는 것입니다.

그러면 구원의 문제는 어떻게 되는 것입니까? 구원은 나의 행위로 받는 것이 아니라 예수님의 은혜로 받는 것입니다. 요한복음 13장 10절을 보면 예수님께서는 "이미 목욕한 자는 발밖에 씻을 필요가 없느니라 온몸이 깨끗하니라" 고 말씀하셨습니다. 여기에서 온몸을 씻는 '목욕' 은 예수님으로 인해 일회적으로 구원받은 것을 의미합니다. 그래서 한 번 구원받은 사람은 재차 구원받을 필요가 없다는 것입니다. 반면 '발을 씻는 것' 은 매일의 생활 가운데 짓는 우리의 행위의 죄를 회개한다는 것입니다. 그러므로 우리가 날마다 더러워지는 발을 자꾸 씻어야 하듯이 자꾸 더러워지는 행위를 늘 회개로 씻어야 한다는 말씀인 것입니다.

이를 달리 표현하면 '전쟁' 과 '전투' 의 차이로 설명할 수 있습니다. 제2차 세계 대전 당시 일본 사람들은 요소요소의 전투에서 많이 이긴 반면, 미국 사람들은 전투에서' 연전연패했습니다. 그러나 나중에 미국인들이

히로시마와 나가사키에 원자탄을 터트리자 일본은 항복해 버렸습니다. 이렇게 전쟁에 이기고 나니까 전투에 패한 것은 아무것도 아니었습니다. 일본이 국지전적인 전투에서는 많이 이겼지만 보다 큰 전쟁에 패했기 때문에 패전국이 되고 만 것입니다.

마찬가지로 우리가 마귀와의 전투에서는 많이 패하기도 하지만 더 큰 구원의 전쟁에서는 이미 승리한 것입니다. 왜냐하면 예수님께서 십자가에서 "내가 다 이루었다!" 하시며 이미 이겨 버리셨기 때문입니다. 그래서 우리가 일상생활의 전투에서 상처를 많이 입기도 하고 지기도 하지만, 이 전투는 우리의 구원과는 상관이 없습니다. 하지만 이 땅의 전투에서 많이 패하면, 물론 예수님의 공로로 겨우 구원은 받아 천국에는 가겠지만, 온 몸이 상처투성이가 되어 당사자 스스로가 너무 부끄러워 얼굴을 들기 힘들 것입니다. 반면에 이 땅의 전투에서 많이 이긴 사람은 어깨에 훈장을 달고 천국에 입성하게 되어 개선행진곡이 울리는 가운데 대대적인 환영을 받게 될 것입니다. 그리고 그런 자에게는 주님께서 오셔서 꽃다발을 걸어 주시며 "내 아들아, 잘하였도다. 작은 일에 충성했으니 큰 상급을 받으라." 고 칭찬해 주실 것입니다. 이와 같이 우리가 이 땅에 살면서 말씀과 양심의 소리를 듣고 삶에서 부딪히는 죄악과의 전투에서 씩씩하게 이기면, 어깨를 펴고 천국에 올라갈 수 있는 것입니다. 아울러 하늘의 상급도 클 것입니다. 그러므로 더 많이, 더 깊이 번민하고 회개한 사람은 더 많은 영광을 얻을 것입니다. 반면 교회를 다니면서도 번민이나 회개를 별로 하지 않는 사람은 받을 영광도 별로 없을 것입니다. 그러나 이것은 구원의 문제와는 다른 차원입니다. 구원은 예수님의 공로로 받는 것이지 나의 선행의 공로로 받는 것이 아니기 때문입니다.

또한 여기에서의 회개는 단순한 후회와는 다릅니다. 회개는 온 마음의 영역, 즉 지, 정, 의를 다해서 자기의 죄를 통회하고 돌이키고 변화받는 것을 말합니다. 그리고 이러한 진정한 회개는 자신의 힘이 아닌 성령의 역사로만 가능합니다. 하나님의 성령이 오셔서 그 밝은 빛으로 이전에는 깨닫지 못한 죄까지 다 조명해 주시기 때문에 사람들이 통회하고 자복하는 것입니다. 그래서 성령 운동이 일어나면 그와 동시에 회개 운동이 일어나는 것입니다. 그러므로 구원의 목욕으로 이미 깨끗해진 우리들은 날마다 성령님을 모셔 들이고 의지함으로 우리 행위의 발을 씻어야 할 것입니다.

제 27 장

십자가에 달려 돌아가신 **예수님**

A COMMENTARY
ON THE GOSPEL OF
MATTHEW Ⅳ

마침내 예수님을 십자가에 못 박기로 작정한 대제사장과 장로들이 예수님을 빌라도 총독에게 넘겨주었습니다. 예수님을 은 삼십에 판 제자 가룟 유다는 회개하지 못하고 목매어 자살했습니다.

빌라도는 예수님께서 죄가 없으신 것을 알고 명절 전례에 따라 풀어주기를 원했습니다. 그러나 성난 군중들의 함성에 못 이겨 결국 그는 예수님을 군병들에게 넘겨주고 말았습니다. 로마 군병들은 예수님께 홍포를 입히고 가시 면류관을 씌우며 침 뱉고 모욕했습니다. 심지어 예수님의 좌우편에 함께 못 박힌 두 강도들조차 예수님을 조롱했습니다. 그러나 예수님은 그들의 죄를 위해 기도하시며 마치 도살장으로 끌려가는 어린 양과 같이 침묵하셨습니다. 그리고 마침내 온 인류의 죄를 끌어안으시고 십자가 위에서 운명하셨습니다.

아리마대 요셉이 빌라도 총독에게 요청하여 예수님의 시체를 거두어 자신을 위해 마련했던 새 무덤에 장사 지내었습니다. 대제사장과 장로들, 그리고 바리새인들은 혹시 예수님의 제자들이 시체를 훔쳐내어 거짓 부활을 주장할 것을 두려워하여 예수님의 무덤 앞에 경비병들을 세워 두었습니다.

1. 빌라도에게 넘기다(27:1-2)

1. 새벽에 모든 대제사장과 백성의 장로들이 예수를 죽이려고 함께 의논하고 2. 결박하여 끌고 가서 총독 빌라도에게 넘겨주니라

1-2절 새벽에 모든 대제사장과 백성의 장로들이 예수를 죽이려고 함께 의논하고 결박하여 끌고 가서 총독 빌라도에게 넘겨주니라

대제사장과 백성의 장로들이 모인 곳은 산헤드린 공의회입니다. 이곳은 유대 민족의 최고 종교 기관이며 오늘날 국회와 같은 곳입니다. 그런데 그때가 새벽이라 산헤드린 공의회를 열 수 없기 때문에 예수님은 안나스와 가야바의 뜰에서 심판을 받았습니다. 안나스는 당시 제사장인 가야바의 장인이며 전 제사장이었습니다. 새벽이 되자 산헤드린 공회의에서 재판이 열렸습니다. 하지만 그들은 벌써 예수님을 죽이기로 결정을 내린

뒤였습니다.

유대 민족이 로마의 지배를 받기 전에는 산헤드린에서 사형 결정을 내리면 그대로 집행되었습니다. 그러나 지금은 상황이 달라졌습니다. 로마의 통치를 받는 처지이므로 총독의 허락 없이는 사형을 못 시키게 된 것입니다. 이들이 예수님을 죽이기 위해서는 어떻게 하든지 총독으로부터 예수님에 대한 사형을 허락받아야만 되었습니다. 그래서 그들은 총독에게 예수님을 넘겨주면서 말했습니다.

"이 예수란 자는 민란을 주도했습니다. 그리고 가이사에게 세금을 바치지 말라고 가르쳤습니다. 그런가 하면 자기가 유대인의 왕이라고 말하기도 했습니다."

이들은 이 세 가지 죄목으로 예수님을 고소했습니다. 하지만 빌라도는 '민란을 주도했다' 는 죄목에는 아무런 관심이 없었습니다. 왜냐하면 막강한 군대를 가지고 있는 빌라도에게 그런 일은 별 위협이 되지 않았기 때문입니다. 그리고 '가이사에게 세금을 바치지 말라고 했다' 는 죄목에도 큰 관심을 기울이지 않았습니다. 왜냐하면 어차피 세금은 강제로 징수하고 있었기 때문입니다. 그러나 빌라도에게 있어서 가장 큰 관심은 '자기가 임금이라고 말했다' 는 죄목이었습니다. 이것은 로마의 황제 가이사에 대한 모독이었습니다. 자칫하면 자신의 목이 날아갈 수도 있는 심각한 문제였습니다. 그래서 빌라도는 그 부분에 대해 예수님을 집중적으로 심문하였습니다.

2. 유다가 자살하다(27:3-10)

3. 그때에 예수를 판 유다가 그의 정죄됨을 보고 스스로 뉘우쳐 그 은
삼십을 대제사장들과 장로들에게 도로 갖다 주며 4. 이르되 내가 무
죄한 피를 팔고 죄를 범하였도다 하니 그들이 이르되 그것이 우리에
게 무슨 상관이냐 네가 당하라 하거늘 5. 유다가 은을 성소에 던져
넣고 물러가서 스스로 목매어 죽은지라 6. 대제사장들이 그 은을 거
두며 이르되 이것은 핏값이라 성전고에 넣어 둠이 옳지 않다 하고 7.
의논한 후 이것으로 토기장이의 밭을 사서 나그네의 묘지를 삼았으
니 8. 그러므로 오늘날까지 그 밭을 피밭이라 일컫느니라 9. 이에 선
지자 예레미야를 통하여 하신 말씀이 이루어졌나니 일렀으되 그들이
그 가격 매겨진 자 곧 이스라엘 자손 중에서 가격 매긴 자의 가격 곧
은 삼십을 가지고 10. 토기장이의 밭 값으로 주었으니 이는 주께서
내게 명하신 바와 같으니라 하였더라

3절 그때에 예수를 판 유다가 그의 정죄됨을 보고 스스로 뉘우쳐 그 은 삼십을 대제사장들과 장로들에게 도로 갖다 주며

가룟 유다는 큰 착각을 하고 있었습니다. 자기가 은 삼십을 받고 대제사장과 장로들이 예수님을 체포하는 것을 도와주면, 그들이 자기를 영웅으로 대접해 줄 것으로 기대했습니다. "위대한 가룟 유다시여! 당신은 정말 위대한 일을 했습니다. 예수를 체포하는 데 혁혁한 공을 세웠으니 당

신은 이제 우리 유대인 중에 위인입니다." 이렇게 찬사를 보낼 줄 알았습니다. 그런데 그들은 목적을 이루고 나자 자신을 마치 헌신짝 버리듯이 내치는 것이었습니다. 사정이 이렇게 되자 가룟 유다의 마음에는 대제사장과 장로들로부터 이용만 당하고 버림받았다는 견딜 수 없는 배신감과 아울러, 자신을 그토록 사랑하셨던 예수님을 팔아먹었다는 양심의 가책이 물밀듯이 몰려왔습니다.

사실 유다가 예수님을 배반한 것은 실망감에서 온 미움 때문이었습니다. 그는 열심당원으로서 유대의 독립을 학수고대하던 사람이었습니다. 그때 등장하신 예수님이 유대인의 왕이요, 해방자인 줄 알았습니다. 그래서 모든 것을 포기하고 3년간이나 그분을 추종했는데, 정작 자신들에게는 아무런 보상도 없이 십자가 위에서 돌아가실 것을 말씀하시자 속았다는 생각에 분노가 치밀어 올라왔습니다. 그래서 순간적인 충동으로 예수님을 넘겨주었던 것인데 막상 예수님이 온갖 고난을 받으시는 모습을 보자 마음속에 큰 회한이 몰려왔습니다. 그래서 그 돈을 대제사장들과 장로들 앞에 가지고 갔던 것입니다.

그러나 이것은 회개가 아니었습니다. 우리에게는 하나님께서 주시는 회개의 기회가 있습니다. 기회가 왔을 때 회개해야지 그 기회를 놓치면 영원히 회개할 수 없게 됩니다. 가룟 유다에게도 그 기회가 있었습니다. 예수님께서 수차례에 걸쳐 그에게 권면하셨던 것입니다.

"우리 중에 나를 팔 자가 있다.", "나하고 함께 떡을 집는 자가 나를 팔 것이다." 이렇게 말씀하시며 가룟 유다가 회개하고 돌아올 기회를 주셨고, 겟세마네 동산에서는 "친구여, 네가 나를 입맞춤으로 파느냐?" 라고 말씀하시며 마지막까지 그를 권면하셨습니다. 그러나 그는 끝내 주님의 권면을 외면했기 때문에 결국 회개의 기회를 잃어버렸던 것입니다.

지금 가룟 유다가 예수님을 판 대가로 받은 돈을 도로 가져온 이 행위도 회개한 것이 아닙니다. 가룟 유다는 가슴 치고 통곡하며 하나님 앞에서 철저히 회개하지 못했습니다. 그저 후회했을 뿐입니다. 주님의 권면을 외면하며 회개하지 않은 가룟 유다는 결국 영원히 회개할 기회를 놓쳐 버렸습니다.

4절 이르되 내가 무죄한 피를 팔고 죄를 범하였도다 하니 그들이 이르되 그것이 우리에게 무슨 상관이냐 네가 당하라 하거늘

가룟 유다는 대제사장과 장로들의 태도에 그만 기가 막히고 말았습니다. 예수님을 판 대가로 받은 돈을 다시 가지고 가서 "내가 무죄한 피를 팔았다. 내가 큰 잘못을 저질렀다." 이렇게 말하자 대제사장은 "이제 와서 네 책임을 왜 우리에게 전가하느냐! 우리가 너에게 예수를 넘겨 달라고 제의하지도 않았는데 네 발로 먼저 우리를 찾아와서 예수를 넘겨주겠다고 제안하지 않았느냐? 단지 우리는 너의 제의를 받아 주고 그 대가로 은 삼십을 주었을 뿐인데 이제 와서 우리더러 뭘 어쩌라는 것이냐?" 며 윽박지릅니다. 영웅 대접은커녕 완전히 무시당하고 있는 것입니다.

그렇습니다. 하나님의 자녀가 하나님께 버림받으면 세상에서는 더 큰 멸시를 받게 됩니다. 소금이 짠맛을 잃으면 밖에 버려져 사람에게 밟히는 것과 같은 이치입니다. 이제 가룟 유다는 살맛을 잃게 되었습니다.

5절 유다가 은을 성소에 던져 넣고 물러가서 스스로 목매어 죽은지라

유다는 성소로 달려가서 예수님의 핏값인 은 삼십을 던져 버렸습니다.

이제는 살 희망도 없어졌고 그 돈에 대한 미련도 사라졌습니다. 죽음을 결심한 사람에게는 세상의 그 어떤 부귀영화와 공명도 다 부질없습니다. 그길로 유다는 가서 목을 매었습니다.

6-7절 대제사장들이 그 은을 거두며 이르되 이것은 핏값이라 성전고에 넣어 둠이 옳지 않다 하고 의논한 후 이것으로 토기장이의 밭을 사서 나그네의 묘지를 삼았으니

대제사장들은 가룟 유다가 던져 넣은 돈을 성전고에서 꺼냈습니다. "이것은 더러운 돈이다. 배신자의 돈, 자기 주를 팔아먹은 핏값이다. 창녀의 돈보다도 더 더러운 이 돈을 하나님의 성전고에 넣을 수가 없다."고 결론지었습니다. 그래서 대제사장들과 장로들은 그 돈으로 토기장이의 밭을 사서 나그네의 묘지로 삼았습니다. 힌놈의 골짜기 건너편에 있는 이 땅은 옛날에 토기장이들이 토기를 만들다 버린 아주 값싼 땅이었습니다. 그때부터 유월절이나 명절에 온 세계 각지에서 주님을 섬기러 왔다가 객사한 사람들과 연고가 없이 죽은 이방인들이 이곳에 묻히게 되었습니다.

8절 그러므로 오늘날까지 그 밭을 피밭이라 일컫느니라

나그네의 묘지가 된 땅을 피밭이라고 부르게 된 것은 가룟 유다가 예수님의 생명과 바꾼 돈으로 샀기 때문입니다. 피는 생명입니다. 예수님의 생명도 피에 있었으므로 그분의 목숨 값으로 샀다는 뜻에서 피밭이라고 부른 것입니다. 뿐만 아니라 가룟 유다가 예수 그리스도를 배반한 것을 후회하며 목매어 죽었습니다. 가룟 유다의 피를 부른 돈이기도 합니

다. 이런 여러 가지 의미를 다 포함하여 피밭이라고 불렀던 것입니다.

9-10절 이에 선지자 예레미야를 통하여 하신 말씀이 이루어졌나니 일렀으되 그들이 그 가격 매겨진 자 곧 이스라엘 자손 중에서 가격 매긴 자의 가격 곧 은 삼십을 가지고 토기장이의 밭 값으로 주었으니 이는 주께서 내게 명하신 바와 같으니라 하였더라

스가랴서 11장 12절부터 13절까지 보면 벌써 예수님께서 오시기 6백여 년 전에 이 모든 일들이 일어날 것이 예언되어 있습니다. 대제사장들과 장로들과 가룟 유다가 정한, 종의 매매 가격인 은 삼십에 예수님이 팔리실 것과 그 돈으로 토기장이의 밭을 사게 될 것이 예언된 것입니다. 그 예언이 이루어졌습니다. 예수님의 제자 중에 한 사람이 예수님을 팔 것이라고 한 예언도 가룟 유다에 의해 이루어졌고, 토기장이의 땅을 살 것이란 예언도 그대로 이루어졌습니다.

그뿐 아닙니다. 예수 그리스도의 일생에 대하여 이미 이사야와 스가랴가 예언했으며 미가 선지자도 예언을 선포했습니다. 그리고 그 예언대로 예수님이 태어나셔서 십자가 위에서 죽으셨고 부활하셨습니다. 예수 그리스도의 초림에 대해서는 구약 성경에 무려 3백 번이나 예언되어 있습니다. 그리고 그것은 다 이루어졌습니다.

우리 기독교 신앙의 위대함은 이미 수천 년 전부터 예언된 것들이 그대로 성취된다는 사실입니다. "뜻이 하늘에서 이루어진 것같이 땅에서도 이루어지이다."라는 우리의 고백처럼, 하나님께서 하늘에서 이미 다 계획해 놓으신 청사진에 따라 이 땅에서 하나하나 다 이루어져 가고 있는 것입니다.

하나님은 알파와 오메가가 되시고, 처음과 나중이 되시며, 시작과 끝이 되시기 때문에 세상 만물의 처음부터 끝까지 모든 것을 다 알고 계십니다. 물론 우리의 생애도 마찬가지입니다. 우리들이 태어나기 이전부터 삶의 모든 과정과 죽은 이후까지도 하나님은 다 알고 계십니다. 하나님은 우리보다 앞서 가셔서 모든 길을 다 정해 놓고 모든 것을 다 예비해 놓으셨습니다. 그러므로 우리는 걱정할 것 없습니다. 그저 예수님을 믿고 하나님께 전폭적으로 의지하며 따라가면 됩니다. 우리가 하나님을 믿고 감사와 찬미로 주 앞에 나갈 때 주님께서는 예비하신 그 길을 언제나 우리를 위해 열어 주십니다.

3. 십자가에 못 박도록 넘겨주다(27:11-26)

**11. 예수께서 총독 앞에 섰으매 총독이 물어 이르되 네가 유대인의
왕이냐 예수께서 대답하시되 네 말이 옳도다 하시고 12. 대제사장들
과 장로들에게 고발을 당하되 아무 대답도 아니하시는지라 13. 이
에 빌라도가 이르되 그들이 너를 쳐서 얼마나 많은 것으로 증언하는
지 듣지 못하느냐 하되 14. 한 마디도 대답하지 아니하시니 총독이
크게 놀라워하더라 15. 명절이 되면 총독이 무리의 청원대로 죄수
한 사람을 놓아주는 전례가 있더니 16. 그때에 바라바라 하는 유명
한 죄수가 있는데 17. 그들이 모였을 때에 빌라도가 물어 이르되 너**

희는 내가 누구를 너희에게 놓아주기를 원하느냐 바라바냐 그리스도
라 하는 예수냐 하니 18. 이는 그가 그들의 시기로 예수를 넘겨준 줄
앎이더라 19. 총독이 재판석에 앉았을 때에 그의 아내가 사람을 보
내어 이르되 저 옳은 사람에게 아무 상관도 하지 마옵소서 오늘 꿈에
내가 그 사람으로 인하여 애를 많이 태웠나이다 하더라 20. 대제사
장들과 장로들이 무리를 권하여 바라바를 달라 하게 하고 예수를 죽
이자 하게 하였더니 21. 총독이 대답하여 이르되 둘 중의 누구를 너
희에게 놓아주기를 원하느냐 이르되 바라바로소이다 22. 빌라도가
이르되 그러면 그리스도라 하는 예수를 내가 어떻게 하랴 그들이 다
이르되 십자가에 못 박혀야 하겠나이다 23. 빌라도가 이르되 어찜이
냐 무슨 악한 일을 하였느냐 그들이 더욱 소리 질러 이르되 십자가에
못 박혀야 하겠나이다 하는지라 24. 빌라도가 아무 성과도 없이 도
리어 민란이 나려는 것을 보고 물을 가져다가 무리 앞에서 손을 씻으
며 이르되 이 사람의 피에 대하여 나는 무죄하니 너희가 당하라 25.
백성이 다 대답하여 이르되 그 피를 우리와 우리 자손에게 돌릴지어
다 하거늘 26. 이에 바라바는 그들에게 놓아 주고 예수는 채찍질하
고 십자가에 못 박히게 넘겨주니라

11절 예수께서 총독 앞에 섰으매 총독이 물어 이르되 네가 유대인의 왕이냐 예수께서 대답하시되 네 말이 옳도다 하시고

대제사장이나 장로, 서기관, 바리새인들이 예수님을 사형에 처하기로 작정했지만, 그러기 위해서는 그 이유를 분명히 총독에게 제시해야만 했습니다. "이런저런 이유 때문에 이 사람은 사형에 처해야 한다."라고 말입니다. 이유 없이 사람을 죽일 수가 있습니까? 그래서 그들이 총독에게 제시한 조건은 전에도 말한 바와 같이 다음의 세 가지였습니다.

첫째, 이 사람은 민란을 일으킨 위험 인물이다. 민중을 선동해서 폭동을 일으켰다.

둘째, 이 사람은 로마의 황제인 가이사에게 세금을 내지 말라고 가르쳤다.

셋째로, 이 사람은 자기가 왕이라고 주장한다. 지금 로마 제국의 왕은 가이사인데 자기가 왕이라고 하는 것은 분명한 반역죄이다. 그러므로 이 자를 처형해야 된다. 이렇게 고발했습니다.

마귀는 언제나 이와 같이 우리를 참소합니다. 온갖 거짓말로 참소하는 것이 마귀의 역할입니다. 오늘날도 마귀는 하나님 앞에서 우리들을 매일 참소하고 있습니다. 뿐만 아니라 마귀는 제 손아귀에 잡힌 자들을 들어 서로 참소하게 만듭니다. 하지 않은 말을 했다고 거짓말을 보태며, 어찌하든지 상대방을 도둑질하고 죽이고 멸망시키려고 갖은 애를 씁니다. 이런 참소는 사람에게 치명타를 주는데 주님은 이런 참소를 굉장히 미워하십니다. 그런데 소위 하나님을 믿는다는 대제사장과 장로들과 서기관과 바리새인과 사두개인들이 예수님에 대해서 참소하고 있는 것입니다.

하지만 예수님은 군중을 모아 병을 고쳐 주고 복음을 전했지, 군중을 선동한 적이 없습니다. 또 예수님은 가이사에게 세금을 내지 말라는 말씀을 하시지 않았습니다. "가이사의 것은 가이사에게, 하나님의 것은 하나님께 바치라"(22:21)고 분명히 말씀하셨습니다. "자기가 왕이라고 말했다."는 것도 참소였습니다. 예수님은 자기가 메시아라고 했지, 이 세상의 왕이라고 말씀하시지 않았습니다. 그런데도 저들은 거짓을 만들고 보태서 참소한 것입니다.

우리는 결단코 참소하지 말아야 합니다. 마귀가 우리의 입술을 사용하여 남을 모함하고 참소하여 다른 사람에게 고통을 주고 파멸을 가져다주는 일을 하도록 해서는 절대로 안 됩니다.

선거 때가 되면 후보자들은 아예 상대방의 조상까지 조사해 그 무덤까지도 다 파헤치려고 합니다. 사돈의 팔촌까지 뒤집어 봐서 어떤 흠이든지 잡아내려고 안달을 합니다. 정정당당하게 실력으로 대결하지 않고 남을 헐뜯고 참소하고 할퀴어서 기어이 경쟁자가 피 흘리며 쓰러지게 만드는 것은 아주 비열한 일입니다. 우리나라의 정치도 이제는 거짓과 참소가 없는 정정당당한 대결이 되어야겠습니다.

이런 터무니없는 유대인들의 참소를 들은 빌라도는 유대인들이 시기로 인해 거짓말을 하고 있다는 것을 알았습니다. 빌라도는 예수님이 민중을 선동할 분이 아니란 것을 잘 알고 있었기 때문에 그것은 묻지도 않았습니다. 가이사에게 세금을 내지 말라고 가르쳤다는 말도 보고받은 적이 없었습니다. 빌라도는 각처에 정보원을 파견하여 수시로 보고를 받고 있었는데 지금까지 그런 보고를 들은 적이 없었습니다.

그러나 예수님이 자기가 왕이라고 말했다는 조항은 그냥 넘길 수가 없었습니다. 그것이 사실이라면 이것은 명백한 반역죄이기 때문입니다. 이 일을 제대로 처리하지 못하면 자신의 목이 날아갈 수도 있습니다. 그래서 빌라도의 관심은 그 조항에 집중됐습니다. "총독이 물어 이르되 네가 유대인의 왕이냐 예수께서 대답하시되 네 말이 옳도다 하시고".

여기에 대해서는 예수님께서 추호의 변명도 하지 않으셨습니다. "네가 유대인의 왕이냐?" 라는 물음에 "그래, 네 말이 옳다." 라고 당당하게 대답하셨습니다. 왜 그렇습니까? 예수 그리스도는 다윗의 혈통에서 나셨으므로 혈통을 통해서 볼지라도 왕이었습니다. 또 예수님이 이 땅에 오신 것은 만왕의 왕이요, 만주의 주로 오셨기 때문에 예수님이 왕인 것은 틀림이 없는 사실이었습니다.

이 대답을 들은 빌라도의 눈에서는 번쩍하고 광채가 났습니다. '뭐, 네가 왕이라고?' 자신이 유대인의 왕이라고 했다는 조항 역시 유대인들의 참소로 생각하고 예수님께서 부인하시기만 하면 그냥 풀어 줄 생각이었는데, 그런 엄청난 대답을 직접 듣게 될 줄은 정말 몰랐습니다. 이건 보통 심각한 문제가 아니었습니다. 단순히 예수란 자가 처벌을 받고 말고의 문제가 아니었습니다. 자칫하면 빌라도 자신에게 있어서도 치명적인 결과를 가져올 수 있는 아주 위험한 상황이 된 것입니다.

12절 대제사장들과 장로들에게 고발을 당하되 아무 대답도 아니하시는지라

자신이 유대인의 왕임을 밝히신 뒤에는 대제사장들과 장로들이 빌라도 앞에서 온갖 말로 예수님을 고소했지만 예수님은 그 참소에 아무런 대답도 하지 않으셨습니다. 왜 침묵하셨습니까? 대답할 일고의 가치도 없었기 때문입니다. 전부 거짓말로 지어서 하는 고소에 일일이 대답할 필요가 없으셨던 것입니다. 뿐만 아니라 예수님은 이미 고난의 길을 가기로 작정하신 뒤였습니다. 겟세마네 동산에서 기도하실 때 아버지께로부터 고난의 잔을 받아 마셨던 것입니다. 주님은 인류를 위해 제물이 되기로 작정하셨습니다. 돌아가시기로 작정하셨는데 죽이기 위해 하는 참소와 고소에 뭐하러 일일이 대꾸합니까? 그래서 주님은 제왕의 침묵을 지키신 것입니다.

이것은 빌라도가 볼 때는 놀라운 일이었습니다. “야! 이분은 보통 분이 아니구나. 이렇게 참소하는데 한 마디 대꾸도 않고 침묵하다니!” 보통사람들 같으면 “그렇지 않다. 저들은 거짓말쟁이다. 내가 언제 그랬느냐?”고 야단이 났을 텐데 주님은 가만히 듣고만 계신 것이었습니다.

우리들도 살다 보면 아주 말도 안 되는 소리를 들을 때가 있습니다. 그때는 아예 대답을 안 하는 것이 좋습니다. 말도 안 되는 참소를 할 때는 싸움을 거는 것이라 생각하고 피하는 것이 상책입니다. 복싱하는 사람이라면 체급이 같은 선수끼리 시합을 해야지 만약에 최고로 가벼운 경량급 선수가 헤비급 선수와 싸우면 누가 더 응원을 받겠습니까? 작고 마른 체격을 가진 사람이 링 위에서 덩치가 큰 사람에게 “올라와, 올라와, 이 겁쟁이야! 왜 못 올라오냐? 용기 있으면 올라와라!” 그럴 때 헤비급 선수가 링 위로 올라가면 절대 안 됩니다. 그 경량급 선수만 유명해지도록 만들어 주기 때문입니다. 마찬가지로 참소하는 사람에게 대꾸하면 그의 계획에 말려드는 것입니다. 그들은 상대방과 싸워서 자기의 이름을 드러내려는 경우가 많기 때문입니다.

나도 목회하는 동안 이런 일을 수없이 당했습니다. 여러모로 상대도 되지 않는 사람이 자꾸 나에게 욕을 합니다. 정말 화가 나도록 집요하게 달려듭니다. 이것은 나를 보고 링 위에서 “올라와! 올라와!” 하는 것과 같습니다. 만약 내가 올라가서 싸운다고 가정할 때, 자기는 얻어맞고 자빠져도 아무 잃을 것이 없지만 나는 링에 올라가는 순간 만신창이가 됩니다. 그러므로 그럴 때는 절대로 올라가지 말아야합니다. 오른뺨을 치면 왼뺨을 돌려대고 겉옷을 달라면 속옷도 주어야 합니다. 오리를 가자면 십리를 가 주고 싸우지 말아야지 같이 싸우면 그 사람만 유명하게 만들어 줍니다.

그런데 참소하고 달려들 때도 반드시 대답해야 될 말이 있습니다. 그것은 참말에 대한 대답입니다. 예수님께서도 빌라도가 "네가 왕이냐?"고 물었을 때 "내가 왕이다!"라고 대답하셨습니다. 참말에 대한 질문에는 참말로 대답하신 것입니다. 그러나 그 외의 모든 거짓말에는 묵묵히 침묵으로 일관하셨습니다.

느헤미야가 무너진 예루살렘 성을 다시 세울 때 주변의 이방 총독들이 온갖 참소를 다 했습니다. 뿐만 아니라 "만나자", "이야기하자"며 수단과 방법을 다해 방해했습니다. 이때 에스라는 뭐라고 말했습니까? "나는 너에게 할 말이 없다. 나는 하나님이 명령하신 중대한 일을 하고 있기 때문에 너와 만날 시간도, 필요도 없다."며 대꾸하지 않았습니다.

우리 최자실 목사님께서 늘 하시던 말씀도 "똥개야, 짖어라. 기차는 간다."였습니다. 최 목사님은 참소를 당하면 "기차가 마을을 통과하다가 똥개들이 나와서 짖을 때마다 기차를 세우면 그 기차가 언제 가겠느냐? 짖든 말든 우리는 앞으로 달려가야 한다."라고 말씀하셨습니다.

우리가 주의 일을 할 때도 이처럼 여러 가지 방해와 참소가 뒤따를 것입니다. 하지만 우리는 그것에 대해 일일이 대답할 필요가 없습니다. 하나님이 시키신 대로 하면 그다음 문제는 하나님이 해결해 주시기 때문입니다. 우리가 이리저리 뛰어다니면서 시간 소모하면 하나님의 일은 언제 합니까? 사탄이 참소할 때마다 변명하고 끌려 다니다 보면 시간만 소모하고, 결국 사탄의 속셈대로 마음이 상하여 일을 못하게 됩니다. 우리는 하나님의 부르심에 따라 당당하게 서서 참소에 흔들리지 말고 장엄하게 앞으로 나갈 따름인 것입니다.

13-14절 이에 빌라도가 이르되 그들이 너를 쳐서 얼마나 많은 것으로 증언하는지 듣지 못하느냐 하되 한 마디도 대답하지 아니하시니 총독이 크게 놀라워하더라

빌라도가 예수님께 말합니다. "봐라! 저들이 너를 고소하기 위해 얼마나 많은 것으로 증거하는가! 그런데 너는 왜 아무 말도 없느냐?" 빌라도는 의아한 한편 답답했습니다. 그가 볼 때도 말이 안 되는 소리로 공격하고 있는데 예수님은 한 마디도 변명하지 않고 있는 것이었습니다. 묵묵히 제왕의 침묵만을 지킬 뿐이었습니다. 마침내 빌라도는 마음으로 크게 놀랐습니다. "아! 이분은 참으로 기이한 사람이다. 보통 사람들 같으면 분을 품고 펄펄 뛰며 자신을 참소하는 자들을 저주할 터인데 저렇게 평안한 모습으로 앉아 있다니……." 이런 주님의 모습을 보며 빌라도 총독은 예수님에게서 함부로 대할 수 없는 위엄을 느꼈습니다.

이런 이야기가 있습니다. 소크라테스가 길을 가고 있는데 한 사람이 다가오더니 갑자기 발로 차고 침을 뱉으며 욕설을 퍼붓는 것이었습니다. 그런데 소크라테스는 아무 말 없이 툭툭 털고는 그냥 걸어가는 것이었습니다. 옆에 있던 사람이 "아니, 저 놈이 이유 없이 발길로 차고 침을 뱉고 욕설을 퍼붓는데도 왜 아무 말도 없이 그냥 가십니까?"라고 물었습니다. 그러자 소크라테스는 "길을 가다가 개에게 물렸다고 해서 나도 개를 물어뜯을 수는 없지 않는가? 그러니 나도 그냥 가는 것이네."라고 말했다고 합니다. 소크라테스의 말처럼 개가 자신을 보고 짖는다고 같이 달려들어 왕왕 짖으면 어떻게 되겠습니까? 그 사람도 개처럼 되지 않겠습니까? 사람은 사람답게 행동해야 합니다. 손뼉이 마주쳐야 소리가 나듯이

서로 같을 때 다툼이 일어나지 한 쪽이 월등하게 높을 때는 결코 다툼이 일어날 수가 없는 것입니다.

한 가지 이야기를 더 하겠습니다. 요한 웨슬리의 부인은 요한 웨슬리가 생활에 무관심하여 집안도 돌보지 않고 생활비도 주지 않자 참을 수가 없었습니다. 그래서 하루는 요한 웨슬리가 설교하는 데를 찾아갔습니다. 그리고 웨슬리의 설교를 끊으며 큰 소리로 외쳤습니다. "여러분! 저 사람의 말을 듣지 마십시오. 저 사람은 거짓말쟁이입니다. 내가 저 사람의 아내입니다. 저 사람은 집안도 돌보지 않고 가족들에게도 무관심합니다. 저 사람의 말을 믿어서는 안 됩니다." 사람들이 그 말을 듣고 웅성거리기 시작했습니다. 그러자 요한 웨슬리가 조용히 말했습니다. "여러분! 저 여자가 한 말은 다 참말입니다. 내가 저 여자의 남편이고 저 여자가 내 아내입니다. 아내의 말대로 저는 거짓말쟁이이고 못난 놈입니다. 그럼에도 불구하고 예수님의 보혈로 용서받고 지금 목사가 되어 여기에 서 있습니다. 이처럼 예수 그리스도의 보혈의 권세가 크다는 것을 알아야 됩니다." 성도들이 우레와 같은 박수로 요한 웨슬리를 격려했습니다. 그 자리는 완전히 부흥회 자리가 되고 만 것입니다. 이렇게 되자 오히려 웨슬리를 욕하던 부인이 머쓱해지고 말았습니다.

요한 웨슬리는 아내보다 그릇이 훨씬 큰 사람이었습니다. 그래서 아예 아내의 말을 인정해 주고 다투지 않았던 것입니다. 만약 요한 웨슬리가 격분하여 "뭐가 어쩌고 어째? 당신 내 아내 맞아? 아내라면 주님의 일을 하는 나를 내조해 줘야지 사람들 앞에서 이 무슨 무례한 짓이야! 당신 집에 가서 봅시다." 이랬다면 요한 웨슬리의 사역은 거기서 끝났을지도 모릅니다. 오늘날의 그 위대한 요한 웨슬리가 될 수 없었을 것입니다. 이처럼 우리는 대답할 가치가 있는 말에만 대답해야 합니다. 터무니없이 참소하는 말에는 대답하지 말고 피하는 것이 좋습니다.

15절 명절이 되면 총독이 무리의 청원대로 죄수 한 사람을 놓아주는 전례가 있더니

우리나라에서도 8월 15일이나 성탄절, 그리고 4월 초파일과 같은 날에는 많은 죄수들을 석방해 줍니다. 이와 같이 로마 총독부에서는 유대 민족의 최대 명절인 유월절이 되면 민중들의 환심을 사기 위해 죄수 하나를 놓아주는 전례가 있었습니다. 빌라도가 정보원들을 통해 보고받은 바로는 예수님은 오로지 천국 복음을 전파하고, 죽은 자를 살리며, 귀머거리를 듣게 하고 벙어리가 말하게 하며 병든 자를 고치는 등 순수한 종교적인 활동을 했다는 내용이었습니다. 보고 내용으로 미루어 볼 때 예수님은 전혀 위험인물이 아니었습니다. 그래서 빌라도는 어떻게 하든지 예수님을 석방시키고자 했습니다.

오늘날에도 교회는 예수님의 사역을 본받아 영혼 구원에 목표를 두어야 합니다. 물론 사회의 부정과 비리를 바로잡는 일에도 무관심해서는 안 되며, 사회 정의를 위해 힘써야 하지만 어디까지나 교회의 사명은 천국 가는 길을 소개하는 일입니다.

만약 교회가 정치에 휘말려서 여당, 야당으로 나뉘어 밀고 당기고 하면 그때는 교회가 완전히 풍비박산이 납니다. 예수님께서도 생전에 여당도 야당도 아니셨습니다. 유대 민족이 로마의 식민지로 있었지만 로마 정부를 공격하지도 않았습니다. 언제나 중립의 위치에서 오로지 복음 전파와 사회문제에 관심을 두셨습니다. 오로지 예수님의 관심은 가난하고

헐벗고 굶주린 사람을 도와주는 일과 그들의 영혼을 구원하는 일이었습니다. 그래서 빌라도는 예수님을 풀어 주는 일이 당연하다고 생각했던 것입니다. 이처럼 오늘날의 교회의 관심도 첫째도 복음 전파, 둘째도 복음 전파, 셋째도 복음 전파가 되어야 합니다.

16절 **그때에 바라바라 하는 유명한 죄수가 있는데**

바라바라는 죄수는 민란과 강도, 살인 등의 세 가지 죄목을 범한 아주 유명한 죄수였습니다. 그는 로마 정부를 반대하는 폭동을 일으켜서 로마 정부를 따르는 사람들을 죽이고 도시에 불을 질렀습니다. 그리고 닥치는 대로 강탈했습니다. 그래서 유명한 사람이 되었던 것입니다.

17-18절 **그들이 모였을 때에 빌라도가 물어 이르되 너희는 내가 누구를 너희에게 놓아주기를 원하느냐 바라바냐 그리스도라 하는 예수냐 하니 이는 그가 그들의 시기로 예수를 넘겨준 줄 앎이더라**

빌라도는 사람들에게 누구를 풀어 주길 원하느냐고 물으면 당연히 예수님을 풀어 주라고 말할 줄 알았습니다. 바라바야 세상이 다 알고 있는 것처럼 폭동을 일으킨 자요, 살인한 자요, 강도죄를 지은 자니까 그것은 당연하다고 생각한 것입니다.

하지만 그것은 빌라도의 착각이었습니다. 예수님을 미워하는 사람들은 무슨 죄 때문이 아니라 종교적인 질투심 때문에 예수님을 미워했기 때문입니다. 예수님께서 복음을 전파하자 수많은 사람들의 관심이 그쪽으로 기울어지는 것을 보고 유대교의 대제사장이나 바리새인, 사두개인, 서기관들은 무시무시한 질투심을 느꼈습니다. 그래서 예수님을 죽이려고 했던 것입니다. 그러므로 유대인들은 이유 여하를 막론하고 예수를 죽이려고 했는데 빌라도는 그들의 마음을 읽지 못했던 것입니다.

시기와 질투는 참으로 무섭습니다. 사람들은 자기와 비슷한 처지에 있던 사람 중에 자신보다 나아지는 사람이 생기면 어찌하든지 조상 무덤까지 파헤쳐서라도 그를 끌어내리려고 합니다. 참으로 인심이 우스운 것은 다 같이 거지처럼 살다가 그 중에서 한 사람이 잘되면 온 거지들이 다 달려들어서 그를 죽이려고 합니다. 왜 그렇습니까? "너도 우리와 같은 거지 신세였는데, 전에는 별 볼일 없는 놈이었는데, 네가 뭐가 잘나서 우리보다 잘살 수 있느냐!" 그래서 아예 그를 끌어내려 매장시켜 버립니다.

옛말에 '종이 종을 부리면 촛대 뼈가 부러진다.' 는 말이 있습니다. 종이 종을 부리면 종의 사정을 더 잘 알기 때문에 동정을 많이 할 것 같은데 실제로는 그렇지 않습니다. 종이 종을 부리면 촛대 뼈가 부러질 정도로 가혹하게 다룹니다. '나도 그 시절에 엄청나게 고통을 당했다. 지금 네가 받는 고통쯤은 아무 것도 아니다.' 라는 생각에 무시무시하게 부립니다.

시집살이를 아주 고되게 한 시어머니일수록 며느리 시집살이를 심하게 시킵니다. 상식적으로 생각하면 자기가 시집살이를 힘들게 했으니까 며느리가 들어오면 불쌍히 여길 것 같지만 절대 그렇지 않습니다. 오히려 시집살이를 편안하게 한 시어머니는 며느리에게 잘 대해 주어도, 고된 시집살이를 했던 시어머니는 며느리에게 아주 고된 시집살이를 시키는 것입니다.

사람들은 자기보다 형편이나 여건이 더 좋아진 사람을 보면, 진심으로 칭찬해 주거나 스스로 분발할 생각은 하지 않고 열등의식과 좌절감을 느

낍니다. 그 열등의식은 시기와 질투를 불러와 어떻게 하든지 상대를 죽이려고 합니다.

우리의 역사 가운데 조선 5백 년을 살펴보면 궁중에서 일어난 것은 시기와 질투와 반목의 역사였습니다. 어마어마한 시기와 질투의 일상에서 해가 뜨고 해가 졌습니다. 정당한 경쟁은 좋습니다. 남이 발전했으니 나는 더 노력하여 그보다 앞서 나가겠다는 정당한 경쟁은 좋지만, 자신은 노력하지도 않으면서 발전하는 사람을 끌어내려 자신의 밑에 두려고 하는 것은 무서운 죄악인 것입니다.

내가 목회하면서 지금까지 살아있다는 것이 꿈만 같습니다. 여의도순복음교회가 세계 최대 교회가 되고, 내가 이곳에서 목회하고 있다는 사실이 꿈만 같습니다. 이것은 주님이 나를 도와주시지 않았으면 불가능했을 일입니다. 사실 내가 교회를 개척했을 때만 해도 하나님의 성회라는 교단은 이름만 있었지 교회가 거의 없을 때였습니다. 그럴 때 천막을 치고 목회를 시작하자 앞선 형제 교파들이 들고 일어나서 얼마나 시기하고 질투하고 물고 뜯는지 지금 내 사지가 붙어 있는 것이 놀라울 정도입니다.

사람들이 나를 보고 "왜 한국에서 부흥회를 안 하고 외국에만 돌아다니느냐? 당신은 한국 사람인데 왜 한국 민족을 사랑하지 않느냐?" 이렇게 질문하는 사람이 많았습니다. 그때 나는 '한국 교회의 목사님들이 내게 이처럼 고통과 괴로움을 주는데 내가 한국에서 부흥회 할 이유가 어디 있겠는가?' 이렇게 생각했습니다. 그래서 나는 한국에서 거의 부흥회를 하지 않았습니다. 그리고 오대양 육대주로 나갔는데 외국으로 나가면 아무도 와서 욕하는 사람이 없었습니다.

미국이나 영국, 불란서나 스칸디나비아 반도 등 어느 곳에서 부흥회를 해도, 사람들이 구름 떼같이 모여도 나는 조금도 위협을 느끼지 않았습니다. 외국에서는 목회자들이 생각하기를 '저 사람은 부흥회가 끝나면 떠나갈 사람이니까 우리 교인을 빼앗길 일도 없을 것이고, 목회에 위협이 되지도 않을 것이다.' 라고 생각하고 모두 박수 쳐 주며 적극 협조했습니다. 그래서 외국 집회는 아무런 방해 없이 가는 곳마다 대대적인 환영을 받았습니다.

하지만 한국에서는 항상 위협을 느꼈습니다. 물론 그분들의 심정을 모르는 바가 아닙니다. 그때 사람들이 말하기를 이 손바닥만한 땅덩어리에서 부흥회가 열려 대군중이 모이면 교인들을 순복음교회에 다 뺏길 것 같은 생각이 들었답니다. 그뿐 아니라 교인들이 자꾸 비교하며 "왜 조용기 목사님은 이렇게 하는데 우리 목사님은 안 하느냐?" 고 말할 때마다 괴롭다는 것이었습니다. 그래서 시기와 질투가 불 일듯 일어나 참소를 했다는 것입니다. 이로 인해 나는 대내외적으로 수많은 참소를 당했으며 우리 하나님의 성회 교단에서 쫓겨났다가 돌아오기도 했습니다. 그렇게 수많은 시기와 질투를 당하면서도 끝까지 살아남아 지금까지 온 것이 참으로 놀라운 하나님의 역사입니다. 그래서 나는 지금도 지방에서 집회를 해 달라는 요청이 오면 열 번 더 생각해 보고 되도록이면 가지 않습니다.

물론 우리 선교연합회에서는 1년에 몇 번씩 대도시 집회를 계획합니다. 하지만 내가 심사숙고하고 안 가려는 이유는 또다시 시기와 질투로 인한 평지풍파를 일으키기 싫어서입니다. 만약 내가 이름 없는 조그마한 교회의 목사라면 별 문제가 없었을 것입니다. 그러나 여의도순복음교회는 소위 세계에서 제일 큰 교회이고, 매스컴을 통해서 늘 복음을 전하고 있기 때문에 많은 사람들이 나를 잘 알고 있습니다. 그리고 지방의 곳곳마다 순복음교회가 다 있기 때문에 내가 가면 순복음교회 부흥시키러 왔다고 오해를 합니다. 그래서 나는 지방에 될 수 있으면 안 갑니다.

이렇게 시기와 질투는 매우 무섭습니다. 한번 시기와 질투에 불이 붙으면 여간해서 꺼지지 않습니다. 그러므로 우리는 시기와 질투의 불이 붙지 않도록 최선을 다해야 합니다. 인간이니까 시기와 질투가 없을 수는 없겠지만, 할 수만 있으면 남이 잘 되는 것에 박수 쳐 주고 밀어 주어야 합니다. 시기와 질투 때문에 그를 끄집어 내리고 모욕하고 짓밟는 일은 절대로 하지 말아야 합니다.

그런데 본문에서 보다시피 빌라도는 대제사장과 장로, 바리새인, 사두개인, 서기관들이 예수님을 시기해서 죽이려고 한다는 것을 잘 알고 있었습니다. 그래서 이 사람을 죽여서는 안 되겠다고 생각하고 어찌하든지 예수님을 놓아주려고 애를 썼던 것입니다.

19절 총독이 재판석에 앉았을 때에 그의 아내가 사람을 보내어 이르되 저 옳은 사람에게 아무 상관도 하지 마옵소서 오늘 꿈에 내가 그 사람으로 인하여 애를 많이 태웠나이다 하더라

빌라도가 예수를 놓아주려고 애를 쓰고 있을 때 아내로부터 쪽지가 왔습니다. 쪽지를 열어 보니 "여보, 그분에게 손대지 마세요. 내가 간밤에 꿈을 꾸었는데 그 사람은 보통 분이 아닌 하나님의 사람이예요. 내가 그를 구출하려고 무척 애를 썼습니다. 절대로 그분에게 손을 대서는 안 됩니다." 이렇게 쓰여 있는 것이었습니다.

빌라도는 설상가상이었습니다. 내가 짐작하건대 그 부인은 평소에도 꿈을 잘 꿨는데 그 꿈이 잘 맞았던 것 같습니다. 그래서 빌라도가 종종 그 부인의 꿈을 통해 도움을 많이 받았던 것 같습니다. 그렇지 않다면 지금 재판하는 자리에 부인이 꿈꾼 이야기를 적어서 보낼 리가 없습니다. 보통 사람 같았으면 "이 사람이 제정신인가! 지금 중요한 재판을 하고 있는데 무슨 꿈 이야기를 하고 있어!" 하고 화를 냈을 것입니다. 화도 내지 않고 부인의 꿈 이야기에 두려움을 느끼는 것을 보면 평소에 부인의 꿈은 아주 잘 맞았음을 알 수 있습니다.

내가 참으로 하나님께 감사하는 것은 내게 꿈을 잘 안 주신다는 것입니다. 혹, 꿈 많이 꾸고 환상 보는 것을 소원하십니까? 하지만 꿈이나 환상을 보는 것이 그렇게 좋은 일이 못 됩니다. 왜 그럴까요? 우리가 꿈을 통해서 미래나 환상을 알게 되었을 때 그때부터 걱정이 시작되기 때문입니다. 대개 좋은 꿈보다는 나쁜 꿈이 많습니다. 위험한 꿈도 많습니다. 그러면 항상 근심 속에 살 수밖에 없습니다. 그러므로 우리가 주를 믿고 열심히 기도하며 모든 것이 합력하여 선을 이룰 줄 믿고 그저 긍정적이고 적극적이고 창조적으로 나아가는 것이 좋지, 자꾸 이런 저런 꿈을 꾸면 조마조마해서 아무 것도 못하게 됩니다.

하나님께서 꿈을 주시면 감사하며 그것을 참조할지언정 꿈과 환상을 달라고 너무 구하지는 마십시오. 믿음으로 살면 됩니다. 우리 하나님이 나를 사랑하사 독생자를 주셨는데 내게 해롭게 하시겠습니까? 그 아들을 아끼지 않고 주신 아버지께서 그 아들과 함께 무엇을 선물로 주시지 않겠습니까? 그러므로 우리는 하나님의 사랑에 대한 절대 신뢰를 가지고 범사에 감사하면서 담대히 나가는 것이 좋습니다.

20-21절 대제사장들과 장로들이 무리를 권하여 바라바를 달라 하게 하고 예수를 죽이자 하게 하였더니 총독이 대답하여 이르되 둘 중의 누구를 너희에게 놓아주기를 원하느냐 이르되 바라바로소이다

대제사장들과 장로들은 지금 총독 빌라도가 군중을 설득하려는 것을 이미 알고 있었습니다. 그래서 빌라도 총독이 "둘 중의 누구를 너희에게 놓아주기를 원하느냐?" 고 물었을 때 군중들을 더욱 선동했습니다. "예수를 죽이라고 해라. 바라바를 놓아주고 예수를 죽이라고 해라." 이렇게 선동했습니다.

문제가 있는 곳에는 주로 선동꾼이 있습니다. 우리의 모임에서도 말꾼이 하나 끼어 있으면 그 모임은 보통 시끄럽지 않습니다. 말꾼들은 이 말 저리 물어가고 저 말 이리 물어오며 모든 사람들에게 싸움을 붙여 놓습니다. 그러나 걱정할 필요는 없습니다. 그 말꾼만 쫓아버리면 조용해지기 때문입니다. 일반 군중들은 마음이 그렇게 사악하거나 완악하지 않습니다. 다만 선동에 약해서 선동꾼들이 선동하면 군중들은 그냥 쉽게 넘어가 그 선동에 따라서 야단입니다. 그러다가도 그 선동꾼이 사라지면 또 조용해집니다.

나도 목회하면서 수많은 구역과 대 · 소교구에서 문제가 생기는 것을 보았습니다. 구역이나 교구에 문제가 생기면 마치 온 구역이 다 발칵 뒤집어지고 교구가 절단강산이 날 것 같은데 사실은 그렇지 않습니다. 거기에 한두 명 미꾸라지가 있을 뿐입니다. 한두 명의 미꾸라지가 올라갔다 내려갔다 하면서 구정물을 일으켜서 구역을 온통 구정물로 만듭니

다. 그럴 땐 빨리 가서 그 한두 명의 미꾸라지를 잡아내야 합니다. 그 선동꾼 한두 명만 처리해 버리면 즉시 물이 맑아지고 조용해집니다. 그러므로 지도자는 선동꾼에게 넘어가지 말아야 합니다. 더구나 교회가 선동꾼에게 넘어가면 큰일 납니다. 교회는 오로지 진리 위에 굳게 서야 됩니다. 사탄은 선동꾼을 사용해서 어찌하든지 목사나 장로나 교회 지도자들을 뒤엎어 놓으려고 애를 씁니다. 지도자가 거기에 흔들리면 안 됩니다. 반석 위에 굳게 서서 주님 중심으로 나가야 합니다. 요즘은 집단이기주의가 심해져서 몇 사람의 선동꾼이 일어나면 온 동네가 아주 시끄럽습니다. 물론 우리가 올바른 일을 위해서 분연히 일어서야 할 때도 있지만 나쁜 의도로 선동하는 것은 항상 경계해야 합니다.

지금 제사장이나 장로, 서기관과 바리새인들은 나쁜 일로 선동하고 있습니다. "바라바를 석방시켜라! 예수를 죽여라!" 이렇게 선동하자 군중들은 멋도 모르고 그냥 따라서 "바라바를 내어 주세요! 바라바를 내어 주세요!" 함성을 지릅니다. 그만 순식간에 선악이 뒤바뀌고 말았습니다. 빌라도 총독의 계산은 빗나가고 말았습니다.

22절 빌라도가 이르되 그러면 그리스도라 하는 예수를 내가 어떻게 하랴 그들이 다 이르되 십자가에 못 박혀야 하겠나이다

빌라도 총독은 당황했습니다. 사태가 이렇게 전개될 줄은 상상도 못했던 것입니다. 하지만 어쩔 수 없게 되었습니다. 이번에도 군중들이 소란을 피우면 본국으로부터 소환 명령이 내려질지도 모르기 때문입니다. 빌라도는 할 수 없이 "그러면 예수를 어떻게 하면 좋겠느냐?" 고 물었습니다. 그러자 군중들은 기다렸다는 듯이 예수님을 십자가에 못 박으라고

한목소리로 외칩니다. 예수님이 십자가에 못 박힐 죄목은 없습니다. 오직 시기와 질투로 인해 거짓말을 만들어 막무가내로 밀어붙이고 있는 것입니다.

이것은 마치 6·25 사변 때 있었던 인민재판의 모습과 같습니다. 인민재판을 할 때면 공산당원들끼리 미리 짜고 사람을 끌어내어 군중 앞에 세워 놓습니다. 그러면 옆에 있는 사람이 먼저 고소합니다. "저 사람은 부르주아이며 사람들을 괴롭히는 인민의 적이다. 고리대금으로 인민의 재산을 갈취했고 인민해방을 반대하는 반동이다." 그러면 인민재판을 집행하는 공산당원이 "여러분, 이 사람을 어떻게 하면 좋겠습니까?" 하고 묻습니다. 각본대로 다른 사람이 "그를 때려죽여야 합니다." 그러면 옆에서 "옳소!" 하고 맞장구를 칩니다. 이렇게 되면 군중들도 어쩔 수 없이 "옳소! 옳소! 옳소!" 하고 외치게 됩니다. 만약 찬성하지 않았다가는 같이 맞아 죽기 때문입니다.

물론 거기 있는 사람들의 대다수는 죽이기를 원치 않습니다. 그러나 미리 짜 가지고 선동하는 바람에 찬성할 수밖에 없습니다. 그러면 그냥 몽둥이로 때리고 죽창으로 찌르고 불로 태워 죽입니다. 이렇게 학살된 양민이 얼마나 많은지 알 수 없습니다. 이처럼 군중을 선동하여 인민재판하는 것은 너무나도 무시무시합니다.

예수님의 재판도 그랬습니다. 이미 죽이기로 작정해 놓고 죄목을 만들어 거짓으로 고발했습니다. 예수님이 하신 일이 옳고 그른지를 판단하려 한 것이 아닙니다. 이미 십자가에 못 박기로 작정하고 나서 그에 맞는 죄목을 억지로 꾸며 댔던 것입니다. 그러니 거기에 정의란 있을 수가 없었습니다.

23절 빌라도가 이르되 어찜이냐 무슨 악한 일을 하였느냐 그들이 더 욱 소리 질러 이르되 십자가에 못 박혀야 하겠나이다 하는지라

당황한 빌라도는 다시 한 번 묻습니다. "이게 어찌 된 일이냐? 어떻게 이럴 수가 있느냐? 재판이란 공정하게 죗값을 묻는 것인데 너희들이 고발하는 것은 아무런 증거도 없지 않느냐? 다 거짓된 것이 아니냐? 그런데도 무조건 예수를 십자가에 못 박으라니 이런 불법이 어디 있느냐?" 빌라도는 예수님을 살리려고 애를 써 봅니다. 그러나 군중들은 더욱 목소리를 높여 "십자가에 못 박으소서! 못 박으소서!" 함성을 질렀습니다. 군중의 힘으로 마구 밀어붙이는 것이었습니다.

24절 빌라도가 아무 성과도 없이 도리어 민란이 나려는 것을 보고 물을 가져다가 무리 앞에서 손을 씻으며 이르되 이 사람의 피에 대하여 나는 무죄하니 너희가 당하라

빌라도가 판단하기에 만약 예수님의 무죄를 선언했다가는 폭동이 일어날 것만 같았습니다. 그렇게 되면 그 모든 책임은 총독인 자신이 져야 합니다. 빌라도는 어쩔 수 없이 물러서고 말았습니다. 세숫대야에 물을 가져오도록 해서 사람들이 보는 앞에서 손을 씻으며 그 결정에 자신은 무관함을 선언했습니다. "이 사람의 피에 대하여 나는 무죄하니 너희가 당하라".

어찌 보면 빌라도는 참으로 억울한 희생자입니다. 예수님이 죄가 없는 것은 알고 어떻게든지 예수님을 석방시키려고 노력했기 때문입니다. 그럼에도 불구하고 우리는 사도신경을 외울 때마다 "본디오 빌라도에게 고난을 받으사 십자가에 못 박혀 죽으시고……." 라고 고백합니다.

왜 그렇습니까? 예수님을 죽일 것이냐 살릴 것이냐 하는 결정권은 빌라도 총독이 가지고 있었기 때문입니다. 지도자의 자리에 있는 사람은 권한이 주어진 만큼 그 권한에 대한 책임을 피할 수가 없습니다. 아무리 군중들의 위협이 있었다 할지라도 그의 잘못된 결정이 정당화될 수는 없습니다. 아마도 빌라도는 지금 지옥에서 이중으로 괴로울 것입니다. 가뜩이나 지옥이 견딜 수 없을 만큼 괴로운데, 하루 이틀도 아니고 교인들이 모일 때마다 본디오 빌라도에게 고난을 받으셨다고 증언하니 말입니다. 물론 예수님을 참소한 것은 제사장과 장로, 서기관과 바리새인들이지만 그 참소를 듣고 예수님을 십자가에 못 박도록 결정한 책임은 빌라도 총독에게 있었기 때문입니다.

이러한 빌라도 총독의 태도는 아주 무능하고 무책임한 행동입니다. 예수님이 죄가 없음을 알았으면 군중들의 어떤 압력에도 굴복하지 말았어야 합니다. 군대를 동원해서라도 군중을 내어 쫓고 예수님을 석방했어야 합니다. 그런데도 빌라도는 그들의 압력에 굴복하여 부당한 결정을 내리면서도 "나는 책임이 없다. 너희들이 책임지라." 고 책임을 회피했습니다. 자신이 판결을 내리면 그들이 데리고 가서 예수님을 죽일 것은 뻔한 일 아닙니까? 그런 죄를 저질러 놓고 물로 손을 씻는다고 해서 책임이 면해집니까? 절대로 책임을 면할 수 없는 것입니다.

여의도순복음교회의 당회장인 나는 여의도순복음교회의 영적인 흐름에 대한 책임을 가지고 있습니다. 그러므로 우리 교인이 잘못되면 내가 책임을 져야 됩니다. 교인들이 잘못했지 내가 잘못한 것이 아님에도 불구하고, 사람들은 교인이 잘못했다고 말하지 않습니다. 여의도 순복음교회 당회장인 내가 목회를 잘못해서 교인들이 이단에 빠지고 교인들이 잘못됐다고 말합니다. 그러니 그에 대한 책임도 당연히 내가 져야 합니다. 우리 교회의 모든 사업을 이끌어 나가는데 있어서도 마찬가지입니다. 이 모든 일의 종국적인 책임은 나에게 있습니다. 아무리 다른 사람이 잘못했더라도 종국적인 책임은 내게 돌아옵니다. 책임자는 책임을 질 줄 알아야 합니다.

그런데 본디오 빌라도는 자기 책임을 군중들에게 돌리며 책임이 회피되었다고 생각했지만 주님이 재림하시는 날까지 주님뿐만 아니라 성도들에게도 책임을 추궁당하는 처지가 되었습니다.

25절 백성이 다 대답하여 이르되 그 피를 우리와 우리 자손에게 돌릴지어다 하거늘

조상을 잘못 만나면 그 자손들이 아주 절단강산이 납니다. 본문에서 이 유대인들이 하는 짓을 보세요. 하나님의 아들을 죽이는 그 핏값을 자신들과 자신들의 자손에게 돌리라고 외치고 있습니다. 빌라도가 예수님의 피에 대하여 자신은 책임이 없다고 발뺌하자 제사장과 장로들, 서기관과 바리새인들이 그 줫값을 우리와 우리 자손에게 돌리라는 것입니다. 그 말이 얼마나 무서운 말인지를 전혀 깨닫지 못한 채 말입니다. 아마 그때 하늘 보좌에 앉으신 하나님께서 이렇게 말씀하셨을 것입니다. "그래 좋다. 그 핏값을 내가 너와 네 자손에게 반드시 돌려주마!"

그 후로 어떤 일이 일어났는지 아십니까? 주후 70년에 이스라엘이 로마 디도 장군의 공격을 받아 예루살렘 성이 함락되고 적어도 50만 명 이상이 참살을 당했습니다. 그들이 흘린 피가 시냇물이 되어서 예루살렘에 붙은 불을 껐다고 합니다. 예수님을 죽인 그 핏값을 자신들에게 돌리라

고 당당하게 외쳤던 결과입니다. 그들은 또 그 무서운 핏값을 자기들뿐만 아니라 자손들에게도 돌렸는데, 그로 인해 온 세계에 흩어진 유대 민족이 얼마나 많은 시련을 받았습니까? 그중에서도 가장 무서운 시련은 독일의 나치 히틀러의 유대인 박멸 운동 결과로 유대인 6백만 명이 학살당한 일일 것입니다. 6백만 명을 벌거벗겨서 가스실에서 죽였습니다. 뿐만 아닙니다.그들은 죽은 유대인들의 머리를 깎아서 천을 만들었고, 살을 녹여서 비누로 만들었습니다. 얼마나 비참한 일입니까?

그러므로 감정에 따라 말을 함부로 해선 절대로 안 됩니다. 말이 씨가 된다는 말도 있지 않습니까? 예수님을 죽이기 위해 조상들이 함부로 내뱉은 말의 대가가 얼마나 참혹했다는 것을 역사는 우리에게 너무도 분명하게 보여 주고 있습니다. 그럼에도 불구하고 오늘날 유대인들은 하나님을 안 믿는 이유를 이렇게 말합니다. "하나님이 살아 계시다면 우리가 도와달라고 부르짖을 때 어떻게 모른 체할 수가 있느냐? 6백만 명이 학살을 당하고 처참한 고통을 당할 때도 하나님은 우리를 모른 체했다. 그러므로 하나님은 계시지 않을 뿐 아니라, 계시더라도 우리하고 상관이 없다."라고 말합니다.

하나님께서 대답을 안 하신 이유는 그들의 조상들이 그 피를 자손들에게까지 다 돌리라고 했기 때문입니다. 하나님의 아들 예수 그리스도를 죽인 핏값을 받고 있는데 하나님이 대꾸할 필요가 어디 있습니까? 그런데도 유대인들은 아직까지 하나님을 거역하고 예수님을 믿지 않고 있습니다. 예수 그리스도를 죽인 무서운 형벌을 그들이 철저히 받은 셈입니다. 그래서 조상을 잘 만나야 합니다. 성경 말씀을 보면 하나님께 복을 받은 사람은 천대까지 받고 하나님께 저주를 받은 자는 3, 4대까지 받는다고 했습니다(신 5:10; 민 14:18).

우리나라가 그렇지 않습니까? 조상 잘못 만나서 일제 시대에 36년 동안이나 고통당하고, 6 · 25 사변으로 인해 자그마치 약 백칠십만 명이 죽고 실종되고 부상당했습니다. 우리가 이런 고통을 당하게 된 것은 대원군이 쇄국 정치를 하며 한국에 복음 들고 들어온 선교사와 수만 명의 가톨릭 신도들을 죽이고 외국의 신문물을 막은 결과입니다. 우리는 수천 년 내려온 지게를 그대로 지고 짚신 신고 토담집 속에서 사는데, 일본은 그때 외국 문물에 대해 문을 활짝 열었습니다. 산업화된 서구 문물을 받아서 각종 산업을 발전시켰으며, 그 기술로 조총과 대포와 군함을 만들었습니다. 우리는 조상 덕분에 아프리카 원주민들과 별다름 없이 사는데 일본은 완전히 서구 문명화되었습니다. 그 개화된 일본의 힘이 밀고 들어오자 우리에게는 중과부적이었던 것입니다. 대원군 한 사람의 정치적 판단이 잘못됨으로 말미암아 후손인 우리들이 지금까지도 고통을 받고 있는 것입니다. 일정(日政) 36년의 결과로 남과 북이 나뉘었는데 남북이 나뉘지 않았으면 6 · 25 사변이 왜 일어났겠습니까? 그러므로 어떤 조상을 만나느냐에 따라 인생이 완전히 달라질 수가 있는 것입니다.

그렇다면 우리는 비록 좋은 조상을 못 만났지만 우리라도 좋은 조상이 되어서 우리의 후손에게만은 그런 고통을 안겨 주지 말아야 되겠습니다. 우리들이 예수님을 잘 믿고 하나님을 잘 섬겨서 우리의 정치, 경제, 교육, 문화, 국방, 그리고 모든 산업을 선진국 대열에 올려놓아야 합니다. 그래서 우리의 후손들이 어깨를 활짝 펴고 떳떳하고 당당하게 살도록 만들어 줘야 합니다.

조상이 하나님 앞에 바로 서면 그 자손들이 천대를 두고 복을 받습니다. 이것이 조상으로서 해야 할 당연한 도리인 것입니다.

26절 이에 바라바는 그들에게 놓아주고 예수는 채찍질하고 십자가에 못 박히게 넘겨주니라

이 구절에 나타난 상황은 영적으로 굉장한 의미가 있습니다. 죽어 마땅한 바라바는 놓아주고 죄 없으신 예수님을 채찍질하고 십자가에 못 박히도록 내어 주었습니다. 바라바는 예수님이 아니었으면 예수님이 지셨던 십자가에 못 박혀 처참하게 죽었을 것입니다. 예수님을 죽이기 위해서 바라바를 사면해 준 것입니다.

흉악한 강도 바라바는 바로 우리 자신의 상징입니다. 우리가 죽어야 될 것인데, 우리가 져야 할 십자가인데, 대신 예수님께서 죽임을 당하셨습니다. 우리는 모두 바라바입니다. 우리는 모두 다 심판을 받아 영원히 멸망받아야 할 신분이었는데 예수님께서 우리 대신 십자가에 올라가셔서 우리가 내려오게 된 것입니다. 죄를 짓고 불의하고 추악한데도 불구하고 예수님이 우리 자리에 대신 들어가서 죽으심으로 우리는 해방된 것입니다.

하지만 믿음으로 예수님을 모시지 아니하면 그 사람은 죄로 말미암아 죽을 수밖에 없습니다. 우리 죄를 대신 짊어지고 가신 예수님을 의지하면 사망에서 놓여남을 받지만, 예수님을 믿지 않으면 자기 죄를 자신이 지고 십자가에 못 박혀 죽어야 합니다. 그러므로 구원받는 길은 오로지 예수님 한 분밖에 없습니다.

이 세상에 수많은 종교인들과 철학자들과 많은 교사들이 종교를 가르치고 철학을 가르쳤지만, 우리 대신 죽은 사람은 예수님 한 분밖에 없습

니다. 예수님은 이 땅과 저 천당을 연결하는 유일한 구름다리입니다. 그러므로 예수님을 통하지 않으면 절대로 천국에 들어갈 수가 없습니다. 죄악과 죽음의 그 무시무시한 깊은 구렁텅이에서 그 어떤 종교인도, 정치인도, 철학자도, 다리가 되어 줄 수 없습니다. 오로지 예수님만이 구름다리가 될 수 있습니다. 예수님께서는 죽었다가 부활하심으로 사망의 계곡을 가로지르는 구름다리가 되셨습니다. 우리가 구름다리만 탈 수 있으면 천국은 멀지 않습니다. 아주 가까운 거리입니다. 그러나 그 구름다리가 없으면 천길만길 저 깊은 구렁텅이를 도무지 건널 수가 없습니다. 건너가지도, 건너오지도 못합니다. 이것이 바로 우리가 예수님을 믿어야 하는 이유입니다. 남녀노소 빈부귀천 할 것 없이 예수 그리스도만 붙잡으면 그 구름다리를 타고 넘어갈 수 있습니다. 아무리 훌륭하고 법 없이 사는 사람이라 해도 예수님의 구름다리를 붙잡지 아니하면 그냥 계곡 밑으로 떨어지고 맙니다. 그러므로 우리는 예수님을 보내 주신 하나님께 얼마나 감사해야 하는지 모릅니다. 모두 죽어야 마땅한 바라바인 우리는 죽음의 자리에서 예수님께 밀려나서 살게 되었고, 예수님이 우리를 대신하여 그 자리에서 죽으셨습니다.

빌라도 총독으로부터 넘겨진 예수님은 빌라도의 뜰에서 채찍에 맞으셨습니다. 이방인, 즉 유대인이 아닌 사람은 120차례까지 때리는데 유대인들에게는 보통 40에 하나 감한 매를 때립니다. 본래 태장의 최고형은 40대였지만 만약 실수로 한 대라도 더 때려서 죄수가 죽으면 그 책임을 집행관들이 져야 하기 때문에 집행관들은 만약을 위해 한 대를 덜 때렸던 것입니다. 그래서 예수님도 서른아홉 차례의 매를 맞으셨습니다. 채찍은 다섯 갈래로 갈라졌는데 그 갈래의 끝에는 쇠고랑이 달렸습니다. 그래서 채찍으로 후려치면 가죽으로 된 채찍이 몸에 감기며 끝에 있는 쇠갈고리가 몸에 박힙니다. 그것을 낚아채면 살이 찢어져서 피가 솟구쳐 오릅니다. 이런 채찍으로 로마 군인들이 서른아홉 차례를 때렸으니 예수님의 온 몸은 성한 데가 한 군데도 없었을 것입니다. 온 몸이 다 갈래갈래 찢어지고 피가 흘러내렸을 것입니다.

이에 대해 성경은 다음과 같이 말합니다. "그가 채찍에 맞음으로 너희는 나음을 얻었나니"(벧전 2:24). 예수님께서 채찍에 맞아 흘리신 피의 대가로 우리 병이 다 청산되었다는 것입니다. 우리가 병들어서 당하는 그 고통을 예수님이 채찍에 맞으심으로 다 갚아 버리신 것입니다. 그러므로 우리는 예수님의 피를 한 방울도 헛되게 해서는 안 됩니다.

주님이 흘리신 그 귀한 보혈이 오늘도 부르짖습니다. "너의 병은 고침받았다! 너의 병은 고침을 받았다! 너의 병을 치료하기 위해 내가 피를 흘렸다!" 그러므로 우리는 예수님의 피의 부르짖음을 들어야 합니다. 그 보혈의 능력으로 우리 자신이 고침을 받았다는 사실을 반드시 믿어야만 하는 것입니다.

4. 군병들로부터 모욕을 당하시다(27:27-31)

27. 이에 총독의 군병들이 예수를 데리고 관정 안으로 들어가서 온

**군대를 그에게로 모으고 28. 그의 옷을 벗기고 홍포를 입히며 29.
가시관을 엮어 그 머리에 씌우고 갈대를 그 오른손에 들리고 그 앞에
서 무릎을 꿇고 희롱하여 이르되 유대인의 왕이여 평안할지어다 하
며 30. 그에게 침 뱉고 갈대를 빼앗아 그의 머리를 치더라 31. 희롱
을 다 한 후 홍포를 벗기고 도로 그의 옷을 입혀 십자가에 못 박으려
고 끌고 나가니라**

27-30절 이에 총독의 군병들이 예수를 데리고 관정 안으로 들어가서 온 군대를 그에게로 모으고 그의 옷을 벗기고 홍포를 입히며 가시관을 엮어 그 머리에 씌우고 갈대를 그 오른손에 들리고 그 앞에서 무릎을 꿇고 희롱하여 이르되 유대인의 왕이여 평안할지어다 하며 그에게 침 뱉고 갈대를 빼앗아 그의 머리를 치더라

홍포는 임금님이나 높은 사람이 입는 붉은 옷을 말합니다. 그러나 지금은 예수님을 조롱하기 위해 이 옷을 입혔습니다. '네가 유대인의 왕이라고 했으니 어디 한번 왕처럼 홍포를 입어 보라.' 고 입힌 것입니다.

참으로 만왕의 왕이시며 만주의 주이신 하나님께서, 친히 저 하늘에 은구슬 금 구슬 뿌리듯이 별들을 지으시고 저 대양을 만드셨으며 높은 산, 넓은 들과 우리를 지으신 그 창조주께서 지금 조롱과 모욕을 당하고 있습니다. 우리를 구원하러 당신이 친히 만드신 땅에 와서 당신이 지으신 인간에게 배반과 모욕을 당하고 계신 것입니다. 주님의 말 한마디면 열두 영도 더 되는 수천, 수만의 천사들이 내려와서 모든 사람들을 전부 일시에 짓밟아 죽일 수가 있습니다. 그럼에도 불구하고 주님이 십자가를

걸머지지 아니하시면 세상 영혼들을 구원할 수 없기 때문에 이 모진 모욕을 당하면서도 끝까지 참고 계신 것입니다. 등과 허리에 채찍이 휘감기고, 면류관을 흉내 내서 가시로 엮은 가시관에 머리가 찔려 피가 눈으로 흘러 들어갔습니다. 군인들은 예수님 앞에 엎드려서 "유대인의 왕이여!" 희롱하며 침을 뱉고 뺨을 쳤습니다. 예수님이 당하신 수치와 곤욕은 그 크기와 깊이를 측량할 수 없습니다. 예수님이 당하신 그 고난을 우리가 무엇으로 보답하겠습니까?

31절 희롱을 다 한 후 홍포를 벗기고 도로 그의 옷을 입혀 십자가에 못 박으려고 끌고 나가니라

군인들은 희롱을 마치고 홍포를 벗기더니 다시 누더기 옷을 입혀 십자가를 걸머지게 하려고 예수님을 끌고 갔습니다. 아침 6시에 빌라도의 뜰에서 재판을 받으셨는데 예수님이 십자가에 못 박힌 것이 아침 9시입니다. 주님께서는 지난밤 마지막 만찬 때 떡과 포도주를 먹고 마신 이후로 밤새도록 피땀을 흘려 기도하시고 새벽에 잡히셨습니다. 뿐만 아니라 안나스와 가야바의 뜰에서 온갖 조롱과 모욕을 받으며 무수히 얻어맞고 이리저리 끌려 다니며 고난을 겪으신 후, 빌라도의 뜰에서는 서른아홉 차례의 매를 맞으셨습니다. 이제 주님은 탈진하여 기진맥진하게 되었습니다. 주님은 완전한 하나님이시지만 지금은 완전한 사람으로서 인간의 연약함과 고통을 그대로 지니신 것입니다. 그러기에 주님은 십자가의 무게를 이기지 못하고 비틀거리다가 쓰러지고 또 쓰러지셨습니다.

예수님은 우리들처럼 완전한 인간이 되신 것입니다. 그래서 아담 이후로 인간의 모든 죄를 대신 짊어지시고 하나님 앞에서 인류를 대신하여

극악한 죄인이 되셨습니다. 예수님은 하나님으로부터 징벌을 받아 온 몸이 찢기고 피를 흘리신 것입니다. 하나님은 예수님을 심판하실 때 인정사정 봐주지 않고 철저하게 진노를 퍼부으셨습니다. 그래서 예수님은 평소에 늘 하나님을 아버지라 부르셨지만 버림받으신 후에는 "나의 하나님, 나의 하나님, 어찌하여 나를 버리셨나이까!" 하며 울부짖으셨습니다. 이제는 아버지라고 부르지 못하셨던 것입니다.

예수님이 당하신 그 고통의 크기와 깊이는 우리가 나중에 천당에 올라가 보면 이해할 것입니다. 지금 우리의 작은 머리로써는 이해가 안 됩니다. 예수님의 고통이 큰 만큼 그 사랑도 큽니다. 고생해서 낳은 자식을 더 사랑하는 것처럼 예수님이 그토록 큰 고통을 통하여 우리를 낳으셨기 때문에 우리는 예수님의 너무나 귀하고 사랑스런 자식인 것입니다. 주님은 우리를 너무나 사랑하십니다. 그러므로 성경은 "누가 우리를 그리스도의 사랑에서 끊으리요 환난이나 곤고나 박해나 기근이나 적신이나 위험이나 칼이랴 기록된바 우리가 종일 주를 위하여 죽임을 당하게 되며 도살 당할 양같이 여김을 받았나이다 함과 같으니라 그러나 이 모든 일에 우리를 사랑하시는 이로 말미암아 우리가 넉넉히 이기느니라" (롬 8:35-37)고 말씀하셨습니다.

항상 그 사랑을 생각하십시오. 예수님과 우리의 사이는 그냥 법적인 관계가 아닙니다. 예수님은 생명이 담긴 뜨거운 사랑, 열정적인 사랑으로 우리를 사랑하고 계십니다. 우리는 그 사랑을 받아들이고 그 사랑을 받아먹고, 우리도 똑같이 우리 가슴에서 넘쳐나는 사랑으로 예수님을 믿어야 합니다. 믿음이 의무가 되어서는 안 됩니다. 형식적이 되어서도 안 됩니다. 예수님과 우리의 관계는 의무나 형식의 관계가 아니라 사랑의 관계이기 때문입니다. 우리는 예수님께서 온 생명을 던져 몸 찢고 피 흘려 사랑하신 것처럼 우리의 사랑과 열정을 다 바쳐서 예수님을 사랑해야 합니다.

5. 십자가에 못 박힘(27:32-44)

32. 나가다가 시몬이란 구레네 사람을 만나매 그에게 예수의 십자가
를 억지로 지워 가게 하였더라 33. 골고다 즉 해골의 곳이라는 곳에
이르러 34. 쓸개 탄 포도주를 예수께 주어 마시게 하려 하였더니 예
수께서 맛보시고 마시고자 하지 아니하시더라 35. 그들이 예수를
십자가에 못 박은 후에 그 옷을 제비 뽑아 나누고 36. 거기 앉아 지
키더라 37. 그 머리 위에 이는 유대인의 왕 예수라 쓴 죄패를 붙였더
라 38. 이때에 예수와 함께 강도 둘이 십자가에 못 박히니 하나는 우
편에, 하나는 좌편에 있더라 39. 지나가는 자들은 자기 머리를 흔들
며 예수를 모욕하여 40. 이르되 성전을 헐고 사흘에 짓는 자여 네가
만일 하나님의 아들이어든 자기를 구원하고 십자가에서 내려오라
하며 41. 그와 같이 대제사장들도 서기관들과 장로들과 함께 희롱하
여 이르되 42. 그가 남은 구원하였으되 자기는 구원할 수 없도다 그
가 이스라엘의 왕이로다 지금 십자가에서 내려올지어다 그리하면
우리가 믿겠노라 43. 그가 하나님을 신뢰하니 하나님이 원하시면
이제 그를 구원하실지라 그의 말이 나는 하나님의 아들이라 하였도
다 하며 44. 함께 십자가에 못 박힌 강도들도 이와 같이 욕하더라

32절 나가다가 시몬이란 구레네 사람을 만나매 그에게 예수의 십자

가를 억지로 지워 가게 하였더라

보통 십자가형에 처해지는 죄수들은 자기 십자가를 자기가 짊어지고 갑니다. 그러나 예수님은 십자가를 지실 수가 없었습니다. 주님께서는 밤이 새도록 겟세마네 동산에서 괴로워하시고 피땀이 흐르도록 애쓰고 힘써 기도하셨기 때문입니다. 참으로 그 에너지 소모가 대단했을 것입니다. 우리가 하나님께 온 마음과 힘을 다해서 한(恨) 서린 기도를 간절히 부르짖을 때면 이와같이 몸에서 진이 모두 빠져 버립니다. 주님은 그렇게 기도하시고 난 다음 군병들에게 붙잡혀서 안나스와 가야바의 뜰에서 온갖 모욕을 다 당하시고 고통을 겪었습니다. 또한 주님은 빌라도에게 가서 심문을 받고 조롱을 당하고 군병들에게 사십에 하나 감한 매를 맞았습니다. 그러니 주님은 그 육신이 완전히 기진맥진하여 무거운 십자가를 지고 골고다 산정을 향해서 갈 수가 없었습니다.

그때 군병들이 구레네 사람 시몬이라는 자를 붙잡았습니다. 그에게 예수님 대신 십자가를 지고 가게 하기 위해서였습니다. '구레네'라는 곳은 아프리카 북부 지방에 있는 도시인데, 그곳에 사는 유대인들이 유월절을 지내기 위해서 예루살렘으로 많이 와 있었습니다. 구레네 시몬은 예수님께서 십자가 지는 것을 주위에서 구경하며 따라오다가 우연히 잡혀서 십자가를 지게 된 것입니다. 예수님이 고난당하실 때, 예수님의 십자가를 대신 지고 그리스도를 도와 드릴 수 있다는 것은 어마어마한 축복입니다. 그는 정말로 복이 많은 사람입니다.

구레네 사람 시몬은 마가복음 15장 21절에서 알렉산더와 루포의 아버지였다고 말하고 있고, 로마서 16장 13절에서 보면 바울이 로마에 있는 사람들에게 편지할 때 말하기를 "루포와 그의 어머니에게 문안하라 그의 어머니는 곧 내 어머니니라" 고 말했습니다. 시몬은 우연히 예루살렘에 유월절 보내러 왔다가 예수님의 십자가를 짊어졌지만, 그 공로로 말미암아 평생 잊을 수 없는 체험을 하고 하나님의 축복이 임해서 그와 그 가족들이 다 구원을 받아 열심히 주님을 섬길 수 있었던 것입니다. 이처럼 구레네 시몬처럼 십자가를 한 번 잘 지면 온 가족이 구원을 받는 하나님의 은혜로 신세가 활짝 피게 되는 것입니다.

우리에게도 이 땅에 살면서 예수 그리스도의 몸 된 교회를 위해서 십자가를 질 수 있는 기회가 주어진다면, 흔쾌히 "할렐루야!" 라고 할 수 있는 믿음을 소유하고 있어야 합니다. 예수님께서 부활, 승천하신 지금은 교회가 예수 그리스도의 몸입니다. 그리스도의 몸 된 교회를 위해 헌신의 준비가 되어 있는 이러한 사람들에게 영혼이 잘됨 같이 범사가 잘되고 강건하며 생명을 얻되 풍성히 얻는 하나님의 큰 축복이 임하는 것입니다.

우리는 교회를 위해서 십자가를 걸머져야 합니다. 그리스도의 몸 된 교회를 위해서 십자가를 질 수 있는 기회는 어마어마한 특권인 것입니다. 그러고 보면 몸 된 교회에서 예배를 섬기기 위해 수고하며 봉사하는 성도 여러분들은 모두 다 그 나름대로 작은 십자가를 걸머진 것입니다. 그것도 성령 하나님이 직접 부르셔서 십자가를 걸머지고 몸 된 교회를 섬기도록 했기 때문에 여러분에게 반드시 축복이 따릅니다. 하나님께서는 당장 눈앞에 보이는 축복이 아니라고 할지라도 먼 미래와 천국에서 결정적인 상급을 주시는 것입니다.

그러므로 시몬이라는 구레네 사람은 억지로 십자가를 졌지만 예수 그리스도의 십자가를 지는 그 공로로 말미암아 온 가족이 다 구원을 받는 놀라운 은총을 입게 된 사실을 우리가 성경에서 충분히 조명해 볼 수 있습니다.

33-34절 골고다 즉 해골의 곳이라는 곳에 이르러 쓸개 탄 포도주를 예수께 주어 마시게 하려 하였더니 예수께서 맛보시고 마시고자 하지 아니하시더라

예수님이 십자가에 못 박히신 날은 금요일이었습니다. 예루살렘 성 밖에 위치한 골고다 언덕에서 예수님이 십자가에 못 박히셨는데, '골고다' 라는 말은 '해골' 이라는 말입니다. 이 '골고다' 라는 말은 아람어로는 '길갈타' 또는 '굴갈타' 라고 하는 것을 헬라어로 번역한 것입니다. 또한 '갈보리' 는 라틴어에서 발생된 말인데, 역시 '해골' 을 뜻하는 말입니다. 이 갈보리 산이라고 추정하는 곳을 직접 가서 보면 정말 해골과 같은 형태를 하고 있습니다.

그 당시 골고다 언덕이 그렇게 높은 산은 아니었다고 봅니다. 왜냐하면 39절에 지나가는 사람들이 십자가에 못 박힌 예수님을 보고 머리를 흔들며 침을 뱉고 욕을 했다고 하는데, 높은 산꼭대기에 있었다면 지나가는 사람들이 예수님을 볼 수 없기 때문입니다. 그러므로 골고다 언덕은 많은 사람들이 지나가는 국도 옆에 위치한 낮은 언덕이었을 것이라고 생각합니다.

그런데 하나님께서는 예수님의 무덤뿐만 아니라 십자가가 서 있던 갈보리 산도 감추어 버렸습니다. 너무도 희한한 일입니다. 아무리 작은 사건이 일어났던 장소도 성경을 통해서 모두 알 수 있는데, 하나님께서는 세계 역사를 바꾸어 놓은 예수 그리스도의 무덤과 십자가 사건의 장소를 감쪽

같이 숨기신 것입니다. 그 이유가 무엇이겠습니까? 분명 하나님께서는 사람들이 그 장소를 우상화하여 그곳에 경배할까 싶어서 예수님의 무덤과 못 박힌 곳과 그 산까지도 우리가 알지 못하도록 만드신 것입니다.

하나님은 철저히 예수 그리스도만 경배하지, 그의 무덤이나 그가 못 박혔던 갈보리 산이나 역사적인 장소를 예배하지 못하게 만든 것입니다. 모세가 느보 산에서 죽었다고 하지만 모세의 무덤도, 그의 시체도 온데간데없지 않습니까? 하나님께서는 사람을 경배하지 못하게 하신 것입니다. 우리가 생각할 때는 참 안타까운 일이겠지만 하나님의 섭리는 그런 것입니다.

그리고 본문에 '쓸개 탄 포도주' 가 나옵니다. 과거에는 마취제가 없었기 때문에 마취하지 않고 수술을 했다는 말을 들었습니다. 사정이 그렇기 때문에 보통은 독주를 마시게 해서 정신을 마비시키고 잔뜩 취해서 비몽사몽일 때 수술을 했던 것입니다.

그 옛날, 십자가에서 극형을 당할 때 얼마나 고통스럽고 괴로웠겠습니까? 보통은 빨리 죽어야 사흘 만에 죽고 오래가면 엿새 동안 매달려 있었다고 합니다. 그러니 십자가에 달려서 서서히 피를 흘리고 죽어 가는 그 고통이 얼마나 심했겠습니까? 이러한 고통을 조금이라도 덜어 주기 위해서 십자가형을 당하는 죄수들에게 독한 술을 먹였던 것입니다.

그런데 쓸개 탄 포도주를 예수께 주어 마시게 하려 했더니 예수께서 맛보시고 마시고자 아니하셨다고 합니다. 왜 그렇게 하셨겠습니까? 예수님께서는 마지막 만찬 때 말씀하시기를, "내가 포도나무에서 난 것을 이제부터 내 아버지의 나라에서 새것으로 너희와 함께 마시는 날까지 마시지 아니하리라"(26:29)고 하셨기 때문입니다.

또한 주님은 우리 죄의 대가를 대신 받으실 때, 포도주나 독주를 마시고 마취되어서 고통을 경감(輕減)하는 것을 거부했습니다. 이는 우리의 모든 죄에 대한 고통을 끝까지 경험하여 주님이 다 갚겠다는 마음의 소원이었으며, 맑은 정신으로 모든 고통의 잔을 다 마시고 우리를 대신해 죄악을 담당하여 제물이 되겠다는 투철한 각오인 것입니다. 시편 69편 21절에는 "그들이 쓸개를 나의 음식물로 주며 목마를 때에는 초를 마시게 하였사오니"라고 예언하고 있으며, 이 예언의 말씀을 주님은 온전히 이루고 계신 것입니다.

이 외에도 주님이 이 땅에 오시기 전부터 성경은 주님의 십자가에서 고난당하실 것에 대해서 이미 이사야 선지자를 통해 다음과 같이 예언하였습니다. "그는 주 앞에서 자라나기를 연한 순 같고 마른 땅에서 나온 뿌리같아서 고운 모양도 없고 풍채도 없은즉 우리가 보기에 흠모할 만한 아름다운 것이 없도다 그는 멸시를 받아 사람들에게 버림받았으며 간고를 많이 겪었으며 질고를 아는 자라 마치 사람들이 그에게서 얼굴을 가리는 것 같이 멸시를 당하였고 우리도 그를 귀히 여기지 아니하였도다 그는 실로 우리의 질고를 지고 우리의 슬픔을 당하였거늘 우리는 생각하기를 그는 징벌을 받아 하나님께 맞으며 고난을 당한다 하였노라 그가 찔림은 우리의 허물 때문이요 그가 상함은 우리의 죄악 때문이라 그가 징계를 받으므로 우리는 평화를 누리고 그가 채찍에 맞으므로 우리는 나음을 받았도다 우리는 다 양 같아서 그릇 행하여 각기 제 길로 갔거늘 야훼께서는 우리 모두의 죄악을 그에게 담당시키셨도다"(사 53:2-6).

또한 시편 22편 14절부터 18절에서는 "나는 물같이 쏟아졌으며 내 모든 뼈는 어그러졌으며 내 마음은 밀랍 같아서 내 속에서 녹았으며 내 힘이 말라 질그릇 조각 같고 내 혀가 입천장에 붙었나이다 주께서 또 나를 죽음의 진토 속에 두셨나이다 개들이 나를 에워쌌으며 악한 무리가 나를 둘러 내 수족을 찔렀나이다 내가 내 모든 뼈를 셀 수 있나이다 그들이 나를 주목하여 보고 내 겉옷을 나누며 속옷을 제비 뽑나이다"라고 우리에게 뚜렷이 예언해 주고 있습니다. 주님은 십자가에 못 박혀 고난당하고 제물이 되어서 우리 죄를 청산할 것을 다 알고 계셨습니다. 주님은 이미 알고 있던 고난의 길을 걸어가신 것입니다.

35-36절 그들이 예수를 십자가에 못 박은 후에 그 옷을 제비 뽑아 나누고 거기 앉아 지키더라

로마 군인들은 예수 그리스도를 십자가에 못 박고 나서 예수님의 옷을 제비를 뽑아 나누어 가졌습니다. 그 당시에는 옷이 많지 않아서 전쟁을 하고 나면 군사들은 적군들의 옷을 벗기기에 바빴습니다. 이처럼 옷이 상당히 귀했기 때문에 사형을 집행하는 사람은 죽은 사람의 옷을 벗기려고 혈안이 되어 있었던 것입니다.

요사이는 옷이 너무도 흔하니까 우리는 옷을 얼마 안 입고 그냥 버립니다. 그리고 집집마다 옷장 속에는 1년 동안 한 번도 입지 않고 전시만 해 놓은 옷들이 천지입니다. 우리 어릴 때만 해도 옷이 너무너무 없어서 옷 한 벌 가지고 1년 내내 입었습니다. 옷뿐만 아니라 신발도 너무나 귀했습니다. 그때는 고무신이라는 것도 없었고, 단지 짚으로 일본식 조리를 삼아 가지고서 신고 다녔습니다. 신발이 얼마나 귀했는지 사람들이 볼 때만 신을 신고, 사람들이 안 볼 때는 신발을 들고 맨발로 걸었습니다.

예수님 당시에도 물자가 너무나 부족했기 때문에 예수님이 십자가에

못 박히실 때, 군인들이 예수님의 겉옷을 벗겨서 서로 차지하려고 했던 것입니다. 옷을 차지하기 위한 경쟁이 너무나도 치열하다 보니 어쩔 수 없이 옷을 찢어서 서로 나누고 통으로 짠 속옷은 제비 뽑아서 취했던 것입니다. 시편 22편 18절에는 "내 겉옷을 나누며 속옷을 제비 뽑나이다"라는 말씀이 벌써 그런 일이 일어나기 약 천 년 전에 이미 예언되어 있었습니다.

이처럼 예수님께서 우리의 구주가 되신 것은 순식간에 만들어진 것이 아닙니다. 예수님은 이미 아담과 하와가 타락할 때부터 예언된 분이었습니다. 하나님께서 뱀에게 말씀하시기를 "내가 너로 여자와 원수가 되게 하고 네 후손도 여자의 후손과 원수가 되게 하리니 여자의 후손은 네 머리를 상하게 할 것이요 너는 그의 발꿈치를 상하게 할 것이니라"(창 3:15)고 십자가 고난을 예언하신 것입니다. 그러므로 예수님이 우리 모두의 구주가 된 사실은 하나님께서 영원 전부터 계획하셔서 작정하신 것입니다.

마찬가지로 하나님이 우리를 구원하신 것도 우리를 창세전에 예수 안에서 예정하사 하나님의 자녀가 되게 해 주셨기 때문입니다. 우리가 어머니 배 속에 생기기 전에 이미 하나님은 우리를 그리스도 예수 안에서 구원을 받도록 예정하신 것입니다. 이와 같이 하나님의 그 은혜와 사랑은 너무나 크고 넓고 깊고 위대하시기에 우리는 놀라움을 금할 수 없는 것입니다. 이것은 모두 하나님의 계획과 은혜로 구원받은 것이지 우리가 자격이 있어서 구원받은 것이 아닙니다. 우리는 자랑할 것이 하나도 없습니다. "너희는 그 은혜에 의하여 믿음으로 말미암아 구원을 받았으니 이것은 너희에게서 난 것이 아니요 하나님의 선물이라 행위에서 난 것이 아니니 이는 누구든지 자랑하지 못하게 함이라"(엡 2:8-9).

그러므로 우리는 주로 예수 그리스도와 하나님 아버지만 자랑해야 하는 것입니다. 인간의 자랑은 다 헛된 것입니다. 우리의 의로운 행위는 쇠퇴한 나뭇잎 같습니다. 오직 예수 그리스도밖에 없는 것입니다.

37절 그 머리 위에 이는 유대인의 왕 예수라 쓴 죄패를 붙였더라

십자가형의 처음에는 죄인들의 목에 죄목을 적은 죄패를 걸어, 이 사람이 어떤 죄를 짓고 십자가에 못 박히는 것인지 모든 사람들이 알도록 합니다. 그다음 목에 걸었던 죄패를 자신이 매달리게 될 십자가 위에 걸어 놓습니다. 예수님이 못 박히신 십자가에는 '유대인의 왕 예수 그리스도' 라고 빌라도가 직접 적은 죄패가 달렸습니다.

빌라도는 그리스도가 왕이라는 말에 대해서 상당한 충격을 받기도 했지만, '별 볼일 없는 네가 어떻게 왕이 될 수 있어?' 라고 비웃는 의미에서 '유대인의 왕 예수' 라고 적어서 그 죄패를 십자가 위에 붙인 것입니다. 결국 이 죄패 때문에 대제사장이나 장로들이나 바리새인들이 빌라도에게 항의를 했습니다. 그들은 "어떻게 예수가 유대인의 왕이냐?" 라고 하면서 '자칭 유태인의 왕' 으로 죄패의 내용을 바꾸라고 요청하는 것이었습니다. 그러나 빌라도는 거부했습니다. 그는 요한복음 19장 22절에서 "내가 쓸 것을 썼다!" 라고 단호하게 말하고 있습니다. 이것은 하나님의 섭리이며 예언인 것입니다.

예수님은 진정 유대인의 왕이고 만왕의 왕이며 만주의 주가 되십니다. 그러므로 예수 그리스도의 십자가에 걸린 '유대인의 왕 예수' 라는 죄패의 내용은 진실되고 참된 하나님의 예언인 것입니다. 하나님께서는 빌라도가 이방인의 총독이었지만 그를 통하여 진실을 기록하게 만드신 것입니다.

38-40절 이때에 예수와 함께 강도 둘이 십자가에 못 박히니 하나는 우편에, 하나는 좌편에 있더라 지나가는 자들은 자기 머리를 흔들며 예수를 모욕하여 이르되 성전을 헐고 사흘에 짓는 자여 네가 만일 하나님의 아들이어든 자기를 구원하고 십자가에서 내려오라 하며

예수님께서 십자가에서 처형을 당하시는 날에 함께 사형을 당하는 강도 두 사람이 있었습니다. 로마의 지배하에 있었던 당시에는 흉악한 강도뿐만 아니라 독립운동을 하다가 잡혀온 많은 유대인들이 강도로 낙인 찍혀서 십자가에 못 박힐 때가 많았다고 합니다. 원래는 강도 바라바가 십자가 형틀에 못 박혀야 하는데, 예수님께서는 강도 바라바를 대신하여 흉악한 강도 취급을 받으시면서 두 강도와 같이 십자가의 형벌을 짊어지시게 된 것입니다.

이전에 많은 사람들은, 예수님께서 죽은 자를 살리시고 병자를 구원할 때, 구름 떼처럼 몰려와서 박수를 치고 환호성을 질렀습니다. 주님이 나사로를 죽음에서 살리시고 나귀를 타고 예루살렘에 입성하실 때는 모두 나와서 종려나무를 꺾고 옷을 벗어서 나귀가 지나가는 길에 깔았습니다. 그런데 그때 "할렐루야! 호산나 다윗의 자손이여!" 하며 환호성을 외치던 그 군중들이 이제는 예수님께서 십자가에 못 박히게 되자 순식간에 등을 돌리고 예수님을 향해 조롱을 하며 머리를 흔들고 있는 것입니다.

세상의 인심이 다 그런 것입니다. 잘되면 모두 다 칭찬하고, 실패하면

모두 다 비방하는 것입니다. 잘살면 사돈의 팔촌까지 대문이 닳도록 왔다 갔다 합니다. 그러나 일순간 망해 버리면 아무도 찾아오지 않습니다. 길거리에서 만나도 피해서 갑니다. 예수님께서 한창 시절에 기사와 이적을 행하고 놀라운 역사를 베풀 때는 모두 다 그리스도를 칭찬하고 모든 인심이 다 예수께로 쏠리는 것 같았습니다. 그러나 예수님이 이제 십자가에 못 박혀서 매달리게 되니까 제자들까지도 예수를 버리고 멀리 도망치고, 많은 군중들은 예수님을 향해서 머리를 흔들며 욕을 하기 시작했습니다. 이 사람들은 참으로 불쌍한 사람들입니다. 지금쯤 그들은 지옥의 불구덩이에서 "예수님이 구주였던 것을 알았더라면 영원히 영광 가운데 살 수 있었을 텐데!" 라고 후회하며 머리를 흔들고 있을 것입니다.

예수님께서는 요한복음 2장 19절을 통해 "너희가 이 성전을 헐라 내가 사흘 동안에 일으키리라" 고 말씀하셨는데, 여기서 '성전' 은 몸을 말하는 것입니다. 예수님의 몸이 성전이고, 우리의 몸도 성전인 것입니다. 예수님이 이 말씀을 하실 때, 그 뜻을 알아듣지 못한 사람들은 헤롯 성전을 말하는 줄 알고 어마어마한 신성모독이라고 생각했습니다.

하나님이 거하시는 성전을 헐겠다는 것은 사형에 해당하는 죄입니다. 왜냐하면 그 당시 성전을 헌다는 것은 하나님에 대한 직접적인 도전이기 때문입니다. 지금도 그리스도의 몸 된 교회를 허는 것은 하나님께서 당장 심판하십니다. 교회는 그리스도의 몸이기 때문입니다.

예수님은 그들에게 "육의 장막이며 성전인 나를 죽여라. 그러면 내가 사흘 만에 부활하리라." 는 의미로 말씀하셨지만, 결국 그들은 이를 이해하지 못하고 하나님을 신성모독하는 말을 했다는 죄목으로 예수님을 고소한 것입니다. 그리고 지나가는 자들이 예수님을 보고서 "성전을 헐고 사흘에 짓는 자여, 네가 만약 하나님의 아들이어든 자기를 구원하고 십자가에서 내려오라!" 면서 모욕했던 것입니다.

그들은 말도 안되는 억지소리를 예수님께 하고 있는 것입니다. 이렇게 작정하고 억지소리를 하는 사람들에게는 어떤 대답도 통하지 않습니다. 그리고 성자 하나님이신 예수님께서 십자가에서 내려오실 능력이 없어서 매달려 계시겠습니까? 예수님께서는 충분히 십자가에서 내려와 원수들을 모두 다 멸할 수 있는 능력을 가지신 분이십니다. 하지만 예수님이 그러한 능력을 행하시고 십자가에서 내려오면 우리가 어떻게 구원을 받을 수 있겠습니까? 예수님께서 우리의 제물이 되셔야 우리가 구원을 받을 수 있고, 예수님이 십자가에서 돌아가셔야 그 핏값으로 예수 그리스도를 믿고 따르는 사람들은 천국에 갈 수가 있는 것입니다.

그러므로 예수님은 십자가에서 못 내려오신 것이 아니라, 내려오시지 않았던 것입니다. 예수님이 제물이 되어 십자가에서 끝까지 내려오지 않고 인내하셨기 때문에 죄와 불의로 가득하여 버림받아야 마땅한 우리가 예수 그리스도를 믿기만 하면 모두 구원을 받게 된 것입니다. 예수님께서 끝까지 참으셨던 것이 얼마나 감사하고 다행스러운 일인지 모릅니다. 만약 예수님께서 십자가에서 내려오셨다면, 그때부터 우리 모두는 죄로 인하여 죽음과 심판 앞에서 속박되어 절대절망의 인생으로 살아야만 했을 것입니다. 죽기까지 모욕을 참고, 우리를 구원하기 위해서 고난당하신 예수님의 그 은혜를 우리가 영구히 감사하고 찬송해야 될 것입니다.

41-42절 그와 같이 대제사장들도 서기관들과 장로들과 함께 희롱하여 이르되 그가 남은 구원하였으되 자기는 구원할 수 없도다

그가 이스라엘의 왕이로다 지금 십자가에서 내려올지어다 그리하면 우리가 믿겠노라

대제사장들과 서기관들은 늘 예수님께서 죄를 용서하고 귀신을 쫓아내고 병을 고치고 죽은 자를 살리는 것에 대하여 부인하며 지냈습니다. 심지어 예수님에게 "그가 귀신의 왕 바알세불을 의지해서 저런 짓을 한다."라고까지 모욕을 했는데, 정작 주님을 십자가에 못 박고 난 다음에는 "저가 남은 구원하였다."라고 말하며 예수님의 위대한 사역을 그들 스스로 부지불식간에 인정하고 있습니다. 그렇습니다. 주님께서는 자신이 죽어야 모든 사람들을 구원할 수 있기 때문에 당신의 구원을 스스로 포기하신 것입니다.

6·25 전쟁 기간 중에 있었던 일입니다. 많은 사람들이 한겨울 엄동설한에 피난을 내려오고 있었는데, 그중에 만삭이 다 된 젊은 산모 한 명이 있었습니다. 갑자기 진통이 오는 다급한 상황이었기 때문에 젊은 산모는 하는 수 없이 근처 다리 밑에 내려가서 아기를 낳았습니다. 지금은 겨울에도 따뜻한 옷과 난방이 잘 되는 건물이라도 있지만, 그때는 전쟁 중이라 제대로 옷을 갖춰 입지도 못하고 피난 내려가는 상황이었기에 그 혹독한 추위란 이루 말할 수 없는 것이었습니다. 이런 겨울 한파 가운데 다리 밑에서 낳은 아기를 살리려고 젊은 부인은 자기 옷을 다 벗어 어린 아기를 꽁꽁 싸매고 자신은 얼어서 죽고 말았던 것입니다.

한번 생각해 보십시오. 앞날이 창창한 이 젊은 부인이 무엇 때문에 이런 무모하게 보이는 행동을 했겠습니까? 그것은 바로 자식에 대한 사랑 때문에 그렇게 한 것입니다. 이 여인이 그 추운 겨울에 다리 밑에서 아기

를 낳고 그 핏덩이를 살리려고 옷을 다 벗어서 희생한 것은 모든 어머니들이 가진 모성애 때문입니다.

예수님이 십자가에서 죽기까지 내려오지 않은 것도 이렇게 우리들을 사랑하시기 때문입니다. 하나님의 명령이기 때문에, 또는 불가피한 사정이 있어서가 아닙니다. 하늘과 땅을 지으신 그분이 그 손과 발에 못 박히고 옆구리를 창에 찔려 피 흘리고 죽은 것은 우리 모두를 향한 사랑 때문입니다. 예수님께서는 우리를 살리시겠다는 일념을 가지고 십자가를 지셨습니다. 그 사랑이 지금도 우리 가운데 넘쳐 나는 것입니다. 그리고 대대손손 영원토록 넘쳐 날 것입니다.

주님은 어마어마한 고통의 대가를 자원해서 지불하셨습니다. 그리고 우리를 살리셨습니다. 그러기에 우리는 영원토록 예수님을 찬양하고, 영원토록 예수님께 감사해야 합니다. 성경은 "사람이 친구를 위하여 자기 목숨을 버리면 이보다 더 큰 사랑이 없나니"(요 15:13)라고 했습니다. 친구를 위해서 목숨을 버리는 사랑도 이보다 더 큰 사랑이 없다고 하시는데, 주님을 박대하고 외면한 원수 된 우리들을 위해서 갈보리 십자가를 지고 죽기까지 사랑해 주셨으니, 그 사랑이 얼마나 크겠습니까?

예수님은 남을 구원하였으나 자기는 구원하지 않았습니다. 그것이 우리의 희망이요, 우리의 자랑이요, 우리의 기쁨이 되었습니다. 자기를 구원하지 않았기 때문에 우리가 구원을 받은 것입니다.

43-44절 그가 하나님을 신뢰하니 하나님이 원하시면 이제 그를 구원하실지라 그의 말이 나는 하나님의 아들이라 하였도다 하며 함께 십자가에 못 박힌 강도들도 이와 같이 욕하더라

하나님이 원하시는 것은 예수님이 우리의 죄를 대속하시기 위해서 제물이 되어 십자가에 못 박히는 것입니다. 예수님이 십자가에 못 박힌 것은 하나님의 마음을 극도로 아프시게 하였지만, 바로 그 자체가 하나님을 기쁘시게 하고 있습니다. 왜냐하면 예수님을 십자가에서 구원하지 않는 것이 하나님의 뜻이기 때문입니다. 너무나 역설적인 상황이지만 예수님은 죄 없으신 하나님의 아들이기 때문에 하나님의 온전한 뜻을 이루기 위해 이 땅에 오셔서 십자가에 못 박혀 죽으신 것입니다.

예수님은 죽기 위해서 오셨습니다. 제물이 되기 위해서 오셨습니다. 인류를 위해서 속죄 제물이 되기 위해서 오셨기 때문에 주님께서 죽는 것이 하나님의 뜻입니다. 하나님은 예수 그리스도의 십자가를 보며 가슴이 터지도록 아파하셨지만, 그 고통을 통해서 구원받을 자녀들을 수없이 많이 얻을 수 있기 때문에 오히려 기뻐하셨던 것입니다. 그러므로 이러한 하나님의 뜻을 아신 예수님은 기꺼이 십자가에 오르신 것이었습니다. 반면, 하나님과 예수님의 이 사랑의 역설을 모르는 사람들은 예수님을 욕하고 비방하였습니다.

6. 영혼이 떠나심(27:45-56)

45. 제육 시로부터 온 땅에 어둠이 임하여 제구 시까지 계속되더니

46. 제구 시쯤에 예수께서 크게 소리 질러 이르시되 엘리 엘리 라마
사박다니 하시니 이는 곧 나의 하나님, 나의 하나님, 어찌하여 나를
버리셨나이까 하는 뜻이라 47. 거기 섰던 자 중 어떤 이들이 듣고 이
르되 이 사람이 엘리야를 부른다 하고 48. 그중의 한 사람이 곧 달려
가서 해면을 가져다가 신 포도주에 적시어 갈대에 꿰어 마시게 하거
늘 49. 그 남은 사람들이 이르되 가만두라 엘리야가 와서 그를 구원
하나 보자 하더라 50. 예수께서 다시 크게 소리 지르시고 영혼이 떠
나시니라 51. 이에 성소 휘장이 위로부터 아래까지 찢어져 둘이 되
고 땅이 진동하며 바위가 터지고 52. 무덤들이 열리며 자던 성도의
몸이 많이 일어나되 53. 예수의 부활 후에 그들이 무덤에서 나와서
거룩한 성에 들어가 많은 사람에게 보이니라 54. 백부장과 및 함께
예수를 지키던 자들이 지진과 그 일어난 일들을 보고 심히 두려워하
여 이르되 이는 진실로 하나님의 아들이었도다 하더라 55. 예수를
섬기며 갈릴리에서부터 따라온 많은 여자가 거기 있어 멀리서 바라
보고 있으니 56. 그중에는 막달라 마리아와 또 야고보와 요셉의 어
머니 마리아와 또 세베대의 아들들의 어머니도 있더라

45절 제육 시로부터 온 땅에 어두움이 임하여 제구 시까지 계속되더니

유대인의 제육 시는 우리 시간으로 말하면 12시이고, 제구 시는 오후 3시를 가리킵니다. 예수님은 오전 9시에 십자가에 못 박히셨습니다. 정오가 되자 온 땅이 어두워지고, 어둠이 오후 3시까지 계속되었으니까 예수님께서는 6시간 동안 십자가에 못 박힌 채로 십자가 위에 매달려 계셨던 것입니다. 하늘도 울고 땅도 울고 바다조차 울었을 것입니다.

이 부분을 묵상하다 보면 '얼마나 아프셨나' 라는 찬송을 지었을 때가 아직도 생생하게 생각납니다. 이 찬송을 지을 때 나는 환상을 보았습니

다. 예수님께서 십자가에 못 박히실 때, 여자들이 예수님 주위를 둘러싸고서 십자가에 달리지 못하도록 필사적으로 주님을 붙잡고 있었습니다. 그러자 로마 군인들이 와서 여자들을 마구 발로 차고 때리고, 심지어는 여자들 가운데로 말을 타고 달리기까지 해서 여자들을 예수님으로부터 떼어 놓았습니다. 그리고 강압적으로 예수님을 붙잡아 십자가에 못 박는 장면을 보았습니다. 여자들이 땅바닥에 앉아서 통곡하는데, 나도 그 가운데 함께 앉아서 하염없이 울었습니다.

그 순간 이 찬송이 내 귀에 들려왔습니다.

"얼마나 아프셨나 못 박힌 그 손과 발
죄 없이 십자가에 매달리신 예수님
하늘도 모든 땅도 초목들도 다 울고
해조차 힘을 잃고 온 누리 비치잖네
아아 끝없어라 주의 사랑 언제나
아아 영원토록 구원의 강물 넘치네".

이 노랫소리가 들리는 가운데 하늘도 울면서 큰 소나기가 떨어지고 있었습니다. 스산한 바람이 불어오고 땅이 흔들리고 온 땅이 다 통곡을 하고 파도 소리가 흉흉하게 들려왔습니다.

나는 환상 속에서 깨어나자마자 그 가사를 쉼 없이 적어 내려갔습니다. 하지만 그 찬송의 곡조는 도무지 생각나지 않았습니다. 내가 음악에 대한 지식이 없었기 때문에 들었던 것을 오선지에 기록하지 못하고 모두 다 잊어버린 것입니다. 어쩔 수 없이 내 아내에게 자초지종을 설명하고서 이 가사에 곡조를 붙여 달라고 부탁했습니다.

며칠을 기도하고 있는데, 하루는 저녁에 자다가 보니까 갑자기 옆에 있던 아내가 온데간데없이 보이지 않는 것이었습니다. 한참을 두리번거리다가 화장실에 불이 환하게 켜져 있는 것을 보고 화장실에 가보니까 아내가 혼자 앉아서 울고 있었습니다. 손에는 음표가 빼곡히 그려진 오선지가 들려 있었습니다. 아내는 자다가 갑자기 성령에 감동이 되어서 그 시에 대한 음악이 머리에 떠올라서 오선지에 전부 적었다는 것이었습니다. 그 찬송을 나에게 불러 주는데 보니까 내가 환상 중에 들었던 음악과 똑같았습니다.

저 하늘의 별들과 이 땅과 바다와 그 가운데 속해 있는 모든 것을 다 지으신 우주의 주님께서 십자가에 못 박히셨습니다! 우주가 다 몸부림치며 통곡을 하고, 하늘 보좌에서는 하나님 아버지께서 통곡하셨습니다. 아마 창조 이래로 그때만큼 온 우주가 통곡 소리에 싸인 적은 없을 것입니다. 해조차 빛을 잃은 이런 우주적인 큰 슬픔이 예수 그리스도께서 십자가에 못 박히셨을 때 다가온 것입니다.

46절 제구 시쯤에 예수께서 크게 소리 질러 이르시되 엘리 엘리 라마 사박다니 하시니 이는 곧 나의 하나님, 나의 하나님, 어찌하여 나를 버리셨나이까 하는 뜻이라

"엘리 엘리 라마 사박다니!" 라는 외침은 시편 22편 1절에 있는 말씀입니다. 예수님은 언제나 하나님을 '아버지' 라고 부르셨습니다. 그러나 지금은 죄를 뒤집어쓴 제물이 되어서 심판주 앞에서 심판을 받고 있기 때문에 아버지라는 호칭은 부를 수가 없는 것입니다.

예수님은 6시간 동안 십자가에 못 박혀 피 흘리셨기 때문에 고통은 극한 절정에 달했습니다. 그래서 주님께서 큰 소리로 "나의 하나님, 나의

하나님, 어찌하여 나를 버리셨나이까?" 라고 부르짖었던 것입니다. 그러나 하나님은 아무런 대답이 없었습니다. 창조주이며 절대 주권자이신 하나님은 당신의 하는 일에 대해서 설명하시지 않습니다. 주권자는 자기 원하는 대로 행하시는 것입니다. 물론 예수님께서는 왜 당신이 십자가에 못 박혀야 하는지를 알고 계십니다. 그러나 이때에는 하나님께서 침묵하셨습니다.

우리도 삶 속에서도 주님께 수많은 질문을 합니다. "어찌하여 내가 이렇게 사업에 실패했습니까? 어찌하여 내가 장가나 시집을 잘못 와서 이 꼴을 당해야 합니까? 어찌하여 우리 자식이 이 모양입니까?" 그러나 하나님은 우리의 '어찌하여' 라는 푸념에 대해서 대답을 하지 않으실 때가 있습니다. 주권자이신 하나님께서 당신의 뜻을 세워서 일을 시행할 때는 '어찌하여' 라는 말에 대답을 하시지 않을 때도 있기 때문입니다.

나는 '어찌하여' 라는 질문을 많이 했습니다. 17세에 폐병에 걸려서 청운의 꿈을 다 버리고 웅크리고 앉아서 핏덩어리를 토하며 서서히 죽어갈 때, 나는 수없이 하나님에게 물었습니다. "어찌하여 나를 이렇게 버리십니까?" 그때 나는 예수를 믿지 않았지만 우주에 하나님이 있다는 것은 희미하게 알았기 때문에 "어찌하여 나를 버리시나이까? 어찌하여 이렇게 젊은 나를 내동댕이치십니까?" 라는 질문을 할 수밖에 없었습니다. 지금의 내 모습을 보면 하나님의 대답을 정확하게 추측할 수가 있습니다. "너를 구원하여서 목사 만들려고 그랬다!"

하나님의 뜻과 섭리는 세월이 지나고 나면 명확히 알게 되는 것입니다.

47-49절 거기 섰던 자 중 어떤 이들이 듣고 이르되 이 사람이 엘리

> 야를 부른다 하고 그중의 한 사람이 곧 달려가서 해면을 가져다가 신 포도주에 적시어 갈대에 꿰어 마시게 하거늘 그 남은 사람들이 이르되 가만두라 엘리야가 와서 그를 구원하나 보자 하더라

"엘리 엘리 라마 사박다니!"라고 부르짖는 예수님의 절규를 듣고 있던 사람들은 그가 엘리야를 부르는 줄로 착각하고 있었습니다. 왜냐하면 유대인들은 주님이 오시기 전에 엘리야가 먼저 와서 많은 사람들의 마음을 돌이킬 것이라는 말라기의 예언을 교육받으며 자랐기 때문입니다(말 4:5-6). 그러므로 예수님께서 "엘리 엘리 라마 사박다니!"라고 부르짖을 때, 사람들은 주님이 엘리야를 부르는 것으로 보고 겁을 집어먹었던 것입니다.

신 포도주는 로마 군인들이 갈증을 해갈하려고 마시는 음료였습니다. 혹시 엘리야가 내려오는 날에는 자기들이 큰 화를 입지 않을까 해서 예수님의 고통을 덜어 주려고 해면 스펀지에 신 포도주를 적셔서 예수님의 입에 갖다 댔습니다. 해면에 신 포도를 찍어서 예수님 입에 대고 입술을 축여 주는 착한 사람들이 있는가 하면, "왜 그러느냐? 내버려 두어라. 자기가 엘리야를 불렀으니 정말 엘리야가 와서 구원하는가 보자."라고 포악하게 말하며 선동하는 자들도 있었다는 것을 이 구절을 통해 알 수 있습니다.

50절 예수께서 다시 크게 소리 지르시고 영혼이 떠나시니라

예수님께서 크게 소리 지르셨다는 말은 요한복음 19장 30절에 "다 이루었다"라고 기록되어 있습니다. 창세기부터 말라기까지 예언되어 온

그 모든 예언의 사건을 예수님이 십자가에서 다 이루신 것입니다. 구약에서 수천수만의 짐승이 죽어서 피를 흘린 모든 제사와 의식들은, 예수님이 십자가에 못 박혀 죽으심으로 우리의 영원한 제물이 되실 것을 예언적으로 보여준 것입니다.

모든 사건이 예수님의 십자가의 죽으심으로 말미암아 다 완성된 것입니다. 모든 율법이 완성되고 의식과 제도가 다 예수님 안에서 완성됐습니다. 율법도 의식도 예수님의 십자가로 종결된 것입니다. 예수님을 통해서 이제는 믿음으로 말미암아 구원받는 새로운 언약의 시대가 온 것입니다.

그러므로 율법과 정죄와 의식이 모두 십자가와 함께 사라지고, 이제는 하나님의 은혜의 강물이 넘쳐나기 시작한 것입니다. 아담과 하와 이후로 생겨난 죄와 절망, 저주와 죽음, 그리고 고통과 괴로움을 주님이 다 끌어안고 청산해 버리신 것입니다. 이제는 예수님 안에서 새로운 시대가 왔습니다. "그런즉 누구든지 그리스도 안에 있으면 새로운 피조물이라 이전 것은 지나갔으니 보라 새것이 되었도다"(고후 5:17).

아담과 하와의 시대로부터 예수님의 때에 이르기까지 유전되어 오던 모든 저주는 지나갔습니다. 이제는 예수님의 은혜와 축복 속에 우리가 살게 된 것입니다. 예수님을 올바르게 알고 예수님을 올바르게 믿고 예수님과 함께 살면, 영혼이 잘됨 같이 범사가 잘되고 강건하며 생명을 얻되 풍성히 얻게 되는 하나님의 놀라운 축복이 임하는 것입니다.

51-53절 이에 성소 휘장이 위로부터 아래까지 찢어져 둘이 되고 땅이 진동하며 바위가 터지고 무덤들이 열리며 자던 성도의 몸

이 많이 일어나되 예수의 부활 후에 그들이 무덤에서 나와서 거룩한 성에 들어가 많은 사람에게 보이니라

유대인들은 모세를 따라 애굽에서 나와 광야를 지나는 동안 시내 산에서 성막의 모형을 받게 됩니다. 이 성막에는 성막 뜰이 있고 성소가 있는데 큰 휘장을 중심으로 성소와 지성소가 위치해 있습니다.

제사장들은 언제나 성소에서 하나님을 섬깁니다. 그들은 그곳에서 금촛대에 항상 불이 환하게 타게 하고, 향단에 향을 피우고, 진설병 상에 매 안식일마다 새로운 떡을 갖다 놓는 일을 하며 하나님을 섬깁니다. 그러나 평상시 지성소에는 절대로 들어갈 수 없습니다.

성소와 지성소 사이에는 휘장이 쳐져 있는데 얼마나 튼튼하게 만들어졌는지, 황소 두 마리가 양쪽에서 서로 잡아당겨도 찢어지지 않는다고 합니다. 이처럼 튼튼한 휘장을 쳐서 지성소를 막아 놓고 있습니다. 지성소는 하나님이 거하시는 처소입니다. 그곳에는 언약궤가 있고 언약궤 위에 금으로 덮은 속죄소가 자리하고 있습니다.

속죄소에는 그룹 천사가 날개를 편 형상이 있는데, 대제사장이 1년에 한 번 대속죄일에 짐승의 피를 가지고 들어가서 이스라엘의 죄를 속하기 위해서 속죄소에 피를 뿌립니다. 이러한 정결 의식을 거치면 이스라엘의 죄가 속함을 받게 되는 것입니다. 1년에 한 번 대속죄일에 대제사장만이 유일하게 그곳에 피를 가지고 들어갈 수 있고, 그 외에는 어느 누구도 들어갈 수 없습니다. 만약 규정을 어기고 들어가면 그 사람은 곧장 죽임을 당하고 맙니다.

그런데 예수님께서 십자가에 몸을 찢기고 피 흘리며 "내가 다 이루었

다. 아버지여, 내 영혼을 아버지께 부탁하나이다." 라고 외치며 운명하실 때, 성소의 휘장이 위에서부터 아래로 쫙 찢어져서 지성소와의 경계가 없어지고 말았습니다. 이것은 무시무시한 일입니다. 이제는 지성소가 성소에서도 들여다보이고, 바깥에서도 속죄소가 확 드러나 보였습니다. 도대체 이것이 무슨 일입니까?

이 휘장은 예수 그리스도의 육체를 상징할 뿐만 아니라, 하나님과 사람 사이를 막아 놓은 인간의 죄를 상징하고 있습니다. 그러므로 예수님의 육체가 십자가에서 찢어지자, 휘장이 찢어진 것입니다. 또한 인간은 죄 때문에 하나님 앞에 마음대로 나가지 못하고 있습니다. 죄가 없을 때, 아담과 하와는 에덴동산에서 하나님과 마음대로 교제하지 않았습니까? 그러나 그들이 죄를 지었을 때, 에덴에서 쫓겨나서 다시는 그곳에 들어갈 수 없게 된 것입니다. 그때부터 시작해서 사람들은 죄의 휘장에 가로막혀 하나님 앞에 마음대로 나갈 수 없게 되었습니다.

하지만 예수님이 "내가 다 이루었다!" 라고 하시며 우리의 죄를 모두 대속하셨기 때문에 이제는 예수 그리스도를 통해서 언제나 하나님 앞에 나갈 수 있게 되었습니다. 하나님과 사람 사이에 막힌 휘장이 찢어져 버리고 만 것입니다. 누구든지 예수 그리스도를 구주로 모시기만 하면, 예수님의 그 찢어진 육체를 통해서 하나님 아버지의 보좌 앞에 직접 나갈 수 있게 된 것입니다.

이제 우리는 예수님을 믿는 왕 같은 제사장들이 되어 예수님을 의지하고 하나님 앞에 마음대로 나갈 수 있습니다. 아침에도 점심에도 저녁에도 하나님 앞에 마음대로 들어갈 수 있는 것은 하나님과 우리 사이에 막힌 담이 이제는 없기 때문입니다. 이젠 죄의 휘장이 전혀 없습니다. 그러므로 우리는 예수 그리스도의 찢긴 몸을 통해서 아버지 앞에 직접 나갈 수 있는 생명의 길을 보장받게 된 것입니다. 언제든지 우리들이 엎드려서 예수님 이름으로 기도하면 직접 아버지 보좌 앞에 설 수 있습니다. 더구나 교회에서 우리가 예수 그리스도 이름으로 아버지를 예배할 때, 우리는 지성소에 들어가서 직접 하나님을 대면할 수 있게 되는 것입니다.

하지만 예수를 믿지 않는 사람들은 절대로 하나님 앞에 나갈 수 없습니다. 왜냐하면 하나님을 만나는 유일한 방법은 예수 그리스도의 찢어진 몸을 통해서만 가능하기 때문입니다. 그러므로 아무것도 예수님의 보혈의 권세를 막을 힘이 없습니다. 그리스도의 십자가 보혈이 우리의 죄를 다 씻어 버리고 하나님과 우리 사이에 막힌 담을 다 헐었기 때문에 우리는 직행으로 아버지 앞에 들어갈 수 있는 것입니다.

성소의 휘장이 위에서부터 아래까지 찢어지고 난 후, 땅이 진동하며 바위가 터졌습니다. 이것은 당연한 일입니다. 하늘과 땅을 지으신 창조주께서 십자가에 못 박혀 6시간 동안 고통을 당하시고 마지막으로 운명하셨는데, 어찌 징조가 없이 고요할 수 있겠습니까? 파랗기만 하던 하늘이 빛을 잃고, 잔잔한 바다가 소용돌이치고, 요지부동(搖之不動)의 땅이 진동하고, 견고한 바위가 터지는 거대한 변화가 일어나는 것은 당연지사인 것입니다. 예수님의 죽으심을 통해서 우주에 거대한 변화가 다가오고 새로운 역사가 이루어졌다는 것을 하늘과 땅을 통해 직접 보여 준 것입니다.

52절의 '무덤들이 열리며 자던 성도의 몸이 많이 일어났다' 고 하는 것은 간단하게 기록해 놓았기 때문에 어떤 상황인지 이해가 되지 않겠지만, 땅이 진동하고 바위가 터졌기 때문에 무덤의 문들이 열리고 죽은 성도들의 몸이 일어나게 된 것을 말합니다. 유대인들의 무덤은 우리처럼 땅을 파서 묻는 것이 아니고, 굴을 파서 그 속에 시체를 넣어 만듭니다. 그렇기 때문에 산이 진동하고 바위가 터지면서 무덤 문이 열리고 시체들이 드러나는 광경을 목도할 수 있는 것입니다. 그리고 예루살렘으로 들어가서 살아난 자신들의 모습을 사람들에게 보여 주었던 것입니다. "봐라! 우리는 죽었으나 부활했다." 아마 사람들이 보고 기절초풍을 하며 이렇게 말했을 것입니다. "어떻게 이런 일이 있을 수가 있느냐? 우리가 분명히 죽은 것을 확인하고 무덤 속에 넣어 놓았는데 어떻게 이 사람들이 살아서 걸어 나왔느냐?"

그들은 무덤에서 일어나 다시 살아난 증거를 사람들에게 보이고, 주님과 함께 승천해서 예수 그리스도의 죽음과 부활하심을 확실히 증거하는 증인들이 된 것입니다.

54절 백부장과 및 함께 예수를 지키던 자들이 지진과 그 일어난 일들을 보고 심히 두려워하여 이르되 이는 진실로 하나님의 아들이었도다 하더라

부활 사건의 현장에는 로마의 장교인 백부장과 함께 예수님을 지키던 군인들, 그리고 많은 유대인들도 있었습니다. 대제사장, 장로, 서기관, 바리새인들이 와서 예수 그리스도를 십자가에 못 박고 조롱하고 욕하다가 시간이 오래되니 모두 내려가 버렸습니다. 남아 있는 자는 예수님을 십자가에 못 박은 로마의 장교와 군인들, 그리고 유대인 몇 사람뿐이었습니다.

정오가 되자 천지가 캄캄해졌고 그들은 엄청난 두려움에 휩싸였습니다. 하늘이 통곡하며 많은 비가 쏟아지고 지진이 일어나서 땅이 진동하고 바위가 터지고 죽은 자들이 일어날 때, 사람들은 혼비백산하며 "이거 큰일이구나! 그동안 많은 사람들을 처형시키면서도 이런 일이 한 번도 일어나지 않았는데, 이런 엄청난 일들이 일어나다니! 과연 이 사람은 하나님의 아들이었구나!"라고 했을 것입니다.

그 장면을 보고 예수 그리스도를 믿지 않을 사람이 어디에 있겠습니까? 나는 당시 많은 사람들이 떨리는 마음으로 예수 그리스도를 구주로 영접하고 천국에 올라가 있을 것으로 확신하고 있습니다.

55-56절 예수를 섬기며 갈릴리에서부터 따라온 많은 여자가 거기 있어 멀리서 바라보고 있으니 그중에는 막달라 마리아와 또 야고보와 요셉의 어머니 마리아와 또 세베대의 아들들의 어머니도 있더라

예수님이 갈릴리나 유대를 다니면서 복음을 전파할 때, 많은 여자 성도들이 동행하며 제자들을 도와주었습니다. 지금도 여자 성도들이 교회에서 많은 봉사와 섬김의 사역을 하고 있는 것을 우리는 너무나 잘 알고 있습니다. 어느 교회에 가 보더라도 성도의 60%, 많으면 80%가 여자 성도입니다. 처음 교회를 개척하려고 할 때 보면 남자들은 많지 않습니다. 개척할 때도 여자 성도들이 먼저 출석해서 남편과 자녀들을 한 사람 한 사람 데리고 와서 교회를 채웁니다. 하나님께서는 가장 먼저 여자 성도들을 성령으로 감동시키는 것 같습니다. 여자 성도들을 통해 남편과 자녀, 가족들을 주께로 인도하는 역사를 베풀어 주시기 때문입니다. 그렇기 때문에 예수님이 십자가에 못 박히기 위해서 갈보리 산에 가실 때도

"예루살렘의 딸들아! 나를 위하여 울지 말고 너희와 너희 자녀를 위하여 울라"(눅 23:28)고 중보의 기도, 눈물의 기도를 하도록 여자들에게 부탁한 것입니다.

예수를 섬기며 갈릴리에서부터 좇아온 많은 여자들 또한 그곳에서 멀리 떨어져 바라보고 있었습니다. 많은 사람들이 따라와서 예수 그리스도의 고난당하는 장면을 보았습니다. 예수님이 처음 부활한 아침에도 남자 제자들이 예수님 무덤을 찾아온 것이 아니라, 여자 제자들이 예수님 무덤을 찾아와서 부활한 예수님을 제일 먼저 보았습니다. 확실히 충성심은 여자들이 남자들보다 더 많은 것 같습니다. 예수 그리스도의 죽음 이후에도 끝까지 무덤 곁에서 죽음을 애도하며 자리를 지키고 있었고, 또 부활 이후에도 제일 먼저 찾아와서 그리스도의 부활한 모습을 바라보았으니 말입니다.

이 중에서 막달라 마리아는 예수님이 그 몸속에서 일곱 귀신을 내어 쫓았던 바로 그 여자입니다. 귀신이 일곱이나 들어 있었으니 완전히 버림받은 인생이었습니다. 귀신이 그 속에 들어와서 난장판을 쳤습니다. 그런데 예수님께서 귀신을 쫓아내고 아무도 도와줄 수 없는 버림받은 여자를 온전한 여인으로 만들어 주셨으니, 그 감사와 감격이 얼마나 컸겠습니까? 그녀는 자신을 구원해 주시고 귀신의 결박으로부터 자유하게 하신 예수 그리스도의 뒤를 좇으면서 그분을 섬기게 된 것입니다.

7. 무덤에 장사되심(27:57-66)

57. 저물었을 때에 아리마대의 부자 요셉이라 하는 사람이 왔으니 그
도 예수의 제자라 58. 빌라도에게 가서 예수의 시체를 달라 하니 이
에 빌라도가 내주라 명령하거늘 59. 요셉이 시체를 가져다가 깨끗한
세마포로 싸서 60. 바위 속에 판 자기 새 무덤에 넣어 두고 큰 돌을
굴려 무덤 문에 놓고 가니 61. 거기 막달라 마리아와 다른 마리아가
무덤을 향하여 앉았더라 62. 그 이튿날은 준비일 다음 날이라 대제
사장들과 바리새인들이 함께 빌라도에게 모여 이르되 63. 주여 저
속이던 자가 살아 있을 때에 말하되 내가 사흘 후에 다시 살아나리라
한 것을 우리가 기억하노니 64. 그러므로 명령하여 그 무덤을 사흘
까지 굳게 지키게 하소서 그의 제자들이 와서 시체를 도둑질하여 가
고 백성에게 말하되 그가 죽은 자 가운데서 살아났다 하면 후의 속임
이 전보다 더 클까 하나이다 하니 65. 빌라도가 이르되 너희에게 경
비병이 있으니 가서 힘대로 굳게 지키라 하거늘 66. 그들이 경비병
과 함께 가서 돌을 인봉하고 무덤을 굳게 지키니라

57-58절 저물었을 때에 아리마대의 부자 요셉이라 하는 사람이 왔으니 그도 예수의 제자라 빌라도에게 가서 예수의 시체를 달라 하니 이에 빌라도가 내주라 명령하거늘

이제 날이 저물면 십자가에서 예수님을 내려야 됩니다. 왜냐하면 다음 날이면 유월절인데, 유대인의 전통에 의하면 유월절에는 시체를 나무에

매달아 놓을 수 없기 때문입니다. 나무에 달린 자는 저주받은 자이기 때문에 십자가에 달린 시체들을 내려야 됩니다. 이런 이유 때문에 강도들이 빨리 죽지 않을 때는 예수님 좌우편에 달린 강도들처럼 무릎을 꺾었던 것입니다. 그리고 피를 쏟게 해서 죽였습니다. 예수님은 다리를 꺾을 필요가 없었습니다. 예수님은 이미 운명하셨기 때문입니다.

원래 로마 사람들은 죄수들을 십자가에 못 박아 놓으면 사흘, 오래 가면 일주일씩 두어서 서서히 죽게 하지만, 유대인들은 율법에 의해서 산 사람을 나무에 매달지 않습니다. 사형을 집행하여 이미 죽은 사람을 만인의 본보기로 보이기 위해서 나무에 매달았습니다. 그러므로 나무에 매달린 자는 저주 아래 있는 자라 했습니다. 그러나 해가 질 때까지 그 시체를 달아 놓지는 못하도록 했습니다. 왜냐하면 땅이 더러워지기 때문입니다. 저주받아서 십자가에 못 박혔기 때문에 해 지기 전에 시체를 빨리 내려서 땅이 더러워지지 않게 하려 했습니다(신 21:22-23).

그런데 저물었을 때 아리마대의 부자인 요셉이라는 사람이 왔는데, 그도 예수님의 제자였습니다. 요셉은 산헤드린 회원이었습니다. 산헤드린은 유대인의 최고 의결 기관으로 예수님을 십자가에 못 박아 죽이자고 결의한 곳입니다. 아리마대 요셉은 굉장히 부유하고 덕망 있는 사람인데, 그는 산헤드린 회의에서 예수 그리스도를 십자가에 못 박자고 결정할 때 반대를 했던 사람입니다. 그때 반대를 했던 사람이 두 사람 있었는데, 바로 니고데모와 아리마대 요셉이었습니다.

아리마대 요셉은 모습을 드러내지 않고 숨어 있던 제자였으나, 예수님이 십자가에 못 박혀 죽은 후 담대하게 예수 그리스도의 제자인 것을 나타냈습니다. 이것은 보통 용기가 아닙니다. 그는 예수님을 죽이기로 결의한 유대인의 최고 종교 기관인 산헤드린의 회원이었음에도 불구하고 담대하게 예수 그리스도를 자기 무덤에 장사 지내겠다고 했습니다. 그런 말을 할 때 아리마대 요셉은 이미 산헤드린에서 쫓겨날 각오를 하고 믿음을 고백한 것입니다. 진실로 하나님이 인정할 수 있는 사람인 것입니다.

아리마대 요셉은 유대인 사회에서 존경받는 사람이기 때문에 총독인 빌라도도 그에 대한 칭송의 말을 사람들에게 많이 들어서 익히 잘 알고 있었음에 틀림없습니다. 왜냐하면 전혀 모르는 사람이 빌라도에게 들어가서 예수님의 시체를 내놓으라고 할 수는 없기 때문입니다. 또한 십자가에 못 박힌 죄수의 시체를 아무나 와서 개인적으로 받아 가지 못 합니다. 로마 사람들은 시체를 십자가에 매달아 놓고 짐승이 와서 뜯어 먹든지 그냥 썩든지 내버려 둡니다. 그리고 매장을 할 때는 정부의 허락이 있어야 그 시체를 매장할 수 있습니다.

그러므로 십자가 처형 당일에 예수 그리스도의 시체를 요구하는 것은 굉장히 힘든 일입니다. 보통 사람이 가서 구한다고 받을 수 있는 상황이 아닙니다. 예수님의 제자들조차 예수님의 시체를 달라고 입도 벙끗하지 못했습니다. 제자들은 갈릴리에서 온 어부들로서 사회적으로 인정받지 못하는 낮은 계층에 속해 있었기 때문에 빌라도의 궁전에 들어갈 수도 없었습니다. 그러나 아리마대 요셉은 큰 부자요, 정치적, 종교적으로 큰 권세가 있는 예수님의 제자였기 때문에 담대히 들어가서 시체를 내놓으라고 할 수 있었던 것입니다.

산헤드린 회원들뿐만 아니라 장로들과 바리새인들 그리고 서기관들의 입에서 “저 사람이 제정신이 아니구나! 이제는 완전히 예수의 제자가 되었으니 축출해 버리자." 라는 말이 나오게 할 정도로 대담한 행동이었습니다. 그러나 그는 지위나 권세나 부귀를 다 빼앗긴다 하더라도 그걸 두려워하지 아니하고, 예수 그리스도의 제자로서 그분의 시체를 담대하게 요구해서 자기의 무덤에 장사하였습니다. 그는 굉장히 용기 있는 사람이고 존경받을 만한 사람이었습니다. 이것은 하나님께 칭찬과 상급을 받을 만한 용감한 신앙인 것입니다.

우리는 아리마대 요셉의 신앙을 많이 배워야 할 것입니다. '예수님을 위해서라면, 내 지위나 명예나 권세나 재산까지 다 빼앗기는 한이 있더라도 나는 그리스도를 위해서 끝까지 충성하겠다.' 라는 믿음으로 충만하시길 예수님의 이름으로 축원합니다.

59-61절 요셉이 시체를 가져다가 깨끗한 세마포로 싸서 바위 속에 판 자기 새 무덤에 넣어 두고 큰 돌을 굴려 무덤 문에 놓고 가니 거기 막달라 마리아와 다른 마리아가 무덤을 향하여 앉았더라

유대인들은 시체를 우리의 풍습처럼 그대로 장례 지내지 않습니다. 반드시 유대인의 시체는 방부 처리를 한 깨끗한 세마포로 쌉니다. 시체를 세마포로 싸기 전에 이 세마포를 찢어서 방부제인 몰약에 적십니다. 그러고 나서 몰약을 적신 세마포를 손가락은 손가락대로 동이는 등, 머리끝부터 발끝까지 온 몸을 다 동입니다. 이와 같이 시체를 완전히 고치처럼 만들어서 바위를 판 무덤 속에 갖다 넣는 것입니다.

아리마대 요셉은 예수님이 십자가에 못 박히신 골고다 언덕 근처에 자기 무덤을 가지고 있었습니다. 원래 그의 고향 아리마대는 예루살렘에

서 서북쪽으로 약 100km 떨어진 상당히 먼 곳에 있었습니다. 그런데도 그 당시 많은 부자 유대인들은 메시아가 오실 때 제일 먼저 부활하여 메시아를 맞이하겠다는 소원을 가지고 예루살렘 근처의 땅을 사서 자기 무덤을 만들어 놓았습니다. 이런 이유로 아리마대의 부자 요셉 또한 예루살렘 근처 좋은 곳에 무덤을 만들어 놓았는데, 그곳에 예수님을 모시게 된 것입니다. 얼마나 충성스럽습니까? 자기가 죽으면 들어가려고 사 놓은 그 무덤에 예수님을 모셨던 것입니다.

하나님은 우리가 하는 모든 일들을 창세전부터 이미 알고 계십니다. 아리마대 요셉도 주님이 이미 창세전에 선택하시고 예수 그리스도의 시체를 받아서 자기 무덤에 넣도록 하나님께서 예정해 주신 사람인 것입니다. 그는 하나님의 택하심을 받은 것입니다. 얼마나 감사한 일입니까?

아리마대 요셉은 예수님의 시체를 가져다가 깨끗한 세마포로 쌌습니다. 머리끝부터 발끝까지 온몸을 깨끗한 세마포로 둘러서 자기의 무덤에 모셔다 놓았습니다. 한편, 요한복음에 보면 요셉은 예수님의 시체를 모셔오고 깨끗한 세마포를 준비했으며, 니고데모는 몰약을 가져왔다고 기록되어 있습니다(요 19:38-42).

62-66절 그 이튿날은 준비일 다음 날이라 대제사장들과 바리새인들이 함께 빌라도에게 모여 이르되 주여 저 속이던 자가 살아 있을 때에 말하되 내가 사흘 후에 다시 살아나리라 한 것을 우리가 기억하노니 그러므로 명령하여 그 무덤을 사흘까지 굳게 지키게 하소서 그의 제자들이 와서 시체를 도둑질하여 가고 백성에게 말하되 그가 죽은 자 가운데서 살아났다 하면 후의

속임이 전보다 더 클까 하나이다 하니 빌라도가 이르되 너희에게 경비병이 있으니 가서 힘대로 굳게 지키라 하거늘 그들이 경비병과 함께 가서 돌을 인봉하고 무덤을 굳게 지키니라

예수님을 무덤에 넣었을 때가 금요일입니다. 무덤에 넣고 난 다음에 로마 군인들이 그 무덤을 지키고 있는데도 불구하고 대제사장과 장로들은 너무나 불안했습니다. 왜냐하면 예수님이 살아생전에 "내가 사흘 만에 부활할 것이다."라고 말씀하셨기 때문입니다. 그 사람들은 부활을 절대 믿지 않았습니다. 그러나 제자들이 예수의 시체를 훔쳐 가서 그가 부활했다고 하면 후환이 있을까 두려워서 대제사장과 장로들은 로마 총독인 빌라도에게 간 것입니다.

그들은 예수님을 보고 '속이던 자'라고 했습니다. 어찌 이처럼 악하게 말할 수 있습니까? 예수님은 진리를 말씀하신 구주였는데, 속이는 사기꾼으로 취급한 것입니다. 그런데 참 놀라운 것은 예수님이 죽은 지 사흘 만에 부활하신 것을 그들이 분명히 목격하여 알고도 믿지 않았다는 것입니다. 예수님이 부활하실 것에 대해 예언한 것도 다 들었고, 예수님이 부활하심으로 말미암아 온 예루살렘이 뒤집어지고 하나님의 역사가 일어난 것을 알고도 이 사람들은 믿지 않았습니다. 도리어 그 사람들은 제자들이 와서 예수의 시체를 훔쳐 갔다고 끝까지 거짓말했습니다.

과연 제자들이 정말 훔쳐 갈 수 있었을까요? 세계에서 가장 훈련이 잘된 로마 군인들이 그 무덤을 지키고 있었습니다. 만약 로마의 군인들이 예수의 시체를 분실한다면, 목숨을 부지하는 것은 불가능합니다. 또한 예수님께서 살아 계실 때도 목숨이 아까워서 모두 주님을 버리고 달아난

제자들이 무시무시한 군기로 경계를 서고 있는 경비병들이 있는 곳으로 죽은 예수님의 시체를 찾으러 왔다는 말은 설득력이 없는 것입니다.

로마 군인들은 유비무환(有備無患)이라는 말처럼, 기존에 있는 경비병에 더 많은 경비병을 보내어 예수님의 무덤 입구를 지키게 했습니다. 그리고 돌을 조금도 움직이지 못하게 하려고 돌에 인봉을 쳤습니다. 인봉되어 있는 돌 문은 함부로 이동시킬 수 없습니다. 왜냐하면 돌 문을 움직이면 인봉이 뜯어져서 움직인 증거가 나타나기 때문입니다. 이처럼 예수님의 무덤을 로마 군병들이 사흘 동안 아주 삼엄한 경계를 펴고 지켰던 것입니다.

제 28 장

부활하신 예수 그리스도

A COMMENTARY
ON THE GOSPEL OF
MATTHEW Ⅳ

예수님께서는 예고하신 대로 장사된 지 사흘 만에 부활하셨습니다. 부활의 새벽, 예수님의 무덤에 간 막달라 마리아와 야고보와 요셉의 어머니 마리아는 하나님의 천사로부터 예수님의 부활 소식을 듣고 빈 무덤을 확인했습니다. 이에 이 두 여인은 제자들에게 예수님의 부활 소식을 알리기 위해 달려가다가 부활하신 예수님을 최초로 만나 뵙는 영광을 얻었습니다.

한편 예수님의 무덤을 지키고 있던 경비병들은 대제사장들을 찾아가 예수님의 무덤이 비어 있고 시체가 없어졌다고 보고했습니다. 이에 대제사장들은 돈으로 그들을 매수하여 예수님의 제자들이 밤중에 예수님의 시체를 도둑질해 갔다는 거짓 소문을 내게 했습니다.

부활하신 예수님께서는 승천하시기 전에 제자들에게 "너희는 가서 모든 민족을 제자로 삼아 아버지와 아들과 성령의 이름으로 침례를 베풀고 내가 너희에게 분부한 모든 것을 가르쳐 지키게 하라"고 지상 명령을 내리셨습니다.

1. 빈 무덤(28:1-10)

1. 안식일이 다 지나고 안식 후 첫날이 되려는 새벽에 막달라 마리아
와 다른 마리아가 무덤을 보려고 갔더니 2. 큰 지진이 나며 주의 천사
가 하늘로부터 내려와 돌을 굴려 내고 그 위에 앉았는데 3. 그 형상이
번개 같고 그 옷은 눈같이 희거늘 4. 지키던 자들이 그를 무서워하여
떨며 죽은 사람과 같이 되었더라 5. 천사가 여자들에게 말하여 이르
되 너희는 무서워하지 말라 십자가에 못 박히신 예수를 너희가 찾는
줄을 내가 아노라 6. 그가 여기 계시지 않고 그가 말씀하시던 대로 살
아나셨느니라 와서 그가 누우셨던 곳을 보라 7. 또 빨리 가서 그의 제
자들에게 이르되 그가 죽은 자 가운데서 살아나셨고 너희보다 먼저
갈릴리로 가시나니 거기서 너희가 뵈오리라 하라 보라 내가 너희에게
일렀느니라 하거늘 8. 그 여자들이 무서움과 큰 기쁨으로 빨리 무덤
을 떠나 제자들에게 알리려고 달음질할새 9. 예수께서 그들을 만나
이르시되 평안하냐 하시거늘 여자들이 나아가 그 발을 붙잡고 경배하
니 10. 이에 예수께서 이르시되 무서워하지 말라 가서 내 형제들에게
갈릴리로 가라 하라 거기서 나를 보리라 하시니라

1-4절 안식일이 다 지나고 안식 후 첫날이 되려는 새벽에 막달라 마리아와 다른 마리아가 무덤을 보려고 갔더니 큰 지진이 나며 주의 천사가 하늘로부터 내려와 돌을 굴려 내고 그 위에 앉았는데 그 형상이 번개 같고 그 옷은 눈같이 희거늘 지키던 자들이 그를 무서워하여 떨며 죽은 사람과 같이 되었더라

유대인들의 하루는 해 질 때부터 다음 날 해 질 때까지이므로 안식일은 금요일 해 질 때 시작되어 토요일 해 질 때 끝납니다. 따라서 '안식 후 첫날이 되려는 새벽' 은 지금으로 치면 '주일 새벽' 입니다. 주일 새벽에 막달라 마리아와 다른 마리아, 곧 야고보와 요셉의 어머니 마리아가 예수님의 시체에 향료를 뿌리기 위해서 무덤에 찾아왔습니다.

그런데 바로 그때 놀라운 일이 그들의 눈앞에서 일어났습니다. 갑자기 큰 지진이 나며 하늘로부터 천사가 내려와서 예수님의 무덤을 막아 놓은 돌을 굴려 내므로 무덤 문이 열린 것입니다. 이것은 사람의 힘이 얼마나 무력한가를 보여 줍니다.

지진이 날 때 어떻습니까? 거대한 빌딩들이 순식간에 그대로 무너지지 않습니까? 인간이 세운 모든 것은 모래 위의 집입니다. 아무리 철옹성처럼 견고하게 세워 놓아도 하나님께서 한번 흔들어 버리면 그대로 다 무너집니다. 그러니 인간의 자랑은 아무것도 아닙니다.

예수님의 무덤 문을 커다란 돌로 막아 놓고 그 돌을 인봉한 다음 경비병들이 삼엄하게 지키고 있었지만, 하나님이 지진을 한번 내시니까 인봉도 다 떨어지고 돌도 굴러가 버렸습니다. 그런 다음에 보니, 굴러간 돌 위에 천사가 앉아 있었습니다. 그 천사는 번개 같은 광채가 났으며, 눈처

럼 흰옷을 입고 있었습니다. 경비병들은 여름철에 뇌성이 난 다음에 번쩍하고 하늘을 가르는 번갯불처럼 광채가 나는 천사의 모습을 보고 혼비백산하여 감히 범접하지 못했습니다.

우리는 이와 유사한 상황을 구약 성경에서도 볼 수 있습니다. 출애굽기 34장 29절부터 35절에도 보면, 모세가 40일 동안 시내 산에서 하나님과 대면하고 내려왔을 때 그의 얼굴에서 광채가 나므로 사람들이 겁이 나서 쳐다보지 못했다고 기록되어 있습니다. 이와 같이 속에 하나님의 영광이 임하면 그 영광의 광채가 밖으로 비추어 나오는 것입니다.

오늘날 우리도 그렇습니다. 우리가 하나님께 은혜를 많이 받아 충만할 때에는 얼굴에서 광채가 납니다. 그러나 마음에 염려, 근심, 불안, 초조, 절망이 들어오면 얼굴이 시커멓게 됩니다. 나는 예배를 인도하기 위해 강대상 앞에 나가서 성도들을 내려다볼 때마다 직접 눈으로 확인할 수 있습니다. 어떤 분은 얼굴에서 광채가 납니다. 그런 분은 성령 충만하고 은혜 충만한 분입니다. 그러나 또 어떤 분은 얼굴이 푸르죽죽하고 시커멓게 죽어 보입니다. 그런 분을 보면 '아! 염려, 근심, 불안, 초조, 절망이 굉장히 많구나!' 라고 알 수 있습니다. 언젠가 하늘나라에 올라가면 우리도 천사처럼 광채가 나는 모습으로 눈부시게 흰 옷을 입고 주님 앞에 서게 될 것입니다. 그러나 이 세상에서 사는 동안에도 성령 충만하면 우리의 얼굴에서 이와 같이 광채가 나는 것입니다.

예수님의 무덤을 지키던 경비병들은 천사를 보자 얼마나 무섭던지 벌벌 떨며 죽은 사람처럼 되었습니다. 이처럼 사람은 어느 누구를 막론하고 하나님을 보고 살아남을 수 없습니다. 그렇기 때문에 모세가 하나님의 영광을 보여 달라고 구했을 때, 하나님께서 "네가 내 얼굴을 보지 못하리니 나를 보고 살 자가 없음이니라"(출 33:20)고 말씀하셨던 것입니다. 이처럼 하나님을 믿고 섬기는 사람이라도 하나님의 특별한 허락 없이 하나님을 바라보면 죽습니다. 하나님의 영광을 견디지 못하기 때문입니다. 그러니 예수님을 대적하는 바리새인들의 경비병들이야 오죽했겠습니까? 그들은 천사를 보고 너무나 무서워 떨며 완전히 사색이 되었습니다. 그들은 혼비백산하여 활도 다 던져 버리고 창도 다 던져 버리고 투구는 삐뚤어진 채 개처럼 벌벌 기어서 정신없이 도망쳐 버리고 말았습니다.

5-7절 천사가 여자들에게 말하여 이르되 너희는 무서워하지 말라 십자가에 못 박히신 예수를 너희가 찾는 줄을 내가 아노라 그가 여기 계시지 않고 그가 말씀하시던 대로 살아나셨느니라 와서 그가 누우셨던 곳을 보라 또 빨리 가서 그의 제자들에게 이르되 그가 죽은 자 가운데서 살아나셨고 너희보다 먼저 갈릴리로 가시나니 거기서 너희가 뵈오리라 하라 보라 내가 너희에게 일렀느니라 하거늘

경비병들이 도망친 후, 천사는 무서워 떨고 있는 막달라 마리아와, 야고보와 요셉의 어머니 마리아에게 예수님께서 부활하셨다는 놀라운 소식을 전해 주었습니다.

예루살렘에 가면 '그리스도의 무덤' 이라는 곳이 있습니다. 그러나 그곳이 진짜 예수님의 무덤인지 아닌지는 모릅니다. 왜냐하면 예수님 무덤 자리는 하나님이 감추셨기 때문입니다. 그런데 진짜, 가짜의 여부의 떠나 그 무덤에 들어가 보면 예수님 당시의 무덤이 어떻게 생겼는지 알 수 있습니다. 그 무덤은 굴로 되어 있는데, 굴에 들어가면 한쪽에 앉아서 곡

할 수 있는 자리가 있습니다. 그리고 더 안으로 들어가면 시체를 눕혀 놓는 자리가 있습니다.

막달라 마리아와, 야고보와 요셉의 어머니 마리아가 천사의 말을 듣고 무덤 안에 들어가 보니 정말 예수님의 시체는 온데간데없고 예수님을 쌌던 세마포만 개켜져서 머리맡에 놓여 있었습니다. 그러니 이를 보고 누가 안 믿겠습니까! 막달라 마리아와, 야고보와 요셉의 어머니 마리아는 너무나 놀라고 무서워서 꼼짝도 못 하고 떨고만 있었습니다.

바로 그때 그들에게 천사가 다시 말했습니다. "빨리 가서 그의 제자들에게 이르되 그가 죽은 자 가운데서 살아나셨고 너희보다 먼저 갈릴리로 가시나니 거기서 너희가 뵈오리라 하라". 여기에서 보면, 천사는 하나님의 말씀을 대언해 주는 메신저요, 하나님의 부림을 받는 사환임을 알 수 있습니다. 오늘날 우리 그리스도인들이 예수 그리스도의 복음을 전하는 메신저인 것처럼, 천사들도 메신저로서 하나님의 말씀을 전하는 것입니다.

8-10절 그 여자들이 무서움과 큰 기쁨으로 빨리 무덤을 떠나 제자들에게 알리려고 달음질할새 예수께서 그들을 만나 이르시되 평안하냐 하시거늘 여자들이 나아가 그 발을 붙잡고 경배하니 이에 예수께서 이르시되 무서워하지 말라 가서 내 형제들에게 갈릴리로 가라 하라 거기서 나를 보리라 하시니라

막달라 마리아와, 야고보와 요셉의 어머니 마리아는 예수님이 살아나셨다는 말을 듣고 그 증거로 무덤이 빈 것을 직접 눈으로 확인했으니 얼마나 놀라고 기뻤겠습니까! 그들은 천사가 말한 대로 제자들에게 예수

님의 부활 소식을 알리기 위해 제자들이 있는 곳으로 달려가기 시작했습니다. 신발이 벗겨져도 모르고 정신없이 웃고 울고 고함을 치면서 달음박질했습니다.

그런데 그들이 산을 달려 내려갈 때였습니다. 이것이 웬일입니까? 갑자기 예수님이 그들 앞에 나타나셔서 "평안하냐?" 라고 말씀하시는 것이었습니다. 꿈인지 생시인지 도무지 정신이 없습니다. 그들은 너무 좋아서 얼른 그 자리에 엎드려 예수님의 발을 붙잡고 주님께 경배했습니다.

이때 예수님께서 그들에게 "가서 내 형제들에게 갈릴리로 가라 하라 거기서 나를 보리라" 고 말씀하셨습니다. 그런데 우리는 이 말씀에서 한 가지 놀라운 사실을 알 수 있습니다. 그것은 예수님께서 제자들을 '내 형제들' 이라고 말씀하셨다는 것입니다. 예수님은 '내 제자들' 이라고 말씀하시지 않았습니다. '내 종들' 이라고도 말씀하시지 않았습니다. '내 형제들' 이라고 말씀하셨습니다. 부활하신 예수님은 우리의 맏형이 되시고 우리는 그의 아우가 된 것입니다. 예수님과 우리는 다정한 형제 관계가 된 것입니다.

원래 주님은 창조주시며 하나님이시고, 우리는 피조물이며 종입니다. 그런데 예수 그리스도의 십자가 죽음과 부활을 통해 예수님은 우리의 맏형이 되시고 우리는 그의 아우가 되고, 예수님은 우리의 신랑이 되시고 우리는 그의 신부가 되는 관계를 맺게 되었습니다. 이러므로 이제는 참 하나님이시며 참사람이신 예수님이 우리를 이끌어 주시고, 우리는 예수님의 아우요, 신부가 되어서 하나님의 반열에 들어가게 되는 것입니다. 그러니 오늘날 예수 믿는 사람들의 신분이 천사보다 얼마나 높은지 알 수 있습니다. 천사는 결코 하나님의 반열에 들어가지 못합니다. 그러나 우리는 하나님의 반열에 들어갑니다. 우리는 하나님의 자녀요, 예수님의 아우요, 예수님의 신부가 되었으므로 하나님 집으로 들어가고 하나님의 반열에 들어가게 되는 것입니다.

지금은 천사들이 우리보다 힘이 세고 능력이 많아서 우리를 도와주고 있습니다. 하지만 장차 하늘나라에 가면, 우리는 하나님의 반열에 들어가고 천사는 섬기는 자의 반열에 있기 때문에 우리가 천사를 명령하고 부리는 위치에 있게 될 것입니다. 구원받은 사람들은 장차 우리가 도저히 상상할 수 없을 정도로 영화로운 지위로 올라가게 되는 것입니다.

2. 부활을 은폐하려는 음모(28:11-15)

**11. 여자들이 갈 때 경비병 중 몇이 성에 들어가 모든 된 일을 대제사
장들에게 알리니 12. 그들이 장로들과 함께 모여 의논하고 군인들에
게 돈을 많이 주며 13. 이르되 너희는 말하기를 그의 제자들이 밤에
와서 우리가 잘 때에 그를 도둑질하여 갔다 하라 14. 만일 이 말이 총
독에게 들리면 우리가 권하여 너희로 근심하지 않게 하리라 하니
15. 군인들이 돈을 받고 가르친 대로 하였으니 이 말이 오늘날까지
유대인 가운데 두루 퍼지니라**

11-15절 여자들이 갈 때 경비병 중 몇이 성에 들어가 모든 된 일을 대제사장들에게 알리니 그들이 장로들과 함께 모여 의논하고 군

인들에게 돈을 많이 주며 이르되 너희는 말하기를 그의 제자들이 밤에 와서 우리가 잘 때에 그를 도둑질하여 갔다 하라 만일 이 말이 총독에게 들리면 우리가 권하여 너희로 근심하지 않게 하리라 하니 군인들이 돈을 받고 가르친 대로 하였으니 이 말이 오늘날까지 유대인 가운데 두루 퍼지니라

예수님의 무덤을 지키던 경비병들은 혼비백산해서 무기도 다 내던져 버리고 투구는 삐뚤어진 채 개처럼 벌벌 기어서 대제사장들에게 가서 자신들이 목격한 일을 보고하였습니다. 이쯤 되었으면 대제사장들도 '아이고, 정말 그가 구주셨구나!' 하고서 그 자리에 무릎을 꿇고 회개할 만합니다. 그러나 그들은 경비병들의 보고를 받고도 예수님의 부활 사실을 인정하지 않았습니다. 대제사장이라는 지위, 명예, 권세라는 탐욕에 잡히니까, 예수님이 부활한 사실을 두 눈으로 분명하게 보고 와서 보고하는 경비병들의 말을 듣고도 그들은 끝까지 예수님을 거부하고 받아들이지 않은 것입니다. 이와 같이 사람들은 자기의 지위나 명예나 권세를 놓지 않겠다는 탐욕이 마음에 들어차면 확실한 증거를 얻어도 절대로 믿지 않습니다.

탐욕으로 가득한 마음은 하나님께서 극히 미워하십니다. 성경은 "탐심은 우상 숭배니라"(골 3:5)고 말씀합니다. 이와 같이 탐심은 우상 숭배에 비유될 만큼 어마어마하게 무서운 죄입니다. 사람이 탐욕에 잡히면 부모도 안 보이고 처자도 안 보이고 형제와 이웃도 안 보입니다. 탐욕은 바로 마귀의 가장 무서운 독입니다. 탐욕에 눈이 멀면 하늘나라도 안 보입니다. 욕심과 탐심은 인간을 파멸시킵니다. 욕심과 탐심이 들어오면 사람이 변화되어 버립니다. 비정상적인 사람이 되어 생각도 말도 행동도 다

삐뚤어지게 되는 것입니다.

대제사장들은 장로들과 의논한 다음 경비병들을 돈으로 매수하여 "예수의 제자들이 밤에 와서 예수의 시체를 도둑질해 갔다."라고 소문을 내도록 했습니다. 이것을 보면 예수님 당시에도 뇌물이 통한 것을 알 수 있습니다. 경비병들은 제사장들로부터 많은 뇌물을 받았기 때문에 참말을 할 수 없는 입장이 되었습니다. 만일 참말을 하여 자신들이 뇌물을 받은 죄까지 드러나게 되면 큰일 아닙니까? 그러므로 경비병들은 제사장들이 시킨 대로 할 수밖에 없었습니다. 결국 경비병들은 예수님의 빈 무덤과 천사를 보고도 예수 그리스도를 믿고 구원받을 수 있는 기회를 돈과 바꾸어 버리고 만 것입니다.

이런 사실을 볼 때 인간의 욕심이 얼마나 무섭습니까? 대제사장이나 장로들은 자신들의 지위와 명예와 권세에 대한 탐욕 때문에 예수님이 살아나셨다는 보고를 받고도 안 믿었고, 경비병들은 눈으로 직접 천사를 보고 예수님 무덤이 비어 있는 것을 보고도 돈 받고 타협해 버렸습니다. 그러나 그들의 지위와 명예와 권세와 돈이 지금 어디에 있습니까? 그들의 지위도 명예도 권세도 돈도 2천 년 전에 다 지나가 버렸고, 그들은 지옥 불에 타고 있습니다. 그러나 예수 믿는 사람들은 그렇지 않습니다. 예수님이 무덤에서 나오신 것처럼 우리 예수 믿는 성도들도 무덤에서 나와 그 영혼이 주님과 함께 있다가 부활의 날에 주님과 함께 오게 됩니다.

예수님을 구주로 모셨다는 것, 이것만이 영원토록 남습니다. 이것 외에는 돈도 지위도 명예도 권세도 다 일장춘몽입니다. 공동묘지에 가서 옛날에 부귀영화, 공명과 권세를 가지고 살다가 죽어 묘지에 들어간 사람에게 물어보십시오. 무슨 말을 합니까? 춘하추동, 사시사철 지나가도 아무 말도 없습니다. 이러므로 성경은 "사람이 만일 온 천하를 얻고도 자기 목숨을 잃으면 무엇이 유익하리요 사람이 무엇을 주고 자기 목숨과 바꾸겠느냐"(막 8:36-37)라고 말씀하고 있는 것입니다.

경비병들은 대제사장들로부터 많은 돈을 받고 예수님의 시체를 제자들이 훔쳐 갔다고 거짓말하기로 약속했지만 속으로 너무나 겁이 났습니다. 만약 예수님의 시체를 제자들이 훔쳐 갔다고 하면 총독이 무덤을 지키지 못한 책임을 물어 사형에 처할 것이기 때문입니다. 대제사장들과 장로들은 이러한 그들의 생각을 꿰뚫어 보고 "걱정 마라. 우리가 있지 않느냐? 우리가 총독을 구워삶아서 너희들에게 결코 후한이 없게 해 주겠다."라고 말했습니다.

그러나 인간의 거짓이 진리를 잠시 동안 은폐할 수는 있어도 영원히 은폐하지는 못합니다. 지나가는 구름이 잠시 동안 태양을 가릴 수 있어도 영원히 가리지 못하는 것과 같은 이치입니다. 아무리 예수님이 부활하신 사실을 숨기려고 해도 부활의 진리가 태양같이 밝은데 어떻게 숨기겠습니까? 예수 그리스도의 부활은 온 역사를 변화시켜 놓고 인류 속에 진리로 우뚝 설 수밖에 없는 것입니다.

돈에 매수된 경비병들은 대제사장들이 가르친 대로 거짓말을 민간에 퍼뜨렸습니다. 이를 통해 우리는 돈의 힘을 알 수 있습니다. 사실 성령의 능력 다음으로 센 힘이 돈의 힘입니다. 돈이 있으면 온 일가친척과 친구들이 다 모여들었다가 돈이 없으면 다 떠나가는 것만 보아도 돈의 힘을 알 수 있지 않습니까? 또 외국에 나가 보아도 그렇습니다. 돈 있는 나라 사람은 어느 곳에 가나 환영받지만 가난하고 헐벗고 굶주린 나라 사람은 어느 곳에 가나 사람대우받지 못합니다. 이처럼 돈은 세상에서 굉장한 힘이 있습니다.

그러나 돈으로는 결코 구원을 사지 못합니다. 돈은 세상에서 사는 동안 위력을 발하기는 하나, 그렇다고 해서 돈이 죽은 사람을 살게 할 수 있습니까? 돈이 지옥 가는 사람을 천국으로 끌고 갈 수 있습니까? 못합니다. 오직 우리 주 예수 그리스도를 믿는 믿음으로 구원을 받고 영생을 얻어 천국에 들어갈 수 있으며, 성령의 권세와 능력만 있으면 능치 못할 일이 없는 것입니다. 그러므로 예수 그리스도를 믿는 것이 인생에서 가장 중요한 것이고, 성령 충만함을 받아 그 능력을 힘입어 사는 것이 성공하는 삶입니다.

예수 믿고 주님을 섬기며 살면, 하나님께서 축복하여 이 땅에서 돈도 주시고 지위와 명예도 주십니다. 성경은 "너희는 먼저 그의 나라와 그의 의를 구하라 그리하면 이 모든 것을 너희에게 더하시리라"(6:33)고 말씀합니다. 먼저 하나님의 나라와 하나님의 의를 구하면 그다음은 하나님이 우리에게 다 주실 것입니다. 그런데 먼저 할 것과 나중 할 것을 바꾸니까 문제가 되는 것입니다. 주님을 믿고 섬기는 것은 뒤로 하고 그냥 "돈, 돈, 돈, 돈"! 하고 나가다가 돈독에 빠져서 죽어 버리고 마는 것입니다.

우리가 먼저 할 것과 나중 할 것을 분명히 분별하고 주님께 기도하면, 주님이 우리에게 필요한 모든 것을 다 채워 주십니다. 그러므로 우리는 신앙생활을 함에 있어서 무엇이 먼저 해야 하는 일인가를 분명히 알아야 합니다. 그리고 그 우선순위에 따라 순서를 반드시 지켜서 먼저 할 것을 먼저 하고, 나중에 할 것을 나중에 하며 살아야 하는 것입니다.

3. 예수님의 지상 명령-제자를 삼으라, 침례를 베풀라, 가르쳐 지키게 하라(28:16-20)

16. 열한 제자가 갈릴리에 가서 예수께서 지시하신 산에 이르러 17. 예수를 뵈옵고 경배하나 아직도 의심하는 사람들이 있더라 18. 예수께서 나아와 말씀하여 이르시되 하늘과 땅의 모든 권세를 내게 주셨으니 19. 그러므로 너희는 가서 모든 민족을 제자로 삼아 아버지와 아들과 성령의 이름으로 침례를 베풀고 20. 내가 너희에게 분부한 모든 것을 가르쳐 지키게 하라 볼지어다 내가 세상 끝 날까지 너희와 항상 함께 있으리라 하시니라

16-17절 열한 제자가 갈릴리에 가서 예수께서 지시하신 산에 이르러 예수를 뵈옵고 경배하나 아직도 의심하는 사람들이 있더라

열한 명의 제자들은 예수님이 말씀하신 산에 가서 예수님을 뵈었습니다. 그들은 십자가에 못 박혀 죽으셨던 예수님이 부활하여 나타나신 것을 보고 너무나 기뻤습니다. 그러나 그들 중에는 '혹시 우리가 잘못된 환상을 보는 것이 아닌가?' 라고 의심하는 사람들도 있었습니다.

사람은 너무 기쁘면 의심하게 됩니다. 너무 기쁘면 안 믿어집니다. 옛날에 내가 시골집에서 살 때 우리 아랫집 아들이 징용 가서 일본 탄광에서 일하다가 살아서 돌아오니까 그 어머니가 그렇게 우는 것이었습니다. 내가 옆에서 가만히 보니, 그 어머니가 눈물을 흘리면서도 믿어지지

않는지 자꾸 아들의 얼굴을 쓰다듬으면서 아들 이름을 부르는 것이었습니다.

"수봉아! 수봉아! 이게 꿈이냐, 생시냐?"

"어매! 어매! 나 왔어. 내가 왔어요."

"아이고! 수봉아, 네가 정말로 돌아왔냐? 어디 한번 보자. 네가 진짜 내 아들 수봉이냐? 네가 정말 수봉이지?"

탄광에 가면 다 죽어서 오는데 살아서 오니까 자꾸 아들의 얼굴을 만지면서 "네가 진짜 수봉이냐?" 고 자꾸 묻더라고요. 이처럼 너무 반갑고 좋으면 현실로 느껴지지 않는 것입니다.

본문에서도 제자들이 예수님을 보고 의심했다는 것은 불신앙 때문이 아닙니다. 너무 감격스럽고 좋으니까 '아이고, 진짜냐? 꿈이라면 깨지 않았으면 좋겠다!' 라고 생각한 것입니다.

18-20절 예수께서 나아와 말씀하여 이르시되 하늘과 땅의 모든 권세를 내게 주셨으니 그러므로 너희는 가서 모든 민족을 제자로 삼아 아버지와 아들과 성령의 이름으로 침례를 베풀고 내가 너희에게 분부한 모든 것을 가르쳐 지키게 하라 볼지어다 내가 세상 끝 날까지 너희와 항상 함께 있으리라 하시니라

예수님은 하늘과 땅을 직접 지으셨으니 하늘과 땅의 모든 것이 주님의 것입니다. 또한 예수님은 이 땅에 오셔서 죽었다가 부활하심으로 하늘과 땅의 모든 권세뿐 아니라 모든 인생을 심판하는 권세를 하나님 아버지께 받으셨습니다. 예수님은 온 인류를 구원하기 위해서 십자가에 못 박혀 몸 찢기고 피 흘려 그 피로 모든 인생을 다 사셨기 때문에, 예수님이

값 주고 사신 것을 받아들이지 않은 사람에 대해서는 주님이 심판할 권한이 있는 것입니다. 살리고 죽이는 권세가 주님의 손에 있습니다. 하늘과 땅의 모든 권세를 주님이 갖고 계십니다. 모든 영권(靈權)과 물권(物權)을 예수님이 가지고 계십니다. 영적인 권세도, 또 물질적인 권세도 주님이 가지고 계십니다. 하늘과 땅의 모든 권세는 주님의 것입니다.

인간의 생사화복과 인류의 역사뿐만 아니라 나라의 흥망성쇠도 주님의 손에 있습니다. 그러므로 우리나라가 통일되는 것도 주님이 허락하셔야 되는 것입니다. 아무리 우리가 온갖 애를 쓰고 힘을 써도 주님의 때가 오지 않으면 안 됩니다. 그러나 주님의 때가 되어서 주님이 "자, 이제는 통일하라." 고 하시면 순식간에 통일되는 것입니다. 독일을 보십시오. 동독과 서독이 베를린 장벽을 허물고 통일될 것이라고 도저히 상상할 수 없지 않았습니까? 그런데 주님의 때가 되니 인간의 이성과 상상을 깨고 통일이 된 것입니다. 아직도 우리나라가 통일되지 못하고 있는 것은, 우리에게 무엇인가 부족한 점이 있고 주님의 때가 무르익지 않았기 때문에 주님이 기다리게 하시는 것입니다.

주님이 우리에게 통일을 허락하시는 때가 언제 다가올지 모릅니다. 지금 중국도 우리나라가 통일되기를 원하지 않고, 일본도 우리나라가 통일되기를 원하지 않고, 미국도 어정쩡합니다. 남북이 통일되면 강력한 국가가 되어 지금처럼 호락호락하지 않을 것이기 때문입니다. 그러므로 우리 한국이 통일되는 것에 대해서 적극적으로 반대하거나 속으로 은근히 안 되기를 바라고 있는 것입니다. 이 시점에서 통일을 원하는 사람은 우리 대한민국 사람밖에 없습니다. 그러니 아무도 안 도와주는데 하나님의 능력 아니고는 통일이 되겠습니까? 오직 하나님의 때가 와서 하나님의 능력으로 통일될 수밖에 없습니다. 그렇기 때문에 우리는 하나님을 섬기고 하나님께 기도하고 때를 기다려야 됩니다. 서두르면 안 됩니다. 인간이 서두른다고 해서 여름이 더 길어집니까? 우리가 춘하추동, 사시사철을 인간의 힘으로 바꾸지 못하는 것처럼, 하나님의 섭리는 사람의 힘으로 어찌할 도리가 없습니다. 그러나 하나님의 때가 오면 통일이 반드시 될 것입니다. 그러므로 우리는 하나님의 때를 기다려야 하는 것입니다.

부활하신 예수님께서는 승천하시기에 앞서 제자들에게 세 가지 명령을 내리셨습니다. 먼저 예수님께서는 "하늘과 땅의 모든 권세를 내게 주셨으니 그러므로 너희는 가서 모든 민족을 제자로 삼으라." 고 명령하셨습니다. 제자로 삼으라는 것은 가르쳐서 주님을 따르는 사람이 되게 하라는 말입니다. 다시 말해, 예수님의 말씀을 가르쳐서 예수님을 따르고 예수님께 순종하는 사람들로 만들라는 말입니다.

또한 예수님께서는 "아버지와 아들과 성령의 이름으로 침례를 베풀라." 고 명령하셨습니다. 침례는 하나님 앞과 세상 앞에서 나의 옛사람이 그리스도와 함께 죽어 장사 지낸 바 되고 그리스도와 함께 새사람으로 부활했다는 것을 선포하는 의식이며, 제자로서의 첫 자격을 얻는 관문입니다. 물론 침례를 받지 않아도 예수 그리스도를 믿으면 구원받지만, 제자가 되려면 반드시 침례를 받아야 합니다. 아버지와 아들과 성령의 이름으로 침례를 받고 제자가 되어야 그때부터 당당하게 주님을 따르고 하나님의 은총을 구할 수가 있는 것입니다.

그리고 예수님께서는 "내가 너희에게 분부한 모든 것을 가르쳐 지키게 하라." 고 명령하셨습니다. 주님께서 우리에게 분부하신 모든 것을 가르침 받고 지키면 제자가 됩니다. 그러므로 우리는 전도만 하고 그칠 것이 아니라, 전도해서 구원받은 사람은 침례를 받게 해서 제자의 자격을 얻게 하고 그다음에는 가르쳐야 합니다. 하나님이 우리에게 주신 교훈으로 가르치고 그것을 지키게 하면 제자로 자라나게 되는 것입니다.

예수님께서는 지상 명령을 내리신 후, "내가 세상 끝 날까지 너희와 항상 함께 있으리라."고 약속해 주셨습니다. 우리가 주님의 명령을 따라 세상 모든 민족에게 복음을 전하여 그들을 제자로 삼아 아버지와 아들과 성령의 이름으로 침례를 베풀고 주님이 분부하신 모든 교훈을 가르쳐 지키게 하는 일을 할 때, 주님은 세상 끝 날까지 우리와 항상 같이 계시겠다는 것입니다.

우리는 이 약속의 말씀을 잘 알고 있으면서도 때때로 '주님이 혹시 나와 같이 계시지 않은 것이 아닌가?' 하여 두려워할 때가 있습니다. 그러나 우리가 제자가 되어서 주님의 가르침을 받고 주님을 따르며 또 남에게 가르치고 주님을 따르게 하는 일을 하고 있는 한, 주님은 항상 우리와 같이 계십니다. 그러므로 오늘날 예수님의 제자가 된 우리는 예수님이 함께 계심을 믿고 날마다 주님과 손잡고 주님의 명령을 따라 온 세계 만국에 나가 하나님 나라를 확장하는 일을 해야 하는 것입니다.

성역50주년기념 신약성경강해전집

A COMMENTARY ON THE GOSPEL OF MATTHEW Ⅳ